高等教育旅游管理专业"十三五"系列教材

中国旅游地理

ZHONGGUO LÜYOU DILI

任 瀚 主编

郑州大学出版社

图书在版编目(CIP)数据

中国旅游地理/任瀚主编. —郑州:郑州大学出版社,
2019.3(2024.7 重印)
ISBN 978-7-5645-6021-8

Ⅰ.①中… Ⅱ.①任… Ⅲ.①旅游地理学-中国-高等学校-教材 Ⅳ.①F592.99

中国版本图书馆 CIP 数据核字(2019)第 012750 号

郑州大学出版社出版发行
郑州市大学路 40 号　　　　　　　　邮政编码:450052
出版人:孙保营　　　　　　　　　　发行部电话:0371-66966070
全国新华书店经销
郑州龙洋印务有限公司印制
开本:787 mm×1 092 mm　1/16
印张:18
字数:440 千字
版次:2019 年 3 月第 1 版　　　　　印次:2024 年 7 月第 5 次印刷

书号:ISBN 978-7-5645-6021-8　　　　定价:39.00 元
本书如有印装质量问题,请向本社调换

作者名单

主　编	任　瀚
副主编	王淑华　刘　蕤　刘金栋
	王海静　康鑫莹　程晓阳
编　委	（按姓氏笔画排序）
	王海静　王彩妮　王淑华
	田广增　任　瀚　刘　蕤
	刘金栋　李舒心　赵丽辉
	柳亚伟　祖山明　康鑫莹
	程刘玉　程晓阳

主编简介

　　任瀚，女，人文地理学博士，教授，郑州大学应用经济学博士生导师。2020年获批国家社科基金艺术学重点项目《新冠疫情冲击下中国文化与旅游融合发展的新思路、新路径与新趋势》。2018年作为指导教师申报的《从景观游到文化游：高校校园旅游研究》获文化和旅游部英才培养项目。主持的《河南省信阳市山村扶贫旅游规划》获国家旅游局扶贫旅游规划示范性成果。2018年8月至2019年6月作为河南省博士服务团成员，在国家级贫困县周口市淮阳县挂职副处级干部，参与县域脱贫攻坚和旅游扶贫工作，兼任郑州大学科技园旅游服务公司董事长，长期工作在旅游管理的产政学研一线，具有较强的前言研究能力和实践创新能力。

前言

中国旅游业的发展尤其引人注目,成为改变世界旅游格局的重要力量。旅游是由旅游者出于体验目的离开客源地前往目的地暂时性逗留引发的,异地性便成为旅游活动的外显性特征。而空间性是地理学的核心概念,于是地理学便成为最早涉及旅游研究的学科,并且取得了巨大成功,由此诞生了一门综合性交叉学科——旅游地理学。

本教材编写力求从旅游学的视角,全面解构旅游主体、客体和媒介的空间现象,并由此形成了本书的结构框架:第1章构建了中国旅游地理的概念体系;第2章主要介绍中国旅游吸引物的概念、分类、属性和主要旅游吸引物;第3章论述旅游交通的概念及作用,并分析各类旅游交通方式的特点;第4章介绍了旅游地理区划的影响因素以及本书的区划方案;第5—12章根据本书的旅游区划介绍了各区的旅游地理概况、优秀旅游城市、主要旅游吸引物。

本书在写作过程中参考并吸收了大量国内外最新研究成果,经过分析、总结,力图实现直观和创新。同时,本书采用定量和定性分析相结合的方法,力图提高旅游地理理论深度和应用广度。

本书是集体智慧的结晶,由任瀚教授负责大纲的设计和全书的通稿工作,并对全部稿件做了初审。各章节具体编写分工如下:前言、第1、2章由任瀚、王淑华完成,第3章由程晓阳、康鑫莹完成,第4、5章由刘金栋完成,第6章由赵丽辉、王彩妮完成,第7章由田广增、程刘玉、李舒心完成,第8、9章由刘蕤完成,第10、11、12章由王海静、柳亚伟、祖山明完成。

由于作者水平和时间所限,错误和不足之处在所难免,敬请读者批评指正。

编者

2019年1月

内容提要

中国旅游地理是高等教育旅游管理专业的必修课程,是学生了解中国区域旅游知识的重要课程。

本书由郑州大学旅游管理学院负责主编,河南牧业经济学院、郑州师范学院、河南工学院、嵩山少林武术职业学院、韶关学院、济源职业技术学院等学校教师参与编写。全书共 12 章,系统介绍了中国旅游地理的相关知识,主要内容包括中国旅游地理的概念体系、旅游吸引物、旅游交通、旅游区划及各区域旅游地理概况。

本书在突出系统性、科学性和理论性的同时,也强调内容的前沿性、可读性和实用性,不仅适用于高等院校旅游、地理专业选作教材,还可以作为广大旅游从业人员以及旅游爱好者的参考用书。

目　录

1　旅游地理系统的概念体系	1
1.1　旅游地理学的产生与发展	2
1.2　旅游地理学的学科属性、研究对象、研究内容	4
1.3　旅游地理学与相关学科的关系	6
1.4　旅游地理系统理论	6
2　中国旅游吸引物	11
2.1　旅游吸引物概述	12
2.2　世界级别的旅游吸引物	17
2.3　国家级别的旅游吸引物	19
3　中国旅游交通	25
3.1　中国旅游交通概述	26
3.2　中国主要旅游交通方式	27
3.3　旅游交通线路设计	29
4　中国旅游地理区划	35
4.1　旅游地理区划	36
4.2　旅游区划的影响因素分析	38
4.3　中国旅游区划方案	39
5　东北旅游区	48
5.1　东北旅游地理系统及其评价	49
5.2　黑龙江省	52
5.3　吉林省	58
5.4　辽宁省	62
6　华北旅游区	70
6.1　华北旅游地理系统及其评价	71

	6.2	北京市	74
	6.3	天津市	79
	6.4	河北省	82
	6.5	山西省	88
	6.6	内蒙古自治区	93
7	华中旅游区		100
	7.1	旅游地理系统及其评价	101
	7.2	湖南省	104
	7.3	湖北省	110
	7.4	河南省	117
8	华东旅游区		128
	8.1	华东旅游地理系统及其评价	129
	8.2	上海市	132
	8.3	江苏省	134
	8.4	浙江省	138
	8.5	山东省	142
	8.6	安徽省	146
	8.7	江西省	148
	8.8	福建省	152
9	华南旅游区		157
	9.1	华南旅游地理系统及其评价	158
	9.2	广东省	160
	9.3	广西壮族自治区	164
	9.4	海南省	169
10	西南旅游区		175
	10.1	西南旅游地理系统及其评价	176
	10.2	四川省	183
	10.3	重庆市	192
	10.4	贵州省	195
	10.5	云南省	199
	10.6	西藏自治区	206

11	西北旅游区	212
	11.1 西北旅游地理系统及其评价	213
	11.2 陕西省	217
	11.3 甘肃省	222
	11.4 宁夏回族自治区	225
	11.5 新疆维吾尔自治区	227
	11.6 青海省	231
12	港澳台旅游区	236
	12.1 旅游地理系统及其评价	237
	12.2 香港特别行政区	239
	12.3 澳门特别行政区	241
	12.4 台湾省	243
	参考文献	248
	附录	251
	附录1 中国世界遗产名录	251
	附录2 中国世界地质公园名录	254
	附录3 中国5A级旅游景区名单	256
	附录4 中国国家级旅游度假区	267
	附录5 中国优秀旅游城市	270
	附录6 中国特色小镇名单	274

1 旅游地理系统的概念体系

> **学习目标→**
> 通过本章的学习,初步认识和理解旅游地理的学科性质;熟悉旅游地理学的研究对象和内容;了解中国旅游地理学产生、现状和发展趋势;掌握旅游地理系统理论。
>
> **学习难点→**
> 旅游地理学的产生与发展　中国旅游地理的研究对象和内容　旅游地理系统理论

【案例导入】

中国旅游日选《徐霞客游记》开篇之日

1613年5月19日,"游圣"徐霞客从宁海西门出发,游历名山大川,开始了他"驰骛数万里,踯躅三十年"的游程。此后三十年间,他足迹遍布大半个中国,写下一篇篇优美华丽的游记。2011年3月30日,《徐霞客游记》的开篇日5月19日被确定为"中国旅游日",中国也成为世界上少数设立国家旅游日的国家之一。作为明代一位杰出的地理学家、旅行家、文学家,徐霞客一生的成就是多方面的,但从旅游的角度看,其对壮游山水的全身心投入,是最为引人注目的;他的旅游文学经典巨著,是其所有成就中的高峰。随着徐霞客这种真正意义上的专业旅行家的出现,旅游才正式作为人的生存方式之一,迅速进入中国知识分子的思想意识和文化生活之中,并从士大夫济世人生的附庸生活中独立了出来,步入迅速发展的时代新轨道。因此,《徐霞客游记》堪称中国旅游史及中国文化史上的一座里程碑。

徐霞客以其《游记》,生动传神地描绘了涉及今天大半个中国(21个省、直辖市、自治区)的众多山水名胜、奇观异景乃至风俗民情、社会生活等,给后人留下了极为宝贵的文化财富,在旅游学、地理学、文学、文化、经济乃至动植物、生态、政治、社会、宗教等方面都具有重要的价值。无怪乎人称《徐霞客游记》是"明末社会的百科全书"。

(资料来源：http://news.ifeng.com/history/zhongguogudaishi/special/xuxiake/.)

1.1 旅游地理学的产生与发展

1.1.1 世界旅游地理学的产生与发展

地理学是研究人地关系的学科,研究的目的是为了更好地开发和保护地球表面的自然资源,协调自然与人类的关系。地理学是一门古老的科学,曾被称为科学之母。古代地理学逐步产生于远古至18世纪,主要以描述性记载地理知识为主。在早期,以中国和古希腊的成果最为显著。中国的《尚书·禹贡》《管子·地员》《山海经》《水经注》等著作都是世界上比较早的地理学史料。到后期欧洲地理大发现涌现出了哥伦布、达·伽马、麦哲伦等探险家,他们的发现极大地推动了地理学的发展。

旅游地理学是地理学与旅游学的交叉学科,源于地理学,推动了旅游学的发展。旅游地理学是研究人类旅行浏览与地理关系的学科,是随着现代旅游业发展而兴起的一门学科。现代旅游地理研究始于20世纪二三十年代。美国地理学家麦克默里发表的《娱乐活动与土地利用关系》被世界地理学界认为是第一篇关于旅游地理研究的论文。早在1935年,英国地理学家布朗就倡议地理学家应把更多精力放在研究旅游业上。他和詹姆斯、卡尔森等人先后论述了局部地区的自然资源、发展基础、群落构成的差异对旅游业发展的影响,测定了旅游形态及其经济价值,并阐述了旅游形态和旅游设施的意义。20世纪40年代,艾塞林、迪赛对游客客流进行了空间分析。20世纪50年代,联邦德国地理学家哈恩从游客的性质、逗留时间、季节性变化等方面对德意志联邦旅游地类型进行了划分。可是这段时间内绝大多数旅游地理著作主要是描述某些旅游胜地或限于论述旅游的经济意义,对旅游地理学的基本理论极少探讨。20世纪60年代以来,旅游地理学的学科属性和理论问题逐渐为学者所重视。1964年,加拿大地理学家沃尔夫指出:旅游地理学是从经济地理学中分离出来的,可以从不同的角度进行研究。英国地理学家罗宾逊则把旅游地理学当作一门应用地理学。20世纪70年代,鲁彼特等结合联邦德国实例,对旅游市场和旅游区位做了分析研究。1976年在莫斯科召开的第二十三届国际地理学大会上,第一次把旅游地理列为一个专业组,从此旅游地理学作为地理学的一个分支被确定下来。

1.1.2 中国旅游地理学的发展与未来

1979年底中国科学院地理研究所组建旅游地理学科组,这标志着中国旅游地理系统研究的真正开始。中国旅游地理学研究经过40年的发展,已经取得很大成绩,丰富了地理学研究内容,推动了中国旅游理论的发展。一些研究成果已达到国际水平,如:旅游地的可持续发展研究,旅游吸引物评价和旅游环境容量的理论研究,国内旅游者行为规律研究,主题公园的研究,等等。但从总体看,中国旅游地理学的发展同国际水平仍有差距。

这主要表现在研究视野上仍不够开阔,研究方法上定性研究较多,理论研究尚不够系统化,对旅游实践的指导性不强,研究方向的社会文化转向尚需加强。

从库恩(1970年)的科学哲学"范式"理论来看,现阶段中国旅游地理学仍处于"前范式"向"范式"过渡阶段。在这种状态下,旅游地理学家就研究中所常涉及的主要概念、方法等尚不能有一致的看法。但一门科学要走向成熟,必须走向"范式",也就是要具备两个条件:①足以空前地把一批坚定的拥护者吸引过来,使他们不再去进行科学活动中各种形式的竞争;②这种成就又足以毫无限制地为一批重新组合起来的科学工作者留下各种有待解决的问题。

与其他地理学分支学科一样,中国旅游地理学的发展是以"用实践提升理论 用发展着的理论指导新实践"的方式,即是以旅游规划实践和区域旅游开发与运营管理为主线带动学科发展起来的,这是中国旅游地理学的特色。与西方发达国家不同,中国无论是高等学校还是研究所的旅游地理工作者都承担大量的政府和企业委托的规划任务(西方发达国家这部分工作主要由专业咨询公司承担),在实际工作中积累大量的感性知识,并成为一种推动学科发展的动力。

中国旅游产业可以说是改革开放的直接产物。虽然中国旅游产业作为一种新兴产业具有与旧体制下的产业不同的发展环境,但是在发展过程中仍会受到变化中的旧体制的负面影响。中国旅游产业未来发展中有待研究的问题会既不同于它发展初期的问题,也同旅游发达国家的旅游问题有较大的区别。旅游地理学者同其他旅游学者一样,不得不面对复杂的变动剧烈的社会大环境背景,在原有的研究基础上把握发展方向。换言之,中国旅游地理学在未来的相当长时期内,将要有不同于过去、顺应世界潮流又有自己特点的主体发展方向:

第一,在研究视野与深度上,要注重研究的深化,注重在实证研究与应用研究基础上的概念化和理论化。近10年来,中国旅游地理学的研究内容大为拓展,旅游地理学的各主要领域均有所涉及,然而,不可否认,相关成果在研究视野与研究深度上仍显不够,研究往往缺乏足够的理论提升,缺乏与已有研究之间的对话。在今后的研究中,中国的旅游地理学研究者不仅应在游客流动性、危机管理、生态安全、目的地规划和管理、区域发展、缓解贫困、全球环境变迁等方面进行研究。还需要将旅游地概念化为"权力包括政治权力和资本权力的物质体现(materialistic embodiment)",借由这一概念,可以分析中国经济市场化、政治去中心化、资本跨区域流动等对旅游发展如本地就业、环境条件、土地利用变迁及其利益相关者如当地政府、当地社区、外部资本的影响。

第二,在研究方法上,质性研究和定量研究的方法并行发展且在合适的地方相互结合已成为当今社会科学发展的基本共识,中国旅游地理学必须坚持质性研究与定量研究并重,但在定量分析中不应运用那种实用价值不高或过于追求烦琐的数学方法。旅游地理学研究成果的实用价值如何,研究成果对于研究对象的解释和预测功能如何,很大程度上取决于方法的科学性,当然,这一切都是以正确的逻辑思维为前提的。

第三,在研究成果的实践性上,应当提倡跨学科的合作研究,旅游地理学者应主动吸收相邻学科如经济学、社会学、管理科学等的知识和研究方法。旅游产业是一个产业联系面广、本身结构比较松散的行业,它给学者和决策者提出的大都是涉及因素很多的综合性问题,要解决这些问题,各学科专家必须走到一起来。中国旅游地理学者过去与其他学科学者合作研究较少,客观上降低了研究成果解决实际问题的能力以及学科的社会影响。旅游研究中的某些问题,如旅游对自然生态环境的影响,没有跨学科的合作研究,仅靠旅游地理学者是难于获得高水平研究成果的。

第四,在研究理论体系建构上,近些年来国内旅游的快速发展,促进了旅游地理学科理论研究,使得我国的一些理论观点位于世界先进水平,但我们也应当认清我国关于旅游方面的理论研究深度和广度的不足,即不够系统化。旅游基本概念的混淆已严重影响到学科的发展,突出表现在随意定义新概念或扩大某些国际上已有定义的概念内涵,导致我们的研究成果与国际上无法交流。

中国旅游吸引物丰富,国内旅游市场吸引力强,旅游地理学研究领域广阔。中国旅游地理学重视区域旅游开发和规划的实践传统随着中国旅游产业的发展还将继续发扬光大,但必须清醒地认识到,只有在注重应用的同时兼顾理论的提升和概念体系的建立,旅游地理学才能在蓬勃发展的旅游研究中健康发展。

1.2 旅游地理学的学科属性、研究对象、研究内容

1.2.1 旅游地理学的学科属性与研究对象

旅游地理学(geography of tourism)是旅游学与地理学之间的交叉学科,也是地理与旅游这两种不同性质学科有机结合的产物。在国际上,由于各国社会经济发展水平的不同以及学者们对旅游概念的不同理解,或由于语言文字使用上的差异,旅游地理学又被称为休闲和旅游地理学(geography of recreation and tourism)、旅游与游憩地理学(geography of tourism and recreation)、游憩地理学(recreation geography)、闲暇地理学(leisure geography)、观光地理学(sightseeing geography)等。尽管名称不同,研究范围也不同,但其研究对象却基本一致。即:旅游地理学是一门研究人地关系的新兴学科。主要从旅游主体(旅游者)、客体(旅游资源)和媒介(旅游业)三个方面研究旅游活动与地理环境、社会经济发展之间的相互关系。

根据旅游地理学的发展状况和研究对象,它同时具有应用学科属性、交叉学科属性和综合学科属性。

1.2.2 旅游地理学的研究内容

关于旅游地理学的研究内容,已有不少学者提出过看法,如表1-1所示。

旅游地理学的研究内容到底包括哪些,应该取决于本学科的研究对象,同时也受该学科的实际应用性和交叉边缘性的影响。因此,旅游地理学的研究应当涉及旅游主体、旅游客体、和旅游媒介的各个方面,并随着旅游发展的实际需要而不断扩展深入。因此,综合国内外权威学者的不同观点,本教材提出旅游地理学研究的主要内容包括以下几个方面。

表 1-1　关于旅游地理学研究内容的主要观点

作者	旅游地理学研究的内容
皮尔斯（Pearce, 1989）	供给的空间模式、需求的空间模式、旅游地地理、旅游流、旅游影响、旅游空间模型
米切尔等（Mitchell等,1991）	环境因素、区域因素、空间因素、演化因素
郭来喜（1985）	旅游地起因及其产生的地理背景,旅游者的地域分布,移动规律与发展预测,旅游资源的类型与地域组合及其技术经济评价、开发利用论证、旅游区(点)布局与建设规划,旅游区划与旅游地域组织体系,适合不同对象的旅游线路组织与方案设计,旅游与环境保护和污染防治对策,旅游产业对地域经济综合体形成的作用与影响
保继刚和楚义方（1999）	旅游产生的条件及其地理背景,旅游者行为规律,旅游流（旅游需求）预测,旅游通道,旅游资源评价,旅游地演化规律和重要旅游地研究,旅游环境容量,旅游区划,旅游开发的区域影响,旅游规划
刘振礼（1996）	旅客客源研究、旅游资源研究、旅游规划开发研究、旅游区域影响研究、旅游区划研究、旅游信息与地图

（1）旅游地理系统研究。主要包括旅游目的地系统特征、客源地系统特征、旅游通道系统特征、旅游者系统特征、旅游业系统特征。其中前三个为空间结构,后两个为功能结构。

（2）旅游者研究。旅游者是旅游活动的主体,对旅游者的研究同样是对旅游客源的研究。其主要包括以下几个方面的内容:旅游者概念、旅游产生的条件及其地理背景、旅游动机、旅游动力、决策行为、旅游空间行为、旅游者行为规律等。从地理学角度研究,重点是后 3 个方面的内容。

（3）旅游吸引物研究。主要包括旅游吸引物概念体系,旅游吸引物的界定与分类,各类旅游吸引物的形成条件、特征和分布规律,旅游吸引物的调查及评价,旅游吸引物的开发与保护等。旅游吸引物评价是旅游开发中最为重要的部分。对旅游吸引物如何进行分类,对各类旅游吸引物如何建立评价模型,评价模型建立后又如何合理、客观地确定权重,是旅游吸引物研究的难点。

（4）旅游交通研究。旅游通道是为旅游者由居住地到旅游地往返以及在旅游地的各种旅游活动而提供的设施和服务的整体。从地理学的角度,其研究主要是对可进入性的交通和信息的研究,各种交通方式（航空交通、铁路交通、公路交通、水路交通、特种旅游交通）之间的匹配研究。

（5）旅游规划研究。旅游地理学从旅游资源的调查评价出发,分析旅游环境容量、旅游者行为规律、旅游需求要素、旅游地演化规律,综合评价区位和区域经济条件,兼顾社会、经济和环境效益,按照时间顺序和空间关系,研究和制定旅游规划。

（6）旅游区划研究。主要包括旅游区划的理论依据和区划方案,旅游发展对区划内各地区社会、经济与环境的影响,各区域旅游地理系统基本状况。

1.3　旅游地理学与相关学科的关系

旅游地理学是一门新兴的边缘学科,从总体学科属性来看,它属于地理学的分支学科。其基础理论更多地取自地理学,它同时涉及地理学的多个分支。旅游地理学与形成成长中的旅游学同样有着密不可分的关系。有学者认为旅游地理学同样属于旅游学的范畴,是旅游学的一个组成部分。旅游地理学与旅游学的关系是个别与一般的关系。虽然它们都建立在旅游这一统一基础上,但旅游地理是从地理这一侧面来考察旅游活动,侧重从地理的角度来研究旅游活动,揭示了旅游的起因及其产生的地理背景,地理环境对旅游活动的影响,从而进一步深化了旅游理论的研究。

1.3.1　与地理学科的关系

旅游地理学是从地理学科中发展起来的,它属于地理学的分支学科,同时与自然地理学和经济地理学都关系密切,两者都是这门学科形成和发展的前提。从旅游活动的行为性质讲,它是偏向于社会文化的,因此旅游地理属于人文地理学。但旅游吸引物的自然部分属于自然地理学,讨论吸引物离不开自然地理学,旅游产业是国民经济的一部分,是一项经济产业,因此经济地理学也要研究它。

1.3.2　与旅游学科的关系

旅游地理学是地理学与旅游学科的交叉学科。而且旅游经济学、旅游心理学、旅游社会学等学科,都是旅游地理学的平行学科,它们分别从不同的侧面来研究旅游活动这个复杂多面的社会经济现象。与这些平行学科比较,旅游地理学研究的特点是在空间上进行综合。

1.3.3　与其他学科的关系

旅游活动涉及的内容极其广泛,旅游地理学研究要涉及很多其他学科的知识,如园林学、建筑学、经济学、环境学、交通运输学、社会学、民俗学、考古学、历史学、民族学、宗教学、古典文学、美学、心理学等,旅游地理学研究者要学习、掌握这些学科与旅游相关的基本知识。

1.4　旅游地理系统理论

1.4.1　旅游地理系统的概念

旅游系统是系统理论在旅游领域的运用。早在20世纪20年代,国外学者就提出了区域旅游系统(regional tourism system)的概念。冈恩(Gunn,1972)最早从经济功能视角构建旅游系统,并在2002年修改完善了旅游功能系统模型(图1-1);认为旅游系统主要由需求和供给两部分构成,称为N-S对旅游功能系统模型。旅游吸引物、交通、服务、信息及促销五项是旅游供给的基本要素。

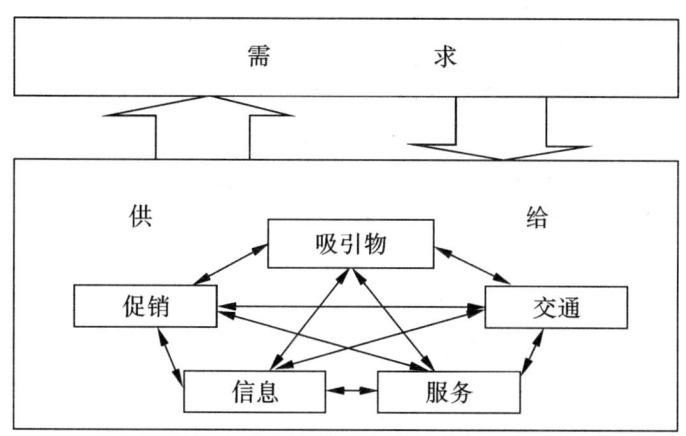

图1-1　N-S对旅游功能系统模型
(Gunn,1972年提出,2002年修改)

利珀(Leiper,1979、1990)提出了旅游地理系统,主要包括:旅游者、旅游业、客源地、旅游通道和目的地五个要素。从地理学的角度来看,旅游系统主要由旅游客源地、旅游目的地和旅游通道组成,称为O-D对旅游地理系统模型(图1-2)。目前,我国对旅游地理系统结构的组成要素存在不同的认知,在区域旅游层面,认为旅游地理结构为节点、线状、网络和面的要素集合。在区域空间结构的研究过程中,学者常借鉴传统的地理结构理论,如点-轴系统理论、核心-边缘理论、中心地理论、双核结构理论等,并将这些理论应用到旅游地理结构的研究中,结合旅游自身的发展特点,形成了旅游地理结构理论。在旅游地空间结构层面,冈恩从微观层次对旅游地理系统进行研究,提出了旅游目的地带理论。国内学者在冈恩研究成果的基础上,指出旅游地空间要素是由旅游目的地区域、旅游客源地市场、旅游节点、旅游区、旅游循环路线及旅游出入通道六大基本要素构成。此外,考虑到现实中区域的复杂性,旅游目的地带可进一步分为两类:第一类是典型的城市旅游目的地带空间模式,第二类是延伸型旅游目的地带空间模式。

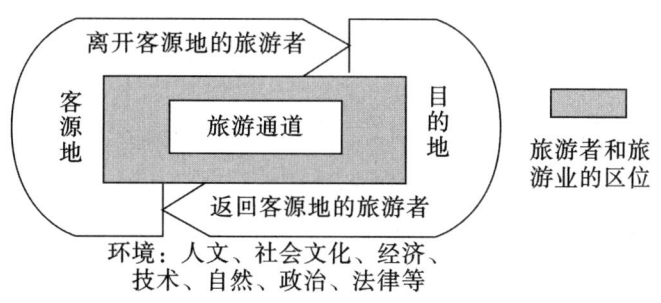

图1-2　O-D对旅游地理系统模型(Leiper,1990)

归纳而言,旅游系统是在一定的环境中由旅游主体、旅游客体和旅游媒体等若干要素按一定结构形式构成的具有特定功能的有机整体。旅游地理系统是人类旅游活动过程中,目的地、客源地和交通线路系统之间相互作用及其旅游要素在空间范围内的组合构成的有机整体。

1.4.2 旅游地理系统的组成

从空间结构角度建构的旅游系统模型中,利珀1979年提出、1990年予以修正的模型的影响力较大。利珀的模型包括旅游者、旅游业、客源地、旅游通道和目的地等5个要素。在结构功能和空间结构两个层面上讨论旅游系统。在利珀模型中,重点突出了客源地、目的地和旅游通道3个空间要素,他把旅游系统描述为由旅游通道连接的客源地和目的地的组合(图1-2)。旅游客源地是旅游者居住及旅行的始发地,而旅游目的地是吸引旅游者在此作短暂停留,进行观光度假的地方,旅游通道将客源地和目的地两个区域连接起来,其不仅仅指那些能够帮助旅游者实现空间移动的物质载体,同时也包括一些旅游者可能参观的地点(Cooper等,1998)。对照旅游功能系统模型,可以发现,旅游通道同时也应该是一条信息的通道。一方面是市场需求信息从客源地流向目的地,另一方面是具有促销功能的目的地信息从目的地流向客源地。旅游通道的特征和效率将影响和改变旅游流的规模和方向(保继刚,1992)。利珀同时也指出了旅游系统中的另外两个要素,旅游者和旅游业。旅游者是旅游系统的主体,在客源地和目的地的推拉作用下,旅游者在空间上进行流动。旅游业存在的意义在于通过其产品满足旅游者的旅游需求。从利珀的模型可以看到,旅游业中的不同部门分布于客源地、目的地或旅游通道等不同的空间,共同为旅游者提供一个完整的旅游产品。虽然利珀重视旅游者和旅游业的空间属性,但是利珀同样也强调供给与需求间的关系,比如,他认为客源地的需求天生具有不稳定性、季节性和非理性等特点,另一方面旅游目的地的供给又是割裂的、刚性的,因此旅游业是一个在供求关系上充满矛盾的产业(转引自Cooper等,1998)。在利珀的模型中既可以看到旅游功能系统模型的影子(供给与需求的相互关系,N-S对关系),又可以发现客源地和目的地的空间关系(O-D对关系)。因此可以认为,利珀对旅游系统的分析是从两个层面着手的。第一个是结构功能层面,在这个层面上他同结构功能主义者一样也强调供给与需求之间的关系。第二个是空间层面,在这个层面里,他强调客源地、目的地和旅游通道等空间要素的关系。应该说,这两个层面是有联系的,后者(旅游空间结构)正是前者(旅游供求关系)的空间表现形式。

1.4.3 旅游地理系统特征

旅游地理系统是由人类旅游活动形成的一类独特的地理系统,目的地、客源地和旅游交通线路等组成旅游活动过程的三类地理要素,是构成旅游系统的三类空间子系统。三类空间子系统通过旅游流的相互联系成为统一系统整体。

1.4.3.1 旅游目的地系统的特征

(1)具有一定数量、规模和吸引力的旅游对象物,即旅游吸引物,对旅游者产生普遍稳定的吸引力。如果某个地方偶然有少量游客访问,则该地还称不上旅游目的地。因为以它为中心还不能形成旅游系统。

(2)可以同时满足旅游者吃、住、行、游、购、娱、通讯、货币兑换等多种旅游需求,具有完善的旅游接待功能。如果某旅游地不具备接待功能,则只是旅游景区,不能称其为旅游目的地。

(3)具有一定的空间边界和范围。

(4)具有结构和功能的稳定性。即旅游目的地一经形成,就呈现出一定的空间形态和功能结构,并在较长的时期内保持不变。

1.4.3.2 客源地系统的特征

利珀(1979)将客源地定义为旅游者的永久居住地,是旅游活动的起点和终点,尤其包含导致或激发旅游流产生的一系列特点。作为旅游系统的子系统,客源地也具有一定组成、结构和功能的系统,即客源地是指由经济、政治、意识系统及地理环境四部分组成的具有旅游流输出功能的社会系统。

客源地系统具有两个基本特征:

(1)客源地在与目的地相互作用条件下可以经常性地产生一定数量规模的旅游流。衡量A地是否是目的地B的客源地,要看A地产生的旅游流的规模。如果偶尔从A地来B地几个旅游者,则A地不能称其为B地的客源地。因为两地之间并没有形成稳定的旅游流联系。

(2)客源地相对于目的地而存在,是目的地系统现实游客的来源地和潜在游客的产生地。例如,北京虽然是著名的旅游目的地,但相对于其他目的地,也可以表现为客源地。

1.4.3.3 旅游通道系统的特征

旅游者从客源地到目的地的旅行必须通过一定的交通通道,所以,旅游通道是将客源地和目的地连接在一起的旅游线路,包括途中停留点。旅游通道系统是有连接目的地和所有客源地的交通线路、交通工具及交通站点(车站、码头、港口)等交通设施组成的系统,同整个社会的交通运输系统连接在一起,是大交通运输系统的组成部分。旅游通道系统的特征和效率将影响和改变旅游流的规模和方向,对旅游系统的整体功能状态产生一定的作用和影响。

旅游通道系统的特征有两个:

(1)旅游通道系统呈现网络结构,网络中的"节点"为车站、码头、港口和机场等,这些节点分别位于目的地或客源地,是旅游流进出目的地或客源地的门户;网络中的连接为各种交通线路,是将目的地和客源地连接为统一整体的纽带,也是旅游流在系统中流动的渠道。

(2)交通网络的发展相对于目的地和客源地具有一定的独立性,而与社会大交通网络系统的发展同步。

【本章小结】

本章介绍了旅游地理学的研究对象、研究内容及旅游地理学与相关学科的关系,以及中国旅游地理学的产生和发展过程和未来趋势,在众多旅游系统模型中以N-S对和O-D对为例介绍了其理论、特征及构成。

【重点概念】

旅游地理学;旅游地理学发展;旅游地理系统。

【思考题】

1. 试论述地理学发展的社会经济背景。
2. 从学科的性质谈谈旅游地理学发展的趋势。
3. 比较世界旅游地理学的发展同中国旅游地理学发展的特点。
4. 谈谈你对中国旅游地理学发展的看法。
5. 辨析 N-S 对和 O-D 对模型的联系和区别。

参考文献

1. 保继刚.中国旅游地理学研究问题缺失的现状与反思[J].旅游学刊,2010,25(10):13-17.

2. 保继刚,楚义芳.旅游地理学[M].北京:高等教育出版社,2012.

3. Leiper N．Tourism Management［M］.Collingwood，VIC；TAFE Publications，1995.

4. Gunn，C A，Turgut Var．Tourism Planning：Basics Concepts Cases(4thed)［M］.New York：Rout ledge，2002.

中国旅游吸引物

学习目标→

通过本章学习,初步认识和了解旅游吸引物的基本概念;把握旅游吸引物的分类和属性;了解世界级的旅游吸引物和国家级的旅游吸引物包含的主要内容。

学习难点→

旅游吸引物的概念 旅游吸引物的分类 旅游吸引物的属性

【案例导入】

谈旅游资源、旅游产品及旅游吸引物间关系

旅游资源、旅游产品以及旅游吸引物三者本属于不同的概念。旅游资源先旅游业而存在,是一种客观存在,处于潜在的待开发状态。旅游资源对于旅游者是吸引性,是吸引的一种潜在能力,它没有与顾客直接发生联系;而旅游吸引物的吸引力,是现实存在的吸引作用,其使用价值在顾客那里得到体现。对于旅游产品来说,它也被包含于旅游吸引物中,但是它与旅游资源只有交集,并不存在包含于被包含的关系。总体概括起来,包括了旅游资源、旅游产品以及边缘的旅游吸引物(如旅游服务设施、景点标示等),同时把旅游者和旅游经营者有机地联系起来,一起构成了旅游吸引物。

{资料来源:刘小宇.谈旅游资源、旅游产品及旅游吸引物间关系[J].旅游纵览(下半月),2015(5):40-41.}

2.1 旅游吸引物概述

2.1.1 旅游吸引物概念

西方学术界经常使用的一个词语是"旅游吸引物"(tourist attractions)。Lew将旅游吸引物定义为"在本质上是由所有足以将每个旅游者从家中吸引过来的要素构成的。这些要素通常包括可供观赏的风景,可参与的活动,可追忆的经历"。雷帕在《旅游吸引物系统》一文中,进一步将旅游吸引物定义为一个综合系统,认为"游客或人的要素、核心或中心的要素、信息或标识的要素"这3种要素相结合形成了旅游吸引物。在雷帕看来,"如果没有旅游者造访伦敦塔,伦敦塔就不会被看作一个旅游吸引物"。沃特也说:"如果只一个人待在布赖顿或莱姆·里吉斯海滨,即使是在阳光明媚的日子,也会有一种阴森可怕的体验。"所以,旅游者成了旅游吸引物的必不可少部分。约翰·尤瑞认为这是一种集体性的旅游需求(collective tourist demand)。各种标志物、媒介体也一样,它们都成为旅游者有吸引力的东西。

从广义上说,旅游吸引物就是旅游目的地吸引旅游者的所有因素的总和,包括旅游吸引物、旅游设施、旅游服务、旅游环境等诸多要素。比如霍洛韦(Holloway,1986)认为:"旅游吸引物必须是那些可以给旅游者以积极的效益或特征的东西,他们可以是海滨或湖滨,山岳风景,狩猎公园,有趣的历书纪念馆或文化活动,体育运动,以及令人愉悦舒适的会议环境。"从微观上看,旅游吸引物是吸引旅游者产生空间位移的核心吸引物,通常可以用旅游客体(旅游吸引物)加以替代,其吸引力的界定已形成了相对比较成熟的旅游吸引物评价体系。而随着高品质的旅游吸引物不断地被开发成为景区,旅游吸引物也可以用旅游景区来表示,国家旅游局推出的A级景区则是一个较为完善的评价体系,不仅获得了业界的广泛认同,也受到世界旅游组织的推崇。

国内学者对旅游吸引物的定义与国外学者有相似之处,吴必虎将旅游吸引物定义为"在旅游吸引物的基础上经过一定程度的开发形成的"。保继刚、楚义芳认为旅游吸引物是促进人们前往某地旅游的所有因素的总和。

国内外学者对旅游吸引物的界定虽然存在一定程度的差异,但其间也存在许多相同点,如都强调旅游吸引物与游客之间存在关联关系;都认为旅游吸引物是开展旅游活动的前提基础,包括具体的物质实体和事件、现象等多种形式;以及旅游吸引物对人或游客具有吸引力等。其中旅游吸引力是旅游吸引物的核心部分,没有吸引力的旅游吸引物将失去活力。

旅游吸引物的核心功能是吸引旅游者前来旅游地访问游览、休闲度假或参加商务会展。具体而言,旅游吸引物的功能可以从旅游者和旅游地两个方面来看:一方面,吸引物能够激发旅游者的旅游动机,满足旅游者的旅游需要;另一方面,吸引物是旅游产业发展的核心和基础,能为当地带来直接和间接经济、社会和环境效益。

本书认为,旅游吸引物与旅游资源、旅游商品和旅游产品既有关联又有区别(图2-1)。旅游吸引物是指能对游客产生吸引力的各类事物或因素,既包括有形的旅游吸引物,如自然旅游资源,人文旅游资源和人造旅游吸引物等;还包括旅游服务、文化环境和社会制度等无形的旅游吸引物。旅游吸引物是游客产生旅游行为的原因。旅游吸引物按照其具有的规模和意义级别,其吸引力和市场范围有所区别。

2.1.2 旅游吸引物的分类

国外学者根据旅游吸引物的物质属性,将其分为有形的和无形的,有形的分为:自然事物、人文事物和人造旅游吸引物等。无形的分为旅游服务、文化环境和社会制度等。

克莱尔·冈恩、特格特·瓦尔在《旅游规划:理论与案例》一书中指出,吸引物就是为了游客的兴趣、活动和享受,经过设计和管理,进行开发的地方。如果一个目的地有充足的资源即旅游吸引物(tourist attraction),那么只有当它们能够接待游客时才能称为吸引物(attraction)。考虑到现有的吸引物数量和种类极其多样对规划来说没有太大的帮助,但是吸引物是可以按照不同的方式进行分类的。这些分类能够对规划起到一定的作用,如:吸引、诱惑和刺激旅游者出游的兴趣;提供游客满意度;对私营企业和其他旅游决策部门有所帮助。以下就是主要的三种分类方式。

2.1.2.1 根据所有权属的分类

吸引物一般由政府部门、非营利组织和商业企业三种部门所有。表2-1列出了根据所有权属吸引物的分类。

表2-1 根据所有权属对吸引物的分类

政府部门	非营利组织	商业企业
国家公园	历史古迹	主题公园
州立公园	节庆	豪华游轮
野生动物保护区	机构营地	购物中心
风景道/历史道路	老旅馆	特色风味
游憩区	历史建筑	度假区
国家纪念地	剧院	高尔夫球场
野生生物避难所	花园	剧院
动物园	博物馆	工艺品店
自行车/徒步游径	传统巡游	工业旅游
运动场	自然保护区	赛车场

2.1.2.2 根据吸引物基础的分类

根据旅游吸引物的开发基础,即自然吸引物基础和文化吸引物基础分类,见表2-2。

表 2-2 根据资源基础对吸引物的分类

自然吸引物基础	文化吸引物基础
海滨度假地	历史古迹
野营地	考古遗址
公园	博物馆
滑雪度假区	民族文化区
豪华游轮	节庆
高尔夫球场	医疗中心
自然保护区	贸易中心
机构营地	剧院
自行车/徒步游径	工业旅游
风景道路	会议中心

2.1.2.3 根据旅游时间的分类

虽然最近的市场趋势表明游客的出游时间在缩短,但是吸引物也可以根据其是否适合作为旅游线路中的过境吸引物还是长时间逗留的目的地吸引物进行分类,见表 2-3。

表 2-3 根据滞留时间对吸引物的分类

观光过境	长时间逗留
路边风景区	度假区
自然区域	机构营地
历史建筑物、古迹	联体度假公寓
特色风味餐馆	游戏中心
宗教圣地	小资农场
动物园	会议中心

2.1.2.4 其他分类方法

国内对旅游吸引物的分类,常以其属性为标准,较早的是两分法和三分法。两分法一般是将旅游吸引物划分为人文和自然两大类。三分法一般是将旅游吸引物分为自然、人文和人造旅游吸引物。后随着研究的深入,学者们不再仅依据属性来划分旅游吸引物的类型,有的学者从吸引性质上把旅游吸引物分为场所吸引物和事件吸引物,有的学者根据旅游吸引物是否消耗分为消耗性和非消耗性两类。有一些学者认为三分法不足以包含所有的旅游吸引物,或一些特殊的旅游吸引物应从这些大的类型中提取出来,由此出现了四分法、五分法及其他分类方法。

国内对旅游吸引物的分类根据吸引力范围、吸引物资源属性和产权属性及吸引物空间边界,可以对旅游吸引物或旅游地进行不同的分类。按照吸引力范围,可以将吸引物由高到低分为国际、国内、区域、地方等不同级别。因此,从旅游吸引物能够吸引游客的空间范围来划分类别,可以体现旅游吸引物的质量和等级。国际级是指能够吸引国际旅游者的旅游吸引物。对旅游吸引物的定义也存在很多差异,但其本质正如斯沃布鲁克(Swarbrooke,2000)所说:"旅游吸引物是旅游业的核心,是人们想去一个地方旅游的动机"。理查兹(Richards,2001)也指出,旅游吸引物"确实为很多旅游活动提供了一个中心,并且是参与旅游业竞争的各目的地的重要因素"。

对旅游吸引物进行分类的方法也很多,甘恩(Gunn)和Var(2002)将这些分类方法归为三种:①根据所有权属进行分类。②按资源基础进行分类,主要有以自然资源为基础的分类和以文化资源为基础的分类两大类。③根据旅游时间长短对旅游吸引物进行分类,可以分为旅游线路中的过境吸引物和长时间逗留的目的地吸引物两大类。

按照吸引物的属性,可以将吸引物分为自然型、历史型、商业型和节事型四类旅游吸引物。旅游资源是吸引物的依托基础,吸引物是在旅游资源的基础上开发出的旅游产品关键组件,因此旅游吸引物的属性具有决定意义。自然型和历史型旅游吸引物都是基于原有的能够吸引旅游者的资源进行加工而成的旅游产品。自然型吸引物是在自然资源的基础上加工创造形成的旅游产品;历史型吸引物是在历史文化资源的基础上加工创造形成的旅游产品,而商业型和节事型吸引物一般不依赖于直接的旅游吸引物,是按照目标市场的需求人工创造的现代旅游吸引物或再开发型吸引物。

根据旅游吸引物的产权性质,可以将吸引物分为公共吸引物和商业吸引物。公共吸引物是指属于国家和集体所有的旅游吸引物;商业吸引物是指属于企业或个人所有的旅游吸引物。

按照旅游吸引物的空间边界,可以将其分为封闭型吸引物和开放型吸引物两类。封闭型吸引物是指具有明确的空间范围的吸引物,包括风景名胜区、自然保护区、森林公园、地质公园、旅游度假区、主题公园、游乐园、动物园、植物园及商务会展等各类吸引物。其边界可以是管理边界。通过立法、界桩、篱墙、出入口等标示,也有的小规模吸引物以围墙或建筑物本身来划定边界。开放型吸引物主要是指空间范围无法明确划分的旅游吸引物,包括历史城镇、旅游城市、开放型历史街区和步行商业街,通过若干行政区或边界的风景道、运河、游径等。虽然历史城镇和城市有行政边界,但是作为旅游吸引物,其具有吸引力的空间单元并不与其行政边界完全一致,对于不同的旅游者也有不同的感知空间,因而其空间边界是不确定的。

按照产品特征,可以将旅游吸引物划分为观光型旅游吸引物和度假型旅游吸引物两大类。观光型旅游吸引物主要包括保护类的风景名胜区、森林公园、地质公园、湿地公园和水利风景区等,创意类的主题公园、工业遗产园等,以及历史地段类的历史文化名城/名镇和古村落等。度假型旅游吸引物主要包括经典的温泉度假地、海滨度假地、滑雪/山地度假地和乡村度假地,新兴的城市度假地和旅游度假村、主题度假酒店等。

对比上述分类可以发现,从不同的角度对旅游吸引物进行划分,会得到不同的划分结果,但单从旅游吸引物属性的角度来看,无外乎自然、人文两大类,其中把旅游吸引物分为自然和人文两大类,这种分类较为宽泛,一些吸引物既具有自然属性也具有人文属性,很

难对其做出明确的区分。因此还有很多其他的分类方法,如户外吸引物与室内吸引物,主要吸引物与次要吸引物或者按细分市场分类。

2.1.2.5　本书对旅游吸引物的分类方法

本书对旅游吸引物的分类是从旅游地理系统的四级区划和旅游吸引物的级别进行划分,把旅游吸引物划分为世界级旅游吸引物、国家级旅游吸引物、优秀旅游城市、中国旅游特色小镇、国家公园。进而从旅游区划的角度系统阐述各大区的旅游吸引物。

2.1.3　旅游吸引物的属性

2.1.3.1　客观性

客观性代表旅游吸引物的绝对价值,是某物成为吸引物的前提。吸引物之所以成为吸引物,首先离不开其独特的客观属性(如黄山的险峻挺拔、黄果树瀑布的气势磅礴等),但这种客观属性仅仅是某物成为吸引物的前提或潜在条件。只有当人们形成了有关某个客体的形象,这个客体才在现实的意义上成为吸引物。旅游吸引物的客观属性体现在吸引物客观存在的观赏审美价值、历史文化价值和科学教育价值等。

2.1.3.2　社会性

从社会学的视角来看,旅游吸引物不仅是一种独立的、静态的客观存在,它更是一种社会建构的产物,是随着社会变迁而不断变化的:旅游吸引物的社会建构过程实质上是社会意义和价值建构的过程,也是旅游吸引物的符号化过程,这一过程随着社会主流价值与理想的变化呈现出不断变化的动态特征。不同的旅游吸引物往往代表不同的社会发展条件下的意义和价值认同。时代不同,社会背景不同,社会的主流价值与理想也不相同,与之相对应,社会所热衷的旅游吸引物类型也不同。可见,旅游吸引物不但具有"物理寿命",而且具有"社会寿命",后者源于社会所赋予的吸引物的价值与理想(即符号化过程)。随着这些价值与理想的变化,原来的吸引物就会被抛弃,人们会选择新的吸引物来代表新的价值与理想。旅游吸引物于是呈现出不断更替与循环的动态特征。正是由于旅游吸引物体现了社会的价值与理想,旅游目的地才获得了社会生命。

2.1.3.3　符号性

符号性代表吸引物的相对价值,但因旅游者不同而不同。旅游吸引物之所以能够吸引人,不是因为人们见到它之后才被吸引,而是在没有见到它之前就对其产生了渴望。可见,旅游吸引物的吸引力,不能仅仅从其客观属性来判定,而必须同时从其符号属性来分析。旅游吸引物与旅游者之间并非简单的直接对应关系。旅游吸引物的标识物往往是拉动旅游者前去旅行的重要动力。在这个意义上说,旅游吸引物的符号化过程就显得非常重要。从符号学的角度看,任何一事物均可转变成代表他物的符号或象征,旅游吸引物也一样。在旅游符号学的意义上,旅游吸引物其实就是一种符号,是一种代表其他东西(或属性)的象征。比如金字塔是埃及的象征,长城是中国的象征。人们游历世界各地,不过是为了"搜集"各种符号。景物越具有地方特色,就越具有典型性和代表性,就越是可以看作符号,因为它象征着比景物本身更多的东西和内容。旅游吸引物的符号学过程通常是双向的,一方面是景点转变成符号和象征(这主要是文化过程,而非物质开发过程),另一方面景点本身又可被许多其他符号(宣传图片、路牌等)所代表、所表征。某一景点被符号性的文字、图片渲染得越高,其名声就越大,其旅游价值也越高。而旅游吸引物的符号性又包含三种形态:旅游吸引物标志符号、旅游吸引物文化符号和旅游吸引物群体符号。

在很多情况下,旅游吸引物值得去看,往往不是因为景观或景物本身。而是因为关于这一景观或景物的信息(符号意义)让人们觉得值得一看,麦肯耐尔(1976)给出了一个来自纽约的典型例子:"当一小块月球上的石头被放在美国国家历史博物馆展出的时候,一天中就有42 195人到博物馆来参观,这个游客数是博物馆单日接待的最多人数。在参观中,有一个13岁的男孩评论道,'这石头看上去就是那种你能在中央公园随意捡到的东西,但它很酷,因为它来自月球'。"

2.1.3.4 系统性

在吸引物的系统观点下,旅游吸引物之所以能吸引旅游者,不仅因为其某种特殊的客观属性,还因为旅游经营者和旅游者的感知和认同,旅游吸引物不仅是一个客观的具有"吸引力"的要素总和,它更是一个吸引物系统,它是从属于整个旅游系统之下的一个子系统。旅游吸引物既然是一个系统,内部必然有形式各异的系统要素。旅游吸引物是由一个个符号经过构建和编码组成的一个系统。旅游吸引物是需要游客付出一定的努力和代价来获得,因而是绝对价值(某种稀缺的客观属性)、符号价值(某种社会价值和理想的意义建构)、消费价值(旅游者的获得)的结合。

2.2 世界级别的旅游吸引物

世界级的旅游吸引物是获联合国教科文组织承认并列入世界遗产名录、世界地质公园名录、世界生物圈保护区名录的吸引物。世界遗产、世界地质公园和世界生物圈保护区网络同属联合国教科文组织在世界范围内建立的三大保护系列。

2.2.1 世界遗产

世界遗产是指被联合国教科文组织和世界遗产委员会确认的人类罕见的、目前无法替代的财富,是全人类公认的具有突出意义和普遍价值的文物古迹及自然景观。狭义的世界遗产包括"世界文化遗产""世界自然遗产""世界文化与自然遗产""文化景观"四类。广义的世界遗产在狭义的基础上,还包括记忆遗产、人类口述和非物质遗产(统称非物质文化遗产)。许多世界遗产地都是国家文化的代表,有些甚至在国际范围内被认为是该国的象征,因此,大多数遗产地被《世界遗产名录》收录后总会在短时间内极大地促进当地旅游业的快速发展。如,云南丽江古城自1997年被列入《世界遗产名录》后,它就从名不见经传的茶马古道小镇,一跃成为极高知名度的旅游热点地区,旅游效益更是直线上升。公开数据显示,1997年列入世界文化遗产名录的平遥古城,1998年门票收入从申报前的18万元一跃至500多万元,翻了近30倍;云南丽江古城在被列为世界文化遗产后,其旅游综合收入达到13.44亿元,占丽江国民生产总值的50%。

中国于1985年加入《保护世界文化和自然遗产公约》,现在是世界遗产委员会的成员。中国申报世界遗产始于1986年,截至2021年7月25日,共有56个项目被联合国教科文组织列入《世界遗产名录》,位居世界第一。具体名录见附录1。

世界遗产是极其宝贵的旅游吸引物,其空间分布对区域旅游流格局产生着重要影响。分析中国世界遗产的分布状况,揭示其空间分布特征及规律,能够为我国世界遗产的申报、管理和保护规划提供科学依据。王昕(2010)等学者的研究表明,我国的世界遗产具有明显地域特征,空间格局表现出明显的组团状特征:①从全国看,中国世界遗产呈组团状,分布在北京及周边、黄河中下游、长江中下游平原及西南地区;②从省域看,中国世界遗产分布于全国22个省区,各省区分布不均衡;从南北看,南方世界遗产分布数量与密度均大于北方,且自然遗产主要分布于中国长江流域,生物多样性明显,黄河流域等广大北方地区以文化遗产分布为主;③从东中西部看,中国世界遗产在数量上分布较为均衡,就密度而言,东部密度最大,中部次之,西部密度最小,呈现西疏东密的空间分布现状;④我国世界遗产沿两个特殊的地理地带分布,即我国地貌第二和第三级阶梯过渡带、长江流域带分布;⑤各省(直辖市、自治区)人口拥有量与遗产地分布大致呈正相关,在胡焕庸线东南侧人口密集之处分布着中国92%的世界遗产,在地广人稀的西北侧只分布着中国8%的世界遗产。

遗产空间分布特征与自然环境、社会历史、经济活动等诸多因素有密切关系:一是世界遗产的宏观尺度分布受地理大环境影响,主要分布于地质复杂、地貌类型丰富,但又不恶劣的区域;二是与生物和人类的宜生环境条件有关,中国世界遗产大多分布于生物宜生、人类宜居的区域,自然环境复杂而不极端(例如极端气候),既有利于生物多样性生长,又有利于人类生存,最终促进了历史时期人类文明的形成。

2.2.2 世界地质公园

2.2.2.1 世界地质公园概念

世界地质公园,是由联合国教科文组织组织专家实地考察,并经专家组评审通过,经联合国教科文组织批准的地质公园,称世界地质公园。世界地质公园的构成条件主要包括以下六条:

(1)有明确边界,有足够大的面积使其可为当地经济发展服务,由一系列具特殊科学意义、稀有性和美学价值的地质遗址组成,还可能具有考古、生态学、历史或文化价值。

(2)这些遗址彼此联系并受公园式的正式管理及保护,制定了官方的保证区域社会经济可持续发展的规划。

(3)支持文化、环境可持续发展的社会经济发展,可以改善当地居民的生活条件和环境,能加强居民对居住区的认同感和促进当地的文化复兴。

(4)可探索和验证对各种地质遗迹的保护方法。

(5)可用来作为教育的工具,进行与地学各学科有关的可持续发展教育、环境教育、培训和研究。

(6)始终处于所在国独立司法权的管辖之下。所在国政府必须依照本国法律、法规对公园进行有效管理。

地质公园是以其地质科学意义、珍奇秀丽和独特的地质景观为主,融合自然景观与人文景观的自然公园。由联合国教科文组织选出,此计划在2000年之后开始推行,目标是选出超过500个值得保存的地质景观加强保护。截至2020年,中国已有41处地质公园进入教科文组织世界地质公园网络名录,见附录2。

中国世界地质公园的空间分布形态呈点状分布,分布范围广泛,几乎涵盖了中国七大地理分区:华东地区(浙江、安徽、江西、山东、福建)、华北地区(北京、内蒙古中部地区)、华中地区(河南、湖北、湖南)、华南地区(广东、广西、海南、香港)、西南地区(四川、贵州、云南)、西北地区(陕西、甘肃、青海、内蒙古西部阿拉善盟)、东北地区(黑龙江、内蒙古东部)。结合我国的地形背景分析,可发现我国的世界地质公园在空间分布上呈明显的聚集带特征。

2.2.3 世界生物圈保护区网络

世界生物圈保护区网络(WBRN)是联合国教育、科学及文化组织在人与生物圈计划中指定的生物圈保护区总称,该计划的宗旨是展示人类与自然环境的密切关系。世界生物圈保护区和世界遗产同属联合国教科文组织在世界范围内建立的两大保护系列。生物圈保护区将传统的绝对保护过渡到开放式、多功能的积极保护。"人与生物圈计划"简称MAB,是联合国教科文组织科学部门于1971年发起的一项政府间跨学科的大型综合性的研究计划。生物圈保护区是MAB的核心部分,具有保护、可持续发展、提供科研教学、培训、监测基地等多种功能。生物圈保护区是一种新型的自然保护区,是根据《世界生物圈保护区网络章程框架》设立,在联合国教科文组织"人与生物圈计划"范围内得到国际上承认的地区。将传统的绝对保护过渡到开放式、多功能的积极保护。它由两个区域组成:中心区和缓冲区。在中心区内强调保护生物物种,在缓冲区内开展实用研究,开发小型的项目,如蔬菜种植、水产业、林业开发等。如墨西哥的马皮米生物圈保护区内,中心区保护的是濒危的沙漠龟,缓冲区内是牧场和村庄,牧民和村民们在缓冲区内培育更好的牲畜饲料,同时开展宣传活动,阻止当地的居民对沙漠龟的捕杀。"世界生物圈保护区网络"目前包括世界上120个国家的651个生物圈保护区,有的国家已成立了人与生物圈国家委员会,成为全球最大的政府间保护区网络之一。

2.3 国家级别的旅游吸引物

国家级别的旅游吸引物指具有国家级旅游资源和国家级旅游服务的5A级景区、国家级旅游度假区、国家级优秀旅游城市、中国旅游特色小镇和国家公园。

2.3.1 5A级景区

中华人民共和国旅游景区质量等级划分为五级,从高到低依次为5A、4A、3A、2A、A级。5A级为中国旅游景区最高等级,国家5A级景区是一套规范性标准化的质量等级评定体系,是中华人民共和国国家旅游局(现已并入文化和旅游部)设立的全国旅游景区质量等级评定委员会组织评定,是目前全国旅游景区(点)最高评定标准,标准注重人性化和细节化,更能反映出游客对旅游景区的普遍心理需求,突出以游客为中心,强调以人为本。

2007年5月22日,国家旅游局在其官方网站发布通知公告,经全国旅游景区质量等级评定委员会委派当地评定小组现场验收,全国旅游景区质量等级评定委员会审核批准,决定批准北京市故宫博物院等66家景区为国家第一批5A级旅游景区。此后,全国各地涌现一股创5A景区的热潮,截至2022年11月,全国确定了318家国家5A级旅游风景区,见附录3。

2.3.2 国家级旅游度假区

国家级旅游度假区是指符合国际度假旅游要求,以接待海内外旅游者为主的综合性旅游区,有明确的地域,适于集中设配套旅游设施,所在地区旅游度假资源丰富,客源基础较好,交通便捷,对外开放工作已有较好基础。与国家级风景名胜区等自然保护区域不同的是,国家旅游度假区属国家级开发区。

国家级旅游度假区评定工作由国家旅游局委托"全国旅游吸引物规划开发质量评定委员会"(以下简称"全国旅资委"),按照国家旅游局颁布的《旅游度假区管理办法》具体组织实施并实行动态管理。各省区市旅游部门也要加强组织领导和监督管理。省级评定机构要向全国旅资委备案。

截至2023年5月,我国共有国家级旅游度假区63家,见附录4。

国家级旅游度假区评定工作,依据《旅游度假区等级划分》国家标准(GB/T26358—2010)及实施细则进行。除达到相应项目规定分值外,国家级旅游度假区必须具备以下条件:具有明确的空间边界和统一有效的管理机构,面积应不小于8平方千米;具备至少3家有显著特色或国际水准的高品质的度假型酒店;以接待过夜游客为主,过夜游客中应有至少1/3平均停留3夜以上或2/3平均停留2夜以上;住宿接待设施总客房数应不小于1 000间;旅游度假区内用于出售的房地产项目总建筑面积与旅游接待设施总建筑面积的比例应不大于1∶2;近3年来无重大旅游安全事故。

国家级旅游度假区评定管理工作按照"自愿申报—地方初审和推荐—基础评价—现场检查—公示授牌—监督复核"的程序进行。

2.3.3 国家级优秀旅游城市

改革开放以后,我国旅游业得到了飞速发展,为了促进城市旅游业的发展,从而带动整个旅游业的快速发展,1995年3月,国家旅游局发出《关于开展创建和评选中国优秀旅游城市活动的通知》。1996年4月,国家旅游局在北京召开了部分城市旅游工作座谈会,拉开了全国创优工作的序幕。经过1997年的深入调研和积极筹备,1998年,国家旅游局出台了《中国优秀旅游城市检查标准(试行)》和《中国优秀旅游城市验收办法》。同年,经国务院、中央文明办同意,国家旅游局成立创建中国优秀旅游城市指导委员会,为创优工作顺利开展提供了有力的组织保障。2003年,国家旅游局颁布了修订后的《中国优秀旅游城市检查标准》,为创优工作确立了科学依据。"创优"工作主要有申报、创建、自检、初审、验收、批准命名六个步骤。

我国自1998年开始创建中国优秀旅游城市以来,全国分9批共有339座城市通过了验收,进入了优秀旅游城市名录中,见附录5。

中国优秀旅游城市经历了十几年的发展与建设,已遍布全国31个省区市。随着获得称号城市数目的增加,以及地域分布范围的扩散,不同等级规模的旅游城市之间通过旅游交通以及旅游流等方式组合成一个开放、有序的旅游城市体系,其中,既有以高质量旅游吸引物为依托的传统旅游城市,也不乏交通便捷、经济活跃、商务购物环境优越、科技信息发达、服务体系齐全的现代化大都市,这是一个在原有城市体系基础上发展而成的旅游目的地体系。

已有研究成果表明,中国优秀旅游城市在空间形态上呈凝聚型态势,表现出明显的地域性特征:

(1)从大区域看,呈现明显的东多西少的整体格局。从中国旅游城市分布图可以清楚看到,优秀旅游城市大多集中在东部地区,尤其是集中分布于长江三角洲、珠江三角洲、黄河下游、京津地区和辽中南城市密集区。上述这5个地区的总面积仅占国土总面积的12.9%,但却密布着占全国优秀旅游城市总数的51.4%,是我国优秀旅游城市分布最为密集的地区。

用区位商衡量,东部地级优秀旅游城市获选区位商(1.39)最高,中部(1.23)次之,西部(0.73)最低。东部地区与中部地区的获选区位商皆大于1,说明东、中部地级市中获得优秀旅游城市称号的城市数目较多,西部地级市中获得优秀旅游城市称号的数目较少。区位商值由东向西递减,表明地级优秀旅游城市创建与三大经济带分布的耦合关系密切,即经济越发达,地级市创优成功率越高,经济欠发达地级市创优成功率低。

(2)从省级层面看,地域分布差异显著。中国优秀旅游城市在省域分布上的差别也是十分显著的,位于长江三角洲地区的江苏省、浙江省和上海市是优秀旅游城市分布密度最高的3个地区,而西部的青海、西藏、新疆、甘肃和内蒙古是优秀旅游城市分布密度最低的5个省区。

(3)从地理纬度看,优秀旅游城市集中在北纬20°~40°及东经110°~125°的地区。这里分布着优秀旅游城市总数的3/4,其所在区域刚好与我国经济发达、人口众多、资源丰富的华北、华东和华南地区相吻合。这种分布现状说明:中国优秀旅游城市的分布主要与人口密度和区域经济繁荣程度相关度较高。

(4)不同级别优秀旅游城市空间分布与经济水平空间分异之间的耦合关系不一致。地级优秀旅游城市分布与经济水平空间差异耦合关系密切,县级优秀旅游城市与经济水平空间差异耦合关系不明显,但却与区域旅游吸引物优势存在较大相关性。研究结果表明,东部地区在所有级别优秀旅游城市的创建上均具有优势地位,中部地区仅地级市具有创优竞争力,西部地区则在县级市的创优中实力突现。

2.3.4 中国旅游特色小镇

中国旅游特色小镇是指国家发展改革委、财政部以及住建部决定在全国范围开展特色小镇培育工作,2020年,培育1 000个左右各具特色、富有活力的休闲旅游、商贸物流、现代制造、教育科技、传统文化、美丽宜居等特色小镇,引领带动全国小城镇建设。

对特色小镇的培育,三部委提出了要有特色鲜明的产业形态、要有和谐宜居的美丽环境、要有能够彰显特色的传统文化、要有便捷完善的设施服务、要有充满活力的体制机制

5点要求。三部委负责组织开展全国特色小镇培育工作,明确培育要求,制定政策措施,开展指导检查,公布特色小镇名单等。省级住房城乡建设、发展改革、财政部门负责组织开展本地区特色小镇培育工作,制定本地区指导意见和支持政策,开展监督检查,组织推荐。县级人民政府是培育特色小镇的责任主体,负责制定支持政策和保障措施,整合落实资金,完善体制机制,统筹项目安排并组织推进。镇人民政府负责做好实施工作。

2016年10月,在各地推荐的基础上,经专家复核,由国家发展改革委员会、财政部以及住建部共同认定得出,住建部公布了第一批中国特色小镇名单,涉及32省份共127个,见附录6。

在住建部等三部委公布的这份名单中,浙江省的特色小镇最多,有8个;其次山东省、江苏省、四川省有7个;广东省6个;安徽省、福建省、湖北省、湖南省、贵州省、陕西省分别有5个;河北省、辽宁省、江西省、河南省、广西壮族自治区、重庆市有4个;北京市、上海市、山西省、内蒙古自治区、吉林省、黑龙江省、云南省、甘肃省、新疆维吾尔自治区有3个;西藏自治区、青海省、宁夏回族自治区有2个;新疆生产建设兵团1个。

总体上看,我国平原型的特色小镇在东部沿海地区较多,丘陵型的特色小镇在长江流域分布较多,山区类型的特色小镇在中西部地区和东南沿海分布较多。特色小镇的地理特征分布基本较为均衡。此外,农业地区的特色小镇最多,其次是大城市近郊区,而大城市远郊区的特色小镇最少。从南北分布上看,大城市近郊的特色小镇在南方要多于北方,而农业小镇则在北方要多于南方。但总体而言,并未表现出明显的规律性。

2.3.5 国家公园

"国家公园"的概念源自美国,名词译自英文的"national park",据说最早由美国艺术家乔治·卡特林(Geog Catlin)首先提出。

1832年,他在旅行的路上,对美国西部大开发对印第安文明、野生动植物和荒野的影响深表忧虑。他写道"它们可以被保护起来,只要政府通过一些保护政策设立一个国家公园,其中有人也有野兽,所有的一切都处于原生状态,体现着自然之美"。

1872年美国国会批准设立了美国、也是世界最早的国家公园,即黄石国家公园。自黄石国家公园设立以来,全世界已有100多个国家设立了多达1 200处风情各异、规模不等的国家公园。

国家公园是指国家为了保护一个或多个典型生态系统的完整性,为生态旅游、科学研究和环境教育提供场所,而划定的需要特殊保护、管理和利用的自然区域。它既不同于严格的自然保护区,也不同于一般的旅游景区。

国家公园以生态环境、自然资源保护和适度旅游开发为基本策略,通过较小范围的适度开发实现大范围的有效保护,既排除与保护目标相抵触的开发利用方式,达到了保护生态系统完整性的目的,又为公众提供了旅游、科研、教育、娱乐的机会和场所,是一种能够合理处理生态环境保护与资源开发利用关系的行之有效的保护和管理模式。尤其是在生态环境保护和自然资源利用矛盾尖锐的亚洲和非洲地区,通过这种保护与发展有机结合的模式,不仅有力地促进了生态环境和生物多样性的保护,同时也极大地带动了地方旅游业和经济社会的发展,做到了资源的可持续利用。

我国的国家公园体制于2017年9月26日正式亮相。根据《建立国家公园体制总体方案》,2020年,中国建立国家公园体制试点基本完成,整合设立一批国家公园,分级统一的管理体制基本建立,国家公园总体布局初步形成。方案明确,我国的国家公园体制以加强自然生态系统原真性、完整性保护为基础,以实现国家所有、全民共享、世代传承为目标。国家公园内全民所有自然资源资产所有权由中央政府和省级政府分级行使,条件成熟时,逐步过渡到由中央政府直接行使。到目前,我国已设立10个国家公园体制试点,分别是三江源、湖北神农架、福建武夷山、浙江钱江源、湖南南山、北京长城、云南普达措、东北虎豹、大熊猫和祁连山国家公园体制试点。

【本章小结】

本章主要介绍了旅游吸引物的概念、分类及属性;我国现有的世界级和国家级别的旅游吸引物的分布及名录。

【重点概念】

旅游吸引物　世界级别的旅游吸引物　国家级别的旅游吸引物

【案例分析】

打造世界地质公园品牌　带动阿拉善地学旅游发展

2017年5月19日,"旅游让生活更幸福,中国旅游日暨美丽中国城"阿拉善主题旅游宣传活动在巴彦浩特体育场隆重举行。阿左旗属地景区、星级酒店、旅行社、牧家游协会及全旗广大群众1 000余人参与到此次宣传活动中。

阿拉善沙漠世界地质公园阿左旗管理局充分利用中国旅游日这一宣传平台,倾力打造"联合国教科文组织世界地质公园"品牌形象,精心布置宣传会场,向公众发放地质公园宣传资料,使广大公众关注地质公园,体验地学旅游,进一步提升和扩大阿拉善沙漠地质公园知名度和影响力,推动阿拉善旅游产业的发展。活动当日,共接待咨询群众200余人,发放地质公园宣传资料1 000余份。各旅游参会单位纷纷推出了内容丰富、特色鲜明的旅游精品线路和送免费门票、免费体验等优惠让利活动,拉近与广大旅游消费者的距离,营造全民关注旅游、参与旅游、支持旅游的良好旅游氛围和环境。

目前,全盟以打造国际旅游目的地为目标,加快全域旅游发展势头强劲,而世界地质公园的品牌恰好具备了国际化品牌的先天优势,通过宣传和打造世界地质公园品牌,将进一步提升全盟旅游业的品位和档次,成为整合地方旅游吸引物、提升国际旅游目的地品牌建设的有力抓手,使阿拉善地学旅游的独特魅力在世界舞台上大放异彩。

(资料来源:http://cn.globalgeopark.org/news/news/10987.htm,2017-5-22.)

问题:

1. 迄今为止,我国拥有多少处世界地质公园?
2. 简述如何打造世界地质公园品牌。

【思考题】

1. 分析比较旅游吸引物、旅游景区、世界公园、世界遗产、优秀旅游城市等基本概念的区别与联系。
2. 通过案例分析,说明5A级景区评价体系对改变景区混乱管理局面的作用和意义。
3. 查找相关文献,用你所熟悉的案例说明优秀旅游城市的创建过程。
4. 论述国家公园建设的意义。

参考资料

1. 联合国教科文组织世界遗产中心网站:http://whc.unesco.org/.
2. 国家旅游局网站:http://www.cnta.gov.cn/.
3. 保继刚,楚义芳.旅游地理学(第三版)[M].北京:高等教育出版社,2012.
4. 黎筱筱,马晓龙,吴必虎.中国优秀旅游城市空间分布及其动力机制研究[J].干旱区资源与环境,2006(5):120-124.

3 中国旅游交通

> **学习目标→**
>
> 通过本章的学习,初步了解旅游交通的概念及作用;掌握各类主要旅游交通方式的特点,了解我国旅游交通网络;掌握旅游交通线路设计原则。
>
> **学习难点→**
>
> 旅游交通网络　　不同旅游交通方式的选择　　旅游交通线路设计

【案例导入】

中国高铁发展及其对旅游业的影响

在全世界高铁建设的浪潮中,我国也加快了高铁建设的步伐,京津城际高速铁路、武广高铁、郑西高铁纷纷投入运营,京沪高铁、成渝高铁等多条高铁线路均在建或规划中。根据《中国铁路中长期发展规划》,2020年我国高铁主干网络建成,200千米及以上高铁里程将超过1.8万千米,占世界高速铁路总里程的一半以上,届时将形成"四纵四横"的铁路快速客运通道以及环渤海地区、环鄱阳湖经济圈地区、长株潭地区、长江三角洲地区、珠江三角洲地区五个城际快速客运系统。

四纵:北京—上海;北京—香港;北京—哈尔滨/大连;上海—杭州—深圳

四横:青岛—太原;徐州—兰州;南京—成都;杭州—长沙

高速铁路以速度快、舒适、安全著称,打破了人们对铁路运输的惯常思维。在世界"高铁时代"来临的背景下,我国高铁发展对旅游业的影响也日益突显。首先,高速铁路直接冲击了民航在旅游交通中的地位,改写旅游交通格局。其次,高速铁路以其独特魅力有效吸引旅游市场中的高端商务人群,成为陆路交通的新秀。再次,高速铁路将加快区域旅游合作进程,实现区域旅游无障碍。最后,"高铁休闲圈"的形成,催促沿线旅游目的地加快旅游产业转型升级的步伐。

按照规划,在未来两三年内,全国各"邻近省会城市将形成1~2小时交通圈、省会与周边城市形成半小时至1小时交通圈。北京到全国绝大部分省会城市将形成8小时以内交通圈。"高速铁路网的布局使沿线城市的距离大大缩短,"同城效应"增强,城市之间的休闲活动更加密集,以高铁网络为依托的"高铁休闲圈"即将形成,城市游憩的范围也不再局限于城市内部和城市郊区,而是扩大到高铁所连接的区域城市,环城游憩的旅游发展格局将有所改变。

与此同时"高铁速度"也给只依靠景区发展的旅游目的地提出了挑战。单纯依靠门票收入的旅游目的地将极有可能成为高铁旅游经济的中转站,游客停留"片刻"即离开,以至于无法分享高铁速度下城市客源的增加所带来的更大效益,从而成为单纯的"人气城市"。这也促使高铁沿线的旅游目的地如果想在高铁时代获得更多的经济效益和社会效益,就要加快旅游产业的优化升级,丰富旅游产品结构,加快实施一批大的接待服务类旅游项目,大力发展旅游购物、餐饮住宿、文化娱乐等行业,提高旅游产业综合效益。借助高铁的便利条件,有条件的旅游目的地还可以发展分时度假、产权酒店等新型度假形式,打造高铁休闲圈中的"第二居所地"。

(资料来源:http://blog.sina.com.cn/s/blog_68c2cb270100ldce.html.)

3.1 中国旅游交通概述

3.1.1 旅游交通的概念与特点

旅游交通是指为旅游者由客源地到旅游目的地的往返,以及在旅游目的地进行各种旅游活动而提供的交通设施及服务,即旅游者实现从一个地点到另外一个地点的空间位移时所使用的某种手段或途径的总和。旅游交通是旅游业发展的前提条件和必不可少的重要环节,是联系旅游者与旅游对象、构成旅游线路的纽带,是促进旅游业发展的重要因素之一,没有旅游交通,现代意义上的旅游活动将难以实现。

旅游交通的构成包括以飞机、火车、汽车、轮船等为代表的旅游交通工具,以公路、铁路、轮船航线、航空线路等为代表的旅游交通线路,以飞机场、火车站、汽车站、码头等为代表的旅游交通站,以及用于指挥、调度和监控交通运输的旅游交通管理系统。

旅游交通与公共交通既有联系又有区别。公共交通出现于旅游业之前,为旅游业创造了一定条件,旅游客车、旅游包机等旅游交通工具及所使用的航线、公路、铁轨等都是公共交通的设施,所以,旅游交通是公共交通运输网的一部分,存在很多共性。同时,为旅游者服务的旅游交通自身又有一定的特殊性。首先,旅游交通更注重娱乐、游览功能。其次,旅游交通更注重舒适性。旅游者外出是为了休闲、娱乐,所以旅游交通不能仅仅满足将游客送达目的地,更要注重游客在途中的舒适和享受。最后,旅游交通具有明显的不均衡性。由于受气候、地理位置和节假日等因素的影响,旅游者的旅游活动在一年中分布极不均衡,从而导致对旅游交通的需求也不均衡。

3.1.2 旅游交通的作用与意义

旅游交通是人类社会的科学技术和旅游活动发展到一定程度才出现的一种专有设施服务,对游客到达目的地、完成旅游活动具有关键的桥梁作用,对实现旅游客源地与目的地空间移动、旅游客流的顺利到达具有重要的媒介作用。随着旅游的纵深发展,旅游交通服务也需要与高速发展的旅游业相适应,其对旅游业发展的作用与意义主要表现在:

3.1.2.1 旅游交通是旅游业产生和发展的先决条件

旅游是旅游者离开常住地到异地的活动,要实现这种空间移动,交通运输就成了先决条件。一方面,交通的发展提高了运载能力,缩短了旅行的时间,提高了旅途舒适度,从而实现了旅游活动的大众化。另一方面,旅游资源只有通过开发才能发挥其旅游功能,而这种开发首先就要修路通车,使旅游者"进得去、散得开、出得来",只有这样旅游业才会得以发展。

3.1.2.2 旅游交通是旅游活动的重要内容

旅游交通的多样化可以丰富旅游活动的内容。景区内的一些特种旅游交通工具,例如快艇、游轮、缆车、木筏、骆驼、马车等,除了通常的运输能力外,本身就具有旅游的价值,能带给游客更多具有娱乐性、享受性和观赏性的旅游活动内容。

3.1.2.3 旅游交通是旅游业收入的重要来源

旅游交通是旅游者在旅游活动过程中使用较为频繁的服务,除极少数游客选择徒步或骑自行车等特殊旅行方式外,人们借助交通工具时,一定会支付相应的费用。作为基本旅游消费,旅游交通费用是旅游活动总开支的主要组成部分,且距离越远,空间范围越大,舒适度越高,交通费用所占的比重就越大,旅游交通收入成为旅游业收入的重要来源。

旅游交通使客源地和目的地的空间移动成为可能,旅游交通提供给旅游者的服务也是旅游产品的一部分。从旅游主体来看,影响其行为的时间、距离、经济等因素往往通过交通便利程度表现出来,旅游交通影响着其决策和选择;从旅游目的地来看,旅游交通联系着客源地和目的地,使旅游地接待旅游者、发展旅游经济的愿望得到实现。旅游交通是随着旅游业的兴起而发展,随着人们对高速、安全、舒适型交通运输方式的需求迅速增长而逐渐形成的,并且正在成为一个新的经济增长点。

3.2 中国主要旅游交通方式

现代旅游交通方式主要包括航空、铁路、公路和水运四种。除此之外,还有一些传统和特殊的运输方式。各种运输方式有机结合,优势互补、协调发展,共同构成旅游交通网络。

3.2.1 航空旅游交通

航空旅游交通是指以民用客机为主要运输工具,以航空交通线为线路,以机场为始终站,承担着远程旅客的运输。航空旅游交通,特别是大型喷气式客机的使用,不仅缩短了

空间距离,更节约了旅途耗费的时间,为大规模、远距离的国际旅行提供了条件。航空旅游交通的主要优点是快速、省时、方便、舒适、安全。据统计,飞机平均速度比火车高6~7倍,比轮船高20倍。因此,快捷的航空交通运输创造了旅游界的一句名言:旅游,一个迅速缩小的世界。但也存在成本高、能耗大、噪音大、运量小、受天气状况制约大等缺点。航空服务适合远距离、点对点地运送游客,不适合近距离和面状旅游之用,因此航空旅游交通必须和其他交通运输方式互相配合,取长补短,共同完成旅游交通任务。

3.2.2 铁路旅游交通

火车是现代旅游发端的主要运输工具。铁路交通具有容量大、费用低、速度快、安全舒适以及很少受气候等自然条件制约等优点。所以在相当长的时间里,火车一直是世界主要的旅行工具,在第二次世界大战后,欧美地区因公路、航空的竞争加剧,导致铁路旅客数量开始下滑。

但在20世纪90年代以后,以中国为代表的许多国家迅速发展高速火车,其以"速度是汽车的两倍,费用为客机的一半"作为口号,对乘客具有很大的吸引力。所以,高铁是铁路现代化的标志,是参与竞争的保证。

3.2.3 公路旅游交通

公路汽车运输起步晚,却是目前最活跃、最广泛、最有潜力的运输方式,也是常规旅游交通类型中使用比例最高的交通方式。在短途旅行中,汽车是首选。随着高速公路基础设施建设的不断加强,自驾游越来越盛行。近年来,我国公路旅游交通建设发展迅速,公路的质量和技术状况也有了显著提高,目前已形成了以国道主干线为主,省道、跨省道和高速公路纵横交错的公路网。公路运输在全国运输网中的地位正在逐步加强。其优点是:行驶自由、独立性大、灵活性强、短程旅游速度快,能深入到旅游景点内部各个角落,实现门到门的直接服务,而且投资少、工期短、见效快。但公路交通同时也存在运载量小、安全性能差、长线旅游速度不快、受气候变化影响大、人均耗能多、污染环境大的缺点。

3.2.4 水路旅游交通

水路旅游交通是以船舶、竹筏等作为交通工具,在海洋、江河、湖泊等水域沿航线载运旅客的一种运输方式,包括内河航运、沿海航运和远洋航运三种形式,是一种历史悠久的运输方式。我国海岸线曲折漫长,河流湖泊众多,水系发达,发展水上运输的条件十分优越。水路交通具有运载量大、票价低、耗能少、舒适等优点,而且旅游者可在航行中欣赏沿途风光,这种旅与游于一体的特点是其他交通方式无法比拟的。但是,由于水路速度慢,且水上航道的地理走向和水情难以人为控制,受季节、气候和水情影响大,所以水路旅游交通在准时性、连续性、灵活性等方面存在着较大的局限性。

3.2.5 特种旅游交通

旅游交通中的特种旅游交通是对以上四种主要交通形式的补充,且只出现在旅游景点的小范围内,但其形式丰富多样,具有民族特色和地方特色,深受游客的欢迎。

特种旅游交通方式可归纳为两类：一类是传统的特种旅游交通。如马、骆驼、轿子、竹筏、人力车、雪橇、乌篷船等。另一类是现代型的特种旅游交通.如索道、缆车、气垫船、热气球、潜艇等。

特种旅游交通工具作为辅助交通工具,不仅起着运载的作用,更体现了娱乐、趣味、参与的功能。在特殊地形条件下,特种旅游交通工具就是主要的交通工具,承担着主要的客运和货运任务。同时,特种旅游交通工具不仅能满足游客体闲、接近自然、回归自然、追新猎奇、锻炼身体的心理需求,还能满足游客新奇、刺激的要求。

3.3 旅游交通线路设计

3.3.1 旅游线路的概念

旅游线路是指为了使旅游者能够在最短的时间获得最大的观赏效果,由旅游经营部门利用交通线串联若干旅游点或旅游城市(镇)所形成的具有一定特色的合理走向的游览路线。旅游线路在内容上包括旅游过程中旅游者利用和享受的一切因素,涉及食、住、行、游、购、娱等各种旅游要素,是旅游产品的重要组成部分,是联结旅游者、旅游企业及相关部门、旅游目的地的重要纽带。旅游交通线路和旅游交通二者存在差异,却又密不可分,相互影响。可以说旅游交通线路是在旅游交通的基础上形成的直接服务于旅游者的旅游产品,同时旅游交通线路的开发又促进了旅游交通系统的完善。

根据不同的分类标准,可以将旅游线路划分为多种不同的类型:按旅游线路的距离,可分为短程旅游线、中程旅游线、远程旅游线;按旅游线路的全程计算旅游时间,可分为一日旅游线、二日旅游线、三日旅游线和多日旅游线;按旅游线路的性质,可分为普通观光旅游线和专题旅游线;按旅游线路范围的大小,可分为国际旅游线、国家级旅游线和区内旅游线;按旅游者活动行为,可分为周游观光旅游线、度假逗留性旅游线;按旅游线路结构,可分为环状旅游线路、节点状旅游线路。

3.3.2 旅游线路的设计原则

旅游线路的设计是一项综合、复杂、技术性很强的工作,它一方面要尽量满足旅游者的旅游欲望,确保的游客舒适安全,另一方面要便于旅游经营者的组织和管理,因此在进行旅游线路设计时应遵循以下原则。

(1)市场性原则。旅游线路设计是否成功,关键在于它是否适应了市场的需求,即是否最大限度地满足旅游者的需要。因此,旅游线路的设计必须符合旅游线路的设计法则,以市场为导向,遵循市场性原则。

(2)网络化原则。旅游交通网络化不仅是一定密度的交通网络这种量的内涵,而且还包括不同交通方式和交通工具的相互组合和配套的质的内涵。这一原则的目的是使旅游线路有多种形式和交通方式可供选择,以保证活动的顺利完成。而且集水、路、空多种交通方式为一体的网络化交通线路,不仅可以满足不同旅游者的消费需求与偏好,使旅游活动经济、合理和多样化,而且能使旅游者的旅游活动更加丰富多彩。

(3)特色性原则。由于旅游动机、旅游活动形式以及各地旅游资源的属性特征各不相同,旅游线路设计一定要突出特色,形成有别于其他线路的鲜明主题。

(4)效益性原则。旅游线路的设计在舒适、安全的前提下,尽可能地做到旅游者在途时间短、游览时间长、重复线路少、旅游费用低、使旅游经营者旅游收益最大化,即确保效益性原则。

(5)季节性原则。旅游活动有明显的淡、旺季特征。不同季节的旅游客流量悬殊。因此,在设计旅游线路时,要充分考虑旅游活动的季节性特点,做到冷、热点兼顾,保持客流平衡,提高整体经济效益。

(6)安全性原则。安全因素是旅游者和旅游经营者必须重点考虑的因素。在旅游线路的设计中,一方面要尽量避开容易造成线路中游客拥挤、阻塞的地段,防止事故的发生;另一方面要避免线路中气象灾害区、地质灾害区、人为灾害区的影响。同时,还要设置必要的安全保护和救护措施,充分保障游客的财产和人身安全。

(7)层次性原则。不同的旅游区或同一个旅游区内的若干景点在不同的位置,对这些旅游区或旅游景点游览或参与的顺序与连接方式有不同的组合,因此产生了不同的旅游线路。在旅游线路的设计中,可充分利用本地区和周边地区的旅游点,设计出多层次的旅游线路。旅游线路体系具有三个不同的层次:第一层是由若干旅游中心城市连接而组成的可进入性的旅游线路;第二层是由旅游中心城市作为"大本营"连接各旅游景区(点)的主题性旅游线路;第三层是景区内部的旅游线路。

3.3.3 中国十大精品线路

3.3.3.1 丝绸之路精品旅游线路

丝绸之路在中国境内所涵盖的地域,跨越了中国的陕西、甘肃、宁夏、青海、新疆等省区。其可以让你近距离感受丝绸之路的无穷魅力,在这条具有历史意义的国际通道上,五彩丝绸、中国瓷器和香料络绎于途,为古代东西方之间经济、文化交流做出了重要贡献。沿线的自然景观奇特而壮丽。青海湖鸟岛、巴音布鲁克草原的天鹅自然保护区和天山深处的天池、青海的盐湖、罗布泊的雅丹地貌、吐鲁番的火焰山和克拉玛依的魔鬼城等等也让人流连忘返。

线路串联城市及主推景点:西安(秦始皇陵兵马俑)—兰州—西宁—青海湖—茶卡盐湖—柴达木盆地—敦煌(鸣沙山、月牙泉)—嘉峪关(嘉峪关)—张掖市(七彩丹霞)。

3.3.3.2 京杭运河精品旅游线路

京杭运河北起北京,南至杭州,流经天津、河北、山东、江苏和浙江四省两市,沟通海河、黄河、淮河、长江和钱塘江五大水系,京杭大运河对中国南北地区之间的经济、文化发展与交流,特别是对沿线地区工农业经济的发展和城镇的兴起均起到了推动作用。通过这条线路,你可以感受到古代中国人民的智慧与创造力,让你领略到世界上最长的古代运河的魅力。

线路串联城市及主推景点:北京(故宫)—天津(盘山)—沧州—德州—济宁(孔府孔庙孔林)—枣庄(台儿庄古城)—淮安(周恩来故居)—无锡(灵山大佛)—苏州(周庄)—嘉兴(乌镇)—杭州(西湖)—绍兴—宁波(奉化溪口)。

3.3.3.3 长江精品旅游线路

长江精品旅游线路,发源于青海省唐古拉山,干流自西而东流经青海、西藏、四川、云南、重庆、湖北、湖南、江西、安徽、江苏、上海 11 个省、自治区、直辖市,最后以上海为入海口汇入东海。世界第三大河的长江,一路上气势磅礴,大小湖泊与干支流众多,可谓"远似银藤挂果瓜,近如烈马啸天发。雄浑壮阔七千里,通络润滋亿万家。长江流域幅员广大,历史悠久,景观纷呈,旅游资源富甲全国。荆州、岳阳、昆明、贵阳、成都、重庆、南京、扬州、镇江、苏州、宜昌、武汉、上海、杭州、安庆、南昌、长沙、无锡等历史文化名城,以及风景名胜峨眉山、九寨沟、三峡、张家界、武当山、九华山、黄山、庐山、太湖、巢湖、洞庭湖、鄱阳湖等都是全国著名的游览胜地。

线路串联城市及主推景点:南京(中山陵园)—合肥—武汉(黄鹤楼公园)—宜昌—重庆(长江三峡)—宜宾。

3.3.3.4 黄河精品旅游线路

黄河,中国北部大河,全长约 5 464 千米,流域面积约 752 443 平方千米。世界第六大长河,中国第二长河。黄河发源于青海省青藏高原的巴颜喀拉山脉北麓约古宗列盆地的玛曲,呈"几"字形。自西向东分别流经青海、四川、甘肃、宁夏、内蒙古、陕西、山西、河南及山东 9 个省(自治区),最后流入渤海。沿途流经青海龙羊峡水库、甘肃刘家峡、宁夏沙坡头、山西壶口瀑布、内蒙古成吉思汗陵、河南三门峡水库、洛阳龙门石窟、山东济南趵突泉、曲阜孔府孔庙孔林、泰安泰山、黄河大观等著名风景区。

线路串联城市及主推景点:济南(趵突泉)—郑州(少林寺)—洛阳(龙门石窟)—延安(黄帝陵)—包头—银川—兰州。

3.3.3.5 珠江精品旅游线路

从昆明出发,途径曲靖、贵阳、安顺、桂林、广州,广州河段风光旖旎,两岸的名胜古迹和特色建筑物数不胜数,最后经过上游河段韶关市,抵达南昌,完成奇妙之旅。

跨越六省(区)和香港、澳门特别行政区,孕育岭南文化,一条河流承载的文明凝重而雄浑。此条线路带你重温珠江灿烂的历史文化,展示珠江曾有的、正在慢慢消失的以及延续至今的灵动文明。从珠江源开始,顺着江流而下,河道弯弯,百川归海,母亲河的灿烂文化将在我们关注的目光里一一展现。

线路串联城市及主推景点:昆明(石林风景区)—曲靖市(马雄山)—贵阳—安顺(黄果树瀑布)—桂林(喀斯特地貌)—广州(白云山景区)—韶关—南昌。

3.3.3.6 北方冰雪精品旅游线路

北方冰雪精品旅游线路自大连开始,抵达终点鄂尔多斯,大连、沈阳、长春、哈尔滨、呼和浩特、赤峰、满洲里、包头、鄂尔多斯,带领大家充分领略最美丽的冰雪风光、冰雪艺术、冰雪文化、滑雪旅游、冰雪养生、冰雪娱乐、冰雪民俗、冰雪健身于一体,真正把冰雪线路做到极致,为游客提供最难忘、最深刻的冰雪盛宴。

线路串联城市及主推景点:大连(老虎滩海洋公园、老虎滩极地馆、金石滩景区)—沈阳—长春(伪满皇宫博物院、净月潭景区、长影世纪城景区)—哈尔滨(太阳岛)—呼和浩特(大昭寺)—赤峰(乌兰布统景区)—满洲里(套娃广场)—包头(石门风景区、五当召)—鄂尔多斯(成吉思汗陵、鄂尔多斯草原)。

3.3.3.7 香格里拉精品旅游线路

香格里拉是一颗明珠,这里有连绵的雪峰,原始的森林还有各种珍稀动物,是人间的天堂。这条西南风景线贯穿了云南、西藏、四川的精品旅游景点。云南、西藏、四川同处大香格里拉旅游生态圈,圈内具有丰富独特的旅游资源和多样性的自然风光、多样性的人文风情、多样性的气候,在民俗风情、历史文化,地区特色等领域又体现出资源差异性和区域互补性,具备了打造大环线精品自驾旅游的得天独厚的基础和条件,是世界最具旅游开发价值的区域,更是一个开展自驾车旅游的圣地。

线路串联城市及主推景点:昆明(石林风景区)—丽江(玉龙雪山景区、丽江古城)—虎跳峡—香格里拉(普达措国家公园)—德钦(梅里雪山)—芒康—左贡(帕巴拉神湖)—波密(米堆冰川)—林芝(南迦巴瓦峰、桃花沟)—拉萨(布达拉宫)。

3.3.3.8 南海风情精品旅游线路

这条线路从三亚出发,途径海口、西沙、东沙、南沙,最终抵达北部湾。让您在了解佛教文化、福寿文化、民间传说,观摩历代诗文摩崖石刻的同时,还可以在热带雨林中体验"森"呼吸,在槟榔谷体验少数民族文化;更重要的是可以让您在近距离接触西沙、南沙、东沙、北部湾景区美景的同时,更深入地感受南海风情。

线路串联城市及主推景点:三亚(南山文化旅游区、南山大小洞天旅游区、呀诺达雨林文化旅游区、分界洲岛旅游区、槟榔谷黎苗文化旅游区)—海口(骑楼老街)—西沙—东沙—南沙—北部湾。

3.3.3.9 海上丝路精品旅游线路

海上丝绸之路是古代中国与外国交通贸易和文化交往的海上通道,是已知的最为古老的海上航线。此线路贯穿中国沿海主要城市及港澳台地区,可以让您领略现代海上丝绸之路看不尽的风光、赏不完的历史文化、体验不够的民俗,以及特有的海洋文化与地域风情。

线路串联城市及主推景点:上海(东方明珠)—宁波(奉化溪口)—福州—泉州—漳州—广州(长隆旅游度假区)—湛江—北海—海口—香港—澳门—台湾。

3.3.3.10 长征红色记忆精品旅游线路

这条线路从河南省信阳罗山县何家冲出发,终点在革命老区陕西延安。途径井冈山、瑞金、遵义、娄山关、泸定、会宁。横跨河南、江西、陕西、贵州、甘肃;线路经过诸多革命老区,还有长征路上的著名事件发生地,无论是"飞夺泸定桥"的泸定,还是转折点"遵义会议"的遵义,都是值得去感受的红色经典。

线路串联城市及主推景点:龙岩(长汀—连城—上杭)—三明(宁化—建宁—泰宁)—何家冲—井冈山(井冈山)—瑞金—遵义—娄山关—泸定—会宁—延安。

【本章小结】

旅游交通是旅游业产生发展的先决条件和必不可少的重要环节。它是旅游活动的重要内容,也是旅游业收入的重要来源。旅游交通方式很多,其中铁路运输、公路运输、航空运输、水路运输是我国四种基本交通运输形式,此外,还包括马车、自行车、缆车、游艇等一些特殊的旅游交通方式。

【重点概念】

旅游交通　旅游线路　旅游节点

【思考题】

(1)对比分析各种旅游交通方式的优缺点。
(2)简述旅游交通的作用。
(3)简述铁路运输、公路运输、航空运输及水路运输的优缺点。
(4)试从你所在的城市出发,详细设计一条旅游线路,并说明你所设计旅游线路交通方式的构成、理由、特点。

【案例分析】

"美丽兰州——2016丝绸之路文化旅游年"推出

北京晨报讯(首席记者 李澄)今年是国家旅游局确定的"丝绸之路旅游年",兰州作为丝绸之路经济带上的核心节点城市,抢先发力,于4月22日在人民大会堂举行新闻发布会,介绍"美丽兰州——2016丝绸之路文化旅游年"有关情况,诚邀全球游客共享丝路盛典。

兰州,古称"金城",是甘肃省省会、著名的"丝路古镇"和"黄河之都",是西北地区重要的工业基地和综合交通枢纽,也是丝绸之路经济带上的核心节点城市。自然和人文资源富集,市域内有我国保存最为完好的土司衙门——鲁土司衙门,有"天下黄河第一桥"——中山铁桥,有"陇右第一名山"——兴隆山,有国家级森林公园——吐鲁沟、石佛沟、徐家山,有"母亲河、生命河"的象征——黄河母亲雕像,还有"陇上十三陵"——明肃王墓群等旅游资源。近年来,兰州充分发掘这些深厚的文化旅游资源,成功打造了《大梦敦煌》《鼓舞中国》《西出阳关》等一批文化精品,连续举办了中国(兰州)黄河文化旅游节、中国(兰州)国际民间艺术节、兰州国际马拉松赛等大型活动,建成了中国秦腔博物馆。今年,更着力建设城市地标建筑、丹霞地质公园、黄河楼、黄河奇峡、青城古镇、河口古镇等17个文化旅游景区重点项目。

"美丽兰州——2016丝绸之路文化旅游年"系列宣传活动秉承"政府主导、市场运作、社会参与、节俭办节"的原则,以有趣的活动、优质的产品、完善的服务、深度的互动体验为目标,邀请全世界游客来分享"美丽兰州的丝路盛典"。主要活动包括节会盛宴、缤纷赛事、精彩活动三大类共计17项:5月8日,将在兰州举办首届"黄河母亲节"暨《黄河母亲雕塑》建成三十年纪念活动;6月20~24日,举办第六届"敦煌行·丝绸之路国际旅游节"开幕式及系列活动,包括"2016丝路之光·畅游甘肃之夜""丝绸之路国际旅行商大会""丝绸之路国际旅游经济论坛"等;7月,举办第22届兰洽会之"相约'兰洽会',畅游美丽兰州"文化旅游活动;9月,举办丝绸之路(敦煌)国际文化博览会之"赏'丝路文博会',游美丽兰州"文化旅游活动。

缤纷赛事看兰州。4~6月,举办"2016年丝绸之路美食汇";6月,举办"2016兰州国际马拉松赛";7月,举办第五届国际民间艺术旅游周展演活动;10月,举办第六届中国兰州黄河文化旅游节;2016年11月至2017年3月,举办兰州文化旅游冬春季推广活动。

(资料来源:新华网 http://news.xinhuanet.com/local/2016/04/24/c_128924636.htm,2016-04-24.)

问题:

1. 请列出我国近十年旅游年的主题及口号。
2. 请采用不同的交通方式和线路组合,设计出几条丝绸之路旅游线路。

参考书目

1. 保继刚,楚义芳.旅游地理学[M].北京:高等教育出版社,1999.
2. 罗兹柏,杨国胜.中国旅游地理[M].天津:南开大学出版社,2011.
3. 曹培培.中国旅游地理[M].修订版.北京:清华大学出版社,2014.
4. 庞规荃.中国旅游地理[M].北京:旅游教育出版社,2016.

4 中国旅游地理区划

> **学习目标→**
> 通过本章的学习,要求掌握旅游区划的概念和原则;了解中国旅游区划研究的基本概况和代表性方案;掌握本书关于中国旅游地理的分区方案。
>
> **学习难点→**
> 旅游地理区划的原则　　旅游区划的影响因素　　本书旅游区划方案

【案例导入】

旅游区划与其他区划的关系

正确理解旅游区划与其他区划的关系是准确认识旅游区划的必然要求,主要包括旅游区划与地理区划、农业区划和林业区划的关系。

地理区划以区域地理环境的总体特征、形成以及演化规律为研究目标,根据区域之间的自然和人文等差异及其利用改造途径进行分区划分。农业区划指根据一些自然环境差异、地域分异规律等,在以农业为主的区域范围内,选取农业资源、农业环境和社会经济条件等为指标进行农业区域划分。林业区划是指在依据一定的自然规律和社会条件的基础上,根据森林生态的差异性和林业满足社会经济状况的标准而进行的林业区域划分。地理区划是旅游区划的基础和前提,旅游区划是地理区划在旅游业方面的一种具体区划类型,即旅游区划工作的开展是在地理区划的基础上逐渐形成和发展起来的。

[资料来源:张广海,朱旭娜.我国旅游区划研究进展[J].地理与地理信息科学,2016,32(03):89-94.]

4.1 旅游地理区划

中国幅员辽阔,地域环境复杂多样,旅游吸引物极其丰富。为合理开发利用旅游吸引物,突出区域资源特点,合理布局,开展旅游区划的研究和划分旅游区显得十分必要。

区划是地理学的传统工作和重要研究内容,是从区域角度观察和研究地域综合体,探讨区域单元的形成发展、运动规律、分异组合、划分合并和相互关联,是对过程和类型综合研究的概括和总结,用于指导区域的良性发展。

4.1.1 旅游区划与旅游区的概念

旅游区划是指根据一定的目的,在充分认识各地旅游吸引物的形成及其发展变化规律的基础上按照一定的原则进行的旅游区划分,又称旅游区区划。它可以充分发挥地区优势,扬长避短,因地制宜地发展旅游业,旨在为各区旅游业的发展指明优势、劣势、方向及重点。中国旅游区划是在对中国各区域旅游吸引物调查评价的基础上,通过分析各地旅游吸引物的分布规律及地域特征、发展潜力,而进行的中国旅游分区。

旅游区是一个应用广泛、较为泛化的概念,通常与风景区、游览区、旅游景区和旅游地等概念相混用。一般所指的旅游区,是指以旅游吸引物特征为基础,由含有若干共性特征的旅游吸引物与旅游接待设施及其他相关条件组成的地域综合体。在旅游区划中,旅游区专指根据区域特征,为了开发区域旅游,统筹旅游交通与接待服务设施,组织协调与管理旅游活动,促进区域旅游业发展而划分的旅游区域。一般将旅游吸引物相对集中、类似,与邻区有显著地域差异,而区内政治、经济、文化联系较为密切的地区划为一个旅游区。

4.1.2 旅游地理区划的目的和意义

每个旅游区都有独特地域性,正确划分旅游区对旅游区的建设与发展有着重要的意义。

4.1.2.1 旅游区划的目的

旅游区划的直接目的就是要确定各个旅游区的范围和界线,其根本目的则是要充分认识旅游吸引物的区域特色与优势,以及旅游开发与区域社会经济发展和地理环境的相互关系,以便因地制宜地开发利用各地的旅游吸引物,配置相应的旅游产业,建设各具地域特色的旅游区,形成合理的旅游地域分工体系,以取得良好的旅游经济、社会与生态效益,促进区域社会经济的发展。

总之,旅游区划应达到如下目的:遵循一定的原则和方法,通过调研分析,找出比较合理的旅游区界线;确定各旅游区的性质、特征和地位,指出未来发展的方向;分析确定区内各级旅游经济中心;提出、研讨并最终确定旅游区的发展方案。

4.1.2.2 旅游区划的意义

旅游区划是进行旅游规划、旅游线路设计、旅游区开发建设的基本依据之一,因此,科学地进行旅游区划对旅游业的持续发展具有重要的理论和实践意义。

(1) 有利于制定区域旅游发展战略　旅游区划为旅游规划提供了科学的依据。要制定区域旅游发展战略和规划,必须对区域内的旅游吸引物和旅游业的发展情况做全面的了解。通过旅游区划可以了解区域旅游吸引物的分布情况,通过分析旅游业发展的优劣势,正确认识旅游吸引物的开发途径和旅游业的发展前景,使区域旅游发展战略和规划更具全局性、可操作性和地方性。旅游业的发展离不开旅游开发、规划、建设和管理,而这些必须建立在旅游区划的基础之上。

(2) 有利于突出旅游地方性特征　将具有相似或共同特征的旅游吸引物划为一区,有助于阐明各个旅游区的特点,挖掘潜力并确定各自的开发方向,有助于组织区域特色旅游。通过开展区域旅游营销活动,增加对游客的吸引力和区域旅游产业的竞争力。旅游区划对区域旅游业的发展具有重要的影响与意义。

(3) 有利于提高区域经济效益　在中国经济进入新常态发展的背景下,许多区域将旅游作为主要的经济增长点。通过划分旅游区域,可以促进旅游区内的横向联系,合理利用旅游吸引物,开展多层次、多形式的旅游活动,统筹区域旅游设施和旅游服务系统,提高区域经济效益。

(4) 有利于区域旅游业的可持续发展　旅游吸引物是发展旅游业的基础,其生命周期的长短是制约旅游业发展的关键因素。通过旅游区划,可以为保护旅游吸引物提供科学的依据。资源的适度利用和合理保护,是区域旅游业可持续发展的前提条件,旅游区划有助于地区管理部门制定相关措施,加大对旅游吸引物的保护力度,保障区域旅游业的可持续发展。

4.1.3　旅游地理区划的原则

旅游区划是在认真研究、掌握旅游吸引物的地域分布特征、旅游设施、旅游交通等因素的基础之上进行的,是一项理论性、科学性、实践性很强的工作。因此,在进行旅游区划时,必须遵循一定的原则。旅游区划的原则是进行旅游区划的指导思想和依据,也是建立等级系统和区划方法的准绳。旅游区划一般应遵循以下原则:

4.1.3.1　差异性与相似性原则

地域差异性是旅游吸引物最本质的特征之一,也是各具特色、丰富多彩的旅游区存在的基础。因此,科学、完整地认识旅游吸引物的地域差异性,是进行旅游区划的基础和依据。相似性原则包括旅游吸引物成因的共同性、特征的类似性、功能的通用性、形态的相似性和发展方向的一致性等多重含义。具体而言,指旅游吸引物类型相近者应划在同一旅游区内。在旅游区划中,应遵循旅游区内部资源相似性最大、差异性最小,旅游区之间资源差异性最大而相似性最小的原则。

4.1.3.2　综合性与层次性原则

旅游区的区内相似性和区际差异性是旅游吸引物综合性结构特征的反映。一般而言,区划单位的等级由高到低,相似性逐渐增大,差异性逐渐减小。因此,只有按照一定的层次等级划分旅游区,才能真实地反映出不同层次旅游区的区内相似性和区际差异性程度的大小,以及区际的客观从属关系。

4.1.3.3 主导性与多样性原则

为了突出旅游区强烈的个性和独有的资源特色,也为了满足人们旅游行为多层次、多类型的需要,必须建立主题鲜明、功能各异、主辅结合的旅游区。为此,旅游区划必须遵循旅游吸引物以及旅游活动的主导性和多样性原则,合理划分旅游区。

4.1.3.4 完整性与协调性原则

旅游区划应保证每一等级的旅游区在地域和职能上的完整性。旅游区有无旅游中心地是衡量其完整性的首要条件,每个完善的旅游区必须至少有一个旅游中心地作为区域旅游活动的依托。旅游区范围的划分应尽可能考虑到相应中心城市旅游综合服务功能的基本辐射范围。同时,旅游区划还要适当照顾旅游区内交通线网的完整性,以有利于景区(点)之间的有效连通,尽可能减少旅游者的旅途劳累和费用,并满足旅游交通"快旅慢游""进得来、散得开、出得去"的基本要求。为了对旅游区进行有效的管理,旅游区划还要尽可能照顾行政区域的完整性,不要轻易打破行政区界限。

4.1.3.5 前瞻性与相适应原则

旅游区划的制定在分析旅游吸引物特征的基础上必须关注未来,放眼世界,预见未来可能存在的需求,使旅游区划更具前沿性、更有指导意义。经济发展水平与旅游业的发展有着十分紧密的联系。雄厚的经济基础为旅游业的发展提供充足的资金和广阔的客源市场,旅游业的发展要与当地经济发展的水平和人民群众实际生活水平相适应,才能给当地经济的发展及人民的生活带来效益和便利,从而实现旅游业与经济的共同发展。

4.1.3.6 可持续发展原则

旅游业的发展基础是旅游吸引物的存在及可持续。在旅游区划时应尽可能地将资源开发与旅游吸引物、生态环境保护措施相对一致的区划放在一起,以有利于旅游吸引物的可持续利用和旅游业的持续发展。

4.2 旅游区划的影响因素分析

旅游区划一般是在分析旅游吸引物特征的基础上,综合考虑各区域的社会、经济、文化等因素,进行旅游区的划分。旅游区划涉及因素众多,总体而言,主要包含自然地理环境和人文地理环境两大类。

4.2.1 自然地理环境

自然地理环境是旅游地理区划的重要参考标准,一般包括地形因素、气候因素、植被、土壤和水文因素等。

4.2.1.1 地形因素

地理研究最重要的一个因素就是地形。在中国辽阔的大地上,有雄伟的高原、起伏的山岭、广阔的平原、低缓的丘陵,还有四周群山环抱、中间低平的大小盆地。针对不同的地形,开展相应的旅游活动。旅游区划首先应考虑地形因素。

4.2.1.2 气候因素

气候对旅游活动的开展至关重要,根据太阳热量在地表的分布状况,可以将世界划分为热带、北温带、南温带、北寒带和南寒带。相似气候类型的地区可以划分为一个区域,便于旅游战略和规划的制定。例如,濮静娟、朱晔(1987)根据气候因素,把我国划分为北方温带气候大区、南方亚热带气候大区和青藏、云贵高原气候大区三个大的区域,其中又细化为18个小的区域,针对不同的气候区域制定了相应的旅游规划。

4.2.1.3 植被、土壤和水文因素

植被、土壤、水文是地球表面植物特征的主要影响因素,三者相互联系、相互影响。不同的植被、土壤和水文条件形成了世界上不同的地貌,如:热带雨林、热带旱林、热带草原、荒漠、地中海灌木林、温带草原、温带森林、针叶林、苔原等。进行旅游区划时应考虑这些影响因素,因地制宜,制定相应的旅游规划。

4.2.2 人文地理环境

随着旅游地理区划的发展,人文地理环境显得越来越重要,其中比较重要的参考标准为经济因素、社会因素和文化因素。

4.2.2.1 经济因素

经济与旅游业密切相关,两者相互促进,协同发展。地区的经济情况是发展旅游业的关键制约因素。旅游业的发展需要大量的资金投入,基础设施的兴建、旅游服务工作的开展、旅游吸引物的开发与保护等都需要资金来支撑。旅游区划必须考虑各地的经济发展状况,发达地区和相对落后地区应制定不同的旅游发展战略。

4.2.2.2 社会因素

中国有句俗语,"十里不同风,百里不同俗",指各地风俗习惯的差异性。不同的社会结构、风土人情塑造出形式各样的生活习惯,而这种差异性正是人们产生旅游动机的重要推动力。进行旅游区划时,注重社会因素的影响,有利于开展独特的旅游活动,吸引更多的游客。

4.2.2.3 文化因素

随着国际上文化旅游潮流的兴起,越来越多的人注重旅游过程中对异地文化的了解和学习。现代旅游业的发展,使不同国家和地区、不同民族和文化的交往日益增多,从而消除了一些社会和民族偏见,促进了相互理解。一些学者认为,游客和旅游地居民的跨文化交流,在引起旅游地文化的适应性变化的同时,保护乃至振兴了富有地域特色的文化。根据不同的文化特征,将相似的文化地区划为同一区域,有利于区域文化旅游的开展及旅游整体效益的提高。

4.3 中国旅游区划方案

我国学者早在20世纪20~30年代便已开始区划的研究工作,是世界上较早开展现代区划研究的国家之一。1929年竺可桢发表的《中国气候区域论》标志着我国现代自然地域划分研究的开始。随着经济发展的需要,人文、生态等因素被运用到区划工作中,推动了旅游区划的发展。

4.3.1 中国旅游区划研究评述

在我国,旅游业作为一种产业是从20世纪80年代才开始的,旅游区划的研究也随之发展起来。20世纪80年代末,旅游区划以地理区划为主,即依据旅游地带相似性原则划分,既考虑资源属性,也考虑经济属性。

20世纪90年代的旅游区划在资源区划和地理区划的基础上,增加了文化的因素,综合考虑了传统文化资源、现代文化资源、自然风光、开发重点和客源市场等因素,这与旅游业从自然风景旅游到文化旅游的转变相一致,符合旅游发展趋势。

21世纪后的旅游区划是在原来区划依据的基础上,综合考虑资源、地理、文化而进行的旅游区划,其范围的确定主要依托经济规律,既包括若干共性特征的旅游景点,也包括旅游接待设施,此时的旅游区划具有应用性、多样性和灵活性的特点。

此外,GIS的空间分析功能应用与旅游区划的研究,符合区划的要求,也成为研究的一个趋势。

从旅游区划的文献综述来看,旅游区划研究主要是以旅游吸引物的相似性和发展方向的共同性为基础,根据旅游地域系统的结构与行政区划的关系得出。虽然目前还未建立起理想的区划指标体系和定量的数据收集处理方法,且旅游区划原则差异较大,但不同时期的旅游区划,对各个时期旅游业的发展都起到了一定促进作用。从研究趋势来看,将旅游吸引物的类型、密度、数量、等级特征的相关程度、旅游交通网络的协调程度等纳入旅游区划的定量指标体系,是今后旅游区划的研究重点和发展方向。

4.3.2 中国旅游区划代表性方案简介

目前我国比较普遍的旅游地理区划方案是三级区划法,即将我国首先分为若干旅游大区(一级区),每个大区由二个或多个省级行政区域组成,其特点是地理上集中连片,自然条件相近,社会经济环境和历史文化相似,旅游吸引物具有共性特征。每个旅游大区又分为若干旅游亚区(二级区),旅游亚区由完整的省级行政区域组成。在旅游亚区内又分为若干个风景区(三级区)。其中具有代表性的区划方案有以下几种:

4.3.2.1 濮静娟的中国大陆地区旅游气候区划方案

濮静娟、朱晔(1987)以舒适度指数和风效指数为指标,对中国大陆地区气象资料进行分析计算,以各地最佳旅游月份和适宜旅游季节进行旅游气候区划,采用区域方位和热量带主导因子复合命名方法,将中国大陆分成北方温带气候大区、南方亚热带气候大区、青藏云贵高原大区共三个旅游气候大区。在三个气候大区的基础上,按照气温舒适月份作为气候区的指标,又将中国大陆地区划分为18个旅游气候区;按照舒适风月份和闷热有不明显风的月份作为气候亚区的区划指标,又将中国大陆地区划分为22个旅游气候亚区。

4.3.2.2 郭来喜的中国旅游地理区划方案

郭来喜(1988)根据旅游资源的相似性、行政区划体系的完整性和运输便捷性、管理方便性等原则,采用区域名称和文化景观主导因子综合命名方法,将全国划分为9个旅游带,29个旅游省份,149个基本旅游区。9个旅游带具体为:京华古今风貌旅游带、白山黑水北国风光旅游带、丝路寻踪民族风情旅游带、华夏文明访古旅游带、西南奇山秀水民族风情旅游带、荆楚文化湖山景观旅游带、吴越文化江南水乡风光旅游带、岭南文化南亚热带风光旅游带、世界屋脊猎奇探险旅游带。

4.3.2.3 阎守邕的中国旅游资源区划方案

阎守邕等(1989)根据中国旅游资源区域特征和旅游环境的区域差异,采用地域名称和自然或文化景观主导因素复合命名方法,将中国分为东北温带湿润景观旅游资源区、黄河中下游名胜古迹旅游资源区、长江山水风光旅游资源区、华南热带亚热带景观旅游资源区、云贵高原奇山异水风光人情旅游资源区、塞外草原荒漠旅游资源区、西北丝绸之路旅游资源区、青藏高原世界屋脊旅游资源区,共8个一级旅游区,并有41个二级旅游资源区。

4.3.2.4 陈传康的中国旅游文化区划方案

陈传康(1991)将传统文化与现代文化资源相结合,观光游览与科学文化旅游相结合,采用区域方位和区域名称单因子命名方法,把全国划分为7个一级旅游文化区。具体包括:华北区、长江中下游流域、华南区、西南区、东北区、内蒙古西北区、青藏高原等。

4.3.2.5 杨载田的中国旅游地理区划方案

杨载田等(1994)根据旅游资源成因、形态和发展方向的一致性,地域分布完整性等原则,取各家分区方案之长,采用地域方位名称、文化景观和自然风光三因子综合命名方法,将中国共分成8个旅游区,以及若干个旅游省份,其下又分若干游览区。后又在其主编的《中国旅游地理》(2004)中加以修改,将全国划分成8个旅游区:东北关东文化林海雪原火山熔岩风光旅游区、华北黄土文化名山沃野海景风光旅游区、华东吴越淮河文化山水园林都市风光旅游区、华中荆楚巴蜀文化名山胜水峡谷奇观旅游区、东南沿海闽粤文化南国山海岛风光旅游区、西南民族风情岩溶山水风光旅游区、青藏藏传佛教文化高原雪域草原风光旅游区、西北丝路文化绿洲草原大漠风光旅游区。

4.3.2.6 其他中国旅游地理区划方案

周进步(1985)分区方案:将中国划分为中央旅游区、东部沿海旅游区、川汉旅游区、华南热带景观旅游区、西南岩溶旅游区、西北"丝绸之路"旅游区、东北旅游区、北疆塞外旅游区、青藏高原旅游区共9个旅游区。

宋家泰(1987)分区方案:将中国分成东北、华北、华东、长江中上游、东南、西南、青藏、西北共8大旅游区。

刘振礼(1988)分区方案:将中国分为京畿要地——北京旅游区,白山黑水——黑吉辽旅游区,民族摇篮——黄河中上游旅游区,大浪淘沙——长江中上游旅游区,山水神秀——长江下游旅游区,南国侨乡——闽粤琼旅游区,石林洞乡——滇黔桂旅游区,塞外风光——内蒙古、宁夏旅游区,"丝绸之路"——甘新旅游区,世界屋脊——青藏旅游区,台湾及香港澳门旅游区,共11个旅游区。

雷明德等(1988)分区方案:将中国分成东北林海雪原旅游地区、中原古迹名山旅游地区、东部名山园林旅游地区、华南热带风光旅游地区、西南岩溶风光旅游地区、川鄂湘名山峡谷旅游地区、西北干旱景观旅游地区、塞外草原景观旅游地区、青藏高原旅游地区,共9个旅游地区。

· 41 ·

庞规荃(2003)分区方案:将中国分成京津冀旅游区、东北旅游区、黄河中下游旅游区、西北内蒙古旅游区、长江中下游旅游区、华南旅游区、西南旅游区和青藏旅游区,共八大旅游区。

曹培培(2014)分区方案:将中国分为京津冀旅游区、东北旅游区、黄河中下游旅游区、西北旅游区、长江中下游旅游区、东南旅游区、西南旅游区、青藏旅游区、港澳台旅游区,共9大旅游区。

4.3.3 省域旅游区划方案

全国各省在独特的旅游吸引物和地域特征的基础上,根据旅游区划的原则,依据不同的目的,对本省进行旅游区划,以促进旅游业的持续健康快速发展。本书以部分省域旅游区划方案为例,加以说明。

4.3.3.1 河南省旅游区划方案

梁留科、孙淑英(2004)在分析河南省旅游资源的基础上把河南省分为沿黄旅游区、豫东旅游区、豫西旅游区、豫北旅游区、豫南旅游区和豫中旅游区6个部分,各旅游区又包括若干旅游亚区。其中,沿黄旅游区包括宋文化旅游亚区、少林文化旅游亚区、河洛文化旅游亚区和虢国文化旅游亚区;豫东旅游区包括殷商文化旅游亚区、龙文化旅游亚区;豫西旅游区以楚文化为主;豫东旅游区以商文化为主;豫南旅游区以茶文化为主;豫中旅游区以三国文化为主。

4.3.3.2 甘肃省旅游区划方案

赵宏亮(2006)将"丝绸之路"文化作为甘肃省旅游分区基本依据,依照旅游区划的原则,结合甘肃旅游资源类型、分布、特色及旅游业发展实际状况,将全省划分为:河西走廊、陇中甘南、陇东南3个旅游区,各旅游区又包括若干亚区。河西走廊旅游区以丝绸之路为主线,包括武威、张掖、酒泉、嘉峪关、敦煌等地;陇中甘南旅游区包括陇中黄河文化旅游亚区和香巴拉、回藏文化旅游亚区;陇东南旅游区包括羲皇故里怀古文化旅游亚区、道教圣地黄土农耕民俗文化旅游亚区和青山绿水生态文化旅游亚区。

4.3.3.3 山东省旅游区划方案

柳雯(2004)结合社会、经济条件把山东省划分为6个旅游区:以济南为中心的山水圣人旅游区,主要包括济南、泰安、曲阜、邹城,展示以泰山为代表的山岳,以孔子为代表的历史文化名人和儒学文化及历史遗迹和建筑;以青岛为中心的滨海旅游区,包括青岛、烟台、威海、日照,展示以"阳光、海水、沙滩"构成的3S海滨资源,山地资源、特殊的山海地理所影响的宗教文化,古代近代战争遗迹,城市历史与文化;以潍坊、淄博、莱芜、沂水为主的齐文化和鲁中民俗旅游区,主要展示齐文化、典型的山东民俗与生态农业、鲁中山地、地质景观;以临沂、枣庄为主的山地生态旅游区,展示典型的山岳森林,特殊地质景观,战争文化,运河文化,现代生态农业等;以济宁、菏泽、聊城、德州为主的古运河与水浒文化旅游区,展示古运河与水浒文化,北方最大的淡水湖及湿地、江北水城与生态城市;以东营和滨州为主的黄河入海口湿地生态旅游区,展示黄河和黄河入海口湿地、历史文化名人、现代工业文明。

4.3.3.4 湖北省旅游区划方案

曹诗图等(2003)在分析湖北省旅游资源分布及特色的基础上,将湖北省划分为4大旅游区:武汉城市圈休闲度假旅游区、"一江两山"品牌旅游区、鄂中荆楚文化与三国文化旅游区、清江民俗生态旅游区。武汉城市圈休闲度假旅游区包括大武汉都市休闲旅游亚区,咸宁休闲度假旅游亚区,鄂东名山名人文化旅游亚区;"一江两山"品牌旅游区包括长江三峡观光度假旅游亚区、武当山世界文化遗产旅游亚区和神农架原始生态旅游亚区;鄂中荆楚文化与三国文化旅游区,包括襄阳三国文化旅游亚区、荆州古城旅游亚区、钟祥明显陵旅游亚区及随州旅游亚区;清江民俗生态旅游区包括清江画廊生态旅游亚区和清江南部民俗生态旅游亚区。

4.3.4 本书中国旅游地理区划方案

本书在全域旅游的时代背景下,在充分借鉴各种分区方案的基础上,依据旅游区划原则,按照旅游的功能体系,根据旅游区域的空间尺度,采用四级区划法,将全中国划分为旅游区域尺度、省域尺度、目的地尺度和场域尺度四级。首先按照地理区划分为若干旅游区域(一级区),每个大区由三至多个省级行政区域组成,其特点是地理上集中连片,自然条件相近,社会经济环境和历史文化相似,旅游吸引物具有地域临近性特征。每个旅游区域又分为若干省域(二级区),旅游省域由完整的省级行政区域组成。在旅游省域内又分为若干个旅游目的地(三级区),旅游目的地由重点旅游城市组成。旅游目的地又包含有多个旅游场域(四级区),由景区、宾馆、饭店和景观道路等吸引物组成。

4.3.4.1 旅游区域(一级区)

根据以上旅游区划,本书将全国划分为7个旅游区域(一级区)。

(1)东北旅游区。位于我国东北部,北起黑龙江,南到辽宁半岛,西起大兴安岭,东到长白山,包含黑龙江、吉林和辽宁三个旅游省域(二级区)。

(2)华北旅游区。位于我国北部,秦岭—淮河线以北,长城以南的中国的广大区域,包含北京、天津、河北、山西、内蒙古五个旅游省域(二级区)。

(3)华中旅游区。位于中部黄河中下游和长江中游地区,涵盖海河、黄河、淮河、长江四大水系,地处华北、华东、华南、西南、西北等地区之间,包括湖北、湖南、河南三个旅游省域(二级区)。

(4)华东旅游区。位于中国东部,有黄河、淮河、长江、钱塘江四大水系,还有太湖、洪泽湖、鄱阳湖等主要湖泊,自北向南包括山东省、江苏省、安徽省、上海市、浙江省、江西省、福建省七个旅游省域(二级区)。

(5)华南旅游区。位于中国最南部,北与华中地区、华东地区相接,南面包括辽阔的南海和南海诸岛,包括广东、广西、海南、香港、澳门(二级区)。港澳台旅游区会在后文单列一章介绍。

(6)西南旅游区。位于中国西南部,东临中南地区,北依西北地区,包括四川、重庆、贵州、云南、西藏五个旅游省域(二级区)。

(7)西北旅游区。位于中国西北部,包括陕西、甘肃、宁夏、新疆、青海五个旅游省域(二级区)。

4.3.4.2 旅游省域(二级区)

旅游省域由完整的省级行政区域组成,也即每个省级行政区就是一个独立的旅游省域(二级区)。依据上文提到的划分原则,每个旅游省域由若干个旅游目的地(三级区)组成。由于旅游省域较多,本书分别从七个旅游区域(一级区)中选一个旅游省域(二级区)作为代表,加以说明。

(1)辽宁旅游省域(二级区)。主要包括辽东半岛海滨风光区、辽东山水风光民族风情、辽中名胜古迹风光区、辽西历史古迹山海风光区等五个旅游目的地(三级区)。

(2)内蒙古旅游区域(二级区)。主要包括东北部森林草原牧猎民族文化区、东部草原辽文化区、中部草原沙漠召庙文化都市圈区、西部沙漠草原历史遗迹区等四个旅游目的地(三级区)。

(3)湖南旅游省域(二级区)。主要包括长株潭、大湘西、环洞庭湖、大湘南等四个旅游目的地(三级区)。

(4)安徽旅游省域(二级区)。主要包括皖北、皖中、皖东南、皖西南、皖南等四个旅游目的地(三级区)。

(5)广西旅游区域(二级区)。主要包括桂林区、南宁凤亭生态文化区、左右江红色区、河池生态养生区、北海涠洲岛区、中越国际旅游合作区和桂台(贺州)客家文化区等七个旅游目的地(三级区)。

(6)重庆旅游区域(二级区)。主要包括都市圈区、长江三峡黄金区、乌江画廊民族风情区等三个旅游目的地(三级区)。

(7)宁夏旅游区域(二级区)。主要包括银石塞上江南、西夏文化区,银南塞上江南、沙漠区,盐同海草原、回族风情区,固原山地、回族风情文化区等四个旅游目的地(三级区)。

4.3.4.3 旅游目的地(三级区)

旅游目的地由重点旅游城市组成,旅游目的地包含有多个场域(四级区),场域由景区、宾馆、饭店和景观道路等吸引物组成。本书以上文提到的七个旅游省域(二级区)中的某一个三级区为例。

(1)辽宁辽东半岛海滨风光旅游目的地(三级区)。包括南部奇异海滨城市风光区(大连市区)、中部名胜古迹海岛风光区(瓦房店市、普兰店市、长海县)、东部山地丘陵海滨风光区(庄河市)等三个旅游场域(四级区)。

(2)内蒙古东部草原辽文化旅游目的地(三级区)。包括森林辽文化区(赤峰市)、典型草原区(锡林郭勒盟、乌兰察布市)等两个旅游场域(四级区)。

(3)湖南省环洞庭湖旅游目的地(三级区)。包括岳阳市、常德市、益阳市,长沙市望城区等四个旅游场域(四级区)。

(4)安徽皖南旅游目的地(三级区)。包括自然风光区(黄山市)、徽州文化区(黄山市、绩溪县、铜陵市)、佛道文化区(池州市、宣城市、黄山市)等三个旅游场域(四级区)。

(5)广西左右江红色旅游目的地(三级区)。包括右江区(百色市)、左江区(崇左市)、红水河流域(河池)等三个旅游场域(四级区)。

(6)重庆乌江画廊民族风情旅游目的地(三级区)。包括武陵山区(武隆)和土家族苗族民族地区(彭水、黔江、酉阳和秀山)等三个旅游场域(四级区)。

(7)宁夏银石塞上江南、西夏文化区旅游目的地(三级区)。包括贺兰山探险猎奇区(银川市)、石嘴山沙湖区(石嘴山市)、塞上江南区(吴忠市)等三个旅游场域(四级区)。

4.3.4.4 旅游场域(四级区)

旅游场域由景区、饭店和景观道路等吸引物组成。例如,河南省开封旅游吸引物即为由御河、开封府、包公祠、大梁门、万岁山、小宋城、禹王台、相国寺、延庆观、天波杨府、铁塔公园、中国翰园、龙亭公园、清明上河园、山陕甘会馆、皇宋大观文化园、朱仙镇岳飞庙等众多景区和饭店、景观道路等组成。

【本章小结】

中国旅游区划是以中国自然和人文旅游吸引物及其环境的相似性和差异性为依据,按照不同的目的和原则,对中国旅游地理进行的区域划分。其区划原则主要包括差异性与相似性原则、综合性与层次性原则、主导性与多样性原则、地域完整性及与行政区划相协调原则等。本书据此原则,将中国划分为7个旅游大区。

【重点概念】

旅游区划定义　旅游区划原则　旅游区划影响因素　旅游地理区划方案

【案例分析】

跨区域旅游合作将成主流

随着跨区旅游城市群的建立,城市之间的旅游业发展将打破行政区域的壁垒,通过整合各地的优势资源,形成区域发展的合力。国家《"十三五"旅游业发展规划》于2016年12月7日正式公布,规划称将做强京津冀、长三角、珠三角、成渝、长江中游5大跨区旅游城市群。

《规划》提出,要做强跨区域旅游城市群,优化空间布局,构筑新型旅游功能区。国家旅游局规划财务司司长彭德成表示,跨区旅游合作与发展潜力巨大,前景广阔。

彭德成说,未来5年,我国将建立京津冀旅游城市群、长三角旅游城市群在内的5大跨区域旅游城市群;以香格里拉民族文化旅游区、太行山生态文化旅游区为代表的20个特色功能旅游区;10条国家精品旅游带、25条国家生态风景道、8个特色旅游目的地。

中国未来研究会旅游分会副会长刘思敏表示,《规划》拓展了旅游的边界,将给旅游业带来很多机遇。特别是各地区间以合作的方式进行旅游产品包装、线路共建、形象共宣,从而树立较有影响力的旅游品牌,吸引旅游者抵达该旅游目的地。

近年来,各地建立了不同形式的跨区域旅游合作组织。诸如,京津冀三地旅游部门商定建立健全京津冀旅游协同发展工作机制;开封市、西安市、哈尔滨市等33个城市建立首个"一带一路"沿线城市旅游联盟;"泛珠"11省区政府领导共同签署《泛珠三角区域合作框架协议》,以提升区域旅游的整体竞争力,积极寻求无障碍旅游区的建设途径。这些先行先试的地区,都为我国跨区域旅游合作提供了宝贵的经验和实例,也意味着跨区域旅游合作将是今后一个时期的发展主流。

业内人士表示,随着跨区旅游城市群的建立,城市之间的旅游业发展将打破行政区域的壁垒,通过整合各地的优势资源,形成区域发展的合力。比如,成渝旅游城市群,要充分发挥长江上游核心城市作用,依托川渝独特的生态和文化,建设自然与文化遗产国际精品旅游区,打造西部旅游辐射中心。

如何才能有效整合各地旅游吸引物实现共赢?

彭德成说,《规划》指出,要按照分类指导、分区推进、重点突破的原则,全面推进跨区域资源要素整合。

当前,我国旅游景点圈内各景区或景点隶属于不同行政区,造成各景点景区孤立发展,甚至出现恶性竞争现象。此外,还存在资金短缺,基础设施及相关旅游产业欠缺;缺乏资源整合,景点圈核心旅游形象模糊,带动功能不强,缺少完备的产品体系和合理的定位等问题。

北京交通大学教授冯奎表示,在全域旅游的背景下,构筑新型旅游功能区,在新型旅游功能区的创建中,整个区域的旅游投入成本就会得到分解。

彭德成也表示,发展全域化旅游,以抓点为特征的"景点旅游"发展模式向区域资源整合、产业融合、共建共享的"全域旅游"发展模式加速转变,旅游业与农业、林业、水利、工业、科技、文化、体育、健康医疗等产业深入融合。

与此同时,旅游业的产业链长,涉及的条块部门多,这一现状给旅游执法带来的问题,也让部分市场主体很难被有效监管。对此,《规划》把旅游业当作综合产业来发展,要求多部门共同推进旅游业发展。比如,丽江、三亚等游客集中的区域,已有专门的旅游执法队和旅游警察的试点,为推进旅游业发展进行了有益探索。

"区域旅游合作的基础和前提是产品的差异化。"有专家表示,产品的基础是资源,如果几个相邻城市的资源十分雷同,就不可避免产生市场竞争,区域合作的难度比较大。

近几年,我国旅游市场出游散客化趋势越来越明显,自由行已成为居民短途出游主要方式。然而,一些地区缺乏对经典线路的串联进行科学引导,让自由行的游客感觉很不方便。

"《规划》中提到精品旅游带的建设和旅游产品的创新将给游客带来更多选择。"冯奎说。记者了解到,为了搭建区域旅游服务平台,京津冀旅游部门提出"一张网全覆盖,一张图全明了,一张卡全畅通"的区域旅游服务目标。天津市民李鹏表示,京津冀旅游一卡通,不仅可以逛景点、刷门票,还可以实现乘坐公交车、ETC通道支付、餐饮娱乐支付,还能享受打折的优惠,非常方便。

《规划》还将各类旅游新兴业态的发展提上日程。除休闲度假产品、乡村旅游、红色旅游等,还包括自驾车旅居车旅游、海洋及滨水旅游、冰雪旅游、低空旅游等创新产品。

中国旅游研究院院长戴斌表示,《规划》所呈现的"跳出狭义的旅游,谋划广义的旅游",本身就体现了旅游融合发展的特点。未来,还需深入研究旅游消费的需求,比如研究与散客化发展潮流相适应的消费特点;有效地引导市场,比如通过政策、宏观数据等引导旅游投资从聚焦传统的自然资源、历史文化资源转向科技、资本、人才等要素驱动;分类指导地方的旅游创新发展,因地制宜、因时制宜。

(案例来源:中国经济网—《经济日报》2017年1月10日电,记者郑彬《跨区域旅游合作将成主流》.)

问题: 你认为跨区域旅游合作与旅游地理区划相矛盾吗?区域内旅游吸引物的相似性与旅游合作相矛盾吗?对于文中提到的跨区域合作,请谈谈自己的感想。

【思考题】

1. 请说出旅游地理区划的划分原则。
2. 旅游地理区划有什么意义?
3. 根据旅游地理区划的原则,你认为还可以将我国所有地区划分为哪几个大区和亚区,并说明你的理由。
4. 在本书提到的旅游地理区划中你更认同哪种分类方法?
5. 除了书中提到的因素外,你认为影响旅游区划的因素还有哪些?

参考书目

1. 徐建华.现代地理学中的数学方法[M].北京:高等教育出版社,2017.
2. 风笑天.社会学研究方法[M].2版.北京:中国人民大学出版社,2005.
3. 陈向明.质的研究方法与社会科学研究[M].北京:教育科学出版社,2000.
4. 马勇,舒伯阳.区域旅游规划——理论、方法、案例[M].天津:南开大学出版社,1999.
5. 保继刚.旅游规划案例[M].广州:广东旅游出版社,2005.
6. 桂林市旅游局,中山大学旅游发展与规划研究中心.桂林旅游发展总体规划:2001—2020[M].北京:中国旅游出版社,2002.

东北旅游区

学习目标→

　　通过本章的学习,全面了解东北旅游区的旅游地理系统;熟悉黑龙江省、吉林省、辽宁省等省域旅游地理概况,理解本区旅游目的地的旅游发展现状,掌握本区的旅游吸引物特征。

学习难点→

　　旅游吸引物特征　　东北旅游区旅游业发展战略　　东北旅游区的旅游地理系统

【案例导入】

途牛《2017 夏季冰雪旅游热度报告》

　　滑雪运动既是娱乐又能达到健身目的,夏季滑雪更可消暑纳凉。随着 2022 年冬奥会的到来,目前,冰雪旅游项目在我国处于蓬勃发展阶段,我国的雪场数量在快速增加、设备设施在不断完善、服务质量在逐步提高、参与人群数量在稳步提升,目前还有北雪南移、东雪西进的态势,逐渐形成了以黑龙江、吉林、河北、新疆为首的四大滑雪区域。

　　虽然我国现在是炎热夏季,不过,随着科学技术的进步,夏季滑雪已不再是一种奢望。比如 7 月 1 日正式营业的哈尔滨万达娱雪乐园,总面积 8 万平方米,相当于 11 个标准足球场,可同时容纳 3 000 人娱雪游玩。场内保持全年零下 5 摄氏度的恒温环境,可让游客在最舒适的环境中滑雪、娱雪。用户预订途牛牛人专线产品"哈尔滨万达城—伏尔加庄园—长白山—万达度假区—长春双飞 6 日游",既可体验在夏季滑雪的乐趣,同时又有国家级滑雪运动员贴身指导。此外,途牛"长春—长白山—镜泊湖—哈尔滨万达滑雪双飞 6 日跟团游""长春—长白山—万达度假区—哈尔滨万达乐园 6 日自助游"等,也是用户夏季滑雪的热门选择。

　　除了滑雪,夏季到东北看冰雪、玩冰雪也成为国内长线游新兴热门选

择。目前,东北地区热门冰雪游场地包括哈尔滨冰雪大世界、呼伦贝尔夏季滑雪场、哈尔滨中央大街室内冰灯、中俄蒙冰雪乐园、冷极村等。热销产品有牛人专线"呼伦贝尔草原—冰雪大世界—国门—漠河—北极村—五大连池—室韦双飞一卧 8 日游""呼伦贝尔草原—莫日格勒河—敖鲁古雅—满洲里—呼伦湖双飞 5 日游""长春伪满皇宫—长白山—镜泊湖—五大连池—扎龙湿地—哈尔滨室内冰灯双飞 8 日游"等。

(资料来源:中国旅游新闻网,http://www.cntour2.com/viewnews/2017/07/24/wflif5aubvrksdwbwlt30.shtml,2017-07-24.)

5.1 东北旅游地理系统及其评价

东北旅游区包括黑龙江、吉林、辽宁三省。本区旅游吸引物丰富,自然景观独具特色,同时,东北又是清王朝的发祥地,拥有丰富的清代文物古迹,表现出了多民族融合的民族风情特色。本区是我国对东北亚地区开放的窗口,是沟通东北亚和欧洲之间最近大陆桥的重要中间站和联络点,区位优势显著。

旅游业发展迅速。东北旅游区旅游地理系统是由旅游客源地子系统、旅游目的地子系统、旅游通道子系统及旅游保障子系统四个部分组成,具有特定的结构、功能和目标的综合体。

5.1.1 旅游客源地子系统

黑龙江、吉林、辽宁三省,在我国经济发展格局中处于重要地位,随着"一带一路"的推进,东北地区成为我国向北开放的重要窗口,该区域有着优越的地理位置,毗邻俄罗斯、朝鲜、蒙古、韩国、日本等国家,亦是连接东北亚与欧洲各国的重要通道。拥有丰富的旅游吸引物,优越的生态环境,成为我国重要的冰雪旅游、生态观光和避暑度假的旅游目的地。

根据东北旅游区《国民经济和社会发展统计公报》、旅游局官网统计数据、《统计年鉴》《旅游业统计公报》等资料。可见,东北旅游区的国内客源仍然占据绝对优势,国际市场对旅游收入和旅游人次的贡献有限。

5.1.1.1 国内旅游客源地

根据东北旅游区的旅游业发展报告,东北旅游区的国内旅游客源的构成中,三省地区内的旅游人次占旅游总人次的比例大致为 50%;周边地区,例如北京、山东、天津、河北、内蒙古五省区市旅游人次占比大约为 25%;其他虽距离较远但经济发达的地区,如长三角的上海、珠三角的福建和广东旅游人次占旅游总人次的比例大约为 15%,其他地区共占 10%。可见,东北旅游区国内旅游客源地仍以当地及周边省市为主,经济发达的地区也占有一定的市场份额。

从东北旅游区内部来看,各省国内旅游客源地存在着较大的相似性。例如,黑龙江省省内旅游人次占总旅游人次的比重约为 60%,省外客源地旅游人次排名靠前的省区市分别为辽宁、北京、山东、吉林、上海、河北、广东、内蒙古等;吉林省省内旅游人次总旅游人次的比重约为 50%,省外客源地旅游人次排名靠前的省市分别为辽宁、黑龙江、上海、浙江、北京、天津、河北、山东、内蒙古,其中,辽宁、黑龙江居于核心客源地;辽宁省省内旅游人次占总旅游人次的比重约为46.3%,辽宁省的省外客源地旅游人次排名前十的省区市分别为北京、黑龙江、山东、上海、吉林、天津、河北、内蒙古、福建、广东。

5.1.1.2 境外旅游客源地

东北旅游区的国际游客核心客源国和地区为日本、俄罗斯、港澳台地区、韩国;次核心客源国为美国、德国、新加坡等。其中,由于地缘和历史原因,黑龙江省的最大国际客源国为俄罗斯,吉林省的最大国际客源国为韩国和俄罗斯,辽宁省的最大客源国和地区为港澳台、日本和俄罗斯。从整体上看,核心客源国和次核心客源国的旅游人次占据所有国际旅游人次的75%以上。

从东北旅游区内部来看,各省国际旅游客源地存在着较大的差别。黑龙江国际旅游客源地排名前十的国家和地区分别为俄罗斯、韩国、日本、美国、加拿大、新加坡、法国、澳大利亚、德国、英国,其中,俄罗斯旅游人次达到609 696人次,占外国人总旅游人次的77.49%,处于绝对核心的国际旅游客源地,其他较为重要的次核心客源国为韩国、日本、美国;吉林省境外旅游客源国和地区排名前十的依次为韩国、俄罗斯、中国港澳台、日本、德国、新加坡、美国、英国、加拿大、菲律宾,其中,韩国和俄罗斯旅游人次分别达到786 576人次和248 802人次,占外国人总旅游人次的60.88%和31.62%,两国旅游人次总和占外国人旅游总人次的90%以上,居于绝对核心客源国地位,其他较为重要的次核心客源国和地区为港澳台、日本、德国等;辽宁省境外旅游客源地排名前十的国家和地区分别为中国港澳台、日本、俄罗斯、美国、德国、新加坡、韩国、英国、加拿大、澳大利亚,其中,港澳台地区旅游人次占境外旅游总人次比例为22.49%,日本和俄罗斯旅游人次分别为531 530人次和202 173人次,占外国人旅游总人次的比例分别为25.97%和9.88%,两国旅游总人次占外国人旅游总人次的36%,三个国家和地区居于核心旅游客源国地位,其他较为重要的次核心客源国和地区为美国、德国、新加坡、韩国、英国等。

5.1.2 旅游通道子系统

东北旅游区是中国对东北亚地区开放的窗口,毗邻俄罗斯、朝鲜、韩国、日本等国,国内与京、津、冀等省市相邻。东北旅游区铁路、公路、管道、水路、航空等构成了四通八达运输网,为促进地区经济发展创造了有利条件。

六大海港——大连、盘锦、丹东、营口、锦州、葫芦岛,与140多个国家和地区通航;国内、境外航线连通着日本、俄罗斯、韩国等国家和地区及国内100多个大中城市。

(1)航空旅游交通。东北旅游区共有机场21座,其中,辽宁省有7座机场,吉林省有4座机场,黑龙江省有10座机场,其中,大连周水子国际机场、沈阳桃仙国际机场、哈尔滨太平国际机场、长春龙嘉国际机场为东北旅游区的"四大机场"。

(2)铁路旅游交通。辽宁省拥有铁路枢纽站13个,吉林拥有铁路枢纽站9个,黑龙江拥有铁路枢纽站13个,每年为东北旅游区输送大量国内游客。

(3)公路旅游交通。东北主要公路干线有:京哈线、哈大线、沈大线、同江—三亚线、绥芬河—满洲里线、丹东—拉萨线等。东北公路交通发达,为旅游的发展提供了便利条件。

5.1.3 旅游保障子系统

5.1.3.1 自然环境

东北旅游区大部分地区属于温带季风气候,具有"冬季寒冷而漫长,夏季温湿而短促"的特征。冬季,在强大的蒙古高压控制下,异常寒冷,与世界同纬度地区相比,东北低10℃~20℃,成为名副其实的"中国寒极"。千里冰封,万里雪飘,山河银装素裹,成为东北旅游区自然风光的代表。"冰城"哈尔滨的冰灯、冰雕闻名海内外,吉林的雾凇"树挂"千姿百态,令人陶醉。丰富的冰雪资源有利于开展冰雪运动和冰雪旅游。

东北旅游区的大、小兴安岭和长白山地是我国最大的原始森林区,以红松、冷杉、兴安落叶松为主。大面积的原始森林为野生动物提供了生长和繁殖的条件,成为我国最重要的野生动物产地和狩猎区。在原始森林中栖息着东北虎、梅花鹿、紫貂、熊、狐等珍稀动物。人参、貂皮、鹿茸被称为"东北三宝"。

东北旅游区是我国大陆火山景观最丰富、典型的地区之一:全区有火山锥230多座,形成了20个火山群。著名的有五大连池、长白山天池、镜泊湖等火山群。这些火山群成为东北著名的火山遗迹游览区。在火山活动地区地热资源丰富,东北旅游区分布五大连池、长白山温泉、本溪温泉等众多的温泉。

东北旅游区南部是漫长的海岸线,海岸地貌类型多样,其中既有怪石嶙峋、礁林散布、溶洞横生的基岩海岸,也有生活着以丹顶鹤为主的野生动物的独特生物景观的淤泥质海岸,更有着滩平坡缓、水质清澈的众多天然海滨浴场的沙砾质海岸。夏季海滨凉爽宜人,以大连最为著名,是天然的避暑胜地,每年吸引着大量的海内外游人到此观光旅游。

5.1.3.2 文化环境

东北旅游区是我国古代最早的文化发源地之一,远在旧石器时代就已有人类居住。在漫长的历史发展过程中,东北旅游区融合了土著文化、中原文化和外国文化三大文化基因,形成了独具特色的关东文化。土著文化涵盖了满族农耕文化、蒙古族游牧文化、鄂伦春族狩猎文化和赫哲族渔猎文化等,其文化精神实质是尚武、粗犷、豪放和刚健的文化心态。

本区有独具北国风采的冰雕艺术,有浓厚的东北乡土气息的民间艺术"二人转",有林海雪原中的游猎风情,有乌苏里江的渔猎乐趣。众多的民族及多样的生活方式,各具特色又相互交融,构成了东北旅游区复合型的民族风情。

建筑艺术多样。本区的建筑融合了多种建筑风格,有满汉风格的沈阳故宫,有欧式风格的圣索菲亚教堂、东正教堂、基督教堂,还有日式及现代建筑风格。哈尔滨是集多种建筑风格于一体的典型城市,素有"东方莫斯科""东方小巴黎"之称,现保存下来的早期建筑达500多座,绝大部分为欧式建筑。

名胜古迹众多。本区从春秋到清代历史古迹皆有,其中主要是渤海国、高句丽国、辽金、清时代的遗迹。以清代遗迹保存最完整,数量最多。最著名的有沈阳故宫、清代关外城等。

5.1.3.3 经济环境

东北地区形势错综复杂,经济下行压力增大,在党中央、国务院的领导下,通过稳增长、调结构、促改革、惠民生、防风险等政策的实施,东北经济呈现缓中趋稳、稳中有难的趋势以及改革速度明显加快、配套政策不断出台、社会保障水平快速提高等特征。同时,东北地区也存在经济增长下降迅速,对外贸易发展水平大幅度降低,财政收入增长波动较大,国有经济、重工业比重过大和创新能力不足等问题。尽管东北地区面临的经济发展形势仍然严峻,结构性改革及全面深化改革将不断推进,保障和改善民生力度进一步加大,创业创新蔚然成风,生态文明建设将取得新的成效。

5.1.3.4 政策环境

东北旅游区将积极发挥冰雪、森林、草原、湿地、边境及工农业旅游方面的优势,开发具有国际竞争力的冰雪旅游产品,发展森林旅游、草原旅游、工业旅游和农业旅游精品。将开展顶层设计,协同推进国有旅游资源管理市场化改革,组建旅游企业集团,实现旅游资源市场化配置,推动旅游产业从门票经济向产业经济转型。努力在国家实施新一轮东北振兴、"一带一路"和京津冀协调发展的重大战略机遇期,支持跨区跨境旅游深度合作。通过政府财政投入、国有企业注资以及吸引社会资本等方式,搭建旅游产业发展融资平台,推进旅游产业投融资机制改革,支持旅游产业投资基金设立工作等。

5.1.3.5 技术环境

目前东北地区入选"国家智慧旅游试点城市"的城市有:大连市、长春市、牡丹江市。智慧旅游是智慧地球建设的重要组成部分,就是利用云计算、物联网等新技术,通过互联网,借助便携的终端上网设备,主动感知旅游资源、经济、活动和旅游者等方面的信息并及时发布,让人们能够及时了解这些信息,及时安排和调整工作与旅游计划,从而达到对各类旅游信息的智能感知、方便利用的效果,通过便利的手段实现更加优质的服务。

5.2 黑龙江省

5.2.1 旅游地理概况

黑龙江地处祖国东北,东北依邻俄罗斯,西部与内蒙古自治区相邻,南部与吉林省接壤,版图犹如一只展翅欲飞的天鹅,故又名"天鹅之省"。它位于中国版图的最北端,是我国纬度最高的省份。这里有连绵起伏的大、小兴安岭;有沃野千里的松嫩平原;有气势磅礴的黑龙江、乌苏里江、松花江、嫩江水域;有风景秀丽的镜泊湖、五大连池;还有绿草如茵的天然牧场,共同勾勒出一幅绚丽的山河画卷。

5.2.1.1 气候特殊,冰雪资源丰富

黑龙江省大部分区域处于中温带,山区冬季雪量大,雪质好,雪期长120天左右。特殊的气候条件、丰富的降雪为黑龙江提供了丰富的冰雪旅游吸引物。从1963年举办的第一届冰灯游园会开始,黑龙江冰雪艺术的规模不断扩大,水平不断提高,目前已形成以哈尔滨冰雪大世界、太阳岛雪雕艺术博览会、哈尔滨冰灯游园会、牡丹江雪堡、中国雪乡大海林为代表的冰雪观光旅游产品,其规模和艺术水准都居世界先进水平。

黑龙江省是中国滑雪旅游吸引物最富集的省份之一,省域内坡向、坡度适宜,海拔1 000米左右、可建大中型滑雪场的资源点近100座。其中以亚布力、二龙山、吉华、华天

乌吉密、平山神鹿、日月峡为代表的大型滑雪场,无论在雪道、雪具、缆车等硬件设施,还是在接待条件、服务水平上都具备了接待中高档滑雪游客的条件。

5.2.1.2 森林广袤,江河湖泊发达

黑龙江省森林旅游吸引物分布较广,境内有大小兴安岭、张广才岭和完达山脉等林区,森林覆盖率达41.9%,面积居全国第一。与南方的热带雨林相比,黑龙江的森林具有鲜明的北方寒温带森林的苍劲、雄伟、妩媚的个性,而且可进入性强。夏季,森林休闲度假游可开展登山、徒步、森林浴、原始森林观光、骑马、漂流等旅游项目。秋季,红松的绿、枫叶的红和落叶松的金黄形成了壮丽的"五花山"景观。冬季,各森林公园就成了观赏林海雪原、狩猎、滑雪的好地方,如凤凰山国家森林公园、亚布力风车山庄等。

黑龙江省江河湖泊网络四布,境内有黑龙江、松花江、乌苏里江、兴凯湖、镜泊湖、五大连池等,极具开发价值。其中比较著名的有镜泊湖、兴凯湖、连环湖、莲花湖等。夏日,游客可以乘船游览两岸的湖光山色,也可以享受湖水浴、阳光浴,还可以品尝新鲜的湖鱼湖虾。冬天,镜泊湖的冰瀑布和雾凇都是不可多得的美景。

5.2.1.3 极光神奇,边境旅游兴旺

黑龙江省有北极漠河、东极抚远两个标志性地点。在北极漠河可以到北极人家体验找"北",目睹神奇天象北极光;在东极抚远可以领略"一岛两国"黑瞎子岛的独特魅力和建三江一望无际的大农田的壮观;可以站在太阳广场迎接中国东方第一缕阳光。黑龙江省有25个国家一类口岸,有13个口岸开展了中俄边境旅游异地办照业务,俄罗斯公民可凭借护照免办入境签证进入黑河、绥芬河主城区或边境贸易区,边境游已占据全国对俄旅游半壁江山。另外,界江游可游一江春水、揽两国三域风情,鹤岗段的龙江小三峡游、饶河虎林段乌苏里江游、密山兴凯湖游等界江界湖旅游都极富吸引力。

5.2.1.4 遗址众多,湿地草原辽阔

黑龙江历史人文资源特征明显,古生物化石出土点88处,远古人类遗址12处,唐代渤海国,辽代、金代、清代"龙兴之地"遗址丰富。如昂昂溪遗址和新开流遗址、唐代渤海国上京龙泉府遗址、金代上京会宁府遗址,还有现代历史纪念地近50处。

黑龙江湿地类型多、面积大,三江平原湿地达200万公顷,松嫩平原湿地达123万公顷;著名的扎龙自然保护区面积达21万公顷,被列入世界重要湿地名录。在扎龙自然保护区,游客可以乘竹筏徜徉在芦苇荡中,看成群的水鸟起落,欣赏丹顶鹤优雅的舞姿。大庆当奈湿地、兴凯湖湿地、洪河湿地等也是湿地休闲观光的好去处。另外,黑龙江省西部和东部草原辽阔,草原占全省土地总面积的11.2%,达7 600万亩,是全国拥有大草原的10个省份之一。农业观光旅游吸引物富集,全省耕地辽阔,畜牧业较为发达,有洪河农场等现代化大农场,农业旅游发展潜力巨大。

5.2.1.5 民俗浓郁,异国风情迷人

黑龙江民族文化风情浓郁。黑龙江为满族世居之地,还有赫哲、鄂伦春、达斡尔等北方少数民族,构成具有民族特色的旅游吸引物。以农耕为主的满族、朝鲜族,以捕鱼为生的赫哲族,以狩猎为生的鄂伦春族和以牧业为主的蒙古族、达斡尔族,保留着北方少数民族所特有的民俗风情,成为黑龙江省重要的民俗旅游吸引物。

因修建中东铁路带来的国际化机遇,俄罗斯、犹太等多国文化与中国北方文化碰撞和

融合，奠定了黑龙江时尚、前卫、潮流的独特气质。世界冰雪旅游名城哈尔滨是一个具有浓郁欧亚大陆风情的国际经贸大都市，保留了以哥特式建筑为主的世界多国风格的建筑和东西方宗教文化场所。中央大街步行街、圣索菲亚教堂闻名遐迩。哈尔滨经贸洽谈会、冰雪节、滑雪节、啤酒节、哈夏音乐会以及时尚化的服装、饮食消费，使这座城市充满了浪漫情调与现代感。此外，石油之都大庆、林都伊春、鹤城齐齐哈尔、雪城牡丹江都显示着自己独特的城市魅力。

5.2.2 优秀旅游城市

黑龙江省拥有哈尔滨市、佳木斯市、七台河市、牡丹江市、伊春市、大庆市、阿城、绥芬河市、齐齐哈尔市、铁力市、虎林市、黑河市、绥化市、海林市、同江市、鸡西市、宁安市、五大连池市、抚远市、五常市、双城市、东宁市、双鸭山市、密山市、鹤岗市、富锦市、海伦市等优秀旅游城市。本章节仅以哈尔滨市、齐齐哈尔市、牡丹江市、佳木斯市为例，对其做简要介绍。

5.2.2.1 哈尔滨市

黑龙江省省会，中国东北北部最大的中心城市。哈尔滨是中国著名的历史文化名城和旅游城市，素有"共和国长子""冰城""天鹅项上的珍珠""东方莫斯科""东方小巴黎"以及"冰城夏都"等美称。

哈尔滨中西合璧的城市风貌，粗犷豪放的北方民族风情，一道道亮丽的风景令人流连忘返，一年一度的哈尔滨之夏音乐会、冰灯游园会、冰雪大世界等大型活动显示了哈尔滨深厚的文化底蕴。哈尔滨极地馆、防洪纪念塔、文庙、极乐寺、圣索菲亚教堂、俄罗斯风情的中央大街、萧红故居等文物古迹和东北林园、亚布力滑雪旅游度假区、原始森林等500余处人文自然景观，与哈尔滨周边的镜泊湖、五大连池、扎龙自然保护区一起构成了中国北方别具一格的特色旅游地，凭借这些优势，哈尔滨市1998年被国家旅游局评选为首批中国优秀旅游城市。

5.2.2.2 齐齐哈尔市

别称鹤城，是黑龙江省第二大城市，也是黑龙江副中心城市，位于黑龙江省西部。齐齐哈尔风景秀丽、古迹众多、交通便捷，旅游业快速发展，现已发展成为一座新兴的旅游城市。齐齐哈尔被誉为"世界大湿地，中国鹤家乡"，是一个独具特色、令人向往的生态旅游胜地。旅游吸引物有扎龙国家级自然保护区（世界最大的芦苇湿地）、龙沙公园、望江楼、昂昂溪文化遗址、大乘寺、清真寺、关帝庙、石碑山、塔子城等。

5.2.2.3 牡丹江市

黑龙江省第三大城市，是我国东北地区重要的风景旅游城市。位于黑龙江省东南部，是黑龙江省省域副中心城市，被誉为"中国雪城"，入选"中国十大特色休闲城市""中国十佳绿色城市"。

牡丹江市，因黑龙江省松花江上最大支流之一的牡丹江横跨市区因而得名。牡丹江市已开发利用的主要风景名胜古迹及人文景点有镜泊湖世界地质公园、亿龙水上风情园、三道关国家级森林公园、牡丹峰自然保护区、牡丹江雪堡、八女投江纪念群雕、横道河子东北虎林园、威虎山影视城、吊水楼瀑布、地下森林、横道滑雪场、唐代渤海国上京龙泉府遗址、宁古塔遗址、中东铁路遗址等。

5.2.2.4 佳木斯市

佳木斯处于东北亚经济圈的中心位置,拥有5个国家一类口岸,通过江海联运,可连接蒙古、俄罗斯、日本、韩国、朝鲜,形成东北亚经济圈六国与东南亚各国的经济大循环。佳木斯环境绝佳,一年四季分明,有"华夏东极""东方第一城""东北小延安"之称。

佳木斯市有茂密苍翠的原始森林、波涛万顷的人工林海,建有20个自然保护区,拥有全国三大湿地之一的三江湿地国家级自然保护区,此外还有汤原大亮子河森林公园、同江街津口森林公园、水源山公园、四丰山风景区、晨星岛等景区。其中,三江湿地是中国最大的淡水沼泽湿地,也是世界仅有的原始湿地之一。此外,赫哲族、朝鲜族在这里繁衍生息,创造了独特的民族风情。

5.2.3 世界级旅游吸引物

黑龙江拥有金长城遗址和牡丹江边墙世界文化遗产、赫哲族伊玛堪说唱世界非物质文化遗产;五大连池世界地质公园、镜泊湖世界地质公园;黑龙江兴凯湖、黑龙江丰林自然保护区等世界级旅游吸引物。

5.2.3.1 世界遗产

(1)世界文化遗产——金长城遗址和牡丹江边墙遗址

1)金长城遗址位于黑龙江省齐齐哈尔市碾子山区,占地总面积40 000平方米,是金长城沿线首个以金长城命名的公园。公园由婆卢火广场、金长城和烽燧组成。

2)由牡丹江段边墙、江东段边墙、镜泊湖段边墙三段边墙组成的牡丹江边墙已被国家文物局认定为长城,升级为世界文化遗产。此段古边墙未见于任何历史文献记载。根据考古调查,可以断定边墙是古代的一条军事防线,与长城的性质一样,属长城型山城。

(2)世界非物质文化遗产——赫哲族伊玛堪说唱。伊玛堪是东北地区赫哲族的独特说唱艺术,流行于黑龙江省的赫哲族聚居区。表演形式为一个人说唱结合地进行徒口叙述,无乐器伴奏,采用叶韵和散文体的语言,这种独特的艺术形式在传承赫哲族语言、信仰、民俗和习惯方面发挥了关键作用。

伊玛堪,有人认为是故事之意,也有人认为是赫哲族捕鱼民歌。其形式有说有唱,类似汉族的大鼓、苏滩、蒙古族的说书,是一种古老的民间说唱文学艺术,被誉为"北部亚洲原始语言艺术的活化石"。伊玛堪的篇幅巨大,已采录下来的每部都在几万字至十几万字,其内容丰富多彩,大多是叙述古代氏族社会时期部落与部落之间的征战与联盟、氏族之间的血亲复仇、民族兴衰、维护民族尊严和疆域完整的英雄故事,也有降妖伏魔、追求自由和歌唱爱情的故事,还有讲述萨满求神、渔猎生活及风土人情等故事。2011年11月,"赫哲族伊玛堪说唱"被列入《急需保护的非物质文化遗产名录》。

5.2.3.2 世界地质公园

(1)五大连池世界地质公园。五大连池风景区位于黑龙江省西北部,距五大连池市区18千米。地处小兴安岭山地向松嫩平原的过渡地带,总面积为1060平方千米。五大连池是景区的核心景点。由莲花湖(一池)、燕山湖(二池)、白龙湖(三池)、鹤鸣湖(四池)、如意湖(五池)组成串珠状的湖群。五大连池风景区获得的称誉有:世界地质公园、世界生物圈保护区、国家5A级旅游景区、国家重点风景名胜区、国家级自然保护区、国家森林公园、国家自然遗产。

(2)镜泊湖世界地质公园。镜泊湖世界地质公园,中国最大、世界第二大高山堰塞湖,位于黑龙江省东南部宁安市境内。它是全国文明风景旅游区示范点,国家重点风景名胜区,国际生态旅游度假避暑胜地。2006年9月,经联合国教科文组织批准为世界地质公园。

镜泊湖世界地质公园不但拥有典型、稀有、系统、完整的火山地质遗迹景观和水体景观以及峡谷湿地等自然地质景观,更蕴藏着海东盛国的千古之谜。镜泊湖世界地质公园内有7个地质遗迹景区,分别为:火山口森林景区、熔岩河景区、瀑布景区、镜泊湖景区、熔岩台地景区、小北湖景区、蛤蟆塘火山锥景区;以火山口森林、熔岩河、瀑布、镜泊湖4个景区最为著名,是地质公园的核心景区。

5.2.3.3 世界生物圈保护区

(1)黑龙江兴凯湖。兴凯湖保护区西起白棱河口,北邻穆棱河,东北与虎林市相接,东南以松阿察河及大兴凯湖与俄罗斯相望。兴凯湖长90千米、宽30千米,湖泊最深达10米。水源补给来自东部和西部山地的众多溪流与穆棱河,是地壳运动地槽发生褶皱而形成。

兴凯湖湿地属于冲积平原,地势西北高东南低,大、小两湖间天然形成一条长90千米近10米高的沙岗,岗上植被以森林植被为主,湖周的大面积湿地以芦苇、沼柳、苔草、小叶樟等植被类型为主。保护区的草甸、沼泽、湖泊和森林组成了一个完整复杂的湿地生态系统,物种多样性十分丰富,几乎容纳了三江平原的所有重要物种。保护区与俄罗斯一侧的湿地相连,地理位置独特,具有国际重要意义。

(2)黑龙江丰林自然保护区。黑龙江丰林国家级自然保护区位于中国黑龙江省东北部小兴安岭南坡北段,山体不高,地形平缓,海拔280~683米,为坡状的低山丘陵地段和宽广谷地。丰林保护区东西长20千米,南北宽16千米,东、南、北以汤旺河和丰林河为界与五营林业局接壤,西部以630大岗为界与上甘岭林业局相连,总面积18 165.4公顷,核心区总面积4 165公顷,缓冲区总面积3 812公顷,实验区总面积10 188.4公顷。

黑龙江丰林自然保护区是中国北方唯一的森林类型的世界生物圈保护区。其生态旅游的主要特色是集自然风光观赏与生态科普教育于一体,科学地展示原始红松林古朴神秘的生态魅力。

5.2.4 国家级旅游吸引物

黑龙江省拥有哈尔滨市松北区太阳岛景区、五大连池市五大连池景区、牡丹江市宁安市镜泊湖景区、伊春市汤旺河区林海奇石景区、大兴安岭地区漠河县北极村旅游景区等5A级景区;拥有镜泊湖风景名胜区、五大连池风景名胜区、太阳岛风景名胜区、大沽河风景名胜区等国家级风景名胜区;拥有哈尔滨市、齐齐哈尔市等国家级历史文化名城;拥有齐齐哈尔市甘南县兴十四镇、牡丹江市宁安市渤海镇、大兴安岭地区漠河县北极镇等旅游特色小镇。

5.2.4.1 5A级景区

(1)太阳岛风景名胜区。太阳岛风景区位于哈尔滨市松花江北岸,为江漫滩湿地草原型风景名胜区,是全国著名的旅游避暑胜地。总面积88平方千米。

景区北部主要是以太阳岛公园为主的自然景观,有多个小型的动植物园区和景观湖,南部主要以艺术展馆和俄罗斯风情建筑景观为主。太阳岛景区内的景点主要有友渔园、花卉园、丁香园、儿童乐园、荷花湖、太阳湖、姊妹桥、亭桥等特色景观;有惊险刺激的意大利方程式赛车、鳄鱼表演园;有新建的冰雪艺术馆、网球俱乐部;有富于情趣的游船、碰碰车;还有功能齐全、设备配套的具有异国风情的友滑园度假村。此外,每年的冬季都会有雪雕游园会,成为哈尔滨冰雪节的重要组成部分,深受中外游人的青睐。

(2)汤旺河林海奇石风景区。汤旺河林海奇石风景区距伊春市中心区120千米。整个景区内植被繁茂,山色葱翠,覆盖率99.8%以上,分布着小兴安岭1 240多种动植物和昆虫鸟类。

目前仅开发了奇石景观区和山水风光游览区的部分景点。奇石景观区共分五大区域,由构造峰林景观区、拟态奇石景观区、城墙山景观区、冰缘石海景观区、圣水溪"堑谷"景观区组成。石林平均海拔436.6米,总面积163.57平方千米,分为石林景观区和山水风光游览区。其中以小兴安岭奇石景观区内的地质遗迹形成的各类拟态奇石和繁茂的植被为特色。

小兴安岭奇石地质遗迹是目前国内发现唯一的类型最齐全、发育最典型、造型最丰富的花岗岩石林地质遗迹。它的发现,填补了我国印支期花岗岩形成构造峰林地质遗迹发展史上的一个空白。

(3)漠河县北极村旅游景区。北极村位于黑龙江省漠河县临江小镇,大兴安岭山脉北麓的七星山脚下,是中国唯一观测北极光的最佳地点,是中国"北方第一哨"所在地,也是中国最北的城镇。

每当夏至前后,一天24小时几乎都是白昼,午夜向北眺望,天空泛白,非常奇特,有时还可以看到气势恢宏,绚丽多彩的北极光。烟波浩渺的黑龙江从村边流过,江里盛产哲罗、细鳞、重唇、鳇鱼等珍贵冷水鱼。用江水炖江鱼,美味无比。冬季在冰封的江面上凿开坚冰,用丝网从冰眼里拽出一条条鲜鱼,更增添了北国的情趣。

(4)亚布力滑雪旅游度假区。亚布力滑雪度假区,由风车山庄、大青山滑雪场、云鼎山庄、雅旺斯、好汉泊雪场及农家院等共同组成,位于黑龙江省东部尚志市境内。滑雪期近150天,每年的11月中旬至次年3月下旬是这里的最佳滑雪期。

亚布力滑雪场的设施非常完善,共有17根初、中、高级滑雪道,它的高山滑雪道是亚洲最长的。滑雪场内还有长达5千米的环形越野雪道及雪地摩托、雪橇专用道,设有3条吊椅索道,3条拖牵索道及1条提把式索道。雪场还拥有多台造雪机、压雪机、雪上摩托车等现代滑雪场设备;雪道设有多条吊椅式和牵引索道,滑雪者可以乘索道,滑遍场内全部雪道。

无论从雪道的数量、长度、落差还是其他各项滑雪设施及综合服务水平来看,亚布力滑雪场都远远胜于国内的其他滑雪场,它是目前国内最大的滑雪场,也是我国最大的综合性雪上训练中心,还是中国企业家论坛年会的永久会址,被誉为"中国的达沃斯"。

5.2.4.2 旅游特色小镇

(1)兴十四村。位于黑龙江省齐齐哈尔市甘南县音河乡。该村拥有35家企业、1 800

多名员工、10亿多元总资产,集农、林、牧、机、加、旅游和房地产开发于一体的国家级大型企业集团——黑龙江富华集团,形成了农业围着工业转,工业围着市场转,工业反哺农业和农民,一、二、三产业共同发展的"生态农业、链条产业、集团推进、规模经营、良性循环、可持续发展"格局,实现了农业产业化、农区工业化、住宅别墅化、村风文明化、管理民主化、多数村民非农化。原农业部部长杜青林评价说"南有华西村,北有兴十四"。

2004年被中央文明委评为"全国生态建设文明村",同年被国家评定为首批农业旅游示范点。2005年被联合国评定为"国际生态产业示范基地",被联合国机构确定为"促进农村经济发展最佳范例",同年还被中央文明委评定为"全国文明村镇"。

(2)渤海镇。位于牡丹江市宁安市,被住房和城乡建设部确定为第一批中国特色小镇。渤海镇境内重要名胜古迹和景观主要有:唐代渤海国都城上京龙泉府遗址,为国家重点文物保护单位;兴隆寺为省级文物保护单位,寺内保存有渤海国的珍贵遗物石灯幢和大石佛;位于江北岸台地上的渤海国三灵坟,与渤海国上京龙泉府遗址隔江相望;吊水楼瀑布距渤海镇20千米。

5.3 吉林省

5.3.1 旅游地理概况

吉林省地处中国沃野辽阔的东北松辽平原腹地,在联合国环境开发计划署积极支持的图们江地区国际合作开发中居于重要地位,具有发展东北亚区域合作的优越区位条件。全省面积18.74万平方千米,有49个民族在这里繁衍生息,是国家生态建设试点省。江河山川雄浑壮美,历史文化源远流长,民俗风情古朴淳厚,生态环境优美和谐,造就了吉林省秀美的生态环境和丰富的自然资源,孕育了独具特色的北国风光和灿烂多姿的历史文化,使这片北疆大地具有独特的魅力。

5.3.1.1 人文遗址众多,文化灿烂

吉林省有着悠久的历史,灿烂的文化,光荣的革命传统。远古时期,这里就有人类繁衍生息,西汉时曾建立夫余国、高句丽国,唐朝时曾建立渤海国。在吉林这片黑土地上曾演绎过一幕幕威武悲壮的历史剧:辽金时代的金戈铁马,清朝的抗击沙俄,近代的林海抗日,留下了大量的文化遗存,成为中华文化宝库中重要的遗产。拥有世界文化遗产集安高句丽古迹、在清朝末代皇帝爱新觉罗·溥仪充当傀儡皇帝时期建起的博物馆——长春伪满皇宫、伪满洲国的八大统治机构伪满八大部、东北亚著名的佛教旅游胜地敦化六鼎山文化旅游区等众多名胜古迹。

5.3.1.2 自然资源丰富,雾凇奇特

吉林省略呈西北窄而东南宽的狭长三角形,东踞长白山地,西卧松辽平原。四季分明,春日踏青赏花,夏日避暑休闲,秋赏五花山色,冬观雾凇滑雪。拥有全国5A级旅游景区、中国十大名山之一的长白山、国家重点风景名胜区长春净月潭、中国避暑第一湖的吉林松花湖、世界A级湿地白城向海和莫莫格、中国内陆十大淡水湖之一的查干湖及中国最大的火山口湖群通化三角龙湾群、中国四大自然景观之一的吉林雾凇等众多高品质的

生态观光、休闲度假旅游吸引物。

5.3.1.3 少数民族聚居,风情绚丽

吉林省是一个多民族聚居的地方,风情绚丽。朝鲜族民俗、关东文化、满族风情各具风采。长白山是满族的发祥地,长白山脚下的延边是全国最大的朝鲜族聚集地。全国56个民族,吉林就有49个,除汉族外,48个少数民族人口约占全省总人口的10%。朝鲜族主要分布在东部的延边、吉林、通化、白山等市州,蒙古族和锡伯族主要分布在西部的白城市和松原市,满族、回族以长春、吉林、通化、四平市居多。吉林省在少数民族聚居区实行民族区域自治,建立了1个自治州和3个自治县,即延边朝鲜族自治州和长白朝鲜族自治县、前郭尔罗斯蒙古族自治县、伊通满族自治县。

5.3.1.4 工业旅游基础雄厚,潜力巨大

新中国第一块合成橡胶、第一座显微镜、第一锅光学玻璃、第一台红宝石激光器、第一辆国产东风牌汽车和红旗轿车、第一代铁路客车和地铁电动客车、第一批全分离稀土元素、第一台高分辨核磁波谱仪、第一台彩色激光电视等,都是由吉林的科研机构研究开发的。吉林省在汽车及轨道客车、光学、应用化学、固体物理、电子信息技术、生物医药技术、新材料、科学仪器仪表、现代农业、现代中药等研发领域具有较强的科技竞争力。良好的工业设施为工业旅游奠定了良好的发展基础。

5.3.2 优秀旅游城市

吉林省拥有长春市、吉林市、蛟河市、集安市、延吉市、敦化市、桦甸市等优秀旅游城市。本章节仅以长春市、延吉市、吉林市为例,对其做简要介绍。

5.3.2.1 长春市

吉林省省会,"一带一路"北线通道重要枢纽节点城市,我国重要的汽车工业基地城市。长春是国家历史文化名城,中国著名的汽车城、电影城(长春电影制片厂)、森林城、雕塑城、科教名城,连续九次蝉联"中国最具幸福感城市"。

长春市旅游吸引物众多,其中5A级景区有长影世纪城、净月潭国家森林公园、伪满皇宫、长春世界雕塑公园等,4A级景区有长春莲花山滑雪场、长春北湖国家湿地公园、长影旧址博物馆、碧水庄园(九台)、长春孔子文化园、长春农博园、庙香山度假区(九台)、长春关东文化园、御龙温泉等。

5.3.2.2 延吉市

位于吉林省东部中朝边境,是中国少数民族自治州——延边朝鲜族自治州的首府。中国最大的朝鲜族聚集地,素有"礼仪之乡""歌舞之乡""教育之乡""足球之乡"的美誉。延边州自然和人文景观独特,旅游吸引物丰富,拥有1家5A国家级景区、9家国家级景区、4家省级景区和65个州级景点。

延吉市著名的旅游风景区,有被联合国确定为"人与生物圈"的长白山自然保护区、千里图们江畔的自然景观、"一眼看三国"的防川边境风光、仙景台风景区、悠远的古渤海国遗址、朝鲜风情等。延边已经开辟的7个旅游区:长白山自然风光游览区、延吉民俗风情游览区、珲春边境风貌游览区、龙井历史遗迹游览区、图们江边城游览区、和龙龙王山游览区、敦化六项山游览区。

5.3.2.3 吉林市

吉林市是东北地区重要的交通枢纽中心城市,吉林省第二大城市,具有"雾凇之都"、国家历史文化名城、中国书法城等美誉。

吉林市有1742年修建的孔庙、吉林文庙;有佛、道、儒三教杂糅的北山古庙群;有明代留下的阿什哈达摩崖石刻;有充满神秘色彩的世界最大石陨石吉林1号陨石。丰满、白山、红石三个水电站的建成,形成了"一江三湖"的美景;松花湖被定为国家4A级旅游区,龙潭山鹿场被列为国家级旅游景点。吉林船营区松江中路和雾凇岛是观赏雾凇的最佳地点。

5.3.3 世界级旅游吸引物

吉林省拥有高句丽王城、王陵及贵族墓葬世界文化遗产和朝鲜族农乐舞世界非物质文化遗产;长白山风景名胜区联合国"人与生物圈"自然保留地等世界级旅游吸引物。

5.3.3.1 世界遗产

(1)世界文化遗产——高句丽王城、王陵及贵族墓葬。高句丽政权曾是中国东北地区影响较大的少数民族政权之一,在东北亚历史发展过程中发生过重要作用。高句丽政权发轫于辽宁省桓仁县,后迁都至国内城(今吉林集安),后又迁都至平壤。桓仁与集安是高句丽政权早中期的政治、文化、经济中心,是高句丽文化遗产分布最集中的地区。

高句丽王城、王陵及贵族墓葬于2004年7月列入世界遗产目录。主要包括五女山城、国内城、丸都山城、十二座王陵、二十六座贵族墓葬、好太王碑和将军坟一号陪冢。世界遗产委员会认为:它体现了人类创造和智慧的杰作;作为历史早期建造的都城和墓葬,它反映了汉民族对其他民族文化的影响以及风格独特的壁画艺术;它也体现了已经消失的高句丽文明;高句丽王朝利用石块、泥土等材料建筑的都城,对后来产生了影响;它展现了人类的创造与大自然的完美结合。

(2)非物质文化遗产——朝鲜族农乐舞·象帽舞。2009年9月,延边朝鲜族自治州的朝鲜族农乐舞(象帽舞)和辽宁省本溪市的朝鲜族农乐舞(乞粒舞)一起,列入《人类非物质文化遗产代表作名录》。

朝鲜族农乐舞中的象帽舞,主要流行于吉林省延边朝鲜族自治州。相传它是由古代朝鲜族人民在耕作时,将大象毛绑在帽尖上左右摇摆用来驱赶野兽的侵扰演变而来;也有认为它源于古代朝鲜人在狩取野兽等食物后,甩动发髻以示庆贺的一种表达形式。象帽舞把音乐、舞蹈、演唱融为一体,具有相当的技巧和丰富的内涵。据史料记载,每年十月秋收后,古朝鲜都隆重地举行"祭天"仪式,人们"昼夜饮食歌舞",感谢上天的恩赐,欢庆丰收。因此这种舞蹈也称"农乐舞",而象帽舞是其中的最高表现形式,表现出整个"农乐舞"当中的最高技巧和最高兴奋点。

5.3.3.2 联合国"人与生物圈"自然保留地

长白山位于吉林省延边州安图县和白山市抚松县境内。因其主峰多白色浮石与积雪而得名,素有"千年积雪为年松,直上人间第一峰"的美誉。长白山是中国东北境内海拔最高、喷口最大的火山体,最高峰白云峰海拔高度2 691米,是东北第一高峰。

长白山主要景点有天池、长白瀑布群、聚龙泉、黑风口等。其中位于主峰火山锥顶部的天池美丽圣洁,是整个景区的必赏之景,也是众多游客心中的祈福圣地。长白山及其天池、瀑布、雪雕、林海等,曾多次入选"吉尼斯"世界纪录,更有中华十大名山、中国最美的五大湖泊、中国最美的十大森林等美誉。

5.3.4 国家级旅游吸引物

目前,吉林省拥有长白山景区、伪满皇宫博物馆、净月潭景区、长影世纪城景区、敦化市六鼎山文化旅游区、长春世界雕塑公园景区等5A级旅游景区;拥有吉林市、集安市、长春市等国家历史文化名城;拥有辽源市东辽县辽河源镇、通化市辉南县金川镇、延边朝鲜族自治州龙井市东盛涌镇等旅游特色小镇。

5.3.4.1 5A级景区

(1)伪满皇宫博物馆。位于长春市宽城区光复路北侧,是由清朝末代皇帝溥仪居住的伪满洲国傀儡皇宫改建而成的博物馆。它是中国现存的三大宫廷遗址之一,也是日本军国主义武力侵占中国东北、推行法西斯殖民统治的历史见证。2017年5月,晋升为国家一级博物馆。

伪满皇宫博物馆占地面积25.05万平方米,开放的景点有30多处,其中展览面积4.7万平方米,推出各类原状陈列、基本陈列和专题展览50余个。步入博物院大门,首先可看到溥仪曾经的御用跑马场和花窖;东面是主体建筑群,在溥仪曾用于办公的勤民楼中可看到当时的御用服装,在祭祖之地怀远楼中停放着溥仪的"御驾"派克牌轿车,还可参观溥仪和皇后婉容的寝宫缉熙楼,在同德殿中可见到电影厅、钢琴间等娱乐处所。

(2)净月潭景区。净月潭景区位于长春市东南部,距市中心人民广场仅18千米,景区面积为96.38平方千米,其中水域面积为5.3平方千米,森林覆盖率达96%以上。净月潭因形似弯月状而得名,与台湾日月潭互为姊妹潭。

区内人工森林包括红松、黑松、樟子松、落叶松等30多个树种,形成了完整的森林生态体系。景区内有五大功能区:旅游服务中心、旅游度假区、风景名胜区和森林公园、工业园区、农业观光与绿色食品生产区和十大配套系统。有别墅、高尔夫球场、综合服务项目和冰雪旅游、水上娱乐、森林旅游、民俗旅游项目。

(3)长影世纪城景区。位于长春市,是中国独有的世界级特效电影主题公园。长影世纪城娱乐项目分为创新科技、惊险刺激、体验演艺、游艺欣赏四大板块。节目科技含量高、趣味丰富、体验性强、互动性强,是国内外首家汇集当今世界最先进特效电影于一园的电影主题公园,被誉为"世界特效电影之都""东方好莱坞"。园区内拥有中国第一个动感技术与球幕技术结合的星际探险节目,亚洲唯一的世界级正交多幕特种影院"空间迷城",目前世界上第一家室内集激光、悬浮、动画、音乐于一体的"精灵王国"激光悬浮影院,亚洲最大银幕的巨幕影院及4D特效影院。动感球幕影片《星际探险》,4D特效影片《非常实验室》,长影拥有独立版权。

(4)六鼎山文化旅游区。六鼎山文化旅游区位于敦化市南郊,这里依山傍水、群峰环绕,坐落着世界上最大的比丘尼修行道场正觉寺,同时也是东北最大的佛教寺院。山顶端坐着世界最高的释迦牟尼青铜坐像,十分雄伟,还有渤海古墓群、满族精神家园清祖祠等名胜景观。

正觉寺始建于清朝光绪年间,走进寺庙牌门是法音广场,中轴线上依次是山门殿、天王殿、大雄宝殿、观音殿和藏经阁五座双檐大殿随山势逐渐升高。敦化是清皇室的发祥地,为纪念清始祖布库里雍顺在这里出生并平定三姓之乱,创建第一个满族政权而建立。清始祖祠由始祖庙、天女宫、列祖馆三大项目组成,融汇了萨满文化尤其是萨满祭祀等非物质文化遗产,成为海内外满族人寻根祭祖的圣地和人文精神的家园。

(5)长春世界雕塑公园。长春世界雕塑公园,占地面积92公顷,其中水域面积11.8公顷。园内荟萃了来自216个国家和地区、404位雕塑家的454件(组)雕塑艺术作品,堪称世界之最,2017年荣膺国家5A级旅游景区。

走进公园正门为罗丹广场,两侧是弧形的引导墙,沿中轴线对称分布友谊喷泉广场,运用巧妙的轴线转折,通过跨湖平桥与主题雕塑遥相呼应。罗丹广场、膜结构观景台和自然起伏的山水地形及植物景观融为一体。五洲路(主环路)和神州路(沿湖路)似两条玉带,四组景观墙上的人工瀑布宛如蛟龙喷吐清泉。主题雕塑"友谊·和平·春天"耸立于春天广场中央,气势宏伟。公园两大主体建筑"长春雕塑艺术馆"与"松山韩蓉非洲艺术收藏博物馆",充分体现了雕塑艺术给建筑师带来的设计灵感,受到人们的赞誉。

5.3.4.2 旅游特色小镇

辽河源镇地处东辽河源头,属长白山余脉向松嫩平原过渡地带,为温带半湿润地区,属大陆性季风气候。四季分明,雨热同步、光照充足,每年平均降雨量为605.6毫米,年日照2 813小时,无霜期为128天左右,境内主要河流有东辽河和拉津河,注入杨木水库,东辽县是国家命名的生态示范县,辽河源镇是生态保护最好的区域之一,原始森林植被、湿地等保护良好,风景秀丽。境内有大架山、八卦顶子、金凤岭、小寒葱顶子、鹰嘴砬子、杨木水库、鸡冠山等。

5.3.4.3 东北虎豹国家公园体制试点

东北虎豹国家公园体制试点选址于吉林、黑龙江两省交界的老爷岭南部区域,总面积1.46万平方千米。其中,吉林省片区占71%,黑龙江省片区占29%。

该试点区旨在有效保护和恢复东北虎豹野生种群,实现其稳定繁衍生息;有效解决东北虎豹保护与当地发展之间矛盾,实现人与自然和谐共生。

5.4 辽宁省

5.4.1 旅游地理概况

辽宁是中国东北地区南部的沿海省份,属北温带大陆性季风气候,四季分明。辽宁海岸线长2 178千米,约占全国的12%。东部山地丘陵区为辽宁省主要林区;西部山地丘陵区东缘的临海狭长平原,称为"辽西走廊",是中国东北地区沟通华北地区的主要陆上通道;中部辽河平原是东北平原的一部分,由辽河及其支流冲积而成,地势平坦,土壤肥沃,水源充足,是辽宁省主要农业区和商品粮基地。

辽宁省历史悠久,自然风光秀丽,少数民族文化多姿多彩,为旅游产业高质量发展奠定了基础。

5.4.1.1 旅游吸引物类型齐全

辽宁省旅游吸引物丰富，具有独特的自然旅游吸引物和历史文化旅游吸引物。据国家《旅游吸引物分类、调查与评价》显示，旅游吸引物类型有155个基本类型，而辽宁省拥有68%的基本类型。辽宁省的自然旅游吸引物包括水域和地域两大景观，集中体现在山景、滨海、森林和湿地四个方面，其中水域风光类旅游吸引物72处，地域景观类旅游吸引物86处，占总量的11.54%。历史文化旅游吸引物以古人类文化遗址、秦汉文化、辽金文化和清文化为代表，其中文物古迹建筑类288处，民俗风情类88处，占总量的50.47%。

辽宁旅游吸引物分布广泛、类型齐全、地域组合好、空间替代性弱，形成了优势互补的态势：以观光风景名胜、森林公园、奇特景观、滨海湖泊为中心的风景旅游系列；以沈阳的历史文化名城、大连的现代旅游名城、丹东的国门旅游名城、锦州的历史文化名城为核心的旅游名城系列；以金石滩国家旅游度假区、庄河冰峪度假区、辉山旅游度假区等为基础的旅游度假系列；以大连的老虎滩乐园、圣亚海洋世界为重点的人造景观系列；以沈阳的冰雪节、大连国际服装节、旅顺的樱花之旅、鞍山的千山节等为品牌的旅游节庆活动系列；以文物古迹和历史遗迹为载体的历史文化旅游系列。

5.4.1.2 自然旅游吸引物魅力独特

辽宁省2/3是山地丘陵，海拔适中，山川俊美，形成了独特的山岳风光，现已开发5处国家级旅游名山。辽宁省河网密布、湖泊温泉众多，海岸线漫长曲折、岛屿棋布近海，与当地的人文景观结合形成了优美的滨河、滨湖、滨海风景区。辽宁有很多堪称世界奇观的特异景色：被称为"华夏之宝"的本溪水洞和"迷宫世无双"的望天洞构成了罕见的北方岩洞，沈阳怪坡和怀仁的冷热异常地带都蕴藏着无穷的奥秘，被称为"天赐瑰宝，地上无双"的沈阳陨石山展示着大自然的魔力，大连冰峪地貌的独特性和典型性可与桂林石林景观相媲美，朝阳的古生物带的考古价值属于世界顶级。辽宁气候四季分明，南部受海洋气候影响冬暖夏凉，是消夏避冬的理想场所，北部冬季雪景颇为壮观，开发有沈阳、抚顺等冰雪节。

5.4.1.3 人文旅游吸引物独特

作为清朝的发祥地，辽宁独占着清入关以前的历史遗迹和文物材料。辽河流域是中国古文明的发祥地之一，众多的古遗迹构成了展现原始文明的瑰宝，朝阳牛河梁被称为是"中华民族文明曙光"。作为日本侵华战争的起始地和新中国的重工业基地，现存很多具有史学价值的遗址。辽宁现有160处省级以上的文物保护单位，其中26处为国家级。辽宁北方民风民俗浓郁，满族文化作为民族风情旅游吸引物的主体是发展文化旅游的重要支撑，载歌载舞、说逗见长的二人转和节奏强烈、场面壮观的大秧歌都体现着浓郁的民族风格。

5.4.1.4 地理位置优越

辽宁省位于中国东北经济区与环渤海经济区对接的黄金地带，是连接北方地区和关内地区的重要地域，是东北旅游区的经济商贸、科技文化和信息交通的核心；辽东半岛被称为东北的"金三角"，日本、韩国、俄罗斯各国的重要城市都处于辽宁省的等径辐射区内，是东北亚经济带进行国际交往的重要通道；大连港，是中国第三大港，是欧亚大陆桥的理想中转港。

5.4.2 优秀旅游城市

辽宁省拥有沈阳市、大连市、锦州市、丹东市、鞍山市、抚顺市、本溪市、葫芦岛市、辽阳市、兴城市、铁岭市、盘锦市、朝阳市、营口市、阜新市、庄河市、开原市、凤城市等优秀旅游城市。本章节仅以大连市、沈阳市、丹东市、本溪市、鞍山市为例,对其做简要介绍。

5.4.2.1 大连市

大连,别称滨城,是辽宁省副省级市。大连环境绝佳,有"东北之窗""北方明珠""浪漫之都"之称,是中国东北对外开放的窗口和最大的港口城市。先后获得国际花园城市、中国最佳旅游城市、国家环保模范城市等荣誉。旅游吸引物有:金石滩、旅顺、冰峪沟、星海湾、老虎滩极地海洋动物馆、老虎滩四维影院、圣亚海洋世界、森林动物园、滨海路、女骑警、大型节庆活动、大连海鲜、大连紫檀阁、现代博物馆、自然博物馆等。

5.4.2.2 沈阳市

辽宁省省会,副省级市,特大城市。地处东北亚经济圈和环渤海经济圈的中心,是通往关东地区的综合枢纽城市。沈阳是国家历史文化名城,素有"一朝发祥地,两代帝王都"之称,有着"共和国长子"和"东方鲁尔"的美誉。主要景区景点有:沈阳故宫、昭陵、福陵、张氏帅府、沈阳绿岛旅游度假区、棋盘山国际风景旅游开发区、怪坡风景区、沈阳森林野生动物园、沈阳世博园、沈阳东北亚滑雪场、皇家极地海洋世界、方特欢乐世界、紫烟薰衣草庄园、爱琴谷、陨石山风景区、刘老根大舞台、南关天主教堂、浑河西峡谷、永安桥等。

5.4.2.3 丹东市

地处辽宁省东南部,与朝鲜的新义州市隔江相望,是中国海岸线的最北端起点,东北亚经济圈与环渤海、黄海经济圈的重要交会点。丹东森林覆盖率达66%,是支撑辽东半岛的一把天然绿伞,地热资源丰富,获评为"中国温泉之城"。

丹东依托境内鸭绿江、虎山长城、凤凰山、五龙山、天华山、黄椅山、大孤山、天桥沟、青山沟、蒲石河、玉龙湖、大鹿岛、獐岛等景区景点,与沈阳、大连构成辽宁旅游的"金三角"。境内省级以上旅游风景区、自然保护区和森林公园24处。中朝界河鸭绿江流经丹东210千米,沿途6大景区、100多个景点构成一幅独具风情的边陲画卷和蔚为壮观的鸭绿江百里文化旅游长廊。

5.4.2.4 本溪市

本溪集山、水、林、泉、洞于一体,素有"燕东胜境"之称。拥有国家、省级风景名胜区26家,景点近千个,国家、省级重点文物保护单位35个,各类景区与风景资源保护区总面积1 080平方千米。其中著名的景区有世界文化遗产桓仁五女山高句丽山城,亚洲最大的天然溶洞本溪水洞,东北道教发祥地九顶铁刹山,国家森林公园关门山等。

5.4.2.5 鞍山市

辽宁省第三大城市。鞍山是东北地区最大的钢铁工业城市、新中国钢铁工业的摇篮、中国第一钢铁工业城市,有着"共和国钢都"的美誉,因盛产岫玉,故而又有"中国玉都"之称。著名景区景点有千山、玉佛苑、罗汉圣地、汤岗子温泉、二一九公园、药山风景区等。

5.4.3 世界级旅游吸引物

辽宁省拥有沈阳故宫、盛京三陵、高句丽王城王陵及贵族墓葬世界文化遗产、朝鲜族农乐舞(乞粒舞)非物质文化遗产等世界遗产。

5.4.3.1 世界物质文化遗产

(1)明清皇宫——沈阳故宫。沈阳故宫又称后金故宫、盛京皇宫,与北京故宫构成了中国仅存的两大完整的明清皇宫建筑群。2004年7月,列入《世界遗产名录》。沈阳故宫在建筑艺术上承袭了中国古代建筑的传统,集汉、满、蒙古族建筑艺术于一体,具有很高的历史和艺术价值。

沈阳故宫以独特的历史、地理条件和浓郁的满族特色而迥异于北京故宫。沈阳故宫金龙蟠柱的大政殿、崇政殿,排如雁行的十王亭、万字炕口袋房的清宁宫、古朴典雅的文朔阁、凤凰楼等高台建筑,在中国宫殿建筑史上绝无仅有;极富满族情调的"宫高殿低"的建筑风格,更是独一无二。

沈阳故宫博物院不仅是以其多民族风格的宫苑建筑成为著名的旅游胜地,更以其丰富的院藏文物珍宝而享誉中外。院藏文物包括服饰、珐琅器、书画、雕刻品、漆器、瓷器等门类。这些文物集中体现了中国劳动人民高超的工艺水准和清代宫廷的艺术风格,反映了中国明清时期生产工艺的水平。

(2)盛京三陵。盛京三陵位于沈阳的三个清朝早期的皇家陵寝,分为福陵、昭陵和永陵。2004年7月,作为明清皇家陵寝扩展项目列入世界文化遗产。盛京三陵是明清帝王陵墓的重要组成部分,无论是古建筑的营建法式、完备的建筑规制,还是繁缛的祭祀典制、管理陵墓的职官体制等都与明清帝王陵墓一脉相承。

清盛京三陵每座陵墓自成体系,虽规模较小但规制完备,礼制设施齐全,陵寝建筑规制将中国古代环境地理学中宗教、信仰、习俗同周围自然环境相结合,使其达到建筑选址、规划、设计的统一,并成为中国古代建筑形式、雕刻、绘画以及综合理念的历史依据。

(3)高句丽王城、王陵及贵族墓葬。高句丽王城、王陵及贵族墓葬于2004年7月列入《世界遗产目录》。主要包括五女山山城、国内城、丸都山城、12座王陵、26座贵族墓葬、好太王碑和将军坟一号陪冢,位于吉林省集安市和辽宁省桓仁县。

在高句丽王城中,五女山山城是中国古代东北少数民族高句丽创建的第一个都城。作为鸭绿江两岸现存100余座高句丽山城中建造最早的一座,它的规模宏大,体系完备,保存也较为完整。城内分布多处高句丽早期的重要建筑遗址及生活、军事遗迹,文化内涵十分丰富。五女山山城承袭了中国北方民族构筑山城的传统,但在选址布局、城墙筑法、石料加工等方面,具有很大的突破和创新。

现存近7 000座的高句丽时代洞沟古墓群,堪称东北亚地区古墓群之冠。古墓群中以将军坟、太王陵为代表的十几座大型高句丽王陵以及大量的王室贵族壁画墓,是高句丽建筑技艺、艺术成就所达高度的一个缩影。矗立于太王陵东侧的好太王碑,其汉字镌刻的碑文是高句丽保存至今最长的一篇文献资料。尤为重要的是,地方文化底蕴与周边特别是中原文化有机交融在它们身上得到充分的展现。

5.4.3.2 非物质文化遗产

2009年9月30日,中国朝鲜族农乐舞(吉林象帽舞和辽宁乞粒舞)列入《人类非物质文化遗产代表作名录》。本溪朝鲜族农乐舞(乞粒舞)传承于桓仁满族自治县的横道川和六道河地区。最早记录本溪及周边地区民族民间舞蹈的可上溯到汉代。在桓仁及周边历

代贵族官宦的墓葬中,出土了约5世纪前后的多种壁画,形象地描绘了当时的舞蹈情况。"乞粒"是乞求米粒的活动。"乞粒舞"的起源主要有两种形式:一种是在朝鲜族聚居区域里,每当要办一件大事或大型活动,就要由村里有地位的人物组织能歌善舞的人,穿上鲜艳的民族服装,击鼓奏乐,到富户人家或商号、店铺的门前表演,请他们资助;另一种则是为了建造、修缮庙宇,庙里和尚手里拿着铜钹,边敲边念着经文,到各家各户化缘。

5.4.4 国家级旅游吸引物

辽宁省拥有老虎滩海洋公园—老虎滩极地馆、沈阳植物园、金石滩景区、本溪水洞景区、千山景区等5A级旅游景区;拥有千山、鸭绿江、金石滩、兴城海滨、大连海滨—旅顺口、凤凰山、本溪水洞、青山沟、医巫闾山等国家级风景名胜区;有本溪、冰峪沟、大连滨海等国家地质公园;拥有丹东市东港市孤山镇、辽阳市弓长岭区汤河镇、盘锦市大洼区赵圈河镇等旅游特色小镇。

5.4.4.1 5A级景区

(1)大连老虎滩海洋公园—老虎滩极地馆

1)大连老虎滩海洋公园,坐落在大连南部海滨的中部。这里有世界最大、中国唯一的展示极地海洋动物及极地体验的场馆——极地馆;亚洲最大以展示珊瑚礁生物群为主的大型海洋生物馆——珊瑚馆;全国最大的半自然状态的人工鸟笼——鸟语林;全国最大的花岗岩动物石雕——群虎雕塑以及化腐朽为神奇的马骊骥根雕艺术馆;全国最长的大型跨海空中索道;大连南部海域最大的旅游观光船;特种电影播放场所——四维影院以及惊险刺激的侏罗纪激流探险、欢乐剧场、海盗船、蹦极、速降等游乐设施。

2)老虎滩极地馆位于老虎滩公园内北侧,全馆分为三大部分:第一部分是极地动物展示,主要展示南极北极的海洋动物;第二部分是海洋动物表演场;第三部分是鲨鱼展示,惊险刺激的"人鲨共舞"场面更是令人赞叹不已。在世界范围内同类展馆中,大连极地海洋动物馆建筑规模最大、展示极地动物品种最全、数量最多,已经获得了世界吉尼斯认证。

(2)沈阳植物园。沈阳植物园位于沈阳市东郊。园区汇集和展示东北、西北、华北和内蒙古等地各类植物1 700余种,有些属于珍稀植物和濒危植物,是东北旅游区收集植物种类最多的植物园。

2006年"世园会"的举办使植物园更具吸引力,包括园区主入口广场、两个室外园区(国际园区和国内园区)、两个室内展馆(综合馆和热带雨林馆)、20个专题园、特色花街和绿谷。此外,还包括不同国家风情的农业庄园、大型游乐场、儿童乐园、世界标志性建筑微缩群、世界风情街和动感影城等休闲娱乐设施。

(3)金石滩景区。金石滩距大连市中心50千米。三面环海,气候宜人,延绵30多千米的海岸线,被称为"凝固的动物世界""天然地质博物馆""神力雕塑公园"。

金石滩由东部半岛、西部半岛和两个半岛之间的开阔腹地和海水浴场组成。这里有金石世界名人蜡像馆、赏石馆、金石缘公园、万福鼎公园、中华武馆、金石发现王国主题公园、毛泽东像章陈列馆、模特影视艺术中心、金石狩猎俱乐部、金石马术基地、金石国际会议中心、金石高尔夫俱乐部、金湾高尔夫球场等项目。大连国际沙滩文化节、国际冬泳节、葡萄游园会等缤纷多彩的主题庆典给金石滩增添了新鲜活力与无穷魅力。

(4)本溪水洞景区。位于中国本溪市东郊。本溪水洞是目前发现的世界第一长的地下充水溶洞,被誉为"北国一宝""亚洲一流"。

本溪水洞是数百万年前形成的大型充水溶洞,洞口坐南面北,呈半月形,内分水、旱二洞。进洞口是一座高、宽各20多米,气势磅礴,可容纳千人的"迎客厅"。大厅向右,有旱洞长300米,洞穴高低错落,洞顶和岩壁钟乳石多沿裂隙成群发育。古井、龙潭、百步池等诸多景观,令人遐想联翩。大厅正面,是通往水洞的码头,千余平方米的水面,灯光所及,水中游船、洞中石景倒映其中,使人如入仙境。

(5)千山景区。千山古称积翠山,是东北最大的宗教聚集地。特别是身高70米的世界最大天成弥勒大佛,由佛教协会原会长赵朴初先生亲笔题写"千山弥勒大佛",世界佛教联合会副会长释觉光亲笔题写"天成弥勒道场"。当代著名社会学家费孝通先生游览千山后留下了"南有黄山,北有千山"的题词,对千山秀美多姿的自然风光给予高度赞誉和评价。

千山宗教文化历史厚重,源远流长,佛道两教共居一山"释道同源"。有龙泉寺、祖越寺、香岩寺、中会寺、大安寺和无量观、五龙宫等近40座庙宇,形成了"古刹隐山林,道观筑谷间"的奇妙场景。千山的蟠龙松、夹扁石、鹦鹉石、一线天、一步登天、天上天、卧虎峰、佛手峰等景点给人以险、峻、秀、奇、幽的景色享受。

5.4.4.2 旅游特色小镇

(1)孤山镇。位于辽东半岛东北翼,东港市西部,西与大连市接壤。大孤山历史悠久、人杰地灵、区位优越、资源丰厚、前景广阔。儒、佛、道三教全部具有,是一个名副其实的古镇。

大孤山国家级森林公园,风景旖旎,山中绿荫环抱,古木参天。位于孤山境内南部的大鹿岛,是中国海岸线最北端的最大岛屿,是辽东半岛著名的省级风景名胜区和国家3A级旅游区。岛前的月亮湾海滨浴场、震惊世界的甲午海战古战场、岛上的无名将士墓和巍然耸立的邓世昌塑像、明末总兵毛文龙的碑亭、丹麦的教堂、英式的导航灯塔等休闲场所和历史遗迹,吸引着国内外游客纷至沓来。

孤山国家级湿地保护区核心区,是鸟类栖息的天堂,从澳大利亚艰难跋涉的候鸟从这里飞往西伯利亚,在此停歇的鸟类就有300余种。每当春夏之交,湿地中芦花荡漾,蒹葭摇曳,群鸟欢歌,让人尽心体验与大自然零距离接触的无限乐趣,尽情欣赏人与自然和谐相处的华美乐章。

(2)汤河镇。汤河镇自然资源十分丰富,冷热"姊妹泉"闻名省内外,是我国发现的较大的天然矿泉之一,日涌量2 600吨,年流量达94万吨。全镇有矿泉水企业4家,年生产能力20万吨。汤河水库是辽宁省唯一未被污染的水库,库容量5.98亿立方米,灌溉面积达43万亩;水库四周风景秀丽,峰峦峭壁,水天一色,构成绚丽多彩的龙山风景区。

(3)赵圈河镇。位于辽宁省盘锦市大洼区西部,双台子河口国家级自然保护区腹地,主要保护对象为丹顶鹤、白鹤等珍稀水禽和海岸河口湾湿地生态系统。该镇围绕"打造中国湿地旅游第一镇"的总体目标,大力实施"旅游强镇"战略,旅游业发展迅速。红海滩风景区通过国家4A级风景区认定,赵圈河镇被评为"全省首批特色旅游名镇",2009年,全镇划入盘锦红海滩湿地旅游度假区内,生态旅游镇初具规模。

【本章小结】

本章主要介绍了东北旅游区的自然和人文旅游地理系统特征以及区内主要的旅游吸引物和精品线路。本区地处我国东北部,是我国对东北亚地区开放的窗口,区内既有典型的火山熔岩地貌、渺无人烟的林海雪原、漫长的国界线、曲折的海岸线,又有独具魅力的冰雪旅游吸引物、诱人的海滨风光、丰富的动植物资源,还有多民族融合的显著特征,保留了大量的文化遗产。

【重点概念】

关东文化　雾凇　漠河极地　林海雪原　火山熔岩

【案例分析】

振兴大东北　辽、吉、黑、蒙四省区旅游协同发展
打造东北无障碍旅游区

"冰天雪地也是金山银山"。2017年3月24~26日,辽、吉、黑、蒙四地旅游人共聚内蒙古阿尔山市,举行"辽、吉、黑、蒙旅游协同发展与合作——内蒙古推广活动",共商大东北旅游大业,四省区共同签署了辽、吉、黑、蒙旅游合作框架协议。会议当天,四省区70家旅行社及景区代表参加了会议,14组旅游企业签订了互送客源协议。共同推进大东北无障碍旅游区迫在眉睫。

黑龙江、吉林、辽宁、内蒙古。三省一区,正在构建大东北旅游新格局。辽、吉、黑、蒙四省区同属大东北一脉相承的文化让四地亲上加亲。内蒙古拥有丰富的冰雪资源,又各具特色,辽宁冰雪温泉康养,吉林冰雪雾凇奇观,黑龙江冰雪大世界,内蒙古冰雪民族风情,为四省区共同打造我国冬季冰雪旅游产品奠定了坚实的基础,四省区的旅游合作潜力巨大、前景广阔。通过建立辽、吉、黑、蒙"振兴东北旅游合作联盟",加强四省区旅游协同发展与合作,实现优势互补、共同发展、互利共赢。此次会议成为辽、吉、黑、蒙旅游业发展中的新起点。

落实振兴东北国家战略,四省区共同推出五大主题游——辽宁省、吉林省、黑龙江省、内蒙古自治区(以下简称辽吉黑蒙)山水相依,文化相融,旅游吸引物丰富多元,旅游发展与合作前景广阔。为促进四省区旅游业深度融合,东北旅游区一区地处东北亚中心地带,毗邻相依,资源共生,文化相融,利用辽、吉、黑、蒙合作平台,推动四省区旅游业的健康发展,四省区共同推出五大旅游主题,一是以冰雪奇缘欧陆风情为主题的北国映象游(沈阳—长春—哈尔滨—阿尔山—呼伦贝尔—满洲里);二是以少数民族风情与东北民俗为主题的深度体验游(大连闯关东民俗村—延边朝鲜自治州—牡丹江市雪乡—呼伦贝尔—通辽—赤峰);三是以温泉度假森林徒步自驾为主题的康体养生游(营口—长白山—五大连池—大兴安岭—阿尔山);四是以中俄蒙"万里茶道"国际黄金旅游线为主题的中俄蒙跨境自驾游(黑龙江—吉林—辽宁—内蒙古—蒙古国—俄罗斯);五是以皇家历史文化为主题的皇家历史古迹游(沈阳故宫—赤峰契丹辽上京文化遗址—锡林郭勒元上都遗址)。

(案例来源:国家旅游局官网,《振兴大东北,辽、吉、黑、蒙四省区旅游协同发展打造东北无障碍旅游区》,有删减和改动)

问题: 除文中提到的旅游线路外,你还可以为黑龙江、吉林、辽宁、内蒙古四省区旅游线路的设计提供更多的思路吗?

【思考题】

1. 请用至少5个关键词来描述东北旅游区旅游吸引物的特征。
2. 分析东北旅游区旅游吸引物特色差异。
3. 郑州市某大学的学生准备去东北旅游区进行为期15天的旅行,请你推荐一些最能代表东北旅游区特点的景区。
4. 画一幅东北区旅游资源分布图,并在图中标明著名的旅游景点。
5. 试介绍黑龙江省的旅游资源。
6. 试介绍吉林省的旅游资源。
7. 试介绍辽宁省的旅游资源。

参考书目

1. 迈克尔·麦尔.东北游记[M].何雨珈译.上海:上海译文出版社,2017.
2. 澳大利亚Lonely Planet公司.孤独星球Lonely Planet旅行指南系列:东北[M].北京:中国地图出版社,2014.
3. 《走遍中国》编辑部.走遍中国——黑龙江吉林辽宁[M].3版.北京:中国旅游出版社,2014.
4. 张广瑞.生态旅游[M].北京:社会科学文献出版社,2004.

6 华北旅游区

> **学习目标→**
>
> 通过本章的学习,全面了解华北旅游区的旅游地理系统;熟悉北京、天津、河北、山西、内蒙古等省域旅游地理概况,理解本区旅游目的地的旅游发展现状,掌握本区的旅游吸引物特征。
>
> **学习难点→**
>
> 华北旅游区旅游吸引物特征　华北旅游区旅游业发展战略　华北旅游区的旅游地理系统

【案例导入】

民盟山西省委主办民盟华北旅游区(市、区)"文化旅游产业发展"座谈会

12月14~15日,由民盟山西省委主办的民盟华北旅游区(市、区)"文化旅游产业发展"座谈会在太原山西饭店举行。

与会代表称,华北既是一个地理概念,也是一个历史文化概念,华北旅游区不仅山水相连、人文相通,在历史的长河中,也常常是我中有你,你中有我,甚或共处一体。本次之所以选择"文化旅游产业发展"这样一个主题,不仅仅是出于我们五省市参与此次论坛策划者们的兴趣,也是在推动供给侧结构性改革的过程中各省市都将文化旅游作为新产业结构中的重要组成部分。希望通过这次论坛能推动华北旅游区(市、区)在区域经济合作发展的同时实现华北地域文化旅游一体化发展。也希望能助推华北旅游区(市、区)在经济、文化等各个领域进一步开展各方位的合作。

文化旅游资源是华北地区的优势资源,具有巨大的发展潜力,对加快脱贫致富,推进生态环境和文化的保护,促进社会和谐,实现区域协调发展发挥了重要作用。今后我们理应顺应时代潮流,加强区域合作,携手奋

进,共同谱写文化旅游产业的崭新篇章。并就"坚持和谐发展理念""实施差异化发展战略""加强交流与合作"方面提出了建议。

(资料来源:民盟山西省委网站,http://www.sxmm.org.cn/Browse/NewsShow.aspx? ID=4121&CID=3,2016-12-19,作者:李红霞,刘艳梅.)

6.1 华北旅游地理系统及其评价

华北旅游区旅游地理系统是由旅游客源地子系统、旅游目的地子系统、旅游通道子系统及旅游保障子系统四个部分组成,具有特定的结构、功能和目标的综合体。华北旅游区是指由北京市、天津市和河北省、山西省、内蒙古自治区组成的旅游区域,包括华北平原的中北部和太行山地、冀北山地的一部分。该区地理位置优越,是连接东北、西北和华中地区的重要枢纽;经济发达,是首都经济圈和环渤海经济圈的重要组成部分。复杂多样的地貌类型造就了类型多样的自然旅游吸引物,悠久的历史和长期的政治、经济、文化中心,使人文旅游吸引物独具魅力,旅游业发展基础良好,水平较高。

6.1.1 旅游客源地子系统

本区地处中国第二大平原华北平原,又是首都北京所在地,历史悠久,经济发达,旅游吸引物丰富,是中国北方旅游的重要组成部分。

根据华北旅游区的《国民经济和社会发展统计公报》《统计年鉴》《旅游业统计公报》等资料,华北旅游区的主要客源仍然来自于国内:从旅游收入上来看,按照人民币对美元的汇率为6.755计算,华北旅游区国际旅游收入约占旅游总收入的3.67%;从旅游人次上看,国际旅游人次(含港澳台)约占旅游总人次的0.79%。可见,华北旅游区的国内旅游客源仍然占据绝对优势,国际市场对旅游收入和旅游人次的贡献有限。从华北旅游区内部来看,各省市旅游外汇收入差距较大,例如,北京的国际旅游外汇收入为50.7亿美元,占旅游总收入的6.81%;而山西省的国际旅游外汇收入为3.2亿美元,仅占旅游总收入的0.51%;北京国际旅游外汇收入为山西的15.8倍,差距显著。

6.1.1.1 国内旅游客源地

根据相关统计数据,华北旅游区的国内旅游客源的构成中,本地旅游者占据重要比例,每个省市区最重要的旅游者首先来自于各自省市区内部,其次来自于华北地区及周边省市,为第二等级的客源市场;距离较远但经济较为发达地区的游客,如长三角的上海、浙江、江苏,珠三角的福建和广东为第三等级的客源市场。其中,各省市内部的旅游人次占据总旅游人次的比例大约为40%,华北旅游区及周边省市占旅游总人次比例大约为30%,距离较远但经济较为发达的地区的旅游人次约为总人次的15%,其他地区共约15%。

从华北旅游区内部看,各省市的国内客源地排名有一定的相似性,充分说明旅游客源市场与地理位置重要相关。例如:北京的省外旅游客源地排名前十的省市分别为河北、山东、河南、天津、山西、广东、辽宁、上海、江苏、黑龙江,尤其河北、山东、河南的游客分别占

17.36%、8.43%、8.12%，占据很高比例；天津最大的省外客源地为北京和河北；河北的省外游客中，北京、天津占全省国内游客总量的25%，其中北京又居主导占15%，天津占10%，周边各省也是重要客源地，辽宁、河南、山西、山东均在总量的5%左右；山西省国内旅游客源地排名前五的省市分别为河南、河北、北京、陕西、山东，尤其是河南和河北的游客分别占到外省游客的17.69%和15.43%，具有绝对优势；内蒙古自治区国内旅游客源地排名前十的分别为北京、河北、天津、山西、辽宁、黑龙江、山东、吉林、浙江、上海，前十位的区外客源占44.02%，北京市位于区外客源地第一位，占外省游客的9.93%。

6.1.1.2　境外旅游客源地

根据统计文献，华北旅游区的核心国际游客客源地为经济较为发达的周边国家和地区，例如日本、韩国、中国港澳台、俄罗斯，次核心国际旅游客源地主要为经济较为发达的欧美国家和与中国邻近的东南亚国家，例如美国、新加坡、德国、英国、法国、马来西亚、加拿大、澳大利亚、菲律宾、泰国等。

从华北旅游区内部来看，各省市区的境外旅游客源地并不一致，存在较大的差异性。例如：北京境外旅游客源地排名前十的国家和地区分别为美国、韩国、中国香港、中国台湾、日本、德国、英国、加拿大、澳大利亚、法国，各国比例差距不大；天津市境外旅游客源地排名前十的国家和地区分别为日本、韩国、新加坡、美国、马来西亚、中国台湾、英国、中国香港、法国、加拿大，远远超过其他国家和地区，占据绝对领先地位；河北境外旅游客源地排名前十的国家和地区分别为韩国、日本、中国香港、中国台湾、俄罗斯、马来西亚、新加坡、英国、美国、德国，以韩国、日本旅游人次最多，其他客源国比例相差不大；山西国际旅游客源国主要为日本、美国、法国、新加坡等；内蒙古境外旅游客源地排名前十的国家和地区分别为蒙古国、俄罗斯、港澳台、日本、美国、英国、德国、澳大利亚、法国、新加坡，其中，蒙古国和俄罗斯旅游人次位列前二，分别占入境游客总人次的49.51%和33.73%，处于绝对核心地位。

6.1.2　旅游通道子系统

华北旅游区铁路、公路成网，国际航线众多，并有远洋船只通往世界许多城市和港口，交通四通八达，形成了海陆空立体交通网络，可进入性强。其中，铁路网密度仅次于东北，居全国第二位，主要有京哈、京广、京包、京沪、京原、京通、京承以及石德、石太等铁路线。北京郊区还有专辟的铁路旅游线路到八达岭、承德等地。公路网以北京、天津、石家庄、张家口等市为中心，四通八达，从北京到天津、承德等地均有高速公路。北京是华北地区陆路交通中心和全国航空网中心。首都国际机场已进入亚洲最繁忙机场的行列。天津也有多条国际和国内航线与许多城市联系。天津新港和秦皇岛港是我国重要的货运海港，是华北地区进出口货物的集散地，并辟有到大连、烟台、青岛、上海等地的沿海旅游线。

（1）航空旅游交通。华北旅游区（市、区）共有机场19座，其中，北京有2座机场，天津有1座机场，河北有6座机场，山西有7座机场，内蒙古有3座机场，其中，北京首都国际机场、天津滨海国际机场、太原武宿国际机场、石家庄正定国际机场、北京南苑机场为华北旅游区（市、区）的"五大机场"。尤其是北京首都机场2016年旅客吞吐量为9439万人次，位居亚洲第一（世界第二），也是中国地理位置最重要、规模最大、设备最齐全、运输生产最繁忙的大型国际航空港,每天有94家航空公司的近1700个航班将北京与世界上54个国家的244个城市紧密连接。

(2)铁路旅游交通。本地区共有北京站、北京西站、北京南站、天津站、石家庄站、太原站、大同站等特等站7座,北京西站、北京南站、天津站、天津西站、天津南站、石家庄站、太原南站、呼和浩特站等高铁枢纽站8座。

(3)公路旅游交通。北京、天津、石家庄、唐山、太原、大同、呼和浩特,均为国家公路主枢纽城市,公路四通八达,公路里程位居全国前列。港口方面。有天津港、黄骅港、唐山港、秦皇岛港、曹妃甸港区等。

6.1.3 旅游保障子系统

6.1.3.1 自然环境

地貌类型复杂多样。该旅游区位于华北大平原的中北部,地跨第二级阶梯和第三级阶梯,西高东低,地形以山地、丘陵、平原、高原(内蒙古)为主。西部为太行山地,北部为冀北山地,东部为华北平原中北部的一部分。西部的太行山地,从晋豫交界处向东北延伸,绵延在山西与河北交界线上。冀北山地包括燕山山脉和辽西一带山地,是华北平原向内蒙古高原的过渡地带。华北平原由西到东主要由山前洪积—冲积平原、冲积平原和滨海平原组成。

华北旅游区依山临海,地形起伏变化大,地貌类型复杂。高山、丘陵、峡谷、平原形态多样,海岸绵长,山地、平原、海岸兼备,综合自然旅游地、沉积与构造、地质地貌过程形迹、自然变动遗迹、岛礁等地文景观丰富多样。河段、天然湖泊与池沼、瀑布、泉、河口与海面、冰雪地等水域风光类型齐全。广阔的平原上分布有众多天然湖泊和人工湖库,如河北的白洋淀、北京密云水库、昆明湖及北海公园等。滨海平原上有许多海滨风光引人入胜,沙滩宜人,北戴河、昌黎、南戴河等是重要的避暑疗养胜地和海滨观光区。

6.1.3.2 文化环境

华北地区是我国开发历史较早的地区之一。农业历史悠久,是我国重要的小麦、杂粮生产地和棉花生产基地之一。工业基础雄厚,轻重工业发达。北京是全国的首都,全国政治、经济和文化中心,天津为全国四个直辖市之一,京津唐城市群是全国三大城市群之一,山西省是我国最大的煤炭能源基地,素有"煤海"之称,内蒙古畜牧业发达,奶制品畅销全国。尤其是京津冀地区,社会经济发达,科教文化发展水平高,人均收入和人均消费水平明显高于全国平均水平,具有发展成为全国重要的旅游目的地和客源地的明显优势。

本区是华夏民族重要的发祥地,周口店"北京猿人"证实70万年以前北京地区已有人类活动。本区长期以来作为我国的政治、经济、文化中心,留下了数量丰富、类型繁多的人文旅游吸引物,而且很多资源品位高、价值大。尤以皇家建筑、宗教建筑及伟大工程闻名于世,如北京故宫、长城、中国大运河、北京天坛、北京颐和园、明清皇家陵寝、河北承德避暑山庄及周围寺庙、山西云冈石窟、平遥古城,内蒙古的元上都遗址等均为世界文化遗产。

本区是全国重点文化保护单位最集中最重要的区域。截至2017年6月,山西省全国重点文化保护单位数量达到452处,居全国第一,河北省全国重点文化保护单位总数达到

273处,居全国第三,充分说明华北地区文化旅游吸引物的丰富。此外,本区旅游商品十分丰富,地方特色显著,例如:北京"三绝"(景泰蓝、玉雕、牙雕),天津"四艺"(地毯、风筝、杨柳青年画、泥人张彩塑),河北工艺陶瓷、柳编和麦秆编,山西剪纸、面塑、核桃工艺品,蒙古的银器、皮画、蒙古刀等。此外,以北京和天津为代表的现代建筑也成为吸引游客的重要吸引物,例如国家体育场(鸟巢)、国家游泳中心(水立方)、人民英雄纪念碑、毛主席纪念堂、天津广播电视塔、天津永乐桥摩天轮(天津之眼)、望海楼教堂、天津市艺术博物馆等。

6.1.3.3 经济环境

华北地区既是我国政治、文化交流的中心,又是一个资源丰富的经济高速发展地区。就经济而言,长期以来依靠资源消耗增加产值的企业成为华北地区经济的主导。为解决能源和环境问题,循环经济作为一种经济发展模式已经在整个华北地区展开。然而,如何统筹、协调华北各区域间的循环经济发展却成为现实而紧迫的问题。

6.1.3.4 政策环境

华北地区将坚持统筹推进"五位一体"的总体布局,协调推进"四个全面"战略布局,全面落实创新、协调、绿色、开放、共享的新发展理念;坚定走加快转型、绿色发展、跨越提升的新路;充分挖掘历史文化、红色文化、绿色生态、多彩民俗、特色产业旅游资源优势,充分发挥旅游业在脱贫致富、助推实现全面小康发展中的综合带动作用,以供给侧结构性改革为主线,以发展全域旅游为方向,以融合发展为手段,以重大重点项目建设为突破口,拓展新领域,打造新业态,完善公共服务,深化改革开放,大力推进旅游产业化。

6.1.3.5 技术环境

华北地区"十三五"期间,将创建"互联互通"智慧旅游网。建设华北旅游大数据中心,加快推进智慧旅游建设,为各省旅游应用建设及资源整合提供数据支撑;制定旅游数据采集、交换标准,实现旅游数据分类归档、集中存储、授权应用和互联互通;各省旅游云数据中心面向各级旅游主管部门、旅游企业和公众,开放数据共享访问权限,并提供数据交换的技术规范和标准。建设智慧旅游产业管理平台、公共服务平台、营销互动平台等三大智慧旅游平台,建设三大智慧片区,重点推进"一环两带"(环首都旅游环线和沿燕山—太行山旅游带、沿渤海旅游带)智慧旅游产业带建设。

6.2 北京市

6.2.1 旅游地理概况

北京,简称京,是中国的首都,全国的政治、文化中心和国际交往的枢纽,也是世界历史文化名城和古都之一。北京位于东经115.7°—117.4°,北纬39.4°—41.6°,中心位于北纬39°54′20″,东经116°25′29″,总面积16 410.54平方千米。位于华北平原北部,毗邻渤海湾,上靠辽东半岛,下临山东半岛。北京与天津相邻,并与天津一起被河北省环绕。北京是首批国家历史文化名城和世界上拥有世界文化遗产数量最多的城市,三千多年的历史孕育了故宫、天坛、八达岭长城、颐和园等众多名胜古迹。

6.2.1.1　历史遗产旅游吸引物丰富

北京具有丰富的旅游吸引物,且等级较高。北京是全球拥有世界遗产(7处)最多的城市,旅游景点达200多处,有世界上最大的皇宫紫禁城、祭天神庙天坛、皇家花园北海、皇家园林颐和园,还有八达岭、慕田峪、司马台长城以及世界上最大的四合院恭王府等名胜古迹。据统计,全市共有文物古迹7 309项,其中全国重点文物保护单位126处,市级文物保护单位326个。

6.2.1.2　现代都市景观独具魅力

北京有着代表国家政治中心形象的建筑,有着代表国际大都市的现代化建筑,如地上地下立体的交通,多层次的立交桥,林立的高层建筑,购物、娱乐等一体的购物中心,这些构成了北京现代都市景观特色。北京有鸟巢、水立方、西单商业街、王府井商业街、奥特莱斯、金融街、中关村科技园等城市景观,独具魅力。同时,北京还是科技文化教育重地,北京大学、清华大学、中国人民大学等多所高等学府也是暑期游的热门旅游景点。

6.2.1.3　自然旅游吸引物品质较高

北京共有房山、延庆等2处世界地质公园。自然旅游吸引物有香山、西山国家森林公园、房山地质公园、雁栖湖、天云山风景区、顺景温泉、玉渡山景区、神堂峪、十渡孤山寨、密云水库、双龙峡、密云白龙潭、龙门涧风景区等。

6.2.2　世界级旅游吸引物

北京拥有北京故宫、周口店北京人遗址、长城、颐和园、天坛、明十三陵、中国大运河(北京段)等世界文化遗产和京剧非物质文化遗产,拥有房山地质公园、中国延庆地质公园等世界地质公园。

6.2.2.1　世界文化遗产

(1)北京故宫。北京故宫,又称紫禁城,1987年列为世界文化遗产。位于北京市中心,为明清两代皇宫,是中国现存最大最完整的古代宫殿建筑群,总面积72万平方米,内藏历史文物和历代艺术珍品90多万件,有着极高的历史文化和艺术价值。

故宫四角有建筑奇巧的角楼,环绕有52米宽的护城河,四边各有一座城门,南面的午门为正门,北为神武门,东西称东华门和西华门。主要建筑排列在贯穿全城南北的中轴线上,配属建筑分别在东西两侧依次排列,红墙黄瓦、威严肃穆。以乾清门广场为界,分前朝、后寝两大部分:前朝以太和殿、中和殿、保和殿为中心,左右辅以文华殿、武英殿,其中,太和殿是前三殿的主体建筑,是朝廷举行大典之所,是皇权的象征。后寝以乾清宫、坤宁宫、交泰宫为中心,左右辅以东西六宫,是皇帝和后妃们居住及皇帝处理日常政务的场所。

(2)周口店北京人遗址。位于北京市西南房山区周口店镇龙骨山北部,是世界上材料最丰富、最系统、最有价值的旧石器时代早期的人类遗址,1987年被列入《世界遗产名录》。因出土了较为完整的北京猿人化石而闻名于世,尤其是1929年发现了第一具北京人头盖骨,为北京人的存在提供了坚实的证据,成为古人类研究史上的里程碑。到目前为止,出土的人类化石包括6件头盖骨、15件下颌骨、157枚牙齿及大量骨骼碎块,代表约40个北京猿人个体。考古学家们认为北京人大约生活在距今70万年到20万年,已经懂得用火和吃熟食,用火主要取于自然,知道保护火种,火的使用完备了人的特征。

(3)长城,又称万里长城。长城是中华文明的瑰宝,是中国古代人民智慧的结晶,也是中华民族的象征,是世界文化遗产之一。长城原是我国古代一项伟大的军事建筑,始建于2000多年前的春秋战国时期,秦朝统一中国之后连成万里长城。其工程之浩繁,气势之雄伟,堪称世界奇迹。长城最壮观、最精华的部分集中在北京北部山区,最为出名的是八达岭、慕田峪和司马台长城。八达岭长城位于北京延庆县,是开放最早的一段长城,城墙全长3741米,城墙高大坚固,敌楼密集。城墙随着山峰的走势,蜿蜒起伏,如巨龙盘绕,以其丰富深厚的文化内涵、雄伟壮丽的自然景观,成为长城最杰出的代表。

(4)颐和园。颐和园位于北京西北郊,原名清漪园。1998年12月,颐和园列入世界遗产名录。颐和园集传统造园艺术之大成,借景周围的山水环境,既有皇家园林的恢宏富丽,又充满自然之趣,高度体现了"虽由人作,宛自天开"的造园准则。万寿山、昆明湖构成其基本框架,占地300.8公顷,水面约占3/4,园中有景点建筑物百余座、大小院落20余处,3 000余间古建筑,面积70 000多平方米。其中佛香阁、长廊、石舫、苏州街、十七孔桥、谐趣园、大戏台等都已成为代表性建筑。

(5)天坛。天坛位于北京市东城区永定门内大街东侧。原是明清两代皇帝祭祀皇天上帝的场所,后经过不断地改扩建,至清乾隆年间最终建成。天坛有古建筑92座600余间,是中国也是世界上现存规模最大、形制最完备的古代祭天建筑群。

天坛分为内、外两坛。内坛由圜丘、祈谷坛两部分组成,内坛北部是祈谷坛,内坛南部是圜丘坛,一条360米长的丹陛桥连缀两坛,两坛的主要建筑就集中在丹陛桥两端,丹陛桥南端有圜丘、皇穹宇,北端有祈年殿、皇乾殿。丹陛桥的东侧建有与天坛祭祀功能相适应的附属建筑:宰牲亭、神厨、神库等。丹陛桥西侧有斋宫,斋宫是举行祭天大典前皇帝进行斋戒的场所。外坛为林区,广植树木,外坛的西南部有神乐署,是明清时期演习祭祀礼乐及培训祭祀乐舞生的场所。

(6)明清皇家陵寝(十三陵)。明清皇家陵寝分布于北京、河北、辽宁、安徽、江苏等地,是中国明清两朝皇帝陵寝建筑群,按照严格的等级规制营建,具有完整的地上、地下建筑体系,布局严谨,规模宏大,建筑华美,体现了中国封建社会最高的丧葬制度。2000年,列入世界遗产名录,2003年7月,明十三陵和南京明孝陵作为明清皇家陵寝的扩展项目列入世界遗产名录。

明十三陵是明朝迁都北京后13位皇帝陵墓的总称,位于北京市西北约44千米处昌平区天寿山南麓,陵区面积达40多平方千米。十三陵地处东、西、北三面环山的小盆地之中,山明水秀,景色宜人。明代术士认为,这里是"风水"胜境,因此被明王朝选为营建皇陵的"万年寿域"。十三陵是我国历代帝王陵寝建筑中保存完整、埋葬皇帝最多的古墓葬群,建筑雄伟,体系完整,历史悠久,具有极高的历史和文物价值,其中尤以地面建筑宏伟的长陵和已发掘的地下宫殿定陵最为著称。

(7)中国大运河(北京段)。中国大运河是中国东部平原上的伟大工程,是中国古代劳动人民创造的一项伟大的水利建筑,是世界上最长的运河,也是世界上开凿最早、规模最大的运河。北京是京杭大运河的起点,大运河北京段遗址有:万宁桥、东不压桥遗址,通惠河段、旧城段(什刹海—玉河)等。

6.2.2.2 非物质文化遗产

京剧,曾称评剧,是中国五大戏曲剧种之一,腔调以西皮、二黄为主,用胡琴和锣鼓等伴奏,被视为中国国粹。京剧走遍世界各地,成为介绍、传播中国传统艺术文化的重要媒介。分布地以北京为中心,遍及中国。2010年11月,京剧被列入《人类非物质文化遗产代表作名录》。

徽剧是京剧的前身。清代乾隆五十五年(1790年)起,原在南方演出的三庆、四喜、春台和春四大徽班陆续进入北京,他们与来自湖北的汉调艺人合作,同时又接受了昆曲、秦腔的部分剧目、曲调和表演方法、民间曲调,通过不断的交流、融合,最终形成京剧。京剧形成后在清朝宫廷内开始快速发展,直至民国得到空前的繁荣。

6.2.2.3 世界地质公园

(1)房山世界地质公园(北京房山区)。公园地跨北京市房山区和河北省涞水县、涞源县。2006年9月,被批准为世界地质公园,北京由此成为世界上第一个拥有"世界地质公园"的首都城市。

地质公园分为周口店北京人遗址科普区、石花洞溶洞群观光区、十渡岩溶峡谷综合旅游区、上方山—云居寺宗教文化游览区、圣莲山观光体验区、百花山—白草畔生态旅游区、野三坡综合旅游区、白石山休闲观光区8大园区。房山世界地质公园博物馆占地面积91.65亩,馆内设有地史演化厅、八大园区厅、国内外世界地质公园展厅、实物标本厅等共6大展厅。同时还特别设置了4D影院和报告厅、科研科普中心等。

(2)中国延庆世界地质公园。中国延庆世界地质公园地处华北平原与内蒙古高原的过渡地带,是著名的燕山运动命名地之一,公园面积620.38平方千米,包括千家店、龙庆峡、古崖居、八达岭4个园区,是以前寒武纪海相碳酸盐岩为物质基础,以中生代燕山运动地质遗迹为核心,集构造、沉积、古生物、岩浆活动及北方岩溶地貌于一体的综合性地质公园。延庆是北京的生态涵养区和生态屏障。现有多个保护区,林木覆盖率达72.5%,野生生物众多。

6.2.3 国家级旅游吸引物

北京拥有故宫博物院、天坛公园、颐和园、八达岭—慕田峪长城、明十三陵、恭王府、奥林匹克公园(鸟巢—水立方—中国科技馆—国家奥林匹克森林公园)等5A级景区,拥有松山、百花山自然保护区等国家级风景名胜区;有十三陵、石花洞国家级风景名胜区等国家级风景名胜区;有黄松峪、石花洞、延庆硅化木、云蒙山国家地质公园等国家地质公园;有房山区长沟镇、昌平区小汤山镇、密云区古北口镇等旅游特色小镇。

6.2.3.1 5A级景区

(1)恭王府。20世纪初,北京城流传着一句顺口溜:"恭王府的房子、豫王府的墙,肃王府的银子用斗量。"可见恭王府的建筑规模之大。它是清代规模最大的一座王府,曾是和珅、永璘的宅邸,后恭亲王奕䜣成为宅子的主人,恭王府的名称也因此得来。恭王府历经了清王朝由鼎盛而至衰亡的历史进程,承载了极其丰富的历史文化信息,有"一座恭王府,半部清代史"的说法。位于北京的风水宝地什刹海地区,占地6万多平方米,有"99间半"之称的后罩楼拦腰将之隔为府邸和花园,府邸堂皇庄重,花园优美繁华。在王府、贝勒府扎堆的前后海,恭王府以其富丽而被称作"城中第一佳山水"。

(2)奥林匹克公园,位于北京市朝阳区,地处北京城中轴线北端,北至清河南岸,南至北土城路,东至安立路和北辰东路,西至林翠路和北辰西路,总占地面积11.59平方千米,集中体现了"科技、绿色、人文"三大理念,是融合了办公、商业、酒店、文化、体育、会议、居住多种功能的新型城市区域。

奥林匹克公园是2008年北京奥运会和残奥会的奥运公园。国家体育场(鸟巢)、国家游泳中心(水立方)、下沉花园、玲珑塔、奥林匹克森林公园、北顶娘娘庙、中国科学技术馆是奥林匹克公园的主要景点。其中国家体育场(鸟巢)为2008年北京奥运会的主体育场,体育场外部由树枝般交错的钢材编织成"鸟巢"的形状,造型极具视觉冲击力。国家游泳中心(水立方)外墙由3 000多个不规则的气枕泡泡组成,像蓝色的大海中的水滴。夜晚,鸟巢与水立方都会亮起灯光,红色的鸟巢与蓝色的水立方交相辉映,非常适合拍摄夜景。奥林匹克森林公园目前是"亚洲最大"的城市绿化景观,各种北方的植物品种与生物群落,在森林公园内共同构建成一个北京当地的生态群。

中国科学技术馆新馆设有"科学乐园""华夏之光""探索与发现""科技与生活""挑战与未来"五大主题展厅、公共空间展示区及球幕影院、巨幕影院、动感影院、4D影院等4个特效影院,其中球幕影院兼具穹幕电影放映和天象演示两种功能。2017年3月28日,中国科技馆被国家旅游局、中国科学院推选为"首批中国十大科技旅游基地"。

6.2.3.2 旅游特色小镇

(1)长沟镇,位于房山区境南部,南与河北省涿州市相接。长沟镇山清水秀,人杰地灵,民风淳朴,资源丰富,生态环境独步京郊,是发展观光、休闲、采摘业的绝好佳境。长沟镇坚持打造绿色经济特色,塑造生态环境品牌,坚持生产、生活、生态三生兼顾、永续发展,实施"天人合一"的发展战略,取得了突出成效。长年喷流不断,天然甘泉、龙泉湖、橡胶坝、水车,形状各异的石桥,使水乡的精致景色初步显现,在镇域内形成了一道约6千米长的水景观光旅游线。

长沟镇素有"京南水乡"的美誉,当地随处可见的天然水系构成了出色的河滨生态圈。"城市之外,水岸花田"的长沟镇新形象,既是长沟镇未来发展的方向与构想,同时又是长沟镇最客观、最生动的体现与总结。在北京国际首脑峰会度假区、旅游集散特色镇、地质公园核心区,这一系列的概念引入之后,其核心都是对长沟镇度假、旅游资源的认同与发展,为长沟镇的区域建设带来无与伦比的美好畅想。

(2)小汤山镇。小汤山镇历史悠久,尤以地热温泉而享有盛名,亚洲最大、中外名机最多的航空博物馆就坐落在小汤山镇内,1994年,分别被北京市政府以及建设部确定为小城镇建设试点,1995年又被国家体改委等11个部委确定为北京市唯一的国家级综合改革试点镇,为小汤山镇的全面发展提供了难得的历史机遇。发展目标是:力争在三五年内把小汤山镇建设成为布局合理、设施配套、功能齐全、交通方便、环境优美、秩序井然、市场活跃、经济繁荣、特色突出的城市化、现代化、社会化、园林化的新型小城镇。

(3)古北口镇,位于密云区境东北部,古北口镇以服装、纺织、橡胶、轻工制造等为主导产业,以稳定经济、加强工业、大力发展第三产业为宗旨。大力发展旅游业,相继开放了司马台长城、令公庙等镇内自然与人文景区,使边塞古镇再现自然风貌披上了新姿。

司马台长城始建于明朝洪武初年(1373年),是在北朝北齐长城的基础上修筑的,属明代"九镇"中蓟镇古北路所辖。明万历年间,蓟镇总兵戚继光和总督谭纶率兵进行了重点整修,今司马台长城辖于北京市密云县东北部的古北口镇,距北京120千米。

6.3 天津市

6.3.1 旅游地理概况

"天津",意为天子渡河的地方。永乐二年(1404年),天津正式设卫(卫所是明朝的军事建置),有"天津卫"之称。天津市作为我国四大直辖市之一,是中国北方最大的沿海开放城市。天津旅游吸引物丰富,景观种类齐全,共有山、河、湖、海、泉、湿地等丰富的自然资源和浓缩近代历史、汇聚现代文明的人文资源,构成了天津古今兼容、中西合璧的城市风貌。

6.3.1.1 海河风光

海河是天津的母亲河,横贯市区,经塘沽汇入渤海。天津实施海河综合开发改造以来,海河上游段近22千米堤岸已形成错落有致的亲水岸线以及"水清、岸绿、景美"的亲水景观;河上桥梁总数已达到20余座,每座桥梁都渗透着不同的文化元素,可谓"一座桥梁一处景观"。作为沿海城市,天津滨海观光度假旅游区共有海洋、海湾、炮台、渔人码头、海门古刹、海河外滩公园、塘沽洋货市场和基辅号航母、东方公主号游轮等独特的旅游景观。

6.3.1.2 近代历史

天津现存的历史遗迹主要有文化历史名胜、异国建筑、名人故居、博物馆、纪念馆等,其中,以历史建筑资源最为突出。近代天津一度是中国的政治中心,辛亥革命后,天津成为北京的"政治后院",当时下野的总统、总理和各省督军、政客纷纷迁入天津。天津的原"九国租界地"也留下了风格各异的大小洋楼上千座,形成了世所罕见的"万国建筑博物馆"。这些洋楼大多是近代中国名人的寓所,如中国革命先行者孙中山、梁启超的故居;爱国名将张学良、吉鸿昌的故居;还有末代皇帝溥仪,清末民初的七大总统、五位总理和前美国总统胡佛年轻时代在天津的寓所。这些独特的异国风貌建筑、名人旧居和重大历史事件遗址,构成了独特的近代历史文化旅游吸引物。

6.3.1.3 都市风光

天津在历史上就是一座繁华的工商业城市,遍布于全市街道的各类商店鳞次栉比。主要有百年历史的商业街和平路金街、"天津之眼"永乐桥摩天轮、明清风情城鼓楼步行街、"津门故里"古文化街、荟萃各种风味于一城的食品街、舶来品商城洋货街;还有以天津"华尔街"著称的解放北路金融街;天津广播电视塔,总高度415.2米,为世界第六、亚洲第四高塔。

6.3.1.4 名山湿地

蓟州山区,是集名山、幽林、秀水、雄关、古刹于一地的京津"后花园"和绿色观光休闲度假旅游胜地。这里有黄崖关古长城世界文化遗产、盘山国家级风景名胜区、八仙山国家级自然保护区、九龙山国家级森林公园、中上元古界国家级地质公园,以及全国重点文物保护单位千年古刹独乐寺、绿树环抱的九山顶、龙泉山、元古奇石林自然风景区和别具一格的石趣园等。七里海是天津古海岸与湿地国家级自然保护区的重要组成部分,也是天津唯一的湿地海洋类国家级自然保护区。七里海湿地和牡蛎滩地域之辽阔、水韵之灵动、苇荡之浩瀚、鸟类之繁多、牡蛎之广集、风光之秀丽,国内罕见。

6.3.1.5 民俗风情

天津还有丰富的民俗文化旅游吸引物。石家大院是迄今为止中国北方保存最好、规模最大的清代民宅建筑群之一。杨柳青古镇是中国历史上的"四大名镇"之一,先后荣膺"中国魅力名镇"和"中国历史文化名镇"称号。五大民间艺术:杨柳青年画、泥人张彩塑、魏记风筝、刻砖刘的砖雕和天津地毯挂毯闻名全国。天津还享有"京剧大码头""北方曲艺之乡"的美誉,也是中国话剧艺术的发祥地。天津小吃在全国都享有盛名,狗不理包子、十八街麻花和耳朵眼炸糕,这些地地道道的天津小吃早已闻名海外,除此之外,果仁张、漕记驴肉,石头门槛素包子以及贴饽饽熬小鱼都是天津地方特色小吃。

6.3.2 世界级旅游吸引物

天津拥有黄崖关长城、中国大运河(天津段)等世界级旅游吸引物。

6.3.2.1 长城(天津段)——黄崖关长城

黄崖关长城是明代蓟镇长城的重要关隘,也是县境内唯一的一座关城。关城东侧山崖的岩石多为黄褐色,每当夕阳映照,金碧辉煌,素有"晚照黄崖"之称,关城因此得名。

黄崖关长城位于蓟州区北30千米处,始建于556年,明代名将戚继光任蓟镇总兵时,曾重新设计、包砖大修,是世界文化遗产,国家首批4A级景区。黄崖关长城,东达河北省遵化的马兰关,西接北京平谷的将军关,全长42千米,是中国古长城的一部分,有楼台66座,敌楼52座,烽火台14座,是京东军事险要之地。自1984年9月至1987年9月军民协力共计修复边墙3025米,敌台20座,为中国修复长城工程中最长的一处。

6.3.2.2 中国大运河(天津段)

京杭大运河,是世界上里程最长、工程最大、最古老的运河之一,与长城并称为中国古代的两项伟大工程。天津境内的大运河作为京杭大运河的重要组成部分,开凿于元代,包括天津至北京通州的北运河和天津至山东临清的南运河的一部分。

天津境内的大运河北起武清区木厂闸,南至静海县九宣闸,总长约174千米,占大运河全长的十分之一,流经武清区、北辰区、河北区、红桥区、南开区、西青区和静海县共7个区县。包括北运河和南运河两个区段,在三岔河口与海河连通。北运河自北向南流,北起木厂闸,南至三岔河口,全长87.8千米。南运河自南向北流,南起九宣闸,北至三岔河口,全长86.3千米。南运河在公元前602年之际曾是黄河故道,亦称清水,曹魏时期,沿此清水河修建白沟水运;隋代成为大运河的一部分,时称永济渠,又名御河,御河之名延续至今已1300多年。

6.3.3 国家级旅游吸引物

天津拥有天津古文化街(津门故里)、盘山等5A级旅游景区;拥有古海岸与湿地、中上元古界、八仙山国家级自然保护区等国家级自然保护区;拥有盘山国家级风景名胜区、蓟县国家地质公园。此外,天津市还被评为国家历史文化名城;有武清区崔黄口镇、滨海新区中塘镇、津南区葛沽镇、蓟州区下营镇、武清区大王古庄镇、津南区小站镇、宁河县七里海镇、蓟县官庄镇、蓟县下营镇等16个旅游特色小镇。

6.3.3.1 5A级景区

(1)天津古文化街旅游区,又名津门故里,位于南开区东北隅东门外,海河西岸,北起老铁桥大街(宫北大街),南至水阁大街(宫南大街)。现已修复的古文化街包括天后宫及宫南、宫北大街。建筑风格为仿明清建筑,层高均为一二层;街区走向自然曲直,错落有韵;外檐建筑尺度适中,商店铺面长短有序,呈现出鳞次栉比的古街效果。街上出售古玩玉器、古旧书籍、传统手工艺制品和民俗用品。天津的民间艺术品杨柳青年画、泥人张彩塑、魏元泰的风筝、刘氏砖刻都在此设有专店。古文化街充满了浓郁的古老味、文化味、中国味和天津味。天后宫俗称"娘娘宫",是古文化街上的主要参观旅游项目,现已成为天津民俗博物馆。每年农历三月二十三是娘娘的生日,这时都举行"皇会",表演高跷、龙灯、旱船、狮子舞等,百戏云集,热闹非常。

(2)盘山风景名胜区。盘山是国家级风景名胜区,地处蓟县官庄乡北部,首批国家5A级景区。盘山由于岩石组级垂直节理发育,具有典型"球状风化"特点,故形成奇峰林立,怪石嵯峨的独特景观,被誉为"京东第一山"。

盘山风景诸多,其中以"三盘""五峰""八石"著称。"三盘",自来峰为上盘,上盘松胜,劲松苍翠,蟠曲翳天;古中盘为中盘,中盘石胜,巨石嵯峨,千姿百态;晾甲石为下盘,下盘水胜,巨泉响涧,溅玉喷珠。"五峰"为挂月峰、自来峰、紫盖峰、九华峰、舞剑峰。与山西五台山相呼应,号称"东五台"。五峰攒簇,引人入胜。"八石",多为花岗岩"球状风化"的巨大石块,据外形予以命名。即悬空石、摇动石、晾甲石、将军石、夹木石、天井石、蛤蟆石、蟒石,俗称"八石"。

6.3.3.2 旅游特色小镇

(1)崔黄口镇。崔黄口镇是经济发展的强镇。这里是驰名中外的"地毯之乡"。清代,崔黄口市井繁华,商贾云集,在京城颇有名气。朝廷曾在此设立衙门,管理政务,康熙出巡曾宿于此地。

城内城外建有九桥十八庙。"九桥"都是平常的桥,分布得十分有规律。"十八庙"有11座寺庙在城内,7座寺庙在城外。当时的庙会活动有:四月二十八的药王庙会,三月二十的娘娘庙会,九月的关帝庙会,年关和正月十五的火神庙会等。建于明朝崇祯年间的地藏寺,现改为观音寺,300多年来,该寺一直有佛事活动,至今仍有两名僧人,经常有佛教虔诚信仰者前来上香。

(2)津南区葛沽镇。天津市津南区葛沽镇是历史上华北"八大古镇"之一,自明代就是天津地区著名的水旱码头及贸易货物集散地。由于漕运发达,葛沽镇居民多以船业为生。明永乐年间,当地富商与官府出面,在春节至元宵节期间,把海神娘娘(妈祖)塑像放入官轿,用人抬着沿街观灯,此举引得大批船民前来进香祷告,乞求海神娘娘保佑船民出行平安。经过几百年的沿袭、创新与发展,20世纪初期,葛沽宝辇会已形成八架凤辇、两座灯亭的格局(凤辇中供奉对象均为海神娘娘、送子娘娘、痘疹娘娘及泰山圣母等女性神

灵)。加之会规缜密、曲仪考究、气势恢宏、场面壮观,葛沽宝辇成为名扬海外、世所罕见的民间花会艺术珍品。

(3)蓟州区下营镇。近10年以来,下营镇利用得天独厚的旅游资源,先后建成了黄崖关八仙洞、岐山古洞、九山顶、龙泉山、甘涧度假村、青山岭劲松园等镇属景区景点,其中地处常州村的九山顶风景区已被评为国家2A级景区,吸引了大批的京津唐游客。中上元古界地质景区正在规划建设之中,开发前景广阔。蓟州区有天津市后花园的美誉,下营镇已成为后花园中的重要组成部分。

6.4 河北省

6.4.1 旅游地理概况

河北省因位于黄河下游以北而得名。部分地区古属冀州,所以简称"冀"。东部濒临渤海,东南部和南部与山东、河南两省接壤,西部隔太行山与山西省为邻,西北部、北部和东北部同内蒙古自治区、辽宁省相接。全省地势由西北向东南倾斜,西北部为山区、丘陵和高原,其间分布有盆地和谷地,中部和东南部为广阔的平原。河北省是全国唯一兼有高原、山地、丘陵、平原、湖泊和海滨的省份,也是旅游吸引物大省。

6.4.1.1 文物古迹众多

河北省的人文旅游吸引物十分丰富,特色突出,品位高,位居全国前列。河北省有国家重点文物保护单位278处,全国第三。从人类之初,迄止于封建社会末,河北古人类遗址存留较为完整。如代表古人类文化的新石器时代的仰韶文化和龙山文化,奴隶社会的商代遗址、周代遗址,春秋以后的赵邯郸古城遗址、燕山下都遗址等。古建筑自金以后保存颇好,包括长城、桥、经幢、塔、台、地宫、寺、庙、殿观、阁、楼、堂、壁等不下几十个种类。宋金以前的古建筑,甚至隋、唐等朝代的古建筑也都有留存。

在明、清时代的古建筑中,以长城、皇家园林、墓葬最为突出。古园林以承德避暑山庄、赵武灵王丛台、保定明代莲池等为著。古桥中以赵县安济桥居首,此外还有赵县永通桥等;大型的古寺庙有承德外八庙、正定隆兴寺、山关孟姜女庙等;古塔、石牌坊等历史纪念建筑物有定州市开元寺塔、赵县陀罗尼经幢、正定广惠寺华塔等;长城以山海关为起点,有滦平县金山岭、张家口大境门、唐山喜峰口等;摩崖石刻、石雕像、铁铸件、石碑碣等历史遗物和遗迹,以沧州铁狮子等影响广远;古墓葬中以清东陵、清西陵为著;古关口有万里长城内侧的紫荆关、万里长城东端的"天下第一关"等险关要隘。响堂山石窟是我国古代建筑、雕刻、书法艺术宝库之一。

6.4.1.2 山水风光秀美

河北省地形起伏变化大,垂直差异十分强烈,具有多种自然地理单元景观,在这种地理基础上孕育出来的自然旅游吸引物,不仅类型多,而且各具特色。有的峰峦在风化等各种外力作用的长期"雕琢"下,形成了许多奇峰异石,如承德磬锤峰、双塔山、天桥山等;有的以高山林密、谷深水清、自然景色秀丽取胜,如小五台山、雾灵山等;有的雄峙于海滨,山海相映,风景优美,如碣石山、莲蓬山、角山等;有的因特定岩性的岩体发育而成大量奇特的景观而引人入胜,如嶂石岩、野三坡等;还有的因历史上曾建有古寺庙而著名,如苍岩山、天桂山、老岭、盘山等。洞与山伴生,区内天然洞穴旅游吸引物中以山海关的悬阳洞,天桂山及其附近的藏龙洞、硝石洞、赐儿山的风洞、冰洞、水洞,崆山的溶洞等较为著名。

在水域风光旅游吸引物中,主要有海河、滦河两大水系,其中较为著名的河流有:滹沱河、拒马河、滏阳河、大运河,较为有名的湿地湖泊有白洋淀、衡水湖、大浪淀和南大港等。河北省有 487 千米曲折绵长的海岸线,主要有北戴河海滨和昌黎黄金海岸,曹妃甸、沧州南大港湿地等。

6.4.1.3 民俗风情多彩

广袤的土地和悠久的历史还孕育了绚丽多彩的民俗文化和民间艺术。定窑、邢窑、磁州窑和唐山陶瓷是中国历史上北方陶瓷艺术的典型代表。蔚县剪纸、廊坊景泰蓝、曲阳石雕、衡水内画鼻烟壶、易水古砚、侯店毛笔、武强年画、丰宁布糊画、白洋淀苇编、辛集皮革、玉田泥塑、安国药材等名扬中外;河北梆子、老调、皮影、丝弦等饶有特色;沧州武术、吴桥杂技、永年太极、保定康长寿之道独见魅力。另外,河北省物华天宝,许多土特产品和风味小吃享誉中华。京东板栗、赵州雪梨、沧州金丝小枣、宣化龙眼葡萄、深州蜜桃、沧州小枣等闻名遐迩。秦皇岛的八仙宴,唐山的蜂蜜麻糖,石家庄的空心宫面,以及白洋淀的全鱼席以其独特的风味令中外游客赞不绝口。

6.4.1.4 红色旅游吸引物独特

河北省曾是革命斗争的重要策源地和主要舞台之一。西部太行山区是晋冀鲁豫革命根据地的中心,曾是八路军总司令部所在地。在解放战争中,西部山区的平山县西柏坡曾为中共中央所在地,是全国解放战争中唯一的一处革命纪念重点文物保护单位。河北共有国家级爱国主义教育基地 19 处。其中,冉庄地道战遗址、涉县 129 师司令部旧址、阜平晋察冀军区司令部旧址、西柏坡中共中央旧址等革命纪念地全国闻名。

6.4.2 优秀旅游城市

河北省拥有石家庄市、秦皇岛市、承德市、涿州市、廊坊市、保定市、邯郸市、武安市、遵化市、唐山市等优秀旅游城市。本章节仅以承德市、秦皇岛市、石家庄市、保定市、唐山市、遵化市为例,对其做简要介绍。

6.4.2.1 承德市

首批国家历史文化名城,有"紫塞明珠"之称。位于承德市的避暑山庄及其周围寺庙是世界文化遗产。2016 年 11 月,被评为第二批国家全域旅游示范区。

承德旅游吸引物得天独厚,有众多"世界之最":世界最大的皇家园林——避暑山庄;世界最大的皇家寺庙群——外八庙;世界最大的木制佛——千手千眼观世音(普宁寺);世界最短的河流——热河;万里长城精粹——金山岭长城;世界一绝的石柱——磬锤峰;天下第一奇松——九龙松;等等。

6.4.2.2 秦皇岛市

秦皇岛是国家历史文化名城,因秦始皇东巡至此派人入海求仙而得名。秦皇岛是中国近代旅游业的发祥地,汇集了丰富的旅游吸引物,气候温和,是驰名中外的旅游休闲胜地,有"天堂之城"的美誉。

秦皇岛市旅游吸引物丰富。国家历史文化名城山海关、避暑胜地北戴河、南戴河旅游度假区、昌黎黄金海岸等40多个旅游景区独具魅力，每年吸引成千上万海内外游客慕名而至。秦皇岛境内山峦起伏，万里长城横亘全境，是长城最精华地段之一。老龙头、天下第一关、长寿山、角山长城、孟姜女庙等长城系列游备受游人青睐。

6.4.2.3 石家庄市

河北省省会，素有"北方粮仓"之称。有国家级风景名胜区2家：苍岩山、嶂石岩；省级风景名胜区2家：封龙山、天桂山；还有国家历史文化名城——正定，国家"千年古县"4个：赵县、井陉、赞皇和行唐，省级旅游度假村4处：蟠龙湖、苍岩山、温塘、嶂石岩；国家级森林公园1处：五岳寨；省级森林公园6处：仙台山、驼梁、南寺掌、赤支、龙州湖、西柏坡；国家级和省爱国主义教育基地6处。

6.4.2.4 保定市

保定市位于河北省中西部，东邻白洋淀，西依太行山，与京津两市呈三足鼎立之势，素有"南通九省、北控三关""京畿重地""首都南大门"之称。

保定是兼有平原、湖泊、湿地、丘陵、山地、亚高山草甸的地区。该市拥有国家5A级景区3家：白洋淀、野三坡、白石山；世界文化遗产1处：清西陵；国家4A级景区7处、世界地质公园2处、国家重点风景名胜区1处、国家地质公园3处、国家森林公园4处，全国重点文物保护单位47处，馆藏文物80 000余件。保定市区中心有全国保存最完好的清代衙署直隶总督署以及历史上有名的上谷八景。

6.4.2.5 唐山市

位于河北省东部，毗邻京津，地处华北与东北通道的咽喉要地，是京津唐工业基地中心城市、京津冀城市群东北部副中心城市。

截至目前，唐山共有不可移动文物点1 321处，世界文化遗产1处，市级以上文物保护单位95处。著名景区景点有清东陵、月坨岛、青山关、潘家口、南湖湿地、滦州古城等。

6.4.2.6 遵化市

遵化市素有"畿东第一城"之称，2016年11月，被评为第二批国家全域旅游示范区。境内有清东陵、古长城2处世界文化遗产，4A级旅游景区万佛园，2A级旅游景区鹫峰山、上关湖、卧龙山等。

6.4.3 世界级旅游吸引物

河北省拥有承德避暑山庄及周围寺庙、明清皇家陵寝（清东陵、清西陵）、长城（河北段）、大运河（河北段）等文化遗产；拥有房山（河北涞源白石山）世界地质公园。

6.4.3.1 世界文化遗产

(1)承德避暑山庄及周围寺庙，又名承德离宫或热河行宫，位于河北省承德市中心北部，是清代皇帝夏天避暑和处理政务的场所。避暑山庄以朴素淡雅的山村野趣为格调，取自然山水之本色，吸收江南塞北之风光，成为中国现存占地最大的古代帝王宫苑，是皇家园林的杰出代表。由宫殿区、湖泊区、平原区、山峦区四大部分组成，由众多的宫殿以及其他处理政务、举行仪式的建筑构成一个庞大的建筑群。建筑风格各异的庙宇和皇家园林同周围的湖泊、牧场和森林巧妙地融为一体。

避暑山庄周围12座建筑风格各异的寺庙,是当时清政府为了团结蒙古、新疆、西藏等地区的少数民族,利用宗教作为笼络手段而修建的。其中的8座由清政府直接管理,故被称为"外八庙"。庙宇按照建筑风格分为藏式寺庙、汉式寺庙和汉藏结合式寺庙三种。这些寺庙融合了汉、藏等民族建筑艺术的精华,气势宏伟,极具皇家风范。

(2)明清皇家陵寝(清东陵、清西陵)。清东陵、清西陵,2000年11月被列入世界遗产名录。清东陵位于遵化市,占地80平方千米,是中国现存规模最宏大、体系最完整、布局最得体的帝王陵墓建筑群。陵区南北长125千米、宽20千米,陵园大小建筑580座,主要有孝陵神路、孝陵石牌坊、孝陵石像生、孝陵七孔拱桥、裕陵圣德神功碑亭、裕陵地宫、裕陵玉带桥等。清东陵埋葬着顺治、康熙、乾隆、咸丰、同治五个皇帝,慈禧等十四名皇后和百余名妃嫔。清东陵各座陵寝的序列组织都严格地遵照"陵制与山水相称"的原则,既"遵照典礼之规制",又"配合山川之胜势"。

清西陵位于河北省保定市永宁山下,埋葬着雍正、嘉庆、道光、光绪四位皇帝及其后妃、王爷、公主、阿哥等76人,共有陵寝14座,是一处典型的清代古建筑群。雍正以此地"山脉水洁,条理详明",系龙脉吉地而于此建泰陵;雍正死后,乾隆继位,父子不葬一地为制,遂形成东、西陵隔辈建陵的现象。西陵的建筑形制大致与东陵相仿。陵区内千余间宫殿建筑和百余座古建筑、古雕刻,气势磅礴。每座陵寝严格遵循清代皇室建陵制度,皇帝陵、皇后陵、王爷陵均采用黄色琉璃瓦盖顶,妃、公主、阿哥园寝均为绿色琉璃瓦盖顶,这些不同的建筑形制,展现出不同的景观和风格。

(3)长城(河北段)。万里长城横穿河北,连接京津,在河北境内长达2 000多千米,精华地段20余处,大小关隘200多处,是长城保存最为完整最具代表性的区段,河北长城资源丰富,各具特色,例如"长城精华"金山岭、"天下第一关"山海关、"长城倒挂"三道关、"水上长城"九门口(地处河北,由辽宁省绥中管理)、"水下长城"喜峰口、"入海长城"老龙头、"万里长城第一山"角山、"本色长城"界岭口、"大理石长城"白羊峪、"京师右臂"独石口、"万里长城第一门"大境门、"战事频繁的关城"紫荆关、"最完整的长城"乌龙沟、"长城博物馆"司马台长城等。

(4)中国大运河(河北段)。河北段大运河始于东汉末年,沟通海河和黄河两大水系,流经河北廊坊、沧州、衡水、邢台和邯郸5市,总长近600千米。其中,大运河河北段列入《世界遗产名录》的共有沧州东光县连镇谢家坝、衡水景县华家口夯土险工和沧州至德州段运河河道3处遗产点。

京杭大运河河北段运河的流向与河道基本没变,真实性和完整性保持较好,是京杭大运河申遗的重要一环。例如,沧州至德州段河道利用河流走向的弯度来减缓水流速度,明显区别于南方运河利用水闸控制水流的方法。沧州东光县连镇谢家坝和景县华家口夯土险工是南运河仅存的两处人工夯土大坝,都采用了独特的建筑工艺。邯郸境内现存大运河主要流经邯郸东南部魏县、大名、馆陶县等地,是中国大运河中段重要流域。形成于隋朝、繁荣于唐宋的邯郸运河文化,以其时空之长、地域之广、遗存之丰富,在中国大运河文化体系中占有重要一席之地。

6.4.3.2 世界地质公园

中国房山世界地质公园,于2006年9月获得联合国教科文组织批准并授牌。公园地跨北京市房山区和河北省涞水县、涞源县。其中，涞水县野三坡和涞源县白石山是房山世界地质公园的组成部分。

(1)野三坡。野三坡位于河北省涞水县境内，太行山与燕山两大山脉交会处。景区以"雄、险、奇、幽"的自然景观和古老的历史文物，享有"世外桃源"之称。

野三坡以"野"著称，原生态的自然环境孕育了异常丰富的动植物资源；地处特殊的大地构造位置，雄踞紫荆关深断裂带北端之上，多起强烈的构造运动和岩浆活动造就了野三坡内容丰富、类型齐全、独具特色的地质遗迹；野三坡内的白草畔景区，10万亩原始森林郁郁葱葱，遮天蔽日，享有"太行山中绿色明珠"之美称；是平西(北京西部)抗日根据地的中心腹地，聂荣臻、萧克、杨成武等老一辈革命家曾在这里领导三坡人民同八路军一道抗击日寇，涌现出了许多民族英雄。2015年2月被国家旅游局、环境保护部评为国家生态旅游示范区。

(2)白石山。白石山位于河北省涞源县城南15千米，雄踞八百里太行山最北端，景区面积54平方千米，最高峰佛光顶海拔2 096米，登临其顶可以远眺狼牙山和五台山。2014年9月中旬，白石山玻璃栈道对外开放，是国内最长最宽、海拔最高的悬空玻璃栈道。

白石山拥有全国独一无二的大理岩峰林地貌，因山体多白色大理石而得名。白石山景观齐全，集峰林、怪石、绝壁、峡谷、瀑布、森林、云海、佛光、长城、庙观等景观于一体，地貌奇特，结构复杂，为中国古代"三十六洞天福地"之一。

6.4.4　国家级旅游吸引物

河北省拥有承德避暑山庄及周围寺庙景区、白洋淀、野三坡、西柏坡、清东陵、娲皇宫、广府古城、白石山等5A级旅游景区；昌黎黄金海岸、小五台山、泥河湾、大海坨、雾灵山等国家级自然保护区；承德避暑山庄外八庙、苍岩山、嶂石岩、西柏坡—天桂山、崆山白云洞、响堂山等国家级风景名胜区；天生桥、柳江、承德丹霞地貌、临城、武安等国家地质公园；桃林口、中山湖、燕塞湖、衡水湖、滏阳河等国家级水利风景区；承德、保定、正定县、邯郸、山海关区等国家级历史文化名城；秦皇岛市卢龙县石门镇、邢台市隆尧县莲子镇、保定市高阳县庞口镇、衡水市武强县周窝镇、衡水市枣强县大营镇、石家庄市鹿泉区铜冶镇、保定市曲阳县羊平镇、邢台市柏乡县龙华镇等旅游特色小镇。

6.4.4.1　5A级景区

(1)白洋淀景区，位于河北省中部安新县境内，是华北地区最大的淡水湖泊，著名的湿地自然保护区，有"北地西湖""华北明珠"之誉。

白洋淀景区是全国百家红色经典景区之一。白洋淀生态独特，形态特殊。366平方千米的水域内143个淀泊星罗棋布，3 700条沟壕纵横交错，39个小岛点缀其中，10万亩荷塘接天映日，12万亩芦荡密密丛丛，既有浩浩荡荡的雄魄，又有水路相间的灵秀，造就了独特的自然风貌和人文景观。淀内鱼、虾、蟹、贝、莲藕等水生动植物资源丰富。白洋淀是革命老区，《白洋淀纪事》《新儿女英雄传》《小兵张嘎》等优秀文学艺术作品乡土气息浓厚，时代特色鲜明。现开发有展现白洋淀生态文化的荷花大观园，革命文化的白洋淀文化苑，历史文化的白洋淀之窗，民俗文化的王家寨、赵庄子、东田庄民俗村以及鸳鸯岛、渔人乐园、元妃荷园9个精品景点。

(2) 西柏坡景区。西柏坡位于石家庄市平山县中部,曾是中共中央所在地,党中央在此指挥了三大战役,召开了具有伟大历史意义的七届二中全会和全国土地会议,有"新中国从这里走来""中国命运定于此村"的美誉。2017年1月,入选中国红色旅游经典景区名录。

西柏坡现有西柏坡中共中央旧址、西柏坡陈列馆、西柏坡石刻园、西柏坡纪念碑、五位领导人铜铸像、西柏坡青少年文明园、国家安全教育展览馆等景点。景区藏品原件较多,革命文物有2 000多件,其中一级品8类15件。基本陈列有革命遗址复原陈列和纪念馆辅助陈列。复原陈列有毛泽东、朱德、刘少奇、周恩来、任弼时、董必武的旧居,中国共产党七届二中全会会址,中共中央九月会议会址,中国人民解放军总部,中共中央接见国民党和平代表旧址等。纪念馆辅助陈列,通过文物、文献、图片、资料,系统形象地反映了中共中央在西柏坡期间的革命活动。

(3) 娲皇宫景区,位于邯郸市涉县中皇山上,为中国神话传说女娲娘娘炼石补天、抟土造人之地。每年农历三月初一至三月十八,为女娲诞辰、女娲祭典之日。是时全国各地的游客以及海外华人、华侨前来祭拜,是中国规模最大、肇建时间最早、影响地域最广的奉祀女娲的历史文化遗存,被誉为"华夏祖庙",为全国祭祖圣地之一。

娲皇宫始建于北齐时期,初为北齐文宣帝高洋所建离宫,初开三石室,雕数尊神像。现在建筑多为明清时期。北齐遗迹仅留石窟与摩崖刻经,共6部,是中国现存摩崖刻经中最早、字数最多的一处。景区包含林地、山谷、园林、水系等自然景观,其中,北齐摩崖石刻、主体建筑娲皇阁、女娲祭典为景区三大精髓,分别以"天下第一壁经群""活楼吊庙""国家非物质文化遗产"的殊荣享誉国内外,是研究我国根祖文化的重要基地。

(4) 广府古城,位于邯郸市永年区东南20千米处,距今已有2 600多年的历史。古城坐落于4.6万亩的永年洼湿地中央,为独一无二的旱地水城,被誉为"北国小江南",先后被评为"中国历史文化名镇""国家级湿地公园""中国太极拳之乡""东方神秘古城",2017年2月25日,被评为5A级旅游景区。

广府古城是古代城市建设的活标本,尤其是明清两朝大规模的营建,使广府古城一度有"仙郡"之美誉。城内的古建筑玉宇琼楼、金碧辉煌、星罗棋布。古建筑群比比皆是,有府署、县署、游击署、府城隍庙、县城隍庙、府文庙、县文庙、武庙、天皇庙、试院等。城外还有校场、演武厅、冰窖、娘娘坟、清晖书院(莲亭)、毛遂墓、漏泽园、廉颇墓等。每当日薄西山,登城远眺,城外波光粼粼、荷香四溢,城内楼阁耸立、金碧辉煌,顿有"琼楼玉宇连霄汉,人间仙郡广府城"之感。

城东保存完好的弘济桥,是赵州桥的姊妹桥,为全国重点文物保护单位。广府古城是杨式太极拳、武式太极拳的发源地,在全国八大太极拳门派中,源于永年的已占其五,被誉为"中国太极拳之乡"。

6.4.4.2 旅游特色小镇——莲子镇

隆尧县莲子镇,南依任县邢家湾镇,东连巨鹿西郭城镇,北界牛桥乡,西靠隆尧县城,地势平坦,土壤肥沃,适宜农作物种植,并且地理位置优越,通信设施完善,投资环境良好。2005年莲子镇被评为"全国环境优美乡镇",是全国评选出的40个环境优美乡镇之一,更

是河北省唯一入选乡镇。2004年被评为"全国重点镇",2014年被河北省评为"省级经济发达镇行政管理体制改革试点",2015年被确定为"省级新型城镇化综合改革试点",2016年被确定为"首批中国特色小镇"。

6.5 山西省

6.5.1 旅游地理概况

山西省因地处太行山以西而得名。春秋战国时期属晋国地,故称晋。公元前453年,赵、魏、韩三国分晋,又称"三晋"。位于华北平原西面的黄土高原上。省境四周山环水绕,与邻省(区)的自然境界分明。东以太行山与河北省为邻;西、南隔黄河与陕西省、河南省相望;北以外长城为界与内蒙古自治区毗连。山西历史悠久、遗存丰厚、风光秀丽。"五千年文明看山西",悠久的历史给山西留下了品位高、种类多的人文资源,独特的山川地貌形成了雄奇秀美的自然风光,二者共同组成了山西省得天独厚的旅游吸引物。

6.5.1.1 自然旅游吸引物丰富

山西省属黄土高原东部边缘,复杂多变的地形地貌造就了许多名山大川、溶洞怪石、清泉湖泊、激流瀑布等特征突出的自然景观。据考证,山西省的山、水、林、洞四项综合指标水平在全国各省市区中名列第7位,在江淮以北各省中居首位。

山西主要以名山、瀑布、泉水,野生动物资源等自然景观为主体构架,充分体现北方"粗犷、雄厚"的风光特色。著名的景区有北岳恒山、四大佛教名山之首的五台山、道教名山北武当山、绵山、国家级风景名胜五老峰、全国十佳自然保护区之一的芦芽山、五镇之一的中镇霍山,华北原始森林面积最大的历山、奇绝险峻的太行大峡谷、王莽岭、黄崖洞,另有灵空山、石膏山、仙堂山、管涔山、庞泉沟等,神态各异。此外还有大同火山群,集中了第三纪和第四纪的火山30余座火山,保存完整。

天然水景以规模壮观的大河、流泉、飞瀑最为突出,著名的有黄河、汾河、桑干河、壶口瀑布、娘子关瀑布及汤头温泉,奇村、顿村温泉,夏县温泉等,位于运城盆地的运城盐地,不仅蕴藏有丰富的矿产资源,而且是黄土高原上难得的湖泊旅游胜地。

6.5.1.2 人文旅游吸引物以文物古迹宗教建筑为主

山西地处黄河流域的中下游地带,是中华民族古代文明和灿烂文化的主要发祥地。华夏民族的开山始祖黄帝、炎帝曾于此活动;中国史前的三位伟人尧、舜、禹也都先后在山西建都立业。山西名胜古迹甚多,现有国家级和省级文物保护单位上千处,石窟、佛寺及艺术雕刻遍布全省,辽金以前的地上木构建筑占全国的72%以上,全国重点文物保护单位数量达452处之多(截至2017年6月),居全国第一。全国仅有的四座唐代木构建筑,其中有3座在山西,被誉为"中华文明的主题公园"和"古建艺术博物馆"。

例如:大同的云冈石窟、九龙壁、上下华严寺,浑源的悬空寺,应县木塔,五台山的南禅寺、佛光寺、显通寺,太原的晋祠、双塔寺,交城的玄中寺,平遥的古城墙、镇国寺、双林寺,洪同的广胜寺,祁县的乔家大院,临汾尧庙,永济普救寺,解州关帝庙,芮城永乐宫,平顺大云院,晋城青莲寺等都是各具特色的人文景点。特别是平遥古城、云冈石窟,已先后被联合国教科文组织列为世界遗产。

此外,山西还是抗日战争和解放战争时期的革命老区。目前,有国家级及省级保护的革命纪念地16处,大部分已开发为瞻仰、凭吊和缅怀先烈的重要场所,构成了山西省特殊的旅游吸引物。

6.5.1.3 民俗风情独具特色

山西有许多民俗风情独具特色,如寒食节、添仓节、油糕节等民间节日。山西的民间文化代表如下:山西民间社火、跑旱船、踩高跷、放烟火、跑竹马、小车舞、狮子舞、挑椅舞、龙舞、倒悬花鼓、中黄高台、龙舟舞、太原铁棍和背棍、渔翁戏海蚌、沈老爷坐轿、山西民间锣鼓、山西民间木版画、炕围画、山西民间刺绣、太原曲艺、绛州鼓乐、山西民间剪纸、面塑、皮影戏,身歌剧、民歌、地方戏曲、灯展、庙会及丰富的地方特产。目前,山西省已建成了丁村、乔家大院、河边村等三处民俗博物馆,分别反映全省南、中、北三个地区不同的民俗特色。

6.5.2 优秀旅游城市

山西省拥有太原市、大同市、永济市、晋城市、长治市等优秀旅游城市。本章节仅以大同市、太原市、晋城市为例,对其做简要介绍。

6.5.2.1 大同市

大同是中国首批国家历史文化名城、中国优秀旅游城市、国家园林城市、中国雕塑之都、中国十佳运动休闲城市。

大同有"三代京华、两朝重镇"的美誉,特别是以云冈石窟、北魏悬空寺为代表的北魏文化;以华严寺、善化寺、观音堂、觉山寺塔、圆觉寺塔为代表的辽金文化;以边塞长城、兵堡、龙壁、明代大同府城为代表的明清文化,构成了鲜明的地域文化特色。大同市有各级文物保护单位346处,其中,全国重点文物保护单位27处(云冈石窟被列入世界文化遗产名录),省级文物保护单位20处。

6.5.2.2 太原市

太原是中国优秀旅游城市、国家历史文化名城、国家园林城市。太原文物古迹有晋祠园林、永祚寺、凌霄双塔、龙山石窟、蒙山大佛、祭孔文庙、晋阳古城遗址以及中国十大石窟之一的天龙山石窟等名胜古迹。全市共有全国重点文物保护单位33处、省级文物保护单位13处、市级文物保护单位157处、国家地质公园1处、森林公园3处。晋剧被誉为山西的"省粹",起源于清代咸丰年间,青年宫、太原市文广中心等都常有传统的晋剧演出。

6.5.2.3 晋城市

位于山西省东南部,晋豫两省接壤处,素有"河东屏翰、中原咽喉、三晋门户"的美誉。自然旅游吸引物包括棋子山国家级森林公园、历山国家级自然保护区、王莽岭景区、白马寺山森林公园、九女仙湖、蟒河风景区等。全市现有文物单位总量6 767处,其中国家重点文保单位66处。包括冶底岱庙、青莲寺、崇寿寺、玉皇庙、阳阿古城、程颢书院、崇安寺、炎帝陵、柳氏民居以及湘峪古堡、天官王府、皇城相府、长平之战遗址群等众多名胜古迹,其中皇城相府为5A级景区,柳氏民居为4A级景区。

6.5.3 世界级旅游吸引物

山西省拥有五台山世界文化景观遗产、平遥古城、云冈石窟、长城(山西段)世界文化遗产等世界遗产。

6.5.3.1 世界文化景观遗产

五台山位于山西省忻州市,因五峰耸立,峰顶平坦如台,故称五台,又称清凉山,其中以北台最高,有"华北屋脊"之称。五台山有当今世界上仅存的音乐绝响梵乐,并存有各类佛教建筑,大量庙堂殿宇构成了世界现存最庞大的佛教古建群,享有"佛国"盛誉,是中国最早、最大的国际性佛教道场。

五台山为世界五大佛教圣地之一,位居中国四大佛教名山之首。五台山是大智文殊菩萨的道场,台内外有寺庙40多座。其中佛光寺和南禅寺是中国现存最早的两座木结构建筑。显通寺、塔院寺、菩萨顶、殊像寺、罗睺寺被列为五台山五大禅处。同时,五台山是世界上最早浮出地面的陆地,有全球罕见的地层地貌,其历史可追溯到26亿年前,是全球气候变化的检测器。世界遗产委员会评价五台山:将自然地貌和佛教文化融为一体,将对佛的信仰凝结在对自然山体的崇拜之中,成为独特而富有生命力的组合型文化景观。

6.5.3.2 世界文化遗产

(1)平遥古城。平遥古城位于山西省中部,是由完整的城墙和街巷、店铺、庙宇、民居等组成的大型古建筑群,是中国境内保存最完整的一座明清时期的中国古代县城的原型。2015年7月,被批准为国家5A级景区。

平遥古城有"龟城"之称,街道格局为"土"字形,整体布局遵从八卦方位,体现了明清时期城市规划理念和形制分布。城内外有各类遗址、古建筑300多处,有保存完整的明清民宅近4 000座,街道商铺都体现历史原貌,被称作研究中国古代城市的活样本。

平遥城墙为明洪武三年(1370年)所建,周长6.4千米,墙高12米左右,外表全部砖砌,墙外有护城河,深宽各4米。墙上筑有3 000个垛口、72座敌楼,象征孔子三千弟子及七十二贤士。城墙历经600余年的风雨沧桑,至今仍雄风犹存,是中国现存规模较大、历史较早、保存较完整的古城墙之一,亦是世界遗产平遥古城的核心组成部分。其中有中国最珍贵的古木构建筑镇国寺万佛殿,有国内现存很少的金代文庙大成殿,以及唐代清虚观、清代惠济桥等,素有"中国古建筑宝库"之称。

(2)云冈石窟。云冈石窟位于大同市以西16千米处的武周山南麓,依山而凿,东西绵延约一千米,气势恢宏,内容丰富。现存主要洞窟45个,大小窟龛252个,造像5.1万余尊,代表了5~6世纪时中国杰出的佛教石窟艺术。其中的昙曜五窟,布局设计严谨统一,是中国佛教艺术第一个巅峰时期的经典杰作。整座石窟外观庄严,雕工细腻,主题突出。石窟雕塑的各种宗教人物形象神态各异。其雕造技法不仅继承和发展了我国秦汉时期的优良艺术传统,又吸收了犍陀罗艺术的有益成分,佛像与乐伎刻像,明显地流露着异域色彩,创造出云冈独特的艺术风格,对研究雕刻、建筑、音乐及宗教都是极为珍贵的资料。

(3)长城(山西段)。山西省8市40县(区)共有4 276处长城遗存,现存较完整的城墙和遗迹有1 500多千米。山西长城的现存遗迹按朝代可分为战国长城、东魏长城、北齐长城、北周长城、隋长城、宋长城、明长城、清长城,几乎涵盖了中国历史上修筑长城的所有时代,是研究中国长城历史的重要区域。其中以明代修筑的长城规模为最大,前后共修筑了154年。明代长城分为内、外两条线。外线以山西省北部边界为线,沿吕梁山—恒山—太行山延伸;内线以吕梁山—管涔山延伸,内外两条长城是明代拱卫京都的重要屏障。此外,分布在壶关县、高平市、陵川县的战国长城是秦国所筑的长城,具有非常重要的历史价值。

忻州的白草口堡、雁门关堡因保存现状完好,是全国各地修复、复建明长城的样本,被评为国家级重点文物保护单位。其他长城,例如:河曲长城、"全国唯一的宋代长城"岢岚长城、老牛湾堡、广武长城、韩庄长城、"黄河和长城相遇地"偏关明长城、采凉山古长城、守口堡长城、固关长城、大水口长城等也有一定的知名度。

6.5.4 国家级旅游吸引物

山西拥有云冈石窟、五台山、皇城相府、绵山、乔家大院、平遥古城、雁门关等5A级旅游景区;五台山、恒山、黄河壶口瀑布、北武当山、五老峰、碛口等国家级风景名胜区;灵空山、芦芽山、庞泉沟、历山、五鹿山、黑茶山、莽河猕猴等国家级自然保护区;省级自然保护区39个;黄河壶口瀑布、壶关峡谷、宁武冰洞、五台山、王莽岭、大同火山群、黄河蛇曲、天脊山等国家地质公园;平遥、大同、新绛、代县、太原等国家历史文化名城;晋城市阳城县润城镇、晋中市昔阳县大寨镇、吕梁市汾阳市杏花村镇、运城市稷山县翟店镇、晋中市灵石县静升镇、晋城市高平市神农镇、晋城市泽州县巴公镇、朔州市怀仁县金沙滩镇、朔州市右玉县右卫镇、吕梁市汾阳市贾家庄镇、临汾市曲沃县曲村镇、吕梁市离石区信义镇、忻州市原平市崞阳镇等旅游特色小镇。

6.5.4.1 5A级景区

(1)皇城相府,位于山西省东南部的晋城市皇城村,由皇城相府、九女仙湖、皇城小康新村和生态农业观光园四个景区组成。皇城相府景区是清文渊阁大学士兼吏部尚书加三级、《康熙字典》总阅官、康熙皇帝老师一代名相陈廷敬的故居。御书楼金碧辉煌,中道庄巍峨壮观,斗筑居府院连绵,河山楼雄伟险峻,藏兵洞层叠奇妙,是一处罕见的明清两代城堡式官宦住宅建筑群,被专家誉为"中国北方第一文化巨族之宅"。

皇城相府建筑群分内城、外城两部分,有院落16座,房屋640间,总面积36 580平方米。内城始建于明崇祯五年(1632年),有大型院落8座。外城完工于康熙四十二年(1703年),有前堂后寝、左右内府、书院、花园、闺楼、管家院、望河亭等。

(2)绵山。绵山风景名胜区,是中国清明节(寒食节)发源地。绵山早在北魏之时就有寺庙建筑,唐初时已具有相当规模的佛教禅林。景区的仿古建筑群风格多样,既取先代建筑之长,又加上设计者和建设者的创意,构成了现代仿古建筑物的独特风格。

宗教建筑有殿庙、宫观;园林建筑有亭、台、楼、阁、轩、廊、榭、牌楼;古留遗迹建筑有古营门、城池、营寨等,可为古建筑博物院(园)。绵山风景名胜区有14个大景点,360余个小景点,人文景观有龙头寺、龙脊岭、李姑岩、蜂房泉、大罗宫、天桥、一斗泉、朱家凹、云峰寺、正果寺、介公岭等;自然景观有栖贤谷、古藤谷、水涛沟等。

(3)乔家大院。乔家大院是5A级旅游景区,国家二级博物馆,国家文物先进单位,山西省爱国主义教育基地。乔家大院是一座雄伟壮观的建筑群体,设计之精巧,工艺之精细,体现了中国清代民居建筑的独特风格,具有相当高的观赏、科研和历史价值,被称为"北方民居建筑的一颗明珠",素有"皇家有故宫,民宅看乔家"之说。

乔家大院又名在中堂,位于山西省祁县乔家堡村,始建于1756年,整个院落呈双"喜"字形,分为6个大院,内套20个小院,313间房屋,建筑面积4 175平方米,三面临街,四周是高达10余米的全封闭青砖墙,大门为城门式洞式,是一座具有北方传统民居建筑风格的古宅。乔家大院陈展有5 000多件珍贵文物,集中反映了以山西晋中一带为主的民情风俗;陈列有农俗、人生仪礼、岁时节令、衣食住行、商俗、民间工艺;还设立有乔家史料、乔家珍宝、影视专题等陈列。

(4)雁门关风景名胜区。"天下九塞,雁门为首",雁门关自古便是兵家必争之地。雁门关,是世界文化遗产万里长城的重要组成部分,被誉为"中华第一关"。李广、卫青、霍去病、薛仁贵都曾经在此青史留名。雁门关见证和影响了中国的历史进程;亲历了民族融合的艰辛历程和古代边贸的兴衰。2017年2月,新晋为国家5A级旅游景区。

雁门关景区是以雁门关军事防御体系历史遗存、遗址,主要景观资源的边塞文化、长城文化、关隘文化旅游区,景区面积30平方千米。关城、长城、隘城、兵堡、烽火台等不同等级、不同功能、不同形制的历史建筑遗存,形成了景区苍凉、凝重、雄浑、大气的边关特色旅游风情,展现了这座历史名关的历史作用和兴衰历程。随着近年来的大规模修复开发,古老的雁门关已经成为集"吃、住、行、游、购、娱"等综合功能于一体的边塞文化旅游目的地。

6.5.4.2 旅游特色小镇

(1)润城镇,一直是山西阳城县最繁华的城镇之一,富商巨贾辈出。元、明以来,手工业和商业颇为发达,富商大贾迭出,文风鼎盛,科举人仕数冠于全县,人口多而集中。曾是阳城县首屈一指的文化、商贸重镇。2010年7月22日,住房和城乡建设部、国家文物局批准决定山西省阳城县润城镇为中国历史文化名镇。

现存有省级保护文物明代古城堡"砥洎城",润城"东岳庙"(应为金代建筑),屯城"东岳庙"(金代)。并有春秋战国时期白启屯粮而得名的屯城村,明代尚书王国光故居上庄村,影响八省的道教圣地天坛山,望川村的开明寺,上伏村、中庄村的汤帝庙等名胜古迹。朱德总司令到润城时住过的姚家院,炸毁日伪碉堡的紫台岭伏击战遗址建设的紫台岭烈士陵园等,都是宝贵的历史文化遗产。小镇景区的景点有神奇的梭罗树、永宁闸、润城东岳庙、上庄村牌楼、王国光故居尚书府、砥洎城、藏兵洞、砥洎城地道、坩埚城墙、天坛山等。

(2)大寨镇,地处山西省东部,太行山西麓,昔阳县城的南面。主要景点有:陈永贵墓、陈永贵塑像、大寨展览馆、名人题词馆、周总理纪念亭、郭沫若墓碑、虎头松涛、大寨红叶、大柳抒怀、胜天洞、天齐庙等。乐平(昔阳)八大景中,就有四大景在该镇境内,它们是蒙山烟雨、古寺园林、洪水池塘、石马寒云。近年来,每年到大寨旅游的宾客多达30万人次,旅游综合收入达800万元。

(3)杏花村镇。杏花村镇境内历史文化遗产丰富,酒文化源远流长,酿酒历史可以追溯至四千多年前,汾酒集团就坐落在杏花村镇镇区,素有"酒都"之美称。

杏花村镇保存有数量众多的古建筑,已经成为旅游吸引物的有:太符观(国保)、杏花村汾酒作坊(国保)、护国灵岩寺、药师七佛多宝塔、杏花村新石器遗址、烽火台、申明亭、镇河门等。金代建筑太符观是国家级重点文物保护单位,创建年代不晚于金承安五年(1200年),是杏花村历代道教传教布道进行宗教活动的重要场所,建筑风格全国少有,壁画、泥塑、悬塑栩栩如生,蕴含的文化信息和宗教神观以及太符观道教民俗文化的独特性和稀有性,具有较高的历史、艺术和科学价值。此外,杏花村明清居民建筑群也是一道旅游景观。

6.6 内蒙古自治区

6.6.1 旅游地理概况

内蒙古自治区,位于我国北部边陲的内蒙古高原上,全区总面积110多万平方千米。幅员辽阔,气候为温带大陆性气候,一派草原景象。这里聚居着以蒙古族为主的多个少数民族,形成了传统游牧文化与草原景观相结合的具有浓郁民族地域特色的旅游区。

6.6.1.1 自然地理环境

(1)高原地貌辽阔坦荡。本区有辽阔坦荡的高原,海拔高度大部分在1 000~1 300米,总体地势呈高亢、坦荡状态,由西北向东南平缓下降,远望似高阜,走近依然是茫茫原野,是我国高原地貌表现最明显、保存最完整的地区。

(2)温带半干旱气候典型。本区处在中纬度内陆,属温带半干旱气候。冬季寒冷而漫长,夏季温暖而短促,春、秋季温度升降急骤;降水少,变化大,分配不均;日照充足,温差大,多风沙。其中,响沙湾、库布其沙漠旅游度假村享誉国内,成为独具特色的旅游吸引物。

(3)温带草原景观迷人。本区处在温带半干旱大陆性气候条件下,比较适宜草类的生长繁殖,形成了温带草原景观,宽广辽阔,一望无际。尤其是东部的呼伦贝尔草原水草肥美,草深过膝,绿浪千顷,羊群如流云飞絮,呈现一派"天苍苍,野茫茫,风吹草低见牛羊"的塞外风光。

6.6.1.2 人文地理环境

(1)蒙古族风情热情剽悍。特色鲜明的蒙古族风情是本区民族风情旅游的灵魂,蒙古族长期以游牧为主要生产生活方式,一生半在帐篷半在马背上度过,故形成了剽悍的性格和强壮的体魄。蒙古族热情好客,诱人的牛羊肉,颇具特色的歌舞、赛马、摔跤等都极具民族震撼力和旅游吸引力。

(2)社会经济逐渐繁荣。本区畜牧业发达,河套平原素有"塞外米粮川"之称,为内蒙古粮食生产基地。改革开放后,本区先后也开放了一些对外通商口岸,边贸形势较好,为本区旅游业的发展创造了良好的条件。

(3)文物古迹众多。名胜古迹、文物遗址构成的人文景观是本区又一宝贵的旅游吸引物,上至古文化遗址,下及近代文物,均有分布,以元明清时代为主。本区保存最完整、数量最多的名胜古迹首推建于明清时代的喇嘛教召庙。成吉思汗、忽必烈都曾在这里写

下过威武雄壮的历史篇章，留下了众多的文物古迹。

6.6.2 优秀旅游城市

内蒙古自治区拥有包头市、锡林浩特市、呼和浩特市、呼伦贝尔市、满洲里市、扎兰屯市、赤峰市、阿尔山市、霍林郭勒市、通辽市、鄂尔多斯市等优秀旅游城市。本书仅以鄂尔多斯市、呼伦贝尔市、锡林浩特市、包头市、呼和浩特市为例，对其做简要介绍。

6.6.2.1 鄂尔多斯市

毗邻晋陕宁三省区，三面黄河环绕，南邻古长城，形成秦晋文化与草原文化南北交融的"歌海舞乡"。鄂尔多斯是国家森林城市、全国文明城市、中国优秀旅游城市、全国最具创新力城市、全国生态园林城市、排名中国城市综合实力50强。主要旅游景点：成吉思汗陵、响沙湾、鄂尔多斯草原、库布其沙漠旅游度假村、昭君坟、恐龙足迹化石、统万城、释工湖、阿尔寨石窟、七星湖园等。

6.6.2.2 呼伦贝尔市

呼伦贝尔旅游吸引物富集，是中国六大重点旅游开发区之一，是国家级草原旅游重点开发区。主要景区景点包括西山国家森林公园、北山侵华日军要塞遗址、金帐汗蒙古部落、鄂温克博物馆、巴彦呼硕旅游景区、莫尔道嘎国家森林公园、达斡尔风情园、凤凰山滑雪度假区、满洲里国门、满洲里套娃广场、满洲里中俄步行街、红花尔基原始樟子松国家森林公园、阿尔山雪域温泉等。

6.6.2.3 锡林浩特市

锡林浩特市是蒙古族历史文化及民俗风情保留最为完整的地区之一，也是蒙古族人文特色最为鲜明的草原旅游胜地，是一代长调歌王哈扎布的故乡，被评为民间艺术之乡和民间文化"潮尔道"之乡。景区景点有内蒙古中西部四大藏传佛教寺庙之一、国家4A级旅游景区贝子庙；有国际植物界誉为欧亚大陆样板草原的白音锡勒自然保护区以及锡林河国家级湿地公园、白银库伦淖尔国家级遗鸥保护区、灰腾锡勒天然植物园和锡林郭勒草原国家级火山地质公园。

6.6.2.4 包头市

包头是连接华北和西北的重要枢纽，是我国重要的基础工业基地和全球轻稀土产业中心，被誉称"草原钢城""稀土之都"。这里居住着蒙古族、汉族、回族、满族、达斡尔、鄂伦春等31个民族。主要景区景点有希拉穆仁草原、北方兵器城、五当召、赵长城、秦长城、妙法寺、梅力更景区、九峰山自然保护区、南海湿地、赛汗塔拉生态园（城中草原）、清真大寺、石门风景区等。

6.6.2.5 呼和浩特市

内蒙古自治区首府和政治、经济、文化中心，国家历史文化名城，我国北方沿边地区重要的中心城市。呼和浩特市具有众多的博物馆与文化史迹，是北上草原、西行大漠、南观黄河、东眺京津的重要旅游集散中心之一。有战国赵、秦汉、明朝的古长城；有北魏盛乐古城遗址；有见证胡汉和亲、被誉为民族团结象征的昭君博物院；有黄教寺庙大召。有清朝管辖漠南、漠北等地的将军衙署；有现存中国和世界唯一的蒙古文标注的天文石刻图的金刚座舍利宝塔；有辽代万部华严经塔（白塔）；有清康熙帝六女儿和硕恪靖公主府；有号称

"召城瑰宝"的席力图召。境内还有哈达门高原牧场、神泉生态旅游风景区、"塞外西湖"哈素海。

6.6.3 世界级旅游吸引物

内蒙古自治区拥有元上都遗址、长城（内蒙古段）世界文化遗产和蒙古族长调民歌等世界遗产及蒙古族呼麦世界非物质文化遗产；克什克腾、阿拉善、阿尔山等世界地质公园。

6.6.3.1 世界文化遗产

（1）元上都遗址。元上都遗址位于锡林郭勒盟正蓝旗草原，曾是元王朝的首都，它是中国大元王朝及蒙元文化的发祥地。2012年6月，元上都遗址被列入了《世界遗产名录》。

元上都南邻上都河，北依龙岗山，周围是广阔的金莲川草原，形成了以宫殿遗址为中心，分层放射状分布，既有土木为主的宫殿、庙宇建筑群，又有游牧民族传统的蒙古包式建筑的总体规划形式，体现出草原都城的宏大气派，是农耕文明与游牧文明融合的产物。保存良好的宫城、皇城、外城城墙、整齐对称的街巷、错落有致的建筑遗迹、自然生态良好的草原、众多的人文遗迹、优美的生态环境，构成了中国目前保存最完整的大型古代都城遗址。这座被史学家称誉为可与意大利庞贝古城相媲美的都城遗址，融合了蒙古文化、华夏文明，记录了人类历史上一段重要的文明阶段。

（2）长城（内蒙古段）。内蒙古是全国长城分布最重要的省区之一。长度最长，在我国有长城的16个省区市中，内蒙古的长城墙体总长度为7 570千米，分布于全区12个盟市的76个旗县，占到总长度的1/3，位居全国第一。时代最多，包括了战国赵、秦代、北魏、金代、明代等11个时期。具有全国最多、最集中、体系最健全、内容最丰富的长城古迹。

例如：呼和浩特的秦汉长城、明长城，包头市的战国赵北长城、秦汉长城，巴彦淖尔市的秦汉长城，乌海市的秦长城、明长城，阿拉善盟的汉长城、明长城，鄂尔多斯战国秦长城，赤峰市战国燕北长城，呼伦贝尔市、兴安盟、通辽市、锡林郭勒盟金界壕，乌兰察布市明长城等。

6.6.3.2 世界非物质文化遗产

（1）蒙古族长调民歌，蒙古语称"乌日图道"，意即长歌，它宜于叙事，又长于抒情。歌词一般为上、下各两句，内容绝大多数是描写草原、骏马、骆驼、牛羊、蓝天、白云、江河、湖泊等。长调旋律悠长舒缓、意境开阔、声多词少、气息绵长，旋律极富装饰性（如前倚音、后倚音、滑音、回音等），尤以"诺古拉"（蒙古语音译，波折音或装饰音）演唱方式所形成的华彩唱法最具特色。

蒙古族长调是一种具有鲜明游牧文化和地域文化特征的独特演唱形式，它以草原人特有的语言述说着蒙古民族对历史文化、人文习俗、道德、哲学和艺术的感悟，被称为"草原音乐活化石"。2005年11月，中国、蒙古国联合申报的"蒙古族长调民歌"入选第三批"人类口头和非物质遗产代表作"。

（2）蒙古族呼麦。"呼麦"，意指"咽喉"，又名喉音唱法、双声唱法或浩林潮尔，是一种借由喉咙紧缩而唱出"双声"的泛音咏唱技法。主要分布在内蒙古自治区的锡林郭勒、呼伦贝尔、呼和浩特及新疆阿尔泰一带的蒙古族居住地。

蒙古高原的先民在狩猎和游牧中虔诚模仿大自然的声音,他们认为,这是与自然、宇宙有效沟通、和谐相处的重要途径,由此人体发声器官的某些潜质得到开发,一人模仿瀑布、高山、森林、动物的声音时可以发出"和声"。

呼麦的曲目,大体说来有三种类型:一是咏唱美丽的自然风光,诸如《阿尔泰山颂》《额布河流水》之类;二是表现和模拟野生动物的可爱形象,如《布谷鸟》《黑走熊》之类,保留着山林狩猎文化时期的音乐遗存;三是赞美骏马和草原,如《四岁的海骝马》等。

作为一种特殊的民间歌唱形式,呼麦是蒙古族人杰出的创造。它传达着蒙古族人民对自然宇宙和世界万物深层的哲学思考和体悟,表达了蒙古民族追求和谐生存发展的理念和健康向上的审美情趣。现为蒙古国宝级的艺术,在全世界独一无二。2009年被录入世界非物质文化遗产名录。

6.6.3.3 世界地质公园

(1)克什克腾世界地质公园,位于赤峰市克什克腾旗,以第四纪冰臼群和花岗岩石林地貌及地质构造为主要特色。园区内具有10种类型的地质地貌景观,即冰川地貌、花岗岩地貌、火山地貌、泉类地貌、峡谷地貌、湖泊景观、河流景观、湿地景观、典型矿床及采矿遗迹景观和沙地景观,由阿斯哈图、平顶山、西拉木伦、青山、黄岗梁、达里诺尔、浑善达克和乌兰布统9个园区组成。

公园内自然风光独特,生态类型多样,民族风情浓郁。世界上独一无二的"内蒙古石林",中国东部规模最大、发育最全、保存最完整的第四纪冰川地貌,神奇罕见的大型岩臼群,逶迤千里的西拉木伦河,烟波浩渺的达里湖,珍奇稀有的沙地云杉,辽阔坦荡的贡格尔草原与闻名遐迩的史前文化遗存、底蕴深厚的蒙古族文化交相辉映。

(2)阿拉善沙漠世界地质公园。阿拉善沙漠国家地质公园是以沙漠地质遗迹为主体,融自然景观、人文景观为一体的综合性国家地质公园。公园规划面积630.37平方千米,由巴丹吉林、腾格里、居延3个园区10个景区组成,是中国目前唯一的沙漠国家地质公园。公园内地质遗迹类型多样,具有完整性、典型性、唯一性的特点和极高的美学与科学研究价值。2005年9月成功申报为国家地质公园,也是全球唯一的沙漠世界地质公园。

(3)阿尔山世界地质公园。阿尔山世界地质公园位于内蒙古自治区的东北部,地处大兴安岭山脉中段,总面积约3 653.21平方千米,以火山遗迹、温泉地貌、花岗岩地貌、高山湖泊及高原曲流河地貌为主要特征,具有独特性、典型性和多样性,是探索蒙古高原隆升机制以及研究中国北方地质环境演化的一部地学百科全书,是一处集科学研究、生态旅游、温泉疗养、科普教育、休闲度假、娱乐探险为一体的中国境内最大的火山温泉地质公园。

6.6.4 国家级旅游吸引物

内蒙古自治区拥有响沙湾、成吉思汗陵、阿尔山—柴河、中俄边境等5A级旅游景区;赛罕乌拉、达里诺尔、白音敖包、黑里河等国家级自然保护区;扎兰屯、额尔古纳等国家级风景名胜区;阿尔山、宁城、二连浩特、克什克腾、阿拉善沙漠、巴彦淖尔、鄂尔多斯、清水河老牛湾等国家地质公园;呼和浩特国家历史文化名城;赤峰市宁城县八里罕镇、通辽市科尔沁左翼中旗舍伯吐镇、呼伦贝尔市额尔古纳市莫尔道嘎镇、赤峰市敖汉旗下洼子镇、鄂尔多斯市东胜区罕台镇、乌兰察布市凉城县岱海镇、鄂尔多斯市鄂托克前旗城川镇、兴安盟阿尔山市白狼镇、呼伦贝尔市扎兰屯市柴河镇、乌兰察布市察哈尔右翼后旗土牧尔台镇、通辽市开鲁县东风镇、赤峰市林西县新城子镇等旅游特色小镇。

6.6.4.1 5A级景区

(1)响沙湾。响沙湾地处陕西、山西、内蒙古乌金三角地带,位于中国著名的库布其沙漠的最东端。景区面积为24平方千米,居呼和浩特市、包头市、鄂尔多斯市"金三角"开发区中心,被称作"黄河金腰带上的金纽扣"。响沙湾沙高110米,坡度45°,呈弯月状形成一个巨大的沙山回音壁,当人们从沙顶向下滑动,便会听到犹如飞机掠空而过的巨大轰鸣声,响沙湾因而得名。景区包含莲沙度假岛、福沙度假岛、一粒沙度假村、悦沙休闲岛、仙沙休闲岛五个区域。

沙漠净水沙湖在弯月沙山回音壁南约2千米处,是一个小面积沙池,终年不竭,为难得的"沙漠甘泉"。响沙湾融会了雄浑的大漠文化和深厚的蒙古底蕴,荟萃了激情的沙漠活动与独特的民族风情,具有罕见而神奇的响沙景观。它不仅具有神秘的自然奇观,更是一个融汇欢乐的沙漠世界,还具有全世界最长的骆驼队(超过500峰),2011年1月响沙湾被评为国家5A级旅游景区。

(2)成吉思汗陵旅游区。成吉思汗陵旅游区是世界上唯一以成吉思汗文化为主题的大型文化旅游景区,是国家文化产业示范基地、国家5A级旅游景区。每年这里都要举行隆重的祭祀活动,许多海内外游客都会前来祭祀。2006年,"成吉思汗祭祀"列入首批国家非物质文化遗产保护名录。

成吉思汗陵旅游区占地面积10平方千米,控制面积80平方千米,以成吉思汗陵为核心,形成了祭祀文化区、历史文化区、民俗文化区、草原观光区、休闲度假区的整体布局,是世界上唯一以成吉思汗文化和蒙古族文化为主题的旅游景区。成吉思汗陵旅游区包含"三区",即"文物保护观光游览区",以陵宫为核心,占地10平方千米;"生态恢复保护区",在核心区的外层,围绕巴音昌呼格草原周围的梁地为界,占地20平方千米,在这个区域内真正实现"天苍苍,野茫茫,风吹草低见牛羊"的景象;外围为"视觉景观控制区",占地区50平方千米。

(3)阿尔山—柴河景区,位于大兴安岭山脉中段的西南麓,呼伦贝尔、科尔沁、锡林郭勒和蒙古国四大草原交会处。2017年2月,荣膺国家5A级旅游区。目前开发的主要景点有7个,分别是天池山天池、三潭峡、地池、石塘林、杜鹃湖、驼峰岭天池、大峡谷,附属景点三个,分别为不冻河、龟背岩、玫瑰峰。

阿尔山—柴河旅游景区属于火山熔岩地貌,被专家誉为"火山地质博物馆、地质形态大观园"。它具有亚洲最大的火山熔岩台地,具有丰富多彩的石塘景观,有50余座火山锥,19座高位火山口,罕见的7座火山天池群,9大堰塞湖,70多眼温泉,1 153种主要植物、350多种野生动物,其中的石塘林面积2万公顷,为亚洲第一,世界第二。

(4)中俄边境旅游。呼伦贝尔首家国家级5A旅游景区,被纳入内蒙古自治区15个重点建设的品牌旅游景区。借助满洲里得天独厚的地理环境,汇集中国红色文化、俄罗斯风情文化精粹,打造出独具北疆特色的旅游观光休闲度假基地。

满洲里受俄罗斯文化影响浓厚,早期城市发展受到沙俄殖民者影响,加之对俄对欧口岸的性质,俄罗斯文化影响较深。街头随处可见俄文和俄罗斯游客。中俄边境旅游区由国门景区和套娃景区组成。国门景区是满洲里市标志性旅游景区,也是重要的爱国主义教育基地,被列为全国100个红色旅游经典景区之一。套娃景区以满洲里和俄罗斯相结合的历史、文化、建筑、民俗风情为理念,集吃、住、行、游、购、娱为一体的大型俄罗斯特色风情园。

6.6.4.2 旅游特色小镇

(1)八里罕。历史上,在八里罕地区,沿着最主要的交通干道平均每隔八里就有一所供奉众神像的庙宇,庙里的众神像栩栩如生,神采奕奕,具有很高的艺术与观赏价值。这种每隔八里建一座庙的景观在中华大地十分罕见,故此地区得名:八里罕。直到近现代,这些每隔八里而建的庙宇大多依然保存完好。

八里罕镇位于内蒙古宁城县中西部,总面积374平方千米,交通便利,是内蒙古东南部地区通往京津唐的重要通道。其地理位置得天独厚,距首都北京仅400千米、距承德避暑山庄200千米,驰誉塞北的休闲旅游胜地萧太后温泉度假村就在附近。

(2)莫尔道嘎镇。莫尔道嘎镇境内森林茂密,河流溪涧众多,动植物资源丰富。有林地209 255公顷,占全市林地总面积的94%,以兴安落叶松为主要建群树种,约占各类树木的90%,多为原始过熟林,次为白桦、黑桦。林间、水畔栖息着马鹿、驼鹿、黑熊、猞猁、野猪、狍子、狼、榛鸡、松鼠、狐狸、猫头鹰等动物,林间空地和林下生长着多种药材及食用植物,主要有防风、黄花菜、山丁子、稠李子、黄芪。红豆、越橘等野生浆果极为丰富。全镇经济以林业为主,森林总蓄积量1 465万立方米。

【本章小结】

华北旅游区由北京市、天津市和河北省、山西省、内蒙古自治区组成,包括华北平原的中北部和太行山地、冀北山地的一部分。地理位置优越,是连接东北、西北和华中的重要枢纽;经济发达,是首都经济圈和环渤海经济圈的重要组成部分。复杂多样的地貌类型造就了类型多样的自然旅游吸引物,悠久的历史和长期的政治、经济、文化中心,使人文旅游吸引物独具魅力,旅游业发展基础良好,水平较高。

【重点概念】

京畿之地 历史厚重 吸引物多元化 民族风情

【案例分析】

千年运河获新生——京津冀共同打造运河文化旅游带

清波荡漾北运河,一河美景一河歌。北运河是京杭大运河的北段,主要流经北京通州、河北香河、天津武清等地,全长140多千米。目前京津冀三地都在积极围绕运河的保护传承,探索有关运河文化旅游的景观打造和产品设计,让游人在休闲度假之余体味大运河所蕴含的中华文化的广博、厚重和包容。

2017年年初,北京市通州区、天津市武清区、河北省廊坊市成立"通武廊旅游合作联盟",协力推进"通武廊运河旅游带"建设,并共同推出以运河文化为主题的旅游线路。北京通州、河北香河、天津武清都将继续加大北运河段综合改造力度。目前京杭大运河香河段正在采用生态综合整治项目,全面实施防洪建设、生态湿地、岸线修复、绿化廊道、生态公园、生态带联络线和环境物联网系统七大工程,总投资38.84亿元。

天津武清区大力实施的北运河综合改造工程,给三地通航提供了样板,部分河段实现了通航,旅游经济、生态保护成效显著。沿线已经建成北运河休闲旅游驿站、河畔花谷、滨水休闲绿道、潞水樱花园、湿地百草园和津北森林公园6个精品节点,规划建设郑楼湾旅游专业村、运河小镇、体育公园3个项目。一条以北运河为脉络,以"生态观光、郊野体验、休闲度假"为特色的北运河旅游带初具形象,已成为京津冀市民郊野生态休闲游的重要目的地。

通州是大运河的北起点,大运河文化带被列入北京三大文化带之一。北京通州区文化委员会相关负责人介绍,北京通州区将重点打造东部运河文化带,该区将深入挖掘运河沿岸文物古迹、历史故事,以大运河为轴线,串起通州、张家湾、潞县3座古城,建成运河历史文化展览馆、瓮城博物馆等一批历史文化展览场所,全面梳理运河沿岸文化遗产分布,逐点修缮保护。

(案例来源:新华社2017年7月27日北京电,《千年运河获新生——京津冀共同打造运河文化旅游带》,记者鲁畅、高博、李鲲,有删减.)

问题:根据以上材料,为京津冀大运河的开发设计旅游线路。

【思考题】

1. 分析华北旅游区旅游地理系统特征,说明其对旅游线路的设计有什么影响。
2. 请用至少5个关键词来描述华北旅游区旅游吸引物的特征。
3. 说出华北旅游区五省市区旅游吸引物的差别。
4. 郑州市某大学的一对情侣准备去华北旅游区进行为期7天的旅行,请你推荐一些最能代表该旅游区特点的景区,你能帮他们设计旅游线路吗?
5. 画一幅华北旅游区资源分布图,并在图中标明著名的旅游景点。

参考书目

1. 李立志,李光,李伟平.华北山水名胜——中华旅游探秘丛书[M].北京:科学技术出版社,2002.
2. 《图说天下·国家地理系列》编委会.走遍中国·国家地理系列[M].北京:北京联合出版社,2012.
3. 澳大利亚Lonely Planet公司.孤独星球Lonely Planet自驾指南系列:中国东北和华北自驾[M].北京:中国地图出版社,2016.
4. 斯蒂芬·威廉斯:旅游地理学[M].张凌云译.天津:南开大学出版社,2006.

华中旅游区

学习目标→

通过本章的学习,全面了解华中旅游区的旅游地理系统;熟悉湖南省、湖北省、河南省等省域旅游地理概况,理解本区旅游目的地的旅游发展现状,掌握本区的旅游吸引物特征。

学习难点→

华中旅游区旅游吸引物特征　华中旅游区旅游业发展战略
华中旅游区的旅游地理系统

【案例导入】

国家发展改革委关于印发促进中部地区崛起"十三五"规划的通知

山西、安徽、江西、河南、湖北、湖南省人民政府,国务院各部委、各直属机构:

经国务院同意,现将《促进中部地区崛起"十三五"规划》(以下简称《规划》)印发你们,并就有关事项通知如下:

一、中部地区在全国区域发展格局中具有举足轻重的战略地位。促进中部地区崛起,是落实四大板块区域布局和"三大战略"的重要内容,是构建全国统一大市场、推动形成东中西区域良性互动协调发展的客观需要,是优化国民经济结构、保持经济持续健康发展的战略举措,是确保如期实现全面建设小康社会目标的必然要求。中部六省人民政府和国务院有关部门要认真贯彻落实《国务院关于促进中部地区崛起"十三五"规划的批复》(国函〔2016〕204号)精神,努力把中部地区建设成为全国重要先进制造业中心、全国新型城镇化重点区、全国现代农业发展核心区、全国生态文明建设示范区、全方位开放重要支撑区。

二、请中部六省人民政府深化对促进中部地区崛起重要性、紧迫性的认识,增强政治意识、大局意识、核心意识、看齐意识,将《规划》确定的重

大工程、重大项目、重大政策、重要改革任务与本地区经济社会发展紧密衔接起来,抓紧安排部署,完善推进机制,强化政策保障,分解落实各项工作,确保《规划》提出的目标任务如期完成。

三、请国务院有关部门按照职能分工,从全局和全国统一大市场角度,围绕促进中部地区崛起重点领域研究制定具体政策,在有关专项规划编制、政策措施实施、重点项目安排、体制机制创新等方面给予积极指导和支持;同时,注重调动社会力量,挖掘市场潜力,为《规划》顺利实施创造良好的政策环境,为增强中部地区经济发展动力提供有力支撑。

四、我委将按照国务院批复精神,会同有关部门对《规划》实施进行跟踪分析和督促检查,研究新情况、解决新问题、总结新经验,适时组织开展《规划》实施中期评估,推动《规划》各项目标任务落实。重大问题及时向国务院报告。

国家发展改革委员会
2016 年 12 月 20 日

7.1 旅游地理系统及其评价

华中旅游区包括河南、湖北、湖南三省,位于中国中部黄河中下游和长江中游地区,涵盖海河、黄河、淮河、长江四大水系,地处华北、华东、华南、西南、西北等地区之间,地理位置优越,华中地区国土面积约 56 万平方千米,约占全国国土总面积的 5.9%。同时,华中旅游区历史文化厚重,文物古迹众多,旅游吸引物丰富,种类多样。华中旅游区旅游地理系统的旅游客源地子系统、旅游目的地子系统、旅游通道子系统及旅游环境子系统有其独特性。

7.1.1 旅游客源地子系统

根据华中旅游区的《国民经济和社会发展统计公报》、旅游局官网统计数据、《统计年鉴》《旅游业统计公报》等资料,华中旅游区的主要客源来自国内:从旅游收入上来看,按照人民币对美元的汇率为 6.755 计算,华中旅游区国际旅游收入约占旅游总收入的 1.69%;从旅游人次上看,国际旅游人次(含港澳台)约占旅游总人次的 0.51%。可见,华中旅游区的国内客源仍然占据绝对优势,国际市场对旅游收入和旅游人次的贡献很小。

7.1.1.1 国内旅游客源地

根据相关统计数据,华中旅游区的国内旅游客源的构成中,本地旅游者占据重要比例,每个省最大比例的旅游者首先来自于各省内部;其次来自于周边省市。例如,湖南周边的广东、湖北、江西,湖北周边的河南、湖南,河南周边的山东、山西、河北;再次为距离较远但经济较为发达的地区的游客,如长三角的上海、浙江、江苏,珠三角的广东等。其中,各省内部的旅游人次占据总旅游人次的比例大约为 65%,华中旅游区及周边省市占旅游总人次比例大约为 15%,距离较远但经济较为发达的地区的旅游人次约为总人次的 10%,其他地区共约 10%。

从华中旅游区内部来看,华中旅游区国内旅游客源地存在较大的差异性。例如,湖南省省内旅游人次占旅游总人次的 66.38%,省外旅游客源地人次排名靠前的省市分别为广东、湖北、河南、江西、广西、贵州、四川;湖北省省内旅游人次占旅游总人次的 47.17%,

省外旅游客源地人次排名靠前的省市分别为河南、湖南、广东、江苏、江西、浙江、安徽、四川、上海；河南省省内旅游人次占全年旅游总人次的75%，省外旅游客源地排名靠前的省市分别为山东、山西、河北、北京、湖北、陕西、江苏、湖南、浙江、安徽。

7.1.1.2 境外旅游客源地

华中旅游区的国际游客核心客源国和地区为中国港澳台、日本、韩国；次核心客源国为美国、马来西亚、德国、英国、法国等。其中，由于地缘和历史原因，港澳台、日本、韩国成为华中地区共同的核心客源地，此外，东南亚地区的马来西亚、新加坡、印度尼西亚、泰国，也成为国外旅游客源地的新生力量。

从华中旅游区内部来看，华中旅游区国际旅游客源地存在着一定的差距。例如，湖南境外旅游客源地排名前十的国家和地区分别为中国香港、韩国、中国台湾、中国澳门、马来西亚、美国、日本、印度尼西亚、泰国、英国，其中，港澳台和韩国为核心客源国和地区；湖北境外旅游客源地排名前十的国家和地区分别为日本、美国、中国台湾、中国香港、德国、法国、英国、澳大利亚、加拿大、韩国，尤其是日本和美国旅游人次居于核心客源国地位；河南境外旅游客源地排名靠前的国家和地区分别为中国港澳台、日本、韩国、马来西亚、美国、法国、德国、俄罗斯等，其中港澳台、日本、韩国、马来西亚为核心客源国和地区。

7.1.2 旅游通道子系统

华中旅游区具有全国东西、南北四境的战略要冲和水陆交通枢纽的优势，起着承东启西、连南贯北的作用。区内有著名的黄金水道长江，另有湘江、汉水、淮河等与支流干流相通，水路极为便利。京九、京广、湘黔等铁路分别与长江干支流交汇。本区拥有郑州和武汉两个国际性综合交通枢纽，其中河南省拥有的郑州航空港为中国唯一一个国家级航空港经济综合实验区。此外还拥有洛阳、商丘、宜昌、襄阳、岳阳、怀化等国家级综合性交通枢纽。以长沙、武汉、郑州为中心的航空线，形成完整的水陆空交通网络，为中外旅游者出入境和旅游业的发展提供了极为有利的条件。此外还拥有洛阳、商丘、宜昌、襄阳、岳阳、怀化等6个国家级综合性交通枢纽。

（1）航空方面。本地区共有机场23个，湖南省拥有10座机场，湖北拥有6座机场，河南拥有7座机场，其中，长沙黄花、武汉天河、郑州新郑国际机场为华中地区的三大航空枢纽，三省开通了直达国内外140多个大中城市的220余条航线。

（2）铁路方面。本地区拥有郑州、武汉、长沙等铁路特等站18个，拥有郑州东站、洛阳龙门站、武汉站、长沙南站等高铁枢纽站6个。湖北境内的铁路线有京广线、京九线、武九铁路、襄渝线、汉丹线、焦柳线、长荆线、宜万铁路、渝利铁路；高铁有京广高铁、汉宜客运专线等。河南省内铁路线有京广、京九、太焦、焦柳、陇海、宁西、侯月、新月、新菏等。

（3）公路方面。本区公路交通发达，拥有长沙、武汉、郑州、洛阳、新乡等国家级公路运输枢纽城市25个。以河南为例：河南境内有京港澳高速、连霍高速、济广高速、大广高速、二广高速、洛宁高速等17条国家高速公路及50余条区域高速公路及105、106、107、207、310、311、312等23条国道。

7.1.3 旅游保障子系统

7.1.3.1 自然环境

华中旅游区地形以平原、丘陵、盆地为主,间有部分山地,主要山峰有嵩山、武当山、九宫山、衡山等。各省省内地形类型占比不一,山地、丘陵和岗地、平原、水面面积分别占湖南省总面积的51.2%、29.3%、13.1%、6.4%;山地、丘陵和岗地、平原湖区分别占湖北省总面积的56%、24%、20%;平原和盆地、山区丘陵面积分别占河南省总面积的55.7%、44.3%。

本区地跨我国地势的二、三级阶梯,大致由两湖平原、鄱阳湖平原、湘鄂西部山地、豫鄂大别山地等地形单元组成。湘鄂西部山地自北而南包括武当山、大巴山、荆山、巫山、武陵山、雪峰山等,海拔自西向东由2000米降至1000米,岩溶地貌发育良好,风景荟萃;豫鄂大别山主要包含湖北罗田观音山、罗田天堂寨、英山桃花冲、薄刀峰森林公园、麻城龟峰山、红安天台山、浠水三角山、河南信阳鸡公山、金兰山等;两湖平原以长江为界,北为江汉平原,南为洞庭湖平原,是名胜集中之地。

本区主要地处亚热带北部,属于亚热带季风气候,冬季温和干燥,夏季炎热多雨,雨热同期,四季分明。山地气候垂直差异较大,庐山、衡山、黄山等名山成为夏季避暑胜地。在特殊的地形和气候条件下,形成了河网稠密、湖泊众多的水系特征。洞庭湖为古"云梦泽"的一部分,汇集有湘江、资水、沅江、澧水等长江支流,为我国第二大淡水湖。湖北省素有"千湖之省"之称,面积在百亩以上的湖泊有600多个。优越的气候和水网条件为旅游业的发展提供了良好环境。

7.1.3.2 文化环境

中原文化与荆湘文化交相辉映。两湖平原孕育形成的荆湘文化作为中华民族文化的重要组成部分,具有鲜明的地域特色和巨大的开发价值。这种文化在青铜冶铸工艺、丝织与刺绣工艺、漆器艺术、美术乐舞、文学创作及哲学思想、民风习俗等方面都有鲜明的特色。湖湘文化、荆楚文化、中原文化三种各具特色的地域文化形成了异彩纷呈的旅游吸引物。

三国文化为华中旅游区共同的历史遗产。中国历史上,以曹操、刘备、孙权为霸主的魏蜀吴三国鼎立,既相互联合又相互讨伐。许多政治、军事人物的生涯与中原和长江流域有着密切的联系,留下了众多的古迹。三国演义中涉及湖南、湖北、河南的地点数量众多,据不完全统计,在湖北境内的三国遗址、名胜古迹及纪念性建筑,就有120多处,著名的地区有古隆中、黄陵庙、夷陵古战场、赤壁古战场、荆州古城、当阳关陵、长坂坡、芦花荡等;此外,湖南的临湘、郴州、零陵,河南的许昌、洛阳等地也是三国文化中的重要地点。

红色革命胜迹众多。据统计,在《全国红色旅游经典景区名录》中,湘、鄂、豫三省重要的革命胜迹系列景区景点有16处,如湖北武汉的八七会议旧址、中央农民讲习所旧址等;湖南韶山市的毛泽东故居、长沙宁乡县的刘少奇故居、浏阳文家市的秋收起义旧址、湘潭市湘潭县彭德怀故居等;河南确山竹沟革命纪念馆、信阳市红色旅游系列景区(点)、南阳叶家大庄桐柏英雄纪念馆、郑州市二七纪念堂等。

7.1.3.3 经济环境

华中地区矿产资源丰富,工业基础雄厚,水陆交通便利,是全国经济较发达的地区,中国工农业的心脏和交通中心。改革开放以来,华中旅游区经济取得了较快发展。2016年12月26日,国家发改委印发《促进中部地区崛起"十三五"规划》,该规划指出"支持武汉、郑州建设国家中心城市,强化长沙等省会城市地位,增强要素集聚、科技创新和服务功能,提升现代化和国际化水平。继续做大做强洛阳、宜昌、岳阳等国家区域性中心城市,加快产业转型升级,延伸产业和服务链,形成带动区域发展的增长节点"。

7.1.3.4 政策环境

华中地区旅游政策环境优越。《旅游法》《国民旅游休闲纲要》《国务院关于促进旅游业改革发展的若干意见》《关于进一步促进旅游投资和消费的若干意见》《关于支持旅游业发展用地政策的意见》的实施,有效提升了社会资本对旅游业的关注度,旅游经济运行环境良好。华中地区各省高度重视旅游业发展,做出了建设旅游经济强省的重大决策,制定了推动旅游业改革发展的系列政策措施,为旅游业发展营造了良好氛围。华中旅游区积极统筹旅游的相关要素、旅游上下游产业,在形成旅游大产业的基础上,建立起以旅游业为引擎的产业联动机制。此外,加强与中三角、长江经济带乃至全国各省区市的合作,在扩大开放中加快开发,使湖北旅游业在更广阔的舞台上实现跨越式发展。

7.1.3.5 技术环境

目前,华中旅游区入选"国家智慧旅游试点城市"的城市有:武汉、洛阳、郑州、湘潭等市。华中地区提升旅游信息化基础设施水平,加快机场、车站、宾馆饭店、景区景点、乡村旅游点等重点涉旅区域的无线网络建设,推动游客集中区、环境敏感区、高风险地区物联网设施建设,支持更多城市创建国家智慧旅游试点城市。将加快智慧旅游企业、智慧旅游乡村建设,打造一批智慧旅游景区、酒店、旅行社,培育一批"互联网+旅游"创新示范基地,支持互联网旅游企业加快发展。

7.2 湖南省

7.2.1 旅游地理概况

湖南省位于长江中游,因在洞庭湖之南而得名。又因为湘江为境内最大河流,而简称湘。全省总面积21.19万平方千米。少数民族众多,其中土家、苗、瑶、侗、白、回、维吾尔族等少数民族约占总人口的1/10。境内东、南、西三面环山,中北部为丘陵平原。在洞庭湖平原上,湖塘众多,号称"八百里洞庭"。

湖南旅游吸引物优势明显。湖南地域辽阔,山河绚丽,历史悠久,文化灿烂,民族众多,气候温和,全年可旅游天数为270~300天。

7.2.1.1 自然旅游吸引物丰富多彩

湖南广泛分布的石灰岩、镶嵌状分布的白垩系和第三系砂岩,在亚热带的水热条件下,形成了众多的喀斯特地貌、丹霞地貌,构成了多种多样的生态环境。湖南已查明的自然景观吸引物有1 210处,其中地文景观512处,水域风光377处,生物景观271处,气象气候景观 50 处,数量繁多、种类齐全。

湖南省旅游吸引物特色明显,包括很多精品景区。自然旅游吸引物中,有武陵源世界级风景名胜,亦有五岳独秀的衡山、喀斯特丹霞混生地貌典型的崀山,有"亚洲第一洞"桑植九天洞,有"拥有喀斯特三个世界之最"的冷水江波月洞,还有罕见的新宁"水下芙蓉"风神洞。

7.2.1.2 历史底蕴深厚

湖南历史悠久,境内文化古迹众多,先后发现文物点 1.7 万余处,是文物资源大省。湖南的文物古迹旅游吸引物的数量和品位优势极为显著。人文旅游吸引物中有中华祖先"三皇五帝"中炎帝和舜皇的陵墓及许多传说的发生地,例如炎陵县的炎帝陵;岳阳市有"江南三大名楼"之一的岳阳楼,有"江南第一村"美称的张谷英村;常德市有"避世求安"的桃花源等;长沙市有"中国十大名陵"之一的马王堆西汉古墓、"中国四大书院"之一的岳麓书院;祁阳有"中国八大碑林"之一的浯溪摩崖石刻;南岳有"五岳中规模最完整的大建筑群"南岳大庙;宁远有湖南迄今保存最完整、最具代表性的文庙建筑。

7.2.1.3 红色旅游吸引物突出

湖南历代人才辈出,有"惟楚有材,于斯为盛"之称。毛泽东、刘少奇、任弼时、彭德怀、贺龙、李达、蔡锷、蔡和森等革命家和革命先辈诞生活动于此,革命胜迹和红色文化遍布湖南大地。革命战争时期,在湘的革命根据地及起义旧址在全国占重要地位,如韶山毛泽东故居,宁乡花明楼刘少奇故居及浏阳文家市秋收起义会师旧址等,是国家重点革命文物保护单位。长株潭地区,人杰地灵,英雄辈出;张家界与湘西自治州众多革命史迹分布于武陵源世界自然遗产、凤凰历史文化名城以及土家苗家少数民族聚居区;环洞庭湖区域亦有湘鄂西根据地、湘鄂赣根据地和平江起义旧址等红色旅游吸引物。

7.2.1.4 少数民族风情多样

湖南有少数民族 40 个,主要是苗族、土家族、侗族、瑶族、回族、壮族、维吾尔族、满族、黎族、彝族、蒙古族、布依族、朝鲜族和白族等。众多的少数民族,具有浓郁的民族风情和地方风俗,是潜力巨大的旅游吸引物,其中以湘西土家族苗族自治州的凤凰古城最为著名。

7.2.2 优秀旅游城市

湖南省拥有长沙市、岳阳市、韶山市、常德市、张家界市、郴州市、资兴市、浏阳市、株洲市、湘潭市、益阳市、衡阳市等优秀旅游城市。本章节仅以长沙市、张家界市、岳阳市、衡阳市、湘潭市为例,对其做简要介绍。

7.2.2.1 长沙市

湖南省省会,别名"星城",长江中游地区重要的中心城市,湖南省政治、经济、文化、科教和商贸中心。主要景区景点有:花明楼(含刘少奇纪念馆、刘少奇故居等)、岳麓山—橘子洲旅游区(包含岳麓山、橘子洲、岳麓书院、新民学会旧址四个景区)、长沙世界之窗、湖南省石燕湖生态旅游公园、湖南省博物馆、雷锋纪念馆和天心阁、长沙洋湖湿地公园,黑麋峰国家森林公园、天际岭国家森林公园、大围山国家森林公园、长沙湘江水利风景区(湘江风光带)、长沙市千龙湖生态度假村及全国非物质文化遗产保护研究基地湖南湘绣城等。

7.2.2.2 张家界市

张家界因旅游建市,是中国最重要的旅游城市之一,是湘鄂渝黔革命根据地的发源地和中心区域。1982年9月,张家界国家森林公园成为中国第一个国家森林公园。

张家界市国家级旅游区(点)14家,其中4A级及以上的8家。其中闻名世界的张家界景区共分为四大块,张家界国家森林公园、杨家界自然保护区、天子山自然保护区、索溪峪自然保护区四大景区,统称为武陵源风景名胜区。此外,还有八大公山、袁家界、黄石寨、金鞭溪、鹞子寨、五雷山、九天洞、黄龙洞、龙王洞、普光禅寺等著名景区。

7.2.2.3 岳阳市

古称巴陵,又名岳州,为省域副中心城市,位于洞庭湖之滨,依长江,纳三湘四水,江湖交汇。岳阳为江南最早的古城之一,以"洞庭天下水、岳阳天下楼"著称于世。

岳阳市主要旅游吸引物品位高,境内有岳阳楼、君山岛、灵雾山、屈子祠、铁山水库、大云山国家森林公园、张谷英古建筑群等风景名胜193处,有平江起义旧址、任弼时纪念馆等革命文物纪念地22处。其中,拥有1处纳入联合国"国际湿地公约"的重要湿地(洞庭湖)、2家5A级风景旅游度假区(岳阳楼—君山岛景区)、1处国家级自然保护区(灵雾山)、1处世界非物质文化遗产(端午节)、2家国家重点风景名胜区、3处国家级森林公园、6处国家重点文物保护单位。

7.2.2.4 衡阳市

湖南省域副中心城市,湘南地区的政治、经济、文化中心。衡阳历史悠久、山水优美,是中国优秀旅游城市。以石鼓书院为代表的人文景观与以南岳衡山为代表的自然景观遍布。同时,衡阳会战的悲壮也使之得到了中国唯一"中国抗战纪念城"的称号。此外,蔡伦竹海、江口鸟洲、回雁峰、南岳忠烈祠、南岳大庙、蔡侯祠、王家祠堂、衡州窑、云集窑、水口山铅锌矿冶遗址、王氏宗祠、王船山故居及墓、罗荣桓故居、湘南学联旧址等均为比较著名的旅游景区景点。

7.2.2.5 湘潭市

湘潭是中国优秀旅游城市、国家园林城市。湘潭旅游景区基本上形成了三大板块:以韶山为代表,以彭德怀纪念馆为主要组成部分的红色旅游;以湖南水府旅游区为代表,以湘潭农博园和昭山风景名胜区为重要组成部分的绿色山水旅游;以齐白石为代表的历史文化旅游。三大板块构筑了湘潭旅游的大框架,特别是红色旅游在全国首屈一指。

7.2.3 世界级旅游吸引物

湖南省拥有武陵源、中国丹霞(湖南崀山)世界自然遗产以及与湖北、贵州共同拥有的土司遗址等世界级文化遗产;张家界世界地质公园等世界地质公园。

7.2.3.1 世界自然遗产

(1)武陵源世界自然遗产。武陵源由张家界市的张家界森林公园、慈利县的索溪峪自然保护区和桑植县的天子山自然保护区组合而成。武陵源于1982年经国务院批准在张家界建设了中国第一个国家森林公园;1992年被联合国列入《世界遗产名录》;2003年入选世界地质公园;2006年被评为国家首批5A景区。武陵源是美国电影《阿凡达》和中国古典名著《红楼梦》《西游记》及《钟馗伏魔》《捉妖记》等实景拍摄地。莽莽武陵源,独立天地间,大自然的鬼斧神工,造就了蔚为壮观的石英砂岩峰林地貌风光。

(2)中国丹霞(湖南崀山),位于湖南省新宁县境内,包括天一巷、辣椒峰、夫夷江、八角寨、紫霞峒、天生桥六大景区,18处风景小区,已发现和命名的重要景点有500余处,有三大溶洞和一个原始森林,总面积108平方千米,属于典型的丹霞地貌,是罕见的环保型山水自然风景区。2010年8月,贵州赤水、福建泰宁、湖南崀山、广东丹霞山、江西龙虎山、浙江江朗山组成的丹霞地貌组合以"中国丹霞"名称共同申请世界自然遗产并获批列入世界遗产名录;2016年8月,评定为国家级5A级旅游景区。

"崀山六绝"堪称世界奇观。第一绝是天下第一巷,位于天一巷景区,全长238.8米,两侧石壁高120~180余米,最宽处0.8米,最窄处0.33米,可谓世界一线天绝景;第二绝是八角寨鲸鱼闹海,位于八角寨景区,俯视峡谷,浮云缥缈,奇峰异石,似万条鲸鱼在海中嬉戏;第三绝是将军石,位于夫夷江景区,石柱净高75米,周长40米,沿夫夷江漂流而下,只见将军石背负青天,昂首挺胸,披星执锐,虎虎生威;第四绝是骆驼峰,峰高187.8米,长273米,有两处凹陷,分成骆驼头、骆驼背峰和骆驼尾,形象逼真;第五绝是天生桥,桥墩长64米,宽14米,高20米,桥面厚度5米,全桥呈圆拱形,划天而过,气势磅礴,被誉为亚洲第一桥;第六绝是辣椒峰,位于辣椒峰景区,高达180米,似一个硕大无比的辣椒。

7.2.3.2 世界文化遗产

2015年7月,"土司遗址"列入《世界遗产名录》。申遗的"土司遗址"包括湖南永顺老司城遗址、湖北恩施唐崖土司城址、贵州遵义海龙屯。三处遗址均是土司制度鼎盛时期的遗存,位于土司地区与中央政权主体地区地理和文化最前沿的交会地带,属典型的多族群文化复合区域,是中国土司遗产中的代表。

"土司制度"是指针对西南少数民族地区的民族政策,历代中央王朝为强化管理,从唐宋时期,采取怀柔政策,承认当地土著贵族,封以王侯,纳入朝廷管理。

老司城遗址位于湘西土家族苗族自治州永顺县灵溪镇司城村,是永顺彭氏土司历代中心司城所在,从南宋绍兴五年(1135年)起,直到清雍正二年(1724年)另迁他处为止,历时近600年。遗产区由老司城的山水环境、中心城址、外围遗迹构成,总面积25平方千米。中心城址依山傍水,后有四面山脊为屏障,前有灵溪河为湟濠。城内沿河而下分布着宫殿区、衙署区、居民区、教育区、墓葬区和宗教祭祀区,这些区域既相对独立,又通过街巷、道路和河流彼此串联、随形就势,构成了布局合理、功能完善、景色宜人的山地城市。城址中的彭氏宗祠、玉皇阁、文昌阁、子孙永享牌坊等古建筑保存完好,古城墙、古街道、排水沟渠、土司墓葬群等仍然可见。

其外围遗址主要以城址为中心沿灵溪河分布,共23处,主要有休闲遗址、军事遗址、宗教建筑和宗教遗址。休闲遗址有碧花山庄、钓鱼石台、石刻题记等;军事遗址有钦监湾遗址、查老院遗址、谢圃公署等;宗教建筑有祖师殿和玉皇阁,宗教遗址有观音阁和八大神庙等。这些外围遗址连同山水环境,烘托着中心城址,体现了政治与军事、人文与自然的统一与和谐。

7.2.4 国家级旅游吸引物

湖南省拥有武陵源—天门山、衡山、韶山、岳阳楼—君山岛、岳麓山、花明楼、东江湖、崀山；衡山、武陵源(张家界)、岳阳楼—洞庭湖、韶山、岳麓等国家级风景名胜区；张家界、神农谷、莽山、大围山、云山等国家森林公园；长沙市、岳阳市、凤凰县、永州市等历史文化名城；灰汤温泉国家级旅游度假区1处；长沙市浏阳市大瑶镇、邵阳市邵东县廉桥镇、郴州市汝城县热水镇、娄底市双峰县荷叶镇、湘西土家族苗族自治州花垣县边城镇等旅游特色小镇。

7.2.4.1 5A级景区

(1)衡山。南岳衡山为我国五岳名山之一，素以"五岳独秀""祭祀灵山""宗教圣地""中华寿岳""文明奥区"著称于世，是国家重点风景名胜区、首批国家5A级旅游景区、国家级自然保护区、全国文明风景旅游区和世界文化与自然双重遗产提名地。

南岳衡山历史源远流长。五岳自古就是江山社稷的象征，炎帝、祝融曾在此栖息，尧、舜、禹均登临祭拜，历代帝王或遣使或亲临祭祀。自尧舜以来，南岳衡山作为五岳之一的历史已达四千余年。黄帝、舜帝曾在衡山巡狩祭祀；大禹为治水，专程来南岳杀白马祭告天地，得"金筒玉书"，立"治水丰碑"。

南岳衡山自然风光秀美。群峰叠翠，万木争荣，流泉飞瀑，风景绮丽。四时景色各异，春赏奇花，夏观云海，秋望日出，冬赏雪景。祝融峰之高，藏经殿之秀，方广寺之深，水帘洞之奇，自古被赞誉为南岳"四绝"。

(2)韶山毛泽东同志故居，位于韶山市韶山乡韶山村，坐南朝北，总建筑面积472.92平方米。系土木结构的"凹"字形建筑，东边是毛泽东家，西边是邻居，中间堂屋两家共用。这里有毛泽东的全家照，日常器皿和各种农具，陈列着毛泽东少年时期用过的扁担、水桶、锄头等。此外，景区还有铜像广场、毛泽东纪念馆、毛泽东纪念园、毛泽东遗物馆等景点。

景区内的大型实景演出《中国出了个毛泽东》是一部融合了最壮阔的世界领袖人物风采的伟大革命史诗巨篇。演出以开国领袖毛泽东同志运筹帷幄，带领中国人民走向民族救亡的道路，改造旧中国带领新中国登上世界政治舞台的伟大革命一生为线索，以3D、全息投影等技术和多元化的创意和手法，再现了中华民族传奇的世纪蜕变。

(3)凤凰古城，位于湘西土家族苗族自治州的西南部，为国家历史文化名城、国家4A级景区、中国十大古城之一、湖南十大文化遗产之一。因背依的青山酷似一只展翅欲飞的凤凰而得名，是一个以苗族、土家族为主的少数民族聚集地。这里不仅风景优美，有着少数民族的浓郁风情，而且人杰地灵、贤达辈出，享有"北平遥，南凤凰"的美誉。

主要景点有北门古城楼、陈斗南宅院、沱江吊脚楼、石板老街、万名塔、沈从文故居、书家堂古堡等。城内紫红沙石砌成的城楼、沿沱江而建的吊脚楼、古色古香的明清古院，静静流淌的沱江；城外有南华山国家森林公园、艺术宫殿奇梁洞、唐代的黄丝桥古城、举世瞩目的苗疆长城等。

(4)岳麓山风景名胜区，位于长沙湘江之滨，现有麓山景区、橘子洲景区、岳麓书院、新民学会四个核心景区，为世界罕见的集"山、水、洲、城"于一体的国家5A级旅游景区、全国重点风景名胜区、湖湘文化传播基地和爱国主义教育的示范基地。

岳麓山风景名胜区不仅拥有"山、水、洲、城"的独特自然景观,更因其深厚的历史文化底蕴而蜚声中外。始建于北宋的岳麓书院至今已有1000余年历史,有"千年学府"之称;景区内黄兴、蔡锷等名人墓葬林立,文物古迹众多;以"心忧天下、敢为人先、百折不挠、兼收并蓄"为精髓的湖湘文化,以毛泽东、蔡和森等伟人足迹为代表的名人文化;融儒、佛、道于一体的宗教文化在这里激荡弘扬,交相辉映,影响深远。

(5)岳阳楼—君山岛景区。岳阳楼位于岳阳市西北的巴丘山下,前瞰洞庭,眺望君山,自古有"洞庭天下水,岳阳天下楼"之美誉。

核心景点岳阳楼主楼高19.42米,进深14.54米,宽17.42米,为三层、四柱、飞檐、盔顶、纯木结构。楼中四根楠木金柱直贯楼顶,周围绕以廊、枋、椽、檩互相榫合,结为整体。岳阳楼建筑精巧雄伟,为我国江南三大名楼之一,尤以楼内范仲淹的《岳阳楼记》宋代匾额著称于世。千百年来,无数文人墨客在此登览胜境,凭栏抒怀,并记之于文,咏之于诗,形之于画,工艺美术家亦多以岳阳楼为题材刻画洞庭景物,使岳阳楼成为艺术创作中被反复描摹、久写不衰的一个主题。

君山岛与岳阳楼隔湖相望,是一个山体呈椭圆形,两旁高、中间低的小岛,山上有大小山峰72个。峰峰灵秀,"烟波不动景沉沉,碧色全无翠色深。疑是水仙梳洗处,一螺青黛镜中心。"君山地形独特,为洞庭湖中最大岛屿,岛上有36亭,48庙,还有秦始皇封山印,汉武帝"射蛟台"等珍贵文物遗址。

(6)东江湖风景旅游区,位于资兴市境内,是国家级风景名胜区,国家5A级旅游景区,国家湿地公园。景区区位条件优越,紧邻京港澳高速、京广铁路、107国道、厦蓉高速、武广高铁。

东江湖纯净浩瀚,湖面面积160平方千米,蓄水量81.2亿立方米,相当于半个洞庭湖的蓄水量,其水质更是达到了国家一级饮用水标准。境内主要景观有雾漫小东江、东江大坝、龙景峡谷、兜率灵岩、东江漂流、东江湖文化旅游街(含奇石馆、摄影艺术馆、人文潇湘馆),还有仿古画舫、豪华游艇游湖及水上跳伞、水上摩托等活动。

7.2.4.2 国家级旅游度假区

灰汤温泉旅游度假区位于长沙市西南部,距长沙市区50千米,与毛泽东故居韶山、刘少奇故里花明楼、岳麓山—橘子洲等三个5A级景区共处半小时旅游圈。近年来,度假区投入12亿元基础建设资金,打造了"一湖一山一园"遥相辉映的生态格局。4A景区紫龙湖,2 000亩湖面碧波荡漾,湖岸绿树成荫,临湖垂钓,野趣盎然;3A级景区东鹜山,漫步桃花谷,放松身心,回归自然;温泉景观公园落英缤纷,意境优美,展示了源远流长的灰汤温泉文化。

灰汤旅游度假区依托温泉资源,紧紧抓住旅游市场观光游向休闲度假游转型升级的契机,大力推进"温泉+N"的发展方针,形成了六大旅游业态:温泉+运动健身、温泉+休闲娱乐、温泉+生态农业、温泉+中医养生、温泉+怡情山水、温泉+乡村旅游。

7.2.4.3 旅游特色小镇

(1)大瑶镇。大瑶镇位于湖南省长沙市浏阳市东南部,2015年由杨花乡和大瑶镇合并而成。大瑶镇经济以花炮产业为主导,是世界上最大的花炮及材料集散中心。大瑶境内文物古迹和风景名胜也甚多,主要有:中国花炮文化博物馆、邱仙姑庙(云台山)、邱家大屋、吴楚国界、古汉墓群、狮子岩、九华山、金树山寺、三元宫、财神庙、社君庙、李畋故里、李畋公园以及千年古樟等。其中,中国花炮文化博物馆是全国首家村办博物馆,投资近800万元,享有"中国花炮第一馆"的美誉,它开创了依靠村级力量兴办博物馆的新模式,创造了建馆时间短、史料齐全、建筑品位高的建馆奇迹。

(2)荷叶镇。荷叶镇,位于双峰县东本边陲,因其四周环山、中部低平,形似一片荷叶而得名。气候条件优越,是双峰的"鱼米之乡"、林业大镇。该镇是清代名臣曾国藩的故乡。中国共产党创始人之一蔡和森的外祖母和民主主义革命家秋瑾、女权运动领袖唐群英的婆家都在这里,故有"中华女杰之乡"之美称。

曾国藩故居富厚堂,坐落于该镇富托村鳌鱼山下,建成已有120多年,至今雕梁画栋、富丽堂皇,为我国保存最为完整的"乡间侯府"宅第,被列为全国重点文物保护单位名单。镇西部界交衡阳的九峰山,为南岳之"少祖"。

(3)边城镇。边城镇位于花垣县西部,以旅游产业为支柱产业。因沈从文名著《边城》而闻名。边城翠翠岛、百家书法园、清水江畔的苗家吊脚楼、边城古镇的林立店铺及青石板街、保存完好的古镇城墙、太平军石达开西征将士牌位、刘邓大军进军大西南宿营指挥所、八排瀑布、仙人洞等旅游文化景点都吸引着慕名而来的海内外宾客。

7.3 湖北省

7.3.1 旅游地理概况

湖北,地处中国中部、长江中游,洞庭湖以北,故称"湖北"。湖北地处二、三级阶梯的过渡阶段,地形具有明显的过渡特征,山地、丘陵、山原、平原、湖泊等地势共存。总体来看,地势呈现西高东低,西北东三面环山,向南敞开,略呈不完整的盆地,独特的自然条件决定了湖北省旅游吸引物的分布均衡性。此外,悠久的文化历史,使湖北拥有丰富的文物古迹。

7.3.1.1 山水名胜绚丽多彩

湖北省广泛分布着洼地、峰丛、溶洞、生物化石点、奇特山石、沙滩、小型岛屿等地形地貌。湖北的山,绵绵莽莽,峰峦叠嶂,气象万千,从誉为"仙山琼阁"的武当山,到号称"华中屋脊"的神农架,都体现出湖北山川的高品格。湖北省森林资源丰富,已开发森林公园有清江国家森林公园、大别山国家森林公园、潜山国家森林公园等。

湖北省素有"千湖之省"的美誉,其众多的湖泊大都是古代云梦泽淤塞分割而成,集中分布于江汉与长江间,如武汉市的东湖、陆水湖,黄石市的大冶湖、保安湖,宜昌市的陶家湖、五柳湖等。湖北不仅有长江干流和长江支流清江三峡的风光,还有古朴的神农溪流及长阳盐池温泉、山湖温泉等60多处温泉。

此外,湖北生物种类极为丰富,有陆栖、水栖等多种鸟类,濒危和保护鸟兽达180余种,列入国家保护的鸟兽达20余种,其中包括举世瞩目的传说中的神农野人、世界少有的天然麋鹿群、中华鲟和长江白鳍豚。

7.3.1.2 荆楚文化神奇浪漫

湖北拥有悠久的文化历史。中华民族的始祖炎帝就诞生于湖北,而根基深厚的楚文化更具特色。湖北是中国近代革命的重要基地之一,宗教文化在湖北也得到比较充分的发展。湖北的历史古迹有赤壁古战场、荆州古城、襄阳古城等80处,屈原、昭君故里以及宗教寺观30余处。红色文化景区有红安烈士陵园等,武昌起义军政府旧址、武当金殿、红安七里坪革命旧址等已被列为全国重点文物保护单位。除了红色革命与古遗址,湖北还有传承千百年的民俗风情,质朴粗犷的土家歌舞,荡气回肠的土家风味,依山傍水的吊脚楼、灯节戏、猴儿鼓等苗族舞蹈等,给湖北省旅游增加了特色。

7.3.2 优秀旅游城市

湖北省拥有武汉市、宜昌市、十堰市、荆州市、襄阳市、荆门市、钟祥市、鄂州市、赤壁市、孝感市、恩施市、利川市等优秀旅游城市。本章节仅以武汉市、宜昌市、十堰市、恩施市为例,对其做简要介绍。

7.3.2.1 武汉市

武汉是湖北省省会,又称"江城",是华中地区最大都市及中心城市。长江及汉江横贯市区,将武汉一分为三,形成了武昌、汉口、汉阳三镇隔江鼎立的格局。

武汉自然风光独特,气候分明,拥有166个湖泊和众多山峦。著名的旅游景点有天下第一楼黄鹤楼、中国最大城中湖东湖、佛教圣地归元寺、万里长江第一桥武汉长江大桥、亚洲民主之门红楼、百年老街江汉路等。

7.3.2.2 宜昌市

宜昌依长江而建,是湖北省域副中心城市,综合实力仅次于武汉,是三峡大坝、葛洲坝等国家重要战略设施所在地,被誉为"世界水电之都"。境内有4处5A级旅游景区,数量居全国城市第四。宜昌还是湖北省唯一国家环境保护模范城市。

全市共有各类旅游景点747处,已开放的旅游点有350多处,享有盛誉的有100多处。宜昌历史悠久,人杰地灵,孕育出世界历史文化名人屈原、民族和亲使者王昭君等诸多先贤名流。宜昌市境内风光旖旎,其中5A级旅游景区有三峡大坝、三峡人家、清江画廊、屈原故里等4处,拥有柴埠溪、西陵峡口等4A级旅游景区13处。此外,还有三游洞、白马洞、桃花村、黄陵庙、金狮洞、白果树瀑布、晓峰悬棺、猇亭古战场、高岚风光、葛洲坝工程、三国古战场、玉泉寺等众多历史文化古迹和风景名胜。

7.3.2.3 十堰市

位于湖北省西北部,与豫、陕、渝三省交界。四季分明,气候宜人,独特的地理位置,有"南船北马、川陕咽喉、四省通衢"之称。

十堰市是一个山城,拥有世界文化遗产道教圣地武当山、赛武当自然保护区、牛头山森林公园、武当山峡谷漂流、丹江口水库、千岛画廊、太极峡风景区、武当山南神道、丹江口库区旅游中心港、丹江口国家森林公园、青龙山恐龙蛋化石群国家级自然保护区、五龙河旅游风景区、女娲山天池、楚长城鄂陕界关垭城门、野人谷野人洞等景区景点。

7.3.2.4 恩施土家族苗族自治州

湖北省唯一的少数民族自治州,有土家族、苗族、侗族、汉族、回族、蒙古族、彝族、纳西

· 111 ·

族、壮族等29个民族。森林覆盖率近70%,享有"鄂西林海""华中药库""烟草王国""世界硒都"之称号。恩施州境地形以山区为主,喀斯特地貌发育,溶洞溶洼众多,自然景观有国家级自然保护区星斗山、七姊妹山,此外还有坪坝营、唐崖河(黄金洞)、腾龙洞、佛宝山大峡谷、神农溪、格子河石林、梭步垭石林、恩施大峡谷、龙洞河风景区等。人文景观有恩施土司城(世界文化遗产)、恩施龙鳞宫等。

7.3.2.5 神农架林区

神农架是中国唯一以"林区"命名的行政区划,因华夏始祖炎帝神农氏在此架木为梯,采尝百草而得名,处于武当山、神农架、长江三峡组成的旅游带上,包括天燕原始生态旅游区和神农架国家森林公园。神农架是中国首个获得联合国教科文组织人与生物圈自然保护区、世界地质公园、世界遗产三大保护制度共同录入的"三冠王"名录遗产地。2016年7月,列入世界遗产名录。

7.3.3 世界级旅游吸引物

湖北拥有神农架世界自然遗产(神农架也是世界地质公园)和武当山古建筑群、土司遗址、明清皇家陵寝(明显陵)等世界文化遗产以及湖北皮影戏世界非物质文化遗产。

7.3.3.1 世界自然遗产

神农架是中国唯一以"林区"命名的行政区划,因华夏始祖炎帝神农氏在此架木为梯,采尝百草而得名,处于武当山、神农架、长江三峡组成的旅游带上,包括天燕原始生态旅游区和神农架国家森林公园。神农架是中国首个获得联合国教科文组织人与生物圈自然保护区、世界地质公园、世界遗产三大保护制度共同录入的"三冠王"名录遗产地。2016年7月,列入世界遗产名录。

位于湖北省西部,方圆3 250平方千米,是世界自然遗产、世界地质公园、世界生物圈保护网成员。相传上古的神农氏在此搭架上山采药而得名。景区山峰均在海拔3000米以上,称为"华中屋脊"。

神农架以原始、神秘闻名于世,区内山高谷深,林木茂密,气候复杂多变,四季景色迷人。地貌景观主要有红石沟、长岩屋、红花营、神农顶、神农谷、阴峪河大峡谷、群石槽河组地质奇观、大寨湾大峡谷、金丝燕洞等景观。神农架山体高大,植被茂密,是一个巨大的储水库,山间溪流密布各条沟谷,深潭、激流湍滩、瀑布展示出别样的水域风景,主要有坪堑水库、麻线坪水库、大龙潭、石槽河、九冲河、金猴岭、三连瀑等景观。生物景观主要有神秘的原始森林、高山草甸、箭竹林、杜鹃林、藤本植物、古树名木、名贵中药材、金丝猴、白化动物等景观。气象景观主要有云雾、日出、佛光、冬季雪景等景观。

7.3.3.2 世界文化遗产

(1)武当山古建筑群。武当山位居四大道教名山之首,是著名的道教圣地。武当山古建筑群,位于湖北省丹江口市境内,建于唐贞观年间,明代达到鼎盛,历代皇帝都把武当山作为皇室家庙来修建。

武当山现拥有太和宫、南岩宫、紫霄宫、遇真宫四座宫殿和玉虚宫、玉龙宫遗址以及大量庵堂、祠堂、岩庙等古建筑200余栋,古建筑129处,建筑面积5万平方米,占地面积100多万平方米。此外,在全山各宫观中还保存着铜、铁、木、石各类造像1486件,其中明代以前制品近千件,宋、元、明、清碑刻、摩崖古刻409通,法器、供器682件以及图书经籍等,均是珍贵的文化遗产。

武当山古建筑群总体规划严密,主次有序。选择建筑位置,注重周围环境,讲究山形水脉,聚气藏风,与自然和谐统一。其规模之大、规制之高、构造之严谨、装饰之精美,在中国道教建筑中罕见。

(2)土司遗址(湖北唐崖土司城遗址)。唐崖土司城遗址位于恩施土家族苗族自治州咸丰县尖山乡唐崖司村。城址西面倚靠玄武山,东临唐崖河。城址从外至内分为三重,分别为外城、内城和宫城。城内功能分区明显,街巷纵横,既构成完备的交通网络,也是城内各区和各个院落的边界标志,形成了"三街十八巷三十六院落"的总体格局。

唐崖土司城遗址年代为明代中后期至清初,占地规模约80公顷,为土家族唐崖覃氏土司治所。土司城建在天然近三角形并呈缓坡的独立台地上,整座城池坐西朝东,最大的东城门轮廓仍然十分清晰。唐崖土司城遗址目前考古已发现的遗存类型较为丰富,包括城防设施,如城门、城墙;交通设施,如道路、桥梁、码头等。此外还有建筑基址、墓葬、采石场等多种类型。出土遗物主要有金银器、瓷器、印章、砖石质建筑构件等。

遗址中最具标志性的遗迹为"荆南雄镇"牌坊。牌坊为砂石仿木结构,横额中两面分别书写"荆南雄镇"和"楚蜀屏翰"八个大字。镇守在城址东门一侧的石人石马也是唐崖土司城的标志性遗迹之一。

(3)明清皇家陵寝(明显陵)。明显陵位于湖北省钟祥市城东北5千米的纯德山上,是明世宗嘉靖皇帝的父亲恭睿献皇帝朱祐杬、母亲慈孝献皇后的合葬墓。明显陵是中国中南六省唯一的明代帝陵,占地面积达183.13公顷,是明代帝陵中单体面积最大的皇陵;其规划布局和建筑手法独特,在明代帝陵规制中具有承上启下的作用,尤其是"一陵两冢"的陵寝结构为历代帝王陵墓中绝无仅有。2000年11月,作为"明清皇家陵寝"的一部分列入《世界遗产名录》。2008年4月,批准为4A级旅游景区。

7.3.3.3 世界非物质文化遗产

湖北皮影是一门古老的汉族传统艺术,主要分"门神谱"(大皮影)和"魏谱"(小皮影)两大类。集传统绘画、雕刻、美术于一体,集电影、电视动画于一身,具有浓郁的民族气息。

湖北皮影戏中的各种人物、动物和道具是用牛皮采用雕花剪纸的工艺手法精心雕刻而成。正派人物用阳刻手法,花脸、丑角等用阴刻手法,各行当脸谱造型和行头源于戏剧,文影装一只手,武影装两只手,雕刻工艺总体上讲究圆润,既要有装饰美,也要充分体现夸张、浪漫的手法。操作技巧分"生、旦、净、丑"四大角色的种类,武打招式及现代皮影人物操作。内容丰富,有《楚汉相争》《三国》《水浒》《西游》等300多个剧目。表演时全靠艺人根据历史故事展开情节和刻画人物,唱、做、念、打浑然一体,口头文学艺术形式是江汉平原皮影戏的主要特征。

7.3.4 国家级旅游吸引物

湖北省拥有黄鹤楼公园、三峡大坝、屈原文化故里、三峡人家、武当山、神农溪、神农架、清江画廊、武汉—东湖、木兰文化生态旅游区、恩施大峡谷等5A级景区;拥有东湖、武

当山、大洪山、隆中、九宫山、陆水、丹江口水库等国家级风景名胜区；拥有九峰、鹿门寺、玉泉寺、大老岭等国家森林公园；拥有青龙山恐龙蛋化石群、五峰后河、石首麋鹿等国家级自然保护区；拥有荆州、武汉、襄阳、随州、钟祥等国家历史文化名城；拥有武当太极湖国家级旅游度假区；拥有宜昌市夷陵区龙泉镇、襄阳市枣阳市吴店镇、荆门市东宝区漳河镇、黄冈市红安县七里坪镇、随州市随县长岗镇等旅游特色小镇。根据各地市旅游吸引物的不同，将湖北省分为鄂东南、鄂西南、鄂西北3个区域，下面分别对3个旅游区进行阐述。

7.3.4.1 鄂东南旅游区

本区包括武汉、黄冈、黄石、咸宁、荆门、荆州、仙桃、潜江、孝感、鄂州、随州、天门12市。有武汉、荆州、钟祥3个国家历史文化名城，历史文化、城市观光、商务等旅游吸引物均很丰富。主要旅游景区景点有黄鹤楼、归元寺、武昌起义纪念馆、东湖、木兰文化生态旅游区、武汉长江大桥、荆州古城等。

（1）黄鹤楼。黄鹤楼位于武昌蛇山之巅，相传始建于三国吴黄武二年（223年），为千古名楼，5A级景区。本是出于军事需要而建的瞭望楼，后成了文人荟萃、宴客送友的胜地。尤因诗人崔颢题《黄鹤楼》一诗而名扬千古。此楼屡毁屡建，现楼是1985年武汉市有关部门根据清代黄鹤楼蓝本在距原址蛇山西端黄鹤矶1 000米处重建的新楼。楼分五层，攒尖顶，层层飞檐，四望如一，金碧辉煌。

（2）东湖，位于武汉市东郊，湖面33平方千米，是市区内最大湖泊，整个风景区是武汉最大的综合风景区，5A级景区。湖光阁、行吟阁、听涛轩、水云乡、濒湖画廊、展览馆、长天楼等建筑物，是整个东湖的游览中心。湖的东南岸有磨山植物园，湖的西北岸有九女墩，南岸秀丽的珞珈山上为武汉大学校舍。这些景点环湖而缀，相互映衬，娇姿丰态，各富情趣，山容水貌，树形屋影，分外相宜。

（3）木兰文化生态旅游区，坐落于武汉市黄陂区，占地面积约18.6平方千米，是国家5A级景区。山，有国家地质公园、千年宗教名胜木兰山；森林，有幽谷美景、浪漫山水的国家森林公园木兰天池；草原，有华中唯一的草原风情景区木兰草原；花，木兰云雾山里有万亩杜鹃，木兰清凉寨景区有10万株野生樱花。

（4）荆州古城。荆州古城位于荆州城内，总面积4.5平方千米，建筑面积10.5万平方米。荆州古城是国家级重点文物保护单位，是我国南方保存最完整的古城。城墙长10.5千米，高8.8米，城垛4 567个，炮台26个。荆州古城有2000多年的历史，城内有著名古迹三观：玄妙观、开元观和太晖观。

7.3.4.2 鄂西南旅游区

包括宜昌市、神农架林区和恩施土家族苗族自治州。该旅游区除三峡中的西陵峡风光外，还有恩施大峡谷景区、神农溪、清江画廊景区、屈原文化故里旅游区、三峡人家风景区、葛洲坝水利枢纽工程、三峡水利枢纽工程、神农架自然保护区等著名景区景点。

（1）恩施大峡谷景区。恩施大峡谷，国家5A级旅游景区，位于湘、渝、鄂三省交界处，是清江流域最美丽的一段，被誉为全球最美丽的大峡谷。它是"东方情人节土家浪漫女儿会"的发源地之一，是中国最大峡谷实景音乐剧《龙船调》的所在地，被誉为"世界地质奇观、东方科罗拉多"。

恩施大峡谷拥有"清江升白云、绝壁环峰丛、天桥连洞群、暗河接飞瀑、天坑配地缝"

五大奇观。峡谷中遍布绝壁悬崖,流水飞瀑,千仞孤峰,壮观地缝,原始森林,乡村梯田,迎客松、一炷香、情侣峰、绝壁长廊,步步为景,美不胜收。

（2）神农溪—纤夫文化旅游区。神农溪,国家5A级景区,发源于国家自然保护区神农架南坡,是一条常流性溪流,由南向北穿行于深山峡谷中,全长60千米,森林覆盖率达85%以上。神农溪是一条典型的峡谷溪流,两岸山峰紧束,绝壁峭耸,溪水在刀削般的峡壁间冲撞,水道曲折,有险滩、长滩、弯滩、浅滩等60余处。神农溪流经三个风景各异的峡谷——绵竹峡、鹦鹉峡、龙昌洞峡。船行峡中,两岸风光奇美,一座座高达数百米的山峰劈面压来,最狭处两岸相距仅7米。

神农溪崖壁上散布着古栈道遗迹,危崖千仞的半山腰残留着古代巴人和僚人的崖葬悬棺。景区有诡秘莫测的土家族先民居住的洞穴等多种文化遗迹,有列入全国380个地方剧种之一的堂戏,有被誉为东方迪斯科的古老豪放巴人舞撒忧尔嗬,有全国稀有的3种漂流工具之一的豌豆角木舟,有被称为三峡古老拉纤文化活化石的神农纤夫拉纤（裸体拉纤）。

（3）清江画廊景区,位于宜昌市长阳土家族自治县隔河岩旅游专用码头,是三峡地区面积最大的一个国家5A级风景区,与神农架、武当山、长江三峡并称为湖北四大甲级旅游吸引物区,被列入鄂西圈十大核心旅游景区之一。

清江画廊主景区东起清江隔河岩大坝倒影峡,西至清江水布垭大坝盐池温泉,涵盖沿线所有旅游吸引物,高峡平湖东西纵深长达100千米。景区内山清水秀,风光满眼,青山绿如缎带,江水蓝如宝石。主要有巴人发祥地武落钟离山,800万土家儿女祭祖圣殿——廪君殿,有倒影峡、仙人寨、清江大佛等景点,麻池古寨、盐池温泉等景点正在打造之中。

（4）屈原文化故里旅游区,位于宜昌市秭归县凤凰山,北枕高峡平湖,西和南依秭归新县城,东连三峡大坝,景区总面积33.3公顷。屈原故里与三峡大坝连为一体,是正面观三峡大坝、副坝、高峡平湖的最佳位置。现为国家5A级旅游景区、全国重点文物保护单位。

景区主要包括以屈原祠、屈原衣冠冢为主要内容的屈原文化旅游园区;以青滩仁村、崆岭纤夫雕塑、战国铜马车、兵书宝剑复制、峡江石刻、峡江古索桥、龙舟博物馆、端午习俗馆、高峡平湖观景平台等为主要内容的峡江文化园区;以屈原传说、峡江皮影、巫术表演、船工号子为主要内容的非物质文化展示园区,成为全国一流的非遗保护传承基地。

（5）三峡人家风景区。三峡人家风景区,国家5A级旅游景区,位于长江三峡中最为奇幻壮丽的西陵峡境内,三峡大坝和葛洲坝之间,跨越秀丽的灯影峡两岸,面积14平方千米。

三峡人家依山傍水,风情如画。传统的三峡吊脚楼点缀于山水之间,久违的古帆船、乌篷船安静地泊在三峡人家门前,溪边少女挥着棒槌在清洗衣服,江面上悠然的渔家在撒网打鱼。千百年来流传不衰的各种习俗风情体现着峡江人民的质朴好客。

（6）三峡大坝旅游区,位于宜昌市三斗坪镇,是世界最大的水利枢纽工程。2007年被国家旅游局评为首批国家5A级旅游景区,现拥有坛子岭园区、185园区及截流纪念园等园区,总占地面积共15.28平方千米。旅游区以三峡工程为依托,全方位展示工程文化和水利文化,为游客提供游览、科教、休闲、娱乐为一体的多功能服务,将现代工程、自然风光和人文景观有机结合。三峡工程建筑由拦河大坝、电站厂房、通航建筑物等三大部分组成，大坝坝顶总长2035米，坝高185米，正常蓄水位175米。主要旅游景点有坛子岭观景点、模型室、185平台、西陵长江大桥、导流明渠、大坝公园等。

7.3.4.3 鄂西北旅游区

包括十堰、襄阳二市。十堰是优秀旅游城市，襄阳是国家历史文化名城。该区以道教文化、三国文化为旅游特色。主要旅游景区景点有赛武当、丹江口沧浪海旅游港、隆中、武当峡谷漂流、凤凰温泉、五龙河等景区。

(1)赛武当风景区。赛武当风景区位于十堰市茅箭区小川乡境内，它气势磅礴，峰峦叠嶂，松、石、云、雾、霞，蔚为奇观。山上主峰石岩裸露，如铜墙铁壁，顶天立地。紧连着的菩萨峰、青岩峰，拱肩护背，势如武夫。东侧的蜡烛峰，如茅似剑、直刺苍穹。

赛武当风景区地势险峻，峡谷幽深，古木参天，山色与林海交相辉映，"小而全"的山岳风景珍品特色，千姿百态的自然景观、优美秀丽的生态环境、优越的地理区位优势、完善的服务设施，构筑了保护区旅游新格局。杜鹃岭、菩陀峰、观景台、姊妹峰等20处自然景观参差有序，形态逼真，是不可多得的风景区。

(2)丹江口沧浪海旅游区。沧浪海(丹江口)旅游港位于丹江与汉江交汇处，紧邻丹江口大坝，占地1000余亩，4A级景区。景区主要包括生态旅游港码头、半岛风情街、超五星级度假酒店、热带雨林温泉、大型沙滩浴场、大型水上乐园、千亩杜鹃园、极乐影视城、大型购物公园、大型综合商业区、异国风情岛、休闲度假区、游客服务中心、生态停车场等旅游和配套项目。半岛风情街由餐饮区、零售区、娱乐区、儿童游乐区、住宿区、旅游集散广场六大功能区组成，业态涉及特色餐饮、小吃美食、品牌服装、养生会所、国际影院、茶楼、咖啡吧、酒吧、KTV、足浴中心、演艺中心、青年旅社、商务宾馆等，是集购物、餐饮、休闲、娱乐、住宿、旅游、文化等功能于一体的综合性商业街区。

(3)隆中风景名胜区，位于襄阳城西15千米处的隆中山东，是一个以诸葛亮故居为主体的文物风景区，"三顾茅庐""隆中对"等故事就发生在这里。

隆中位于群山环抱之中，面积约12平方千米，境内有隆中山、乐山、大旗山、小旗山及小量谷地。主峰隆中山海拔306米，盘旋起伏。在明朝中期，隆中就形成了以三顾堂为中心的六角井、躬耕田、小虹桥、老龙洞、梁父岩、半月溪、古柏亭、野云庵、抱膝石等十景。此后，又增加了草庐亭、抱膝亭、观星台、武侯祠、石牌坊、荷花池、铜鼓台、中正堂、襄王陵等景点。现在，隆中景点多为明、清时代建筑，房屋皆为四合院式，殿堂只带前廊，为木列架和硬山墙组合，不饰斗拱飞檐。

7.3.4.4 国家级旅游度假区

武当太极湖旅游度假区以武当山和太极湖为两大核心依托，规划建设面积64.93平方千米，其中水域面积23.8平方千米，划分城市功能片区和旅游功能片区两大功能区域，包括武当新城、旅游度假、水上游览、户外休闲四大板块，含11大组团，180多个子项目，投资总额逾200亿元。其中城市功能片区由武当新城板块组成，重点建设旅游发展中心、武当国际武术交流中心、武当艺术馆、太极剧场等项目；旅游片区由旅游度假板块、水上游览板块和户外休闲板块组成，重点建设度假酒店、旅游码头、主题公园等。

7.3.4.5 旅游特色小镇

(1)吴店镇。吴店镇地理位置十分优越,处在汉十高速公路进出口处,历来是土特产品的集散地,享有"买不空的吴家店""千山献宝车马闹,山货云集吴家店"等美誉。镇内名胜古迹甚多,东有光武旧宅——皇村刘秀遗迹陈列馆和战国楚墓九连墩,西有千年古刹白水寺,南有刘秀聚兵讨伐王莽的巍巍磨剑山,北有西汉古城遗址春陵城。被列为国家3A级风景区和湖北省外事参观风景名胜区,与随州神农洞、襄阳古隆中齐名。

(2)漳河镇。漳河镇拥有著名的漳河风景名胜区。它以闻名全国的特大型水库漳河水库为主体,面积约为104平方千米。漳河风景名胜区面积2 212平方千米,是湖北省唯一的国家水利风景区。漳河风景区一共分7个游览区,16个景区,主要有人文、自然两种景观:漳河风景名胜区正处于古三国世界文化遗产旅游热线,比较著名的人文景观有幽奇远古的古寨要隘伍峰寨、洪山古寺和古民居九十九间屋等;漳河风景名胜区内的自然景观主要有水陆空游乐园、观音岛、十大枢纽工程、陡石崖、祭公剑、乐天处、青蛙石、老龙洞等,颇具特色,在诸多的自然景观中尤以亚洲第一土坝,中原第一双面观音最为著名。

(3)七里坪镇。七里坪镇位于大别山南麓、鄂豫两省边际,是中国历史文化名镇、湖北省定重点镇、红色旅游名镇。七里坪镇是著名的黄麻起义策源地,是鄂豫皖革命根据地的中心。这里诞生了中国工农红军第四方面军、红二十五军和红二十八军三支红军主力部队,全镇有以长胜街革命遗址遗迹群为主的国家级重点文物保护单位37处。主要景区景点有天台山国家森林公园、香山湖、长胜街、双城塔、对天河、九焰山等。

(4)长岗镇。长岗镇的古迹有始建于唐代的洪山寺,西汉末年"绿林军"起义俩王洞遗址。纪念地有熊氏祠及南岳庙,是抗战时期中共鄂中特委和鄂豫边抗敌工委旧址。大洪山海拔1056米,素有"楚北天空第一峰"之称,1988年被国务院列为国家级重点风景名胜区。

大洪山又名绿林山,距随州市西南80余千米,横亘京山、钟祥、随州交界处。西汉末年著名的绿林起义就发生在这里。它主要以一座西北—东南走向的山脉为主体,群峰耸立,层峦叠翠,面积350平方千米,最高峰海拔1 055米,素有"楚北第一峰"之称。现已列为全国重点风景名胜区之一。主要旅游景点有灵峰寺(又称洪山寺)和850多年树龄的古银杏。山间还有仙人洞、双门洞、白虎池、珍珠泉、三眼泉及温泉等。

7.4 河南省

7.4.1 旅游地理概况

河南省位于祖国中东部的中原腹地,因大部分地区在黄河以南,故名"河南",又有"中原""中州"之称。河南风景优美,历史悠久,是中华民族最为重要的发祥地、华夏历史文明传承区。

7.4.1.1 古文化旅游吸引物品位高

河南是中华民族的主要发祥地之一,在全国具有举足轻重的地位,河南拥有全国八大古都中四个(分别为洛阳、开封、安阳、郑州),拥有国家级历史文化名城洛阳、开封、商丘、安阳、南阳、郑州、浚县、濮阳8处。郑州新郑黄帝故里、登封少林寺、巩义宋皇陵、洛阳龙门石窟、白马寺、偃师玄奘故里、开封宋都御街、包公祠、安阳殷墟、羑里城(《周易》发源地)、三门峡虢国墓地车马坑、函谷关、南阳武侯祠、张衡墓、医圣祠、商丘阏伯台(火的发源地)、燧人氏墓、花木兰祠、淮阳太昊陵等大量名胜古迹,都是既有丰厚的历史文化内涵又有观赏价值的著名旅游景观。

7.4.1.2 "根"文化旅游独具优势

河南是中华民族之根。人文始祖,三皇五帝基本都在河南。炎黄子孙的祖先黄帝就出生在新郑,中华始祖伏羲建都地周口淮阳。中原文化是东方文化的渊源,河洛文化是中原文化的核心,其发源地就在黄河与洛河之间。从出土文物看,河南有裴里岗文化、仰韶文化、二里头文化、庙底沟文化等;中国目前发现最早的文字,是安阳殷墟出土的甲骨文;博大精深的《易经》、充满哲理的《道德经》也源于河南。常用的100个大姓中,有78个姓氏源于河南,在寻根谒祖、开展特色旅游方面具有独特优势。

7.4.1.3 历史文化积淀深厚

中国四大发明中的指南针、造纸、火药三大技术均发明于河南。河南是古代天文学、医学、地震学、文字学、老庄哲学、程朱理学等文化的发祥地。武王伐纣、春秋战国、陈胜起兵、刘秀中兴、三国争霸、七贤啸聚、武后亲政、水浒英雄、岳飞抗金、捻军起义等神奇辉煌的历史,脍炙人口的成语典故,使河南的每一寸土地都积淀了深厚的文化内涵。河南自古就有"天下名人,中州过半"之说,有商汤、老子、庄子、墨子、韩非子、范蠡、商鞅、苏秦、吕不韦、李斯、贾谊、张衡、杜甫、韩愈、白居易、刘禹锡、李商隐、李贺、岳飞等历史名人。此外,中国武术的两大源流少林、太极也都发源于河南。

7.4.1.4 自然景观兼有"北雄南秀"之特色

河南位于南北方的自然过渡带,地跨海、黄、淮、江四大水系,自然景观雄浑、神奇。其中,太行山巍峨挺拔,大别山风景秀丽,伏牛山雄伟壮观,中岳嵩山气势磅礴,黄河游览区风光绚丽,黄河小浪底水利枢纽工程造就了高峡平湖的壮丽奇观。著名的自然旅游区如焦作的云台山、青天河、神农山,安阳的红旗渠、太行大峡谷,新乡的南太行旅游度假区,济源的五龙口,鹤壁的云梦山,平顶山的尧山,洛阳的白云山、鸡冠洞、重渡沟、龙峪湾,南阳的老界岭、龙潭沟、宝天曼,驻马店的嵖岈山、薄山湖等,这些自然资源对海内外旅游者有着很强的吸引力。

7.4.1.5 旅游节庆活动影响广泛

新郑黄帝故里拜祖大典,已经成功举办了15年,在海内外炎黄子孙中影响日渐扩大,正逐步成为河南省文化建设的重要标志和强势品牌;洛阳牡丹花会,已举办34届,在海内外已产生较大影响;郑州国际少林武术节,以武会友,成为河南省对外开放的重要窗口;开封菊花花会,规模之大、菊花品种之多,品位之高,国内罕见。另外,许昌三国文化周、三门峡国际黄河旅游节、殷商文化节等节庆活动,已吸引了海内外众多游客慕名前往。

7.4.2 优秀旅游城市

河南省拥有郑州市、开封市、濮阳市、济源市、登封市、洛阳市、三门峡市、安阳市、焦作市、鹤壁市、灵宝市、新郑市、许昌市、新乡市、商丘市、南阳市、禹州市、长葛市、舞钢市、平顶山市、信阳市、漯河市、驻马店市、周口市、沁阳市、巩义市、汝州市等优秀旅游城市。本章节仅以郑州市、洛阳市、开封市、焦作市、信阳市、南阳市、安阳市为例，对其做简要介绍。

7.4.2.1 郑州市

河南省省会，中国中部地区重要的中心城市，国家重要的综合交通枢纽，中原经济区核心城市。郑州是国家历史文化名城，是华夏文明重要发祥地之一，为中华人文始祖轩辕黄帝的故里，历史上曾五次为都、八代为州，是"中国八大古都"之一和世界历史都市联盟成员。

郑州是中国优秀旅游城市，境内历史人文景观众多，全国重点文物保护单位38处43项，有世界文化遗产2项15处（登封"天地之中"历史建筑群、大运河通济渠郑州段）；有首批世界地质公园：中岳嵩山以及"天下第一刹"少林寺；有海内外华人同拜的轩辕黄帝故里；有母亲河——黄河风景名胜区；有中国最早的天文观星台；有最古老的道教庙宇之一中岳庙；有中国四大书院之一的嵩阳书院和全国五大庄园之一的康百万庄园；还有峡谷飞瀑环翠峪和风光旖旎的雁鸣湖等众多旅游胜地。

7.4.2.2 洛阳市

洛阳位于河南省西部、黄河中下游，因地处洛河之阳而得名，先后有13个朝代在此建都，是国务院首批公布的国家历史文化名城，中国八大古都之一，世界文化名城。洛阳是华夏文明和中华民族的发源地之一，是丝绸之路的东方起点，隋唐大运河的中心枢纽。牡丹因洛阳而闻名于世，有"洛阳牡丹甲天下"之称，被誉为"千年帝都，牡丹花城"。

洛阳拥有黛眉山、伏牛山等世界地质公园；龙门石窟、龙潭峡、白云山、老君山、鸡冠洞等5A级景区；关林、白马寺、重渡沟、龙峪湾、栾川抱犊寨、养子沟、伏牛山滑雪场等4A级景区，3A级以上景区数目位居全国地级市之首。

7.4.2.3 开封市

开封是中国八大古都之一，国务院首批公布的国家历史文化名城。开封素有八朝古都之称，是世界上唯一一座城市中轴线从未变动的都城，城摞城遗址在世界考古史和都城史上罕见。北宋都城东京是当时世界第一大城市，是清明上河图的原创地，有"汴京富丽天下无""东京梦华"等美誉。

开封著名的景区景点有清明上河园、龙亭公园、宋都御街、开封府、翰园碑林、大相国寺、包公祠、铁塔公园、繁塔、山陕甘会馆、大宋御河、大宋武侠城、天波杨府、禹王台公园等。

7.4.2.4 焦作市

焦作古称山阳、怀州，是太极拳发源地。2006年2月，联合国世界旅游评估中心授予焦作旅游"世界杰出旅游服务品牌"荣誉，是中国首获此殊荣的城市。2013年，成为世界旅游城市联合会成员城市。焦作市拥有云台山、神农山、青天河等5A级景区，焦作影视城、嘉应观、圆融无碍禅寺、陈家沟等4A级景区。

7.4.2.5 信阳市

信阳是江淮河汉间的战略要地，鄂豫皖区域性中心城市。信阳山清水秀，气候宜人，被誉为"山水茶都"，素有"江南北国、北国江南"之美誉。全市有国家级森林公园3处，国家级自然保护区3处，拥有鸡公山、南湾湖、灵山寺、黄柏山、西九华山、鄂豫皖苏区首府革命博物馆、许世友将军故里等4A级景区,拥有平桥、淮河、龙山湖、香山湖等国家湿地公园。

7.4.2.6 南阳市

南阳是河南省域次中心城市,国家历史文化名城,中国优秀旅游城市。南阳旅游吸引物丰富,有中国南阳伏牛山世界地质公园、宝天曼世界生物圈保护区、中国西峡恐龙遗迹园-伏牛山-老界岭旅游区、桐柏山淮源风景名胜区、南阳卧龙岗武侯祠、内乡县衙、灌河漂流风景区、龙潭沟等。

7.4.2.7 安阳市

安阳是国家历史文化名城、中国八大古都之一、中国十大最古老城市。荣膺中国优秀旅游城市、国家园林城市、中国十大特色休闲城市、中国航空运动之都等称号。感动世界的"红旗渠"精神,就源于安阳林州。

安阳是甲骨文发现地,周易发源地,拥有殷墟和中国大运河(永济渠)两处世界文化遗产。殷墟、红旗渠·太行大峡谷等5A级景区;红旗渠、太行大峡谷、羑里城、岳飞庙、马氏庄园、洹水湾温泉等4A级景区;林州太行大峡谷国家农业旅游示范点等。

7.4.3 世界级旅游吸引物

河南省拥有龙门石窟、安阳殷墟、"天地之中"历史建筑群、大运河(河南段)、丝绸之路(河南段)、长城(河南段)等世界文化遗产;拥有云台山、嵩山、王屋山—黛眉山、伏牛山等世界地质公园。

7.4.3.1 世界文化遗产

(1)龙门石窟。龙门石窟是中国石刻艺术宝库之一,现为世界文化遗产、国家5A级旅游景区,位于河南省洛阳市洛龙区伊河两岸的龙门山与香山上。

龙门石窟开凿于北魏孝文帝年间,之后连续大规模营造达400余年之久,南北长达1千米,存有窟龛2 345个,造像10万余尊,碑刻题记2 800余通。其中"龙门二十品"是书法魏碑精华,褚遂良所书的"伊阙佛龛之碑"则是初唐楷书艺术的典范。

西山崖壁上有北朝和隋唐时期的大、中型洞窟50多个。古阳洞、宾阳中洞、莲花洞、皇甫公窟、魏字洞等,为北魏时期的代表洞窟;潜溪寺、宾阳南洞、宾阳北洞、敬善寺、摩崖三佛龛、万佛洞、奉先寺、净土堂等为唐代代表洞窟。东山全是唐代的窟龛,其中大中型洞窟有20个,如二莲花洞、看经寺洞、大万伍佛洞(又名擂鼓台三洞)、高平郡王洞等。

(2)安阳殷墟。殷墟是中国商朝晚期都城遗址,位于河南省安阳市。20世纪初,殷墟因发掘甲骨文而闻名于世。1928年殷墟考古发掘,出土了大量都城建筑遗址和以甲骨文、青铜器为代表的文化遗存,被评为20世纪中国"100项重大考古发现"之首。2006年7月,列入世界文化遗产名录,为国家5A级旅游景区。

殷墟先后出土有字甲骨约15万片。甲骨文中所记载的资料将中国有文字记载的可信历史提前到了商朝。殷墟是中国至今第一个有文献可考,并为考古学和甲骨文所证实的都城遗址,由殷墟王陵遗址、殷墟宫殿宗庙遗址、洹北商城遗址等构成。殷墟的洹北商城,具有高大的城墙、威严的宫殿,特别是严格的"中轴线"布局,成为数千年来中国历代城市的特征。

以宫殿宗庙建筑和王陵大墓为代表的商代建筑，造型庄重肃穆、质朴典雅，反映出中国古代建筑特有的均衡感、秩序感和审美意趣，集中体现了殷商时期的宫殿建设格局、建筑艺术、方法和技术，代表了中国古代早期宫殿建筑的先进水平。

（3）"天地之中"历史建筑群。"天地之中"历史建筑群，分布于河南省登封市区周围，现有全国重点文物保护单位16处，各类文物珍品6 700多件。包括太室阙和中岳庙、少室阙、启母阙、嵩岳寺塔、观星台、会善寺、嵩阳书院、少林寺常住院、初祖庵、塔林等8处11项历史建筑。2010年8月，被列入世界文化遗产名录。

"天地之中"历史建筑群历经汉、魏、唐、宋、元、明、清，绵延不绝，构成了一部中原地区上下2000年形象直观的建筑史，是中国时代跨度最长、建筑种类最多、文化内涵最丰富的古代建筑群，是中国先民独特宇宙观和审美观的真实体现。世界文化遗产委员会评价：该建筑群时间持续长、类型多，展现了佛、道、儒等不同文化价值的古代建筑艺术作品，连同其中丰富的古代碑刻、壁画等类型的文物遗存，构成了全中国乃至全世界独一无二的传统文化景观，代表着中国古老的文明传统和突出科技、艺术成就，反映了其作为东方文明发祥地在文明起源和文化融合中的核心角色，也是当今文化延续和发展的巨大财富。

（4）大运河（河南段）。2014年6月，"中国大运河"跨省系列申遗项目，成功列入世界文化遗产名录。大运河申遗项目涉及河南和北京、天津、河北、江苏、浙江、山东、安徽8个省市。

大运河河南段主要是指隋唐大运河通济渠和永济渠。隋唐大运河是中国大运河的重要组成部分，最早开凿于隋代，以洛阳为中心，以通济渠、永济渠为"人"字状两大撇捺延伸，沟通了海河、黄河、淮河、长江、钱塘江五大水系，北通涿郡（今北京），南达余杭（今杭州），全长2 700多千米，成为中国古代南北交通的大动脉。

河南省入选世界文化遗产的7项遗产点，包括河南省洛阳市回洛仓遗址和含嘉仓遗址、通济渠郑州段、通济渠商丘南关段、通济渠商丘夏邑段、卫河（永济渠）滑县—浚县段、浚县黎阳仓遗址。涵盖了河道、码头、河堤、桥梁、仓窖、水工设施等完整的遗产类型，见证了大运河从开凿、发展到繁荣、没落的历史进程，具有重要的突出普遍价值。

（5）丝绸之路（河南段）。丝绸之路起源于西汉张骞出使西域开辟的以首都长安（今西安）为起点，经甘肃、新疆，到中亚、西亚，并连接地中海各国的陆上通道。2014年6月，中、哈、吉三国联合申报的陆上丝绸之路的东段"丝绸之路：长安—天山廊道的路网"成功申报为世界文化遗产。

丝绸之路河南段包括汉魏洛阳城遗址、隋唐洛阳城定鼎门遗址、新安汉函谷关遗址和崤函古道石壕段遗址，它们不仅有丰富的文化内涵，而且恰恰代表了丝绸之路上的城址、门址、关隘遗址、道路遗址这几种不同的遗产类型，"一城一门一关一道"突出地反映了丝绸之路河南段遗产的特点和价值。

汉魏洛阳城遗址，是东汉、曹魏、西晋、北魏四个王朝的都城，拥有保存完整的城市规模和格局，以及城防系统、宫殿、佛寺等各类遗存；隋唐洛阳城定鼎门遗址包括隋唐时期东都洛阳城的城门和街区遗址，定鼎门是隋唐洛阳城外郭城正南门，门址以北为城市中轴线干道天街，天街东、西两侧分布有明教坊和宁人坊两个街区遗址；新安汉函谷关遗址位于洛阳新安县，现存关楼、关墙、阙台和长墙等遗迹；崤函古道石壕段遗址，位于三门峡市，分为三段,其中,全长230米的中段,至今仍存留古代车辙、蹄印、蓄水池等遗迹。

(6)长城(河南段)。长城主要分布在河北、北京、天津、山西、陕西、甘肃、内蒙古、黑龙江、吉林、辽宁、山东、河南、青海、宁夏、新疆等15个省区市。河南段长城主要包括楚长城遗址、赵长城遗址、魏长城、郑韩长城等。

楚长城主要分布在豫南的南阳、平顶山、驻马店、信阳4个省辖市的25个县(区),总长500多千米;赵长城遗址,位于林州、鹤壁、卫辉、辉县等地,多倾塌断残;魏长城主要在荥阳、新密一带,全长约5.8千米,依山盘旋,箭楼、烽火台、营盘等防御设施完好;郑韩长城起自荥阳市崔庙镇王宗庙,到巩义市新中镇,全长28千米。

7.4.3.2 世界地质公园

(1)云台山世界地质公园,位于太行山南麓,河南省焦作市北部,是一处以裂谷构造、水动力作用和地质地貌景观为主,以自然生态和人文景观为辅的综合型地质公园。在裂谷作用大背景下形成的"云台地貌",是新构造运动的典型遗迹,是中国地貌家庭中的新成员。特殊的大地构造位置形成了独特的水动力条件,使其兼具北方之雄浑、江南之灵秀,并成为中国特殊植被的北界和最高纬度的猕猴保护区。

公园分为云台山、神农山、青龙峡、峰林峡和青天河五大园区。云台山悬泉飞瀑、青龙峡深谷幽涧、峰林峡石墙出缩、青天河碧水连天、神农山龙脊长城,共同构成一幅山清水秀、北国江南的锦绣画卷。其中,拥有314米的全国落差最高大瀑布——云台天瀑,犹如擎天玉柱,蔚为壮观。人文历史增辉,上溯夏商,下至明清,文人墨客不绝如缕,竹林七贤隐居山中。

(2)嵩山世界地质公园,位于河南省登封市和偃师市境内。西起鞍坡山山脚,东到登封市界;北起偃师李瑶、佛光、鸡鸣山、登封市界,南到挡阳山山脊、牛家河,太室公路一线。2004年6月,被授予"世界地质公园"称号。

嵩山是以地质构造为主,以地质地貌、水体景观为辅,以生态和人文相互辉映为特色的综合性地质公园。在嵩山世界地质公园内,连续出露着太古宙、元古宙、古生代、中生代、新生代五个地质历史时期的岩石地层序列,地学界称之为"五代同堂"。主要风景区有少林寺景区、中岳庙景区、观星台景区、嵩阳书院景区、卢崖瀑布景区、太室山景区、少室山景区、法王寺景区等。

(3)王屋山—黛眉山世界地质公园,位于中国太行山南麓,跨越黄河两岸,分布于河南省济源市西部和新安县北部,核心区的面积约为273平方千米。2007年6月,被列入世界地质公园名录。

景区分为王屋山、小浪底两个园区,包括天坛山、小浪底、五龙口、黄河三峡、小沟背五个景区,是一座以典型地质剖面、地质地貌景观为主,以古生物化石、水体景观和地质工程景观为辅,以生态和人文相互辉映为特色的综合型地质公园。其中,王屋山主峰天坛山海拔1715米,是中华民族祖先轩辕黄帝设坛祭天之所,世称"太行之脊""擎天地柱"。黛眉山,由相对高度差别不大的16座山峰组成,主要有梳妆台、南天门、钟峰、望相逢、月老峰、抱犊峰、凤凰岭、燕子峰、金坛峰、睡仙峰、息壤峰、千佛山、万佛山、大独立峰、小独立峰、元帅寨等。

(4)伏牛山世界地质公园,位于河南省伏牛山脉的腹地,以西峡、内乡、栾川、嵩县、南召境内的伏牛山为主体,面积1 522平方千米。2009年被评选为"中国最美十大地质公园",2011年公园内的宝天曼景区被评为"中国最佳生态旅游观光目的地"。

公园内以西峡巨型长形蛋、戈壁棱柱形蛋等为代表的恐龙蛋化石群堪称世界之最,"诸葛南阳龙""河南宝天曼龙""河南西峡龙""张氏西峡爪龙""河南秋扒龙""迷你豫龙"等成为全球恐龙动物群重要组成部分,是研究恐龙生殖习性、破解生物物种灭绝等重大问题的重要区域。

在长期的地质作用下,不同时期的花岗岩形成了老界岭"峰丛"、宝天曼"峰墙"、七星潭"擦擦石"、黄花曼"石瀑"、老君山"石林"、龙峪湾和白云山"断层崖"、木札岭"断褶山"等为代表的地貌景观,石灰岩则形成了鸡冠洞、天心洞、蝙蝠洞等岩溶洞穴以及重渡沟瀑水钙华等景观,充分展示了公园地貌景观多样性。

7.4.4 国家级旅游吸引物

河南省拥有郑州市登封市嵩山少林寺景区、洛阳市洛龙区龙门石窟景区、焦作市云台山—神农山—青天河风景区、安阳市殷都区殷墟景区、洛阳市嵩县白云山景区、开封市龙亭区清明上河园景区、平顶山市鲁山县尧山—中原大佛景区、洛阳市栾川县老君山—鸡冠洞旅游区、洛阳市新安县龙潭大峡谷景区、南阳市中国西峡恐龙遗迹园—伏牛山—老界岭旅游区、驻马店市遂平县嵖岈山旅游景区、安阳市林州市红旗渠—太行大峡谷旅游景区、商丘市永城市芒砀山汉文化旅游景区等5A级景区;鸡公山、龙门、嵩山、王屋山—云台山、尧山、林虑山、青天河、神农山、桐柏山—淮源、郑州黄河等国家级风景名胜区;黄河湿地、豫北黄河故道湿地鸟类、太行山猕猴、恐龙蛋化石群、伏牛山等国家级自然保护区;嵩山、寺山、汝州、石漫滩等国家森林公园;洛阳、开封、商丘、安阳、南阳、郑州、浚县、濮阳等国家级历史文化名城;尧山温泉国家级旅游度假区;焦作市温县赵堡镇、许昌市禹州市神垕镇、南阳市西峡县太平镇、驻马店市确山县竹沟镇等旅游特色小镇。

7.4.4.1 5A级景区

(1)嵩山少林寺,位于河南省登封市西北13千米的中岳嵩山西麓,背依五乳峰,东为太室山,西为少室山。少林寺在竹林茂密的少室山五乳峰下,故名"少林"。

少林寺是世界著名的佛教寺院,是汉传佛教的禅宗祖庭,在中国佛教史上占有重要地位,被誉为"天下第一名刹"。因历代少林武僧潜心研创和不断发展的少林功夫而名扬天下,素有"天下功夫出少林,少林功夫甲天下"之说。少林寺有中国现存规模最大、数量最多的塔林,有儒、释、道三教合一的混元三教九流图赞碑,还有中国现存最早的石阙少室阙以及武术馆、达摩洞、初祖庵、二祖庵、十方禅院、甘露台等景观;自然景观集中于少室山三皇寨,融汇了前寒武纪时期著名的"嵩阳、中岳、少林"三大造山、造陆运动,是嵩山世界地质公园最佳观景处,代表景观有猴子观天、云峰虎啸、御寨落日、少室秋色等40处。

(2)洛阳白云山,位于洛阳市嵩县南部伏牛山腹地原始林区,是伏牛山世界地质公园的组成部分,是国家级森林公园、国家级自然保护区、国家5A级旅游景区、中国十佳休闲胜地。景区面积168平方千米,动物204种,植物1 991种,森林覆盖率98.5%以上,被专家学者誉为"自然博物馆"。

现已开发白云峰、玉皇顶、鸡角曼(小黄山)、九龙瀑布、原始森林五大观光区和白云湖、高山森林氧吧、高山牡丹园、留侯祠、芦花谷五大休闲区。境内海拔1 500米以上的山峰37座,其中玉皇顶海拔2 216米,为中原第一峰。玉皇阁位于山顶,是全国地处海拔较高的道教圣地。九龙瀑潭,在原始森林植被的涵盖下,形成千姿百态的多级瀑布和深潭,落差123米,气势恢宏。

(3)清明上河园。清明上河园是一座大型宋代文化实景主题公园,坐落在开封市龙亭湖西岸,是国家首批5A级旅游景区和中国非物质文化遗产展演基地。2009年,清明上河园成为中国第一座以绘画作品为原型的仿古主题公园,是国家黄河黄金旅游专线重点历史文化旅游景区。

清明上河园是按照宋代著名画家张择端的代表作《清明上河图》复原再现的大型宋代历史文化主题公园。清明上河园占地600余亩,其中水面180亩,大小古船50多艘,房屋400余间,景观建筑面积30 000多平方米。清明上河园设驿站、民俗风情、特色食街、宋文化展示、花鸟鱼虫、繁华京城、休闲购物和综合服务8个功能区,并设有校场、虹桥、民俗、宋都4个文化区。还设立了宋代科技馆、宋代名人馆、宋代犹太文化馆和张择端纪念馆。

清明上河园还对流传至今的宋代民间手工艺和民俗文化进行广泛征集,对失传的古老艺术进行挖掘、抢救,并在园内集中体现。游于园中可欣赏如汴绣、木版年画、官瓷、茶道、纺织、面人、糖人等手工艺术的现场表演制作,以及曲艺、杂耍、神课、博彩、驯鸟、斗鸡、斗狗等民俗风情表演。晚间的《大宋·东京梦华》大型水上实景演出,带游客穿越千年历史,再现北宋东京的繁华盛况。

(4)尧山—中原大佛景区。尧山位于河南省平顶山市,为国家5A级旅游景区,是河南伏牛山生态游的龙头景区。尧山的奇峰怪石、山花、红叶、飞瀑、温泉、湖面、云海、原始森林、珍禽异兽及人文景观构成了完整的风景体系,现已命名的景观有240多处,60~200米高的瀑布17处,石柱40多处,拥有石人、将军峰、千丈岩、和合峰、白牛城口、王母轿、通天河、九曲瀑布、鬼门关、南天门、报晓峰、猴子观音等景点。

中原大佛景区坐落在鲁山县城西50千米,拥有世界第一佛、第一钟、大陆第一汤、伏牛山区第一寺等丰富的旅游文化资源。景区有牌坊、佛泉寺、愿心台、福慧大道、礼佛台、中原大佛、天瑞吉祥钟、佛教文化宫殿、文化碑廊等景点。

(5)红旗渠—太行大峡谷景区。红旗渠—太行大峡谷旅游区位于林州市,是国家重点风景名胜区、国家5A级旅游区、全国爱国主义教育示范基地。景区包括红旗渠和太行大峡谷两大主景区。

红旗渠是20世纪60年代,林州人民用十年时间在太行山的悬崖峭壁上修成的长达1 500千米的大型水利灌溉工程,是"世界第八大奇迹"。它以工程量之大,工程之艰巨,灌溉面积之广,工程美学价值之高,被称为"人间奇迹",形成了独一无二的红旗渠精神。在此游览可以陶冶情操,使心灵受到震撼。

太行大峡谷是中国最美的十大峡谷之一,南北长50千米,东西宽1.5千米。植被覆盖率为90%,有天然氧吧之美誉。境内断崖高起,流瀑四挂,被誉为"北雄风光最胜处、八百里太行之魂"。峡谷内民宅建筑就地取材,石街、石院、石墙、石柱、石梯、石楼与大自然浑然一体,古色古香,令人寻味。

(6)永城市芒砀山汉文化旅游区。景区位于豫、鲁、苏、皖四省交界的永城市芒山镇,是集山水、人文、民俗于一体的旅游胜地,2002年被纳入河南省"三点一线"的黄金旅游带,2017年被评为国家5A级旅游景区。

芒砀山旅游区面积为14平方千米,群峰争秀,风光旖旎,历史厚重,文化神秘。拥有世界上规模最大的地下西汉王陵墓群、刘邦斩蛇处、大汉雄风景区、芒砀山地质公园、陈胜王陵、孔夫子避雨处等景点。其中,21座西汉梁国王陵墓,以其数量之多、规模之大、价值之高、分布之集中,可谓世界罕见,全国独一无二。西汉梁孝王刘武之妻李王后陵以其庞大的规模及非凡的价值,被誉为"天下石室第一陵"。柿园汉墓中出土的"四神壁画"被中外专家、学者赞誉为"敦煌前之敦煌"。

7.4.4.2 国家级旅游度假区

尧山温泉旅游度假区以"拜大佛、游尧山、浴温泉、玩漂流"而久负盛名,尧山温泉旅游度假区以顶层设计为引领,以"佛、山、汤"打造完整的产业链条,力促旅游产业转型升级,成为拉动地方经济的有力引擎。

尧山特有的温泉资源,最适宜观光度假;从建设发展角度来看,度假区内产品结构完整。有特色鲜明的主题资源尧山和上汤温泉,有旅游观光、避暑、疗养、科研、探险等休闲度假功能。尧山温泉旅游度假区主题产品涵盖了运动健身、休闲娱乐和康体疗养3大系列20余种特色项目。

2015年10月9日,国家旅游局发布首批入选全国17家国家级旅游度假区名单,尧山温泉旅游度假区成功入围,成为全国首批、河南唯一。

7.4.4.3 旅游特色小镇

(1)赵堡镇,位于河南省焦作市温县。该镇人杰地灵,区位优越。有公元前1525年商代帝祖乙的定都遗址,古名邢邱。清末名宦李棠阶其故里系该镇南保丰村,他曾任大理寺卿、军机大臣、礼部尚书等职。名扬中外的太极拳发源于该镇陈家沟。

(2)太平镇,位于河南省西峡县北部山区、中原最高峰——犄角尖脚下、八百里伏牛山主脉——老界岭腹地,处于南阳西北重要门户和西峡县旅游区,地理位置特殊。先后获得全国特色旅游景观名镇、全国一村一品示范镇、国家级生态镇、全国文明村镇、河南省环境优美小城镇、南阳市五星级小城镇等荣誉称号。太平镇生态旅游资源丰富,森林覆盖率达95%以上。境内珍稀野生动物种类繁多,有金钱豹、大鲵、梅花鹿、猫头鹰、香獐等,野生药材600余种,有"天然药库"之称。拥有国家级自然保护区(老界岭生态旅游度假区)、国家5A级旅游景区(中国西峡恐龙遗迹园-伏牛山-老界岭旅游区)。

(3)竹沟镇,位于确山县城西30千米处,是共产党民主革命时期的一块重要根据地,具有光荣的革命斗争史,素有革命圣地——"小延安"之美誉。竹沟镇北1.5千米处建立了竹沟革命烈士陵园,收集上千件文物、资料和图片,办起了2个陈列室。陵园近旁有一个1995年复建而成的中型水库——竹沟湖,碧水青山,如诗如画,泛舟湖中可领略"山如碧玉簪,水似绮罗带"的境界。山水尽头,有一个叫凤凰棚的小山村,竹树环合,民风古朴,宛如一处远离尘嚣的世外桃源。

【本章小结】

本区包括湖南、湖北、河南三个省级行政区,位于我国的长江中游、黄河中下游,平原与低山、丘陵相间分布。河流密集,大湖广阔,小湖众多。冬温夏热的亚热带湿润性季风气候造成了种类丰富的亚热带动植物资源。

本区中原文化源远流长,荆楚文化博大精深,湖湘文化多姿多彩,三种文化交相辉映。夏商周、春秋战国、三国等时期文物古迹多而分布广,现代革命遗址、遗迹等红色旅游吸引物丰富,构成了本区旅游吸引物的特色和优势。

【重点概念】

湖湘文化   荆楚文化   中原文化   土司制度

【案例分析】

中部六省签订协议强化旅游战略合作

在2017年5月18日举行的中部六省旅游推介会上,湖北、江西、安徽、河南、湖南、山西六省旅游委(局)相关负责人共同签署中部六省旅游合作框架协议书。根据合作协议,中部六省将完善合作机制,强化旅游战略合作;共同建设旅游目的地;共同开拓旅游市场,联合开发特色精品旅游线路和旅游产品,联合开展品牌营销;共同强化联动监管,探索建立中部地区旅游联合执法、综合监管机制,联合加强旅游质量监管,探索构建旅游应急突发事件的联动协调机制。

中国旅游研究院院长、国家旅游局数据中心主任戴斌表示,区域旅游要在全域旅游格局下,形成政策、资本和市场的进一步融合。国家旅游局副局长杜江说,旅游业正在发展成为国民经济战略性支柱产业,国家旅游局鼓励更多客商投资中部旅游业,共享中国旅游业发展的黄金机遇。

此次推介会吸引了来自新加坡、印度尼西亚以及中国11省的旅游投资商、旅行商、旅游集团、航空公司代表,中部六省重点旅游景区、旅行社、旅游企业及主流媒体代表等共计380余人参加本次活动。

(案例来源:《湖北日报》2017年5月18日《中部六省签订协议强化旅游战略合作》,记者郭习松,有部分删减和改动.)

问题:你能为华中旅游区的旅游线路合作,设计哪些旅游线路?

【思考题】

1. 分析华中旅游区旅游地理系统特征,说明其对旅游发展的影响。
2. 请用至少5个关键词来描述华中旅游区旅游吸引物的特征。
3. 分析华中旅游区各省旅游吸引物特色差异。
4. 郑州市某大学的5位室友准备去华中旅游区进行为期7天的旅行,请你推荐一些最能代表该旅游区特点的景区,你能帮他们设计旅游线路吗?

5. 画一幅华中旅游区世界级旅游吸引物分布图,并在图中标明著名的旅游景点。

参考书目

1. 许学强,周一星,宁越敏.城市地理学[M].2版.北京:高等教育出版社,2009.
2. 保继刚,楚义芳.旅游地理学[M].北京:高等教育出版社,1999.
3. 王恩涌,赵荣,张小林.人文地理学[M].北京:高等教育出版社,2000.
4. R.基钦.人文地理学研究方法[M].北京:商务印书馆,2006.
5. 保罗·诺克斯.城市社会地理学导论[M].北京:商务印书馆,2005.
6. 大卫·哈维.地理学中的解释[M].高泳源译.北京:商务印书馆,1996.

8 华东旅游区

> **学习目标→**
>
> 通过本章的学习,全面认知华东旅游区的旅游地理系统;熟悉上海市、江苏省、山东省等省域旅游地理概况,了解本区旅游目的地的旅游发展现状,掌握本区的旅游吸引物特征。
>
> **学习难点→**
>
> 吴越文化　长江三角洲城市群　　海派文化

【案例导入】

"美丽中国·诗画浙江"——后 G20 时代浙江再出发走向世界

"说不出的美,才是浙江。"2017 年 4 月 26 日,在杭州举行的"美丽中国·诗画浙江"媒体沙龙上,爱好中国文化的俄罗斯留学生娜斯佳用一首《有种江南叫浙江》的诗展现了她眼中的诗画浙江。

2016 年,G20 杭州峰会的召开,让全世界的目光都齐聚在杭州这座美丽的江南城市。为了让全世界更好地领略浙江的山水人情,浙江省旅游局推出了《G20 异域观察者——寻觅诗画浙江》系列纪录片以及《48 小时——G20 特别旅游季》。在今天媒体沙龙上,参加拍摄的外国嘉宾一一细数着他们游走"诗画浙江"的独特见闻。

来自美国的留学生汉娜尤其喜爱浙江的乡村。汉娜回忆说,舟山嵊山岛的无人渔村,每一栋房屋都长满了爬山虎,宛如绿色的童话世界。而在丽水景宁东弄村,她还结识了畲族彩带非遗省级传承人蓝延兰,并跟随蓝大师学习了如何编制畲族彩带。

来自迪拜中阿卫视的主持人馨玥,来中国已有 7 年,是个中国通。这次她游览夜西湖,去龙门古镇,短短几天时间,她用一句"很中国"来评价浙江留给她的印象。

10 月 2 日,浙江省代表团出访捷克,并出席"当浙江遇上捷克——

2016'诗画浙江'"旅游推介会,浙江与捷克签订了3年互送游客协议。7日,在泰国举行的"美丽中国·诗画浙江"泰国(曼谷)旅游推广周启动仪式上,浙江省旅行社协会与泰国旅行社协会签署了旅游合作备忘录,浙江长龙航空公司和金三角经济特区签署了开通杭州—清莱航线意向合作协议。19日在瑞士日内瓦联合国万国宫举办了联合国中文日"美丽中国·诗画浙江"主题展览。

据了解,会后CNN、CNBC、《华尔街日报》、迪拜中阿卫视、澳大利亚南半球之声等境外媒体还将到浙江各地进行采风,把他们看到的"诗画浙江"带到世界各地。

(资料来源:中国新闻网,http://www.cnta.gov.cn/xxfb/hydt/201704/t20170426_823473.shtml,2017-04-27.)

华东旅游区包括江苏、浙江、山东、安徽、江西、福建六省和上海市,土地总面积为80.75万平方千米。该区位于我国的第三级阶梯,东濒黄海和东海,长江横贯东西,自然地理区域包括山东丘陵、长江中下游平原、东南丘陵三个地理单元。开发历史悠久,经济发展水平高,人口城镇密集,交通网络发达。尤其是长江三角洲城市群,是我国最重要的旅游目的地和客源地之一。

8.1 华东旅游地理系统及其评价

华东旅游区旅游地理系统是由旅游客源地子系统、旅游目的地子系统、旅游通道子系统及旅游保障子系统四个部分组成,具有特定的结构、功能和目标的综合体。华东旅游区包括江苏、浙江、山东、安徽、江西、福建六省和上海市。位于我国东部,濒临黄海和东海。自然地理区域包括山东丘陵、长江中下游平原、东南丘陵三个地理单元。

8.1.1 旅游客源地子系统

8.1.1.1 国内旅游客源地

华东旅游区国内游客空间分布广泛而又相对集中,遍及全国各省、自治区、直辖市。

其中,本区域省市占据国内客源的较大比重,因该区域地处长江三角洲城市群,是我国交通、城市最发达的地区之一,密集的人口和繁荣的经济都使本区域也成为全国范围的重要国内客源市场,各省市区域内部的短途旅游市场前景和客源都很广阔。区域外游客大多来自经济发达、交通便利的省市,如京、津、冀地区和中部豫、鄂、陕等客源地市场。

从年龄构成来看,中青年游客成为出游主体,所占比重超过八成。而出游目的比重排列前三位的分别是观光度假、探亲访友和商务活动。

8.1.1.2 境外旅游客源地

在入境旅游市场中,我国港澳台、韩国、日本入境游客占据相当大的比重,超过60%,且人次呈逐年增长态势;美国、英国、澳大利亚等国也占有一定份额。

从入境旅游市场主要客源构成来看,港澳台地区一直是华东旅游区稳定的客源市场,不仅直接提供入境客源,而且还是其他国际客源的中转站,因而港澳台市场在本区域入境市场中的地位不可动摇。

韩国自1991年同我国正式建立外交关系以来,便成为我国重要的国际客源市场,地理区位优势、便利的交通以及经贸关系的迅速发展也持续吸引越来越多的韩国工商界人士来华东区访问和投资。日本是我国一衣带水的邻邦,有地理交通之便;在文化上,日本同我国的交往有着悠久的历史渊源,日本旅华市场潜力仍可进一步挖掘。

8.1.2 旅游目的地子系统

本区地理位置优越,气候条件良好,旅游资源丰富。自然旅游资源以山水为特色,有"五岳之尊"泰山,以奇松、怪石、云海、温泉、冬雪"五绝"著称于世的黄山,以奇、秀著称的雁荡山,号称"东南第一山"的九华山,"海天佛国"普陀山,还有道教名山天柱山、避暑胜地莫干山等。同时,本区也是我国水景旅游资源最丰富的区域。著名的湖泊有太湖、巢湖、西湖、瘦西湖、洪泽湖、千岛湖等,著名的江河有长江、钱塘江、富春江、黄浦江、淮河、秦淮河等,还有辽阔的东海、黄海等海洋旅游资源。这些山水资源在亚热带海洋性季风气候影响下,植被葱郁,无山不秀,无水不明,旅游价值极高。

人文旅游资源则主要以名城、名园和宗教为代表,该区域拥有国家级历史文化名城45处,约占全国总数的1/3,包括南京、苏州、杭州、扬州、绍兴等国家首批历史文化名城。还有国际性大都市上海,著名红色旅游城市南昌、井冈山,著名港口城市宁波、连云港,著名海滨旅游城市青岛、日照、威海,以及交通城市徐州等,其中曲阜"三孔"(孔庙、孔府、孔林)被列入世界文化遗产,更被世人尊崇为世界三大圣城之一。这些名城无不以众多的名胜古迹、活跃的经济文化吸引着各地旅游者。本区还是我国江南古典园林最集中的地区,主要分布在苏州、南京、无锡、扬州、湖州等地,以苏州最为典型,以明媚秀丽、淡雅朴素、擅长叠石理水而闻名中外。其中苏州古典园林拙政园、网师园、留园和环秀山庄已列入《世界文化遗产名录》。该区佛教、道教文化地位显赫,如龙虎山、三清山、普陀山、九华山等都是全国著名的宗教旅游胜地。

8.1.3 旅游通道子系统

华东旅游区是我国交通最发达的地区之一,具有以上海为中心,向四周辐射的发达的水、陆、空立体交通网络。

(1)航空方面。上海、杭州、福州、厦门都是我国重要的航空港,大陆地区民航机场按旅客吞吐量数据统计排名前十位的机场中,有三个位于本区域,分别是上海浦东国际机场、上海虹桥国际机场和杭州萧山国际机场。航空线路分布多且集中,航空通道优势明显。

(2)铁路方面。"五纵"中的"京沪""京九","三横"中的沪杭—浙赣—湘黔—贵昆线都经过该区,而"四纵四横"的高速铁路客运专线格局中,北京—上海客运专线,包括蚌埠—合肥、南京—杭州客运专线,上海—杭州—宁波—福州—深圳客运专线,上海—杭州—南昌—长沙—昆明客运专线,青岛—济南—石家庄—太原客运专线,上海—南京—武汉—重庆—成都客运专线,连接京津、西南、华中地区,铁路区位优势明显。

(3)公路方面。首都放射线:北京—上海;南北纵向线:济南—广州;东西横向线:青岛—银川、青岛—兰州、连云港—霍尔果斯、南京—洛阳、上海—西安、上海—成都、上海—

重庆、杭州—瑞丽、上海—昆明、福州—银川、泉州—南宁、厦门—成都,此外还包括杭州湾环线,并行线及联络线若干,可见该区域公路旅游通道线路密布,交通便利。

(4)水路方面。我国沿海运输中,厦门以北至鸭绿江口为北方沿海航区,由上海海运局负责管理,以上海为中心,开辟有上海—青岛—大连线、上海—烟台—天津线、上海—秦皇岛线、上海—连云港线,此外,厦门、福州、威海等港口都是我国东南沿海区域的主要港口。内河运输中,"三江两河"中的长江、淮河、京杭运河等流经该区域,因此该区域河网密布,水路通道便利。

8.1.4 旅游保障子系统

(1)自然环境。河网密布,湖泊众多,平原、丘陵相间分布。湖泊集中在长江两岸,包括鄱阳湖、太湖、洪泽湖、巢湖等,此外还有杭州西湖、扬州瘦西湖、宁波东钱湖等,形成了本区美丽的湖光山色。四季分明、冬温夏热、雨量充沛、季节分配均匀。

(2)文化环境。历史悠久,人文荟萃。华东旅游区汇聚着我国著名的齐鲁文化区(山东省)、吴越文化区(江沪浙地区)、徽文化区(安徽省),经济发达,文化繁荣,人才辈出,开发历史悠久,不仅成为中华民族最重要的发源地之一,更是我国古代长期的政治、经济、文化中心区域,对当地历史文化、民俗民风、建筑、文学、艺术等都产生了深远的影响。

(3)社会环境。人口密集,交通便捷。本区具有以上海为中心、城市密集、经济发达的我国三大城市群之一——长江三角洲城市群,形成了海、陆、空全面发达的交通网络。优越的地理位置和发达的水陆空立体交通体系使本区在吸引旅游客源中占据优势地位,同时,密集的城市人口和发达的经济也使得本区成为我国最大的客源产出国。

(4)经济环境。经济发达,物产丰富。华东旅游区是我国重要的工业基地之一,钢铁、机电、轻纺、化工等在全国居首要地位。本区也是我国农业最为发达的地区之一,江南平原号称"鱼米之乡",长江以北以生产小麦为主,以南以生产水稻为主,长江三角洲平原、鄱阳湖平原等历来是我国重要的商品粮基地。

(5)政策环境。近几年来,华东旅游区各省市先后确定了大旅游发展战略,坚持城市规划与大旅游发展规划相结合的原则。上海市立足于全面建成国际文化大都市的长远目标,提出加大文化建设力度,将振兴海派文化作为文化发展的重要抓手,进一步发挥中西合璧、多元交融的优势,塑造海派文化的新内涵和新形象。浙江省也明确指出做好特色文章,把浙江有基础、有独特条件的旅游休闲、健康养生、文化产业等作为产业发展的重要内容。

(6)技术环境。华东旅游区经济发达,科技文化先进,并创造了一大批极具吸引力的现代文明及人文旅游资源,如上海迪士尼乐园、横店影视城、杭州宋城等,与源远流长的历史文化交相辉映。

8.2 上海市

8.2.1 旅游地理概况

上海位于长江入海口,面积6 300平方千米。上海的海、陆、空交通发达,是我国最大的交通枢纽。上海工业基础雄厚,经济实力强大,智力资源丰富,商业贸易繁荣,是中国重要的经济、交通、科技、工业、金融、会展和航运中心,是世界上规模和面积最大的都会区之一。

8.2.1.1 以近代史迹和现代设施为主的人文旅游资源占绝对优势

上海是清代以后才逐步繁荣起来的现代化国际大都市,因而,近现代人文旅游资源占绝对优势,仅有豫园、黄道婆墓、徐光启墓等少量古迹。近代史迹有外滩"万国建筑博览"、中共"一大"会址、毛主席旧居、周公馆、鲁迅旧居、宋庆龄旧居、中山故里、宋庆龄墓等;现代建筑与设施有外滩、金茂大厦、东方明珠塔、世纪公园、科技馆等。近代历史遗迹与现代建筑设施构成了上海独具魅力的人文景观,素有"百年中国看上海"之说。

8.2.1.2 独具特色的"海派文化"

上海文化"海纳百川,兼容并蓄",形成了独特的海派文化。中西并存、中外合璧、艺术交融的建筑文化,形成风格独特的"万国建筑博览";本乡本土的"申曲"(沪剧)与京戏、越剧、淮剧等地方戏,以及来自域外的话剧、芭蕾舞等百花争妍,形成"大联袂"的上海舞台文化;乡土气息浓烈的"紫竹调""梅花三弄"与喜气洋洋的"广东音乐"、喧腾激越的"欢庆锣鼓"、回肠荡气的"二泉映月",以及来自欧美的交响乐、铜管乐、管弦乐一起,丰富了上海音乐殿堂;荟萃了川、粤、京、鲁、江浙、淮扬等地特色菜系、传统名点和茶酒文化的馆堂楼肆,与散发着欧美情调、异国风味的西餐馆、咖啡厅一起,形成了上海丰富的饮食文化;上海的民间风俗既有保存并革新着的传统节庆、吉凶礼俗、民间技艺、武术健身、收藏集古等中华特色文化,又有吸纳并发展着的随欧风而来的交际礼仪、歌舞娱乐、体育竞技、服饰饮食、婚丧嫁娶等异域风情;还有被称为"海上画派"的书画文化等。这些无不体现了上海兼收并蓄的海派风格。

8.2.1.3 自然旅游资源相对缺乏

与周边地区相比,上海的自然风光旅游显得相对贫乏,只有一山(佘山)、一湖(淀山湖)、一线(长江、杭州湾沿线)、三岛(崇明、长兴、横沙),且知名度不高,并大都凭借附着其上的人造景观与设施吸引着游客。但是,这些自然条件却为发展都市旅游奠定了不可或缺的环境基础。

8.2.2 世界级旅游吸引物

上海市的世界级旅游吸引物包括上海迪士尼乐园、外滩等,世界闻名,吸引力强,影响力大。

8.2.2.1 上海迪士尼乐园

上海迪士尼乐园位于浦东新区川沙新镇,是上海国际旅游度假区内的标志性景区,是中国大陆第一个、世界第六个迪士尼主题乐园。上海迪士尼乐园占地390公顷,于2016年6月16日盛大开幕,包含七大主题园区:米奇大街、奇想花园、探险岛、宝藏湾、明日世界、梦幻世界、玩具总动员,其中充满花园、舞台表演、游乐项目,无论老幼,都可以在此感受充满创造力、冒险和刺激的乐趣。

8.2.2.2 外滩

外滩是上海的长廊,曾是西方列强在上海的政治、金融、商贸和文化中心,向世人充分展示了上海将外来文明与本土文明有机融合、创新、发展的卓越能力。外滩有狭义和广义之分,狭义的外滩,即"老外滩",通常是指北起外白渡桥,南至延安东路的中山东一路,地形呈新月形,约为1500米的弧线段。外滩西侧矗立着各种风格迥异的中西建筑,建筑色调却基本统一,宛如近代世界万国建筑博览会,成为上海近代历史的缩影,也是人类历史的文化遗产。

8.2.3 国家级旅游吸引物

上海市拥有东方明珠广播电视塔、上海科技馆、上海野生动物园等5A级景区;拥有佘山国家级度假区,拥有朱家角、枫泾古镇、车墩镇、浦东新区新场镇、闵行区吴泾镇、崇明区东平镇、嘉定区安亭镇、宝山区罗泾镇、奉贤区庄行镇、嘉定区南翔镇、金山区廊下镇中华村、金山区山阳镇金山嘴渔村、崇明县陈家镇瀛东村等旅游特色小镇。

8.2.3.1 5A级景区

(1)东方明珠广播电视塔。东方明珠广播电视塔以其468米的绝对高度成为亚洲第二、世界第四之高塔,仅次于广州新电视塔、加拿大多伦多电视塔和俄罗斯莫斯科奥斯坦金诺广播电视塔。东方明珠广播电视塔位于浦东新区,与外滩的"万国建筑博览群"隔江相望,与左侧的南浦大桥和右边的杨浦大桥一起,形成双龙戏珠之势,与后方新耸立而起的金茂大厦和环球金融中心交相辉映,展现了国际大都市的壮观景色。东方明珠广播电视塔集观光餐饮、购物娱乐、浦江游览、会务会展、历史陈列、旅行代理等服务功能于一体,成为上海标志性建筑和旅游热点之一,是国家5A级景区。

(2)上海科技馆。上海科技馆是上海重要的科普教育基地和休闲旅游基地,是我国首家成功创建5A级景区的科普场馆。上海科技馆项目占地面积6.8万多平方米,总建筑面积9.8万平方米。设有地壳探秘、生物万象、智慧之光、视听乐园、设计师摇篮、儿童科技园、自然博物等7个展区和立体巨幕、球幕、4D等3个影院及会馆、旅游纪念品商场、临展馆、多功能厅、银行等配套设施。主要有:体验各种地质变化的地壳探密展区;展现雨林地形、热带植物、奇妙物种,展示生命奥妙的生物万象展区;少年儿童观察外部世界,参与科技实践活动的儿童科技园;揭示自然规律,演示多种科学现象的智慧之光展区;强调"好主意"是创新之源的设计师摇篮展区;展示现代信息和影视技术的视听乐园展区;陈列逾3000件的人类、动物、古生物珍贵标本,讲述生命传奇的自然博物分馆等。

(3)上海野生动物园。上海野生动物园是由上海市人民政府和国家林业局合作建设的中国首座国家级野生动物园,位于上海浦东南汇区占地153公顷,是我国最大的国家级野生动物园,占地153公顷,距市区35千米。园内汇集了世界各地具有代表性的珍稀动物200余种上万余头(只),其中有来自国外的长颈鹿、斑马、羚羊、犀牛等,也有我国的一级保护动物：大熊猫、金丝猴、华南虎、亚洲象等。游客游园时分车入和步入两大参观区。整个园区分为食草动物放养区、食肉动物放养区、火烈鸟区、散养动物区、水禽湖和珍稀动物圈养区、百鸟园、蝴蝶园及儿童宠物园，并设有动物表演等许多特色节目。上海野生动物园是集野生动物饲养、展览、繁育保护、科普教育与休闲娱乐为一体的主题公园，荣获2015—2019年度全国科普教育基地荣誉称号。

8.2.3.2 国家级旅游度假区

佘山是上海仅有的山林胜地，位于松江区西北部，境内自东北向西南有北竿山、凤凰山、玉屏山、厍公山、东佘山、西佘山、辰山、钟贾山、天马山、小机山、横云山、小昆山等大小12座山峰，犹如十二颗大小不等的翡翠，绵延13千米，山地总面积401平方千米。西佘山园景区是云间九峰中环境最好、面积最大的景区，是远东第一大天主教堂——佘山天主教堂和中国第一座天文台——佘山天文台的所在地。东佘山国家森林公园山体钟秀、林木葱郁，动植物资源丰富，尤以山间所产竹笋有兰花幽香而著名。

8.2.3.3 旅游特色小镇

（1）朱家角。朱家角镇位于青浦区中南部，紧靠淀山湖风景区。东临西大盈，与环城分界；西濒淀山湖，与大观园风景区隔湖相望；南与沈巷镇为邻；北与江苏省昆山市淀东接壤。朱家角历史悠久，旅游资源丰富，小桥流水，古意盎然，素有"江南明珠"之称，被列为上海四大历史文化名镇之一。

（2）枫泾古镇。枫泾古镇地处上海西南。历史上，因地处吴越交会之处，素有吴越名镇之称。如今，枫泾镇与沪浙五区县（市）（金山、松江、青浦、嘉善、平湖）交界，是上海通往西南各省的最重要的"西南门户"。枫泾为典型的江南水乡古镇，周围水网遍布，镇区内河道纵横，桥梁有52座之多，现存最古老的为元代致和桥，距今有近700年历史。镇区规模宏大，全镇有29处街、坊，84条巷、弄。至今仍完好保存的有和平街、生产街、北大街、友好街四处古建筑物，总面积达48 750平方米（不包括其他街区保存的古建筑物）。枫泾古镇是上海地区现存规模较大保存完好的水乡古镇。

8.3 江苏省

8.3.1 旅游地理概况

江苏，简称"苏"，地处中国大陆沿海中部，东临黄海，北接山东，西连安徽，东南与上海、浙江接壤，是长江三角洲地区的重要组成部分，介于东经116°18′～121°57′，北纬30°45′～35°20′。江苏省土地面积10.72万平方千米，省会南京。江苏省地势低平，以平原为主，主要由苏南平原、江淮平原、黄淮平原和东部滨海平原组成。低山丘陵集中在北部和西南部。

8.3.1.1 旅游资源极其丰富，自然与人文融为一体

江苏历史悠久，人文荟萃，名胜古迹遍布全省各地。加之山水秀美，风光旖旎，城市密集，经济活跃，形成了极其丰富多样的旅游资源，且自然与人文景观融为一体，相映生辉。现有太湖、南京钟山、云台山等5家国家级风景名胜区，南京、无锡、苏州、常熟等13座国

家历史文化名城,南京汤山温泉旅游度假区、苏州太湖国家旅游度假区等5个国家级旅游度假区,大丰麋鹿国家级自然保护区、泗洪洪泽湖湿地国家级自然保护区和盐城国家级珍禽自然保护区等3个国家级自然保护区,645处省级以上文物保护单位,形成了沿长江、环太湖、沿海三大旅游带。

8.3.1.2 自然景观山水兼备,以水见长

江苏自然山水资源丰富,尤以水见长,兼江河湖海之美。长江横穿东西,江面辽阔,一泻千里;古老的京杭大运河纵贯南北;连云港、盐城等东部沿海海阔天空;南部太湖烟波浩瀚,中部洪泽湖碧波万顷,还有扬州的瘦西湖,南京的玄武湖、莫愁湖,徐州的云龙湖,溧阳的天目湖等都是著名的游览湖泊。已有2500多年历史的苏州城,享有"东方威尼斯"之美称,城内"小桥、流水、人家",充满水乡情调。还有吴江同里、昆山周庄、吴县甪直等,都是著名的江南水乡古镇。

8.3.1.3 人文旅游资源品位高,古今兼容、各具特色

江苏历史悠久,不仅有13座国家历史文化名城,还有一大批价值极高的文物古迹。例如,武进春秋淹城是我国保存最完整的古老地面城池遗址;规模宏大的明孝陵为中国陵墓建筑之典范;江南古典园林、江南水乡古镇更具世界影响力。江苏近代史迹众多,民国时期文化很具代表性。南京中山陵、总统府、梅园新村、雨花台,淮安城周恩来故居、周恩来纪念馆,徐州淮海战役烈士陵园等久负盛名。江苏现代兴起的众多旅游城市、旅游村镇、主题公园、游乐园等更充满了现代风貌,体现着蓬勃向上的时代精神。

8.3.1.4 旅游资源空间组合良好,但南北分布不均衡

从宏观上看,江苏旅游资源空间组合良好,形成了沿长江、环太湖、沿海、徐宿淮等几个特色鲜明、联系便利的旅游资源聚集区或带,同时也具有南北分布明显不均衡的特点。旅游资源分布在数量、级别及其组合排序上大致呈现由南往北递减的趋势。苏南地区旅游资源高度密集,旅游城市高度集中,是全国旅游资源最为密集的地区之一;而北部和沿海地区,旅游资源和城市分布都相对较少。

8.3.2 优秀旅游城市

江苏省有南京市、无锡市、扬州市、苏州市、徐州市、连云港市等优秀旅游城市。本章节仅以南京市、苏州市、连云港市为例,简要介绍。

(1)南京市。南京位于长江下游沿岸,是江苏省省会,战国时楚威王始置金陵邑,以为"王之地也",简称"宁",是"中国八大古都"之一。"六朝金粉地,金陵帝王州",有着6000多年文明史和2400多年建城史的南京,历史上先后有10个朝代在此建都,故有"十朝都会"之称。历史文化遗迹丰富,有古老的秦淮河、古城墙、夫子庙、鸡鸣寺、总统府旧址和江南规模最大、保存最为完好的一组古建筑朝天宫,秀美的玄武湖和莫愁湖,有我国第一座自己设计建造的双层双线公路、铁路两用南京长江大桥,有伟大的革命先行者孙中山先生的陵墓中山陵,有新中国成立前修建的我国唯一的天文台紫金山天文台,有纪念抗日战争和解放战争的南京大屠杀死难同胞纪念馆和雨花台烈士陵园、渡江战役胜利纪念碑,有以"钟山龙蟠"闻名的钟山风景区和大大小小的博物馆、植物园等,此外还有灵谷寺、石象路、三国东吴所筑石头城遗址、明代朱元璋的陵墓(明孝陵)等。南京是国家重要

的科教中心,自古以来就是一座崇文重教的城市,有"天下文枢""东南第一学"的美誉。

(2)苏州市。苏州古称吴、吴都、吴中、东吴、吴门,简称"苏"。苏州是江苏省的经济、对外贸易、工商业和物流中心,也是重要的文化、艺术、教育和交通中心。苏州物华天宝,人杰地灵,因其从古至今繁荣发达、长盛不衰的文化和经济,被誉为"人间天堂""丝绸之都(丝绸之府)""园林之城"之称。苏州素以山水秀丽、园林典雅而闻名天下,又因其小桥流水人家的水乡古城特色,而有"东方威尼斯""东方水都(东方水城)"之称。现今的苏州已经成为"城中有园""园中有城",山、水、城、林、园、镇为一体,古典与现代完美结合、古韵今风、和谐发展的国际化大都市。苏州市的主要旅游景点有:拙政园、留园、虎丘、寒山寺、枫桥、山塘街、苏州博物馆、盘门景区、金鸡湖夜景、古镇周庄等。

(3)连云港市。连云港市古迹较为丰富,历史久远,素有"东海第一胜境"之称,是全国重点旅游城市和江苏三大旅游区之一。连云港集名山(花果山)、名海(黄海)、名水(东海温泉)、名竹(金镶玉竹)、名石(水晶)、名书(《西游记》《镜花缘》等)、名"气"(空气质量优良)、名井(亚洲第一井)于一地,构成独特的城市风貌和旅游景观,造就了山、海、岛、港相得益彰,水秀山明、浑然一体的宜人风光。

8.3.3 世界级旅游吸引物

江苏省拥有苏州园林、昆曲、中国大运河(江苏段)等世界遗产;世界人与生物圈保护区网络——盐城沿海滩涂珍禽生物圈保护区。

8.3.3.1 世界遗产

(1)苏州园林。苏州是著名的国家历史文化名城和国家重点风景旅游城市。这里为我国古典园林荟萃之地,盛名享誉海内外,有"江南园林甲天下,苏州园林甲江南"之说。苏州古典园林历史绵延 2000 余年,在布局、结构、风格上都有独特的艺术特色,以富于变幻的造园技艺,把天然山水凝缩到众多的园林中来,具有园景模仿自然、淡雅幽静、园中有园、景外有景、以小见大、以少见多的风格。被称为苏州四大古典园林的沧浪亭、狮子林、拙政园和留园分别代表着宋、元、明、清四个朝代的艺术风格,园林以写意山水的高超艺术手法,蕴含浓厚的传统思想文化内涵,是东方文明的造园艺术典范和中华民族的艺术瑰宝。1997 年 12 月,苏州古典园林拙政园、留园、网师园、环秀山庄被列入《世界文化遗产名录》。

(2)昆曲。昆曲原名"昆山腔"或简称"昆腔",发源于江苏昆山,至今已有 600 多年历史,被称为"百戏之祖,百戏之师",是许多地方剧种雏形,清代以来被称为"昆曲",现又被称为"昆剧",是我国传统戏曲中最古老的剧种之一,也是我国传统文化艺术、特别是戏曲艺术中的珍品。昆曲是中国首批人类口述和非物质遗产。昆曲要求极高的表演技巧,戏曲的表现手段为唱、念、做、打(舞)之综合。河北梆子演员裴艳玲之代表作《林冲夜奔》即以昆曲形式演出。剧本、声腔、表演虽然在不断变革,但昆曲变化较少,对戏曲传统特点保留较多,剧目又极为丰富,被称为"活化石"。

(3)中国大运河(江苏段)。2014 年 6 月 22 日,在卡塔尔首都多哈召开的第 38 届世界遗产大会上,中国大运河成功入选《世界遗产名录》。其中大运河在江苏段流域最长,约 700 千米,沿途文化遗存最多、保存状况最好和利用率最高,流经徐州、宿迁、淮安、扬州、镇江、常州、无锡、苏州 8 座地级市,列入申遗点段的河道 6 段,历史遗存 22 处,比重约为 40%,遗产点为全线最多,历史久远,文化资源丰富。沿线拥有瘦西湖、江南古镇、里运河等著名景点,洪泽湖大堤、清口枢纽等遗产在中国大运河历史上也有着非常重要的意义。直到现在,大运河江苏段仍然是一条黄金水道。

8.3.3.2 世界人与生物圈保护区网络

江苏盐城沿海滩涂珍禽国家级自然保护区位于江苏省盐城市的射阳、大丰、滨海、响水、东台五县(市)的沿海地区,面积 45.3 万公顷,1992 年加入联合国教科文组织国际"人与生物圈"保护区网络。主要保护对象为滩涂湿地生态系统和以丹顶鹤为代表的多种珍禽。江苏盐城沿海滩涂国家级自然保护区内河流众多,沼泽湿地发育,生物资源丰富,核心区的生态系统基本处于原始状态。鸟类有 315 种,其中属国家一级保护的 9 种,二级保护的 33 种。每年在此越冬的丹顶鹤有 800 只左右,为全世界最大的丹顶鹤越冬地,也是国际濒危物种黑嘴鸥的重要繁殖地。

8.3.4 国家级旅游吸引物

江苏省拥有扬州市瘦西湖风景区、常州市环球恐龙城休闲旅游区、苏州市同里古镇景区、南京市夫子庙—秦淮风光带景区、苏州市周庄古镇景区、无锡市灵山大佛景区、南京市钟山风景名胜区—中山陵园风景区、常州市春秋淹城旅游区、连云港花果山景区、徐州市云龙湖景区等 5A 级景区;南京汤山温泉旅游度假区、常州溧阳天目湖旅游度假区、阳澄湖半岛旅游度假区、无锡市宜兴阳羡生态旅游度假区等国家级度假区。

8.3.4.1 5A 级景区

(1)扬州市瘦西湖风景区。瘦西湖位于扬州市北郊。瘦西湖的美主要在于蜿蜒曲折,湖面时宽时窄,两岸林木扶疏,园林建筑古朴多姿。瘦西湖全长 4.3 千米,游览面积 46 公顷,有长堤、徐园、小金山、吹台、月观、五亭桥、凫庄、白塔等名胜。五亭桥是其最有名的景点,因桥上建有五座亭子,故名五亭桥。五亭桥建造在瘦西湖上,好像湖的一根腰带。桥的造型典雅秀丽,黄瓦朱柱,配以白色栏杆,亭内彩绘藻井,富丽堂皇,具有南方建筑的特色,而桥下则是具有北方建筑特色的厚实桥墩,和谐地把南北方建筑艺术、园林设计和桥梁工程结合起来。

(2)苏州市同里古镇景区。同里隶属于苏州市下辖的吴江市,位于太湖之畔,古运河之东,四面临水,八湖环抱。同里古镇风景优美,镇外四面环水,古镇镶嵌于同里、九里、叶泽、南星、庞山五湖之中。镇区被川字形的 15 条小河分隔成 7 个小岛,而 49 座古桥又将小岛串为一个整体。建筑依水而立,主要景点可概括为"一园"(退思园)、"二堂"(崇本堂、嘉荫堂)、"三桥"(太平桥、吉利桥和长庆桥)。同里是目前江苏省保存最为完整的水乡古镇,国家 5A 级景区,也是省重点文物保护单位,现已列为太湖 13 大景区之一,1998 年水乡古镇和退思园被列入世界文化遗产预备清单,素有"东方小威尼斯"之称。

(3)苏州市周庄古镇景区。周庄位于苏州城东南,昆山的西南处,是世界文化遗产预选地,也是首批国家 5A 级旅游景区,因河成街,呈现一派古朴、明洁的幽静,是江南典型的"小桥、流水、人家",虽历经 900 多年的沧桑,仍完美地保存着原有的水乡古镇的风貌和格局,宛如一颗镶嵌在淀山湖畔的明珠,素有"中国第一水乡"的美誉。周庄最为著名的景点有富安桥、双桥、沈厅。富安桥是江南遗存的立体形桥楼合璧建筑。双桥则由两桥相连为一体,造型独特;石桥牢固而又质朴,建于明代,由一座石拱桥和一座石梁桥组成,横跨于南北市河和银子浜两条小河上。沈厅为清式院宅,整体结构严谨,局部风格各异。

(4)无锡市灵山大佛景区。灵山大佛景区位于无锡太湖国家旅游度假区,是一座规模宏大、文化精深、意境空灵的佛教主题园区。包括著名的灵山大佛、九龙灌浴、灵山梵宫、灵山大照壁、祥符禅寺等景点。源远流长的佛教文化与自然山水在景区完美结合。灵山大佛矗立在小灵山南麓,包括莲花座在内通高为88米,比"山是一尊佛,佛是一座山"的四川乐山大佛还要高出17米,是集文化、艺术和宗教于一体的大型艺术珍品。

8.3.4.2 国家级旅游度假区

(1)南京汤山温泉旅游度假区。南京汤山温泉旅游度假区位于南京市江宁区汤山街道,规划面积29.74平方千米,集碑、泉、洞、湖、寺于一体,融人文景观与自然风光为一体的国家级旅游度假区。汤山温泉旅游度假区是世界著名温泉疗养区,居中国四大温泉疗养区之首,是中国唯一获得欧洲、日本温泉水质国际双认证的温泉,有"千年圣汤,养生天堂"之美誉。山、水、泉、林、湖错落分布,不仅坐拥15万亩山林,世界级地质断层,还拥有58万年前南京直立猿人头骨化石和距今600多年世界最大的阳山碑材等世界级的休闲旅游禀赋。

(2)常州溧阳天目湖旅游度假区。天目湖位于常州溧阳市南8千米处,因属天目山余脉,故名"天目湖"。天目湖为东西窄、南北长的深水湖,南部水深4～5米,北部水深10～14米。天目湖的周围,现存许多历史文化遗址:以春秋时代楚人伍子胥名"员"命名的伍员山、东汉大文学家蔡邕读书台、太白楼、报恩禅寺、唐代名刹龙兴寺旧址、"天下第一石拱坝"等。天目湖全区拥有300平方千米的生态保护区,区内坐落着沙河、大溪两座国家级大型水库,是江苏省首批生态旅游示范区,被誉为"江南明珠""绿色仙境"。

8.4 浙江省

8.4.1 旅游地理概况

浙江省,简称"浙",位于中国东南沿海,介于北纬27°03′～31°11′和东经118°01′～123°25′,东濒东海,南接福建,西与江西、安徽相连,北与上海、江苏为邻。东西与南北的直线距离均为450千米,陆域面积10.55万平方千米,省会杭州。浙江省地势自西南向东北呈阶梯状倾斜,其中位于龙泉市境内的黄茅尖,海拔1 921米,为全省最高峰。地形以丘陵山地为主,占全省总面积70.4%;境内河湖水面积占6.4%,有钱塘江、瓯江、曹娥江、灵江等水系。海岸线总长6 400余千米,居全国首位,是一个海岸曲折、港湾众多的海洋大省。

8.4.1.1 旅游资源丰富,类型齐全

浙江省自然风光秀美、人文积淀深厚,"青山绿水、丝府茶香、书经佛国、文物之邦"是对浙江省旅游资源的真实写照。全省有地文景观800多处,水域风光200多处,生物景观100多处。仅水域风光就有江河湖泊、泉潭飞瀑、河口海面等,各种类型十分齐全。同时,

浙江历史悠久,人文荟萃,名城、名镇、名园、名人、名产、名寺、名塔、名楼、名馆、节庆活动等应有尽有,各类人文景观达数百处,龙井茶、丝绸、杭白菊、金华火腿等物产不胜枚举。

8.4.1.2 旅游资源品位较高

浙江省拥有西湖、富春江—新安江、雁荡山、莫干山、普陀山、天台山、楠溪江、嵊泗列岛、双龙洞等国家级风景名胜区;拥有东钱湖、大佛寺、方岩、烂柯山等省级风景名胜区;拥有杭州、宁波、绍兴、衢州、临海、金华、嘉兴、温州、湖州等国家级历史文化名城;拥有国家历史文化名镇及国家历史文化名村;拥有全国重点文物保护单位99处;拥有太湖、湘湖、东钱湖等国家级旅游度假区;拥有国家级森林公园39处;拥有国家级自然保护区11处。总体来看,旅游资源品位较高。

8.4.2 优秀旅游城市

浙江省拥有杭州市、嘉兴市、舟山市、金华市、宁波市、丽水市、绍兴市等优秀旅游城市。

(1)杭州市。杭州市位于中国东南沿海北部,是浙江省省会,浙江省政治、经济、文化中心,中国东南重要交通枢纽,也是中国最著名的风景旅游城市之一,"上有天堂下有苏杭",表达了古往今来的人们对于这座美丽城市的由衷赞美。元朝时曾被意大利著名旅行家马可·波罗赞为"世界上最美丽华贵之城"。有着2200年的悠久历史的杭州还是我国八大古都之一。杭州有多项旅游景点入选中国世界纪录协会世界纪录,创造了一批世界之最、中国之最。

(2)嘉兴市。嘉兴是历史悠久的江南水乡名城之一,又是中共"一大"会址所在地。地处长江三角洲南翼,紧靠上海、杭州、苏州等大中城市,素有"上有天堂,下有苏杭,嘉兴在中央"之说。嘉兴风光旖旎,人文景观遍布,水乡韵味十足。有革命圣地南湖、"天下第一潮"海宁钱江潮、"一片真山水"海盐南北湖、东南沿海"北戴河"平湖九龙山海滨浴场、著名江南水乡古镇——嘉善西塘和桐乡乌镇等,构成了嘉兴集潮、湖、河、海于一体的水文化旅游特色极其丰富的文化内涵。

(3)舟山市。舟山是全国唯一以群岛——舟山群岛设市的地级行政区划,位于我国东南沿海,素有"东海鱼仓"和"祖国渔都"之美称,拥有渔业、港口、旅游三大优势。舟山群岛,宛如一串串翡翠般的珍珠,散落在东海洋面上,拥有上千处佛教文化、山海风光、海岛民俗和历史文化景观,更为迷人的是气势磅礴的瀚海浪涛,千姿百态的奇崖岩穴,宏伟典雅的名刹寺院,洁净宽阔的金沙浴场,桅林万盏的渔港夜景,纯朴浓郁的渔家风情、构成独特的海岛、海洋旅游资源,成为世人瞩目的游览、避暑、休养胜地。普陀山是中国佛教四大名山之一,朱家尖、沈家门、桃花岛、嵊泗列岛、基湖沙滩、姐妹沙滩、岱山、定海等自然风景秀丽。

(4)金华市。金华位于浙江中部,旅游资源十分丰富。有早已蜚声中外的国家级风景区双龙洞,还有省级风景区永康方岩、兰溪六洞山地下长河、浦江仙华山等山水资源,太平天国侍王府、宋代名刹天宁寺、八咏楼、五峰书院等胜迹及诸葛八卦村、俞源太极村等神秘村落,以及目前中国最大的影视拍摄基地,被称为"东方好莱坞"的横店影视城等景点。

8.4.3 世界级旅游吸引物

浙江省拥有杭州西湖风景名胜区、雁荡山世界地质公园、天目山国家级自然保护区、南麂列岛海洋保护区等旅游吸引物。

8.4.3.1 世界遗产

杭州西湖风景名胜区位于杭州市区，是首批国家重点风景名胜区，在2011年被列入世界文化遗产名录。西湖风景如画，在南宋即出现"西湖十景"，经过历代装点，使江湖、山林、洞壑、溪泉、春华秋实、夏荷冬雪等自然形胜与古刹丛林及造园家的雕琢融为一体，形成了"一山、二塔、三岛、三堤、五湖"的基本格局。西湖风景区主要分为水面景区和环湖景区，主要景点包括三潭印月、苏堤、白堤、花港观鱼、岳坟、葛岭、玉泉、灵隐寺、虎跑泉、六和塔等名胜古迹。

8.4.3.2 世界地质公园

雁荡山地质公园是国家首批重点风景名胜区、国家首批5A级旅游区、世界地质公园，位于浙江省乐清县东北，以山水奇秀著称，号称我国"东南第一山"。主峰百岗尖海拔1150米。雁荡山奇峰怪石林立，古洞石室众多，飞瀑流泉广布，奇丽美景蔚为壮观。其中，灵峰、灵岩、大龙湫为"雁荡三绝"。大龙湫瀑布高达190米，直泻龙潭。雁荡山古负盛名，宋时曾有十八古刹、十六亭、十院之盛。

8.4.3.3 世界人与生物圈保护区网络

（1）天目山国家级自然保护区。浙江天目山国家级自然保护区于1996年加入联合国教科文组织"人与生物圈"保护区网络成员。天目山峭壁突兀，怪石林立，峡谷众多，自然景观幽美，堪称"江南奇山"，是我国中亚热带植物资源最丰富的区域之一，其森林景观以"古、大、高、稀、多、美"称绝，有"大树华盖冠九州"之说。天目山历史悠久，集儒、道、佛等文化于一体，有道家第三十四洞天之誉。山上有禅源寺、狮子口、倒挂莲花、"大树王"等名胜古迹。区内生物多样性突出，生物资源极其丰富，是一块具有物种多样性、遗传多样性、生态系统多样性和文化多样性的独特宝地，是中国江南不可多得的一座"物种基因库"和"文化遗产宝库"。

（2）南麂列岛海洋保护区。南麂列岛国家级自然保护区成立于1990年，保护对象为海洋贝类和藻类。保护区由南麂列岛及其附近海域组成，总面积为196平方千米，陆地面积11.3平方千米，拥有大小岛屿52个，似一颗明珠镶嵌于万顷碧波之中。列岛的旅游资源十分丰富，有海八珍之首的鲍鱼和名贵的石斑鱼等368种鱼类，虾蟹类180种和数百种陆域动物；有贝类403种、藻类174种，占中国海洋贝藻类总数的20%以上，被誉为"贝藻王国"。1998年成为中国目前唯一纳入联合国教科文组织世界生物圈保护区网络的海洋类型自然保护区，2002年又被联合国开发计划署列为全球环境基金"中国南部海域生物多样性保护示范区"，成为一个以保护海洋生物多样性为目标，以海洋贝藻类及其生态环境为主要对象的特定海洋生态保护区，它在中国乃至世界的海洋生态多样性和生态环境保护与建设中具有十分重要的地位。

8.4.4 国家级旅游吸引物

浙江省拥有金华市东阳横店影视城景区、嘉兴市桐乡乌镇、宁波市奉化溪口—滕头旅游景区、杭州市千岛湖风景名胜区、舟山市普陀山风景名胜区、温州市雁荡山风景名胜区等5A级景区；东钱湖旅游度假区、湖州太湖国家旅游度假区等国家级度假区。

8.4.4.1　5A级景区

（1）金华市东阳横店影视城景区。横店影视城位于中国浙江中部东阳市的横店镇境内，距省会城市杭州160千米，是一处独具魅力的中国超大型影视旅游主题公园。现已建成广州街、香港街、明清宫苑、秦王宫、清明上河图、梦幻谷、屏岩洞府、大智禅寺、明清民居博览城等13个跨越几千年历史时空、汇聚南北地域特色的影视拍摄基地和两座超大型的现代化摄影棚，已成为目前亚洲规模最大的影视拍摄基地，被美国《好莱坞》杂志称为"中国好莱坞"。横店影视城坚持"影视为表、旅游为里、文化为魂"的经营理念，实现了影视基地向影视旅游主题公园的转变，旅游产品由观光型向休闲体验型转变，游客将可深度体验影视拍摄、享受度假休闲乐趣。

（2）嘉兴市桐乡乌镇。乌镇地处浙江省桐乡市北端，是一个历史悠久、文化氛围浓郁的水乡古镇。主要由传统作坊区、传统民具区、传统文化区、传统餐饮区、传统商铺区和水乡风情区组成。作为江南水乡六大古镇之一，古风犹存的东、西、南、北四条老街呈"十"字交叉，构成双棋盘式河街平行、水陆相邻的古镇格局。这里的民居宅屋傍河而筑，街道两旁保存有大量明清建筑，辅以河上石桥，体现了小桥、流水、古宅的江南古镇风韵。镇东的立志书院是茅盾少年时的读书处，现辟为茅盾纪念馆，为国家级重点文物保护单位。镇上的西栅老街是我国保存最完好的明清建筑群之一。此外，还有修真观戏台、双桥风情、梁苑胜迹、唐代银杏等众多景点。

（3）杭州市千岛湖风景名胜区。千岛湖在浙江省淳安县境内，因湖内拥有1078座翠岛而得名，其前身是新安江水库。千岛湖以千岛、秀水、金腰带（岛屿与湖水相接处环绕着有一层金黄色的土带，称之名"金腰带"）为主要特色景观。千岛湖是中国首批国家级风景名胜区之一，也是中国面积最大的森林公园，群山绵延，森林繁茂，绿化率100%，湖区573平方千米的湖水晶莹透彻，能见度达12米，属国家一级水体，景区内碧水呈奇，千岛百姿，自然风光旖旎，生态环境绝佳。

（4）温州市雁荡山风景名胜区。雁荡山风景名胜区位于浙江省东南部，温州市乐清县境内，处在雁荡山脉的北部，故人称北雁荡山。因雁湖岗顶上有湖，结芦成荡，每年秋雁南飞，多在此栖息，故名雁荡山，也称雁山。风景区内重山叠翠，群峰峥嵘，溪清潭碧，洞幽瀑奇，以山川奇秀而闻名天下，被称为"寰中绝胜""海上名山"，并有"东南第一山"之誉。雁荡山景点丰富，共有可游景点500多处，有一百零二峰、六十四岩、四十六洞、二十八潭、十八瀑、十四嶂、十三坑等，以山区中部的响岭头为中心，分为灵峰、灵岩、大龙湫、三折瀑、雁湖、显灵门、仙桥、羊角洞8个景区，其中奇峰、巨嶂、飞瀑、幽洞称为"雁景四绝"。而灵峰、灵岩、大龙湫3个景区景观更为集中，故灵峰、灵岩、大龙湫被称为"雁荡三绝"，景色更为奇丽，是风景区内最精华所在，简称为"二灵一龙"。

8.4.4.2 国家级旅游度假区

(1)东钱湖旅游度假区，位于宁波城东15千米，是浙江省最大的天然淡水湖，环湖周长45千米，水域近20平方千米，被誉为"东方财智之湖"。目前，东钱湖已初步建成湖泊型城市休闲综合体，构建起步行、骑行、舟行、车行皆宜的立体旅游交通网络，建成了主题酒店、房车营地、帐篷营地、单车驿站、皮划艇基地、帆船基地等旅游新业态，休闲旅游产品日益丰富，成为长三角地区颇受追捧的休闲度假目的地。

(2)湖州太湖国家旅游度假区，位于我国东部最大的天然湖泊——太湖的南岸，弁山东麓，大钱港以西，下辖仁皇山、滨湖两个街道，常住人口5万余人，行政区划总面积55.3平方千米（并拥有300平方千米太湖水域的开发利用权）。这里有长达60千米的"湖"岸线，雄浑苍茫，长风浩荡，是最具有海韵的休闲度假地；怡人的温泉、鸥鹭翔集的湿地、法华寺悠远的钟声、绿草茵茵的山地高尔夫球场、艳惊四方的月亮酒店，既占世界文化景观之秀美，又领中国第三淡水湖之浩渺；集名山、名湖、名史、名泉、名人、名寺于一地，繁华中透着宁静，现代中又留有一份古江南的韵味。

8.5 山东省

8.5.1 旅游地理概况

山东，因居太行山以东而得名，简称"鲁"，省会济南，地处华东沿海、黄河下游、京杭大运河中北段。境域包括半岛和内陆两部分，山东半岛突出于渤海、黄海之中，同辽东半岛遥相对峙；内陆部分自北而南与河北、河南、安徽、江苏4省接壤。占地面积15.8万平方千米，约占中国总面积的1.64%。山东省境内中部山地突起，西南、西北低洼平坦，东部缓丘起伏，形成以山地丘陵为骨架、平原盆地交错环列其间的地形大势。泰山雄踞中部，主峰海拔1 532.7米，为山东省最高点。

美丽的自然景观、丰富的历史文化和鲜明的地方特色融为一体，形成了自己独特的风格，山东省已经基本形成了自济南、泰安、曲阜延伸到邹城的"山水圣人"旅游区；以青岛、烟台、威海为一体的海滨风光旅游区；以潍坊市区为中心，以风筝、杨家埠木版年画、民俗风情为主体的民俗旅游区；以淄博齐国故城、殉马坑、蒲松龄故居为主体的齐文化旅游区；以黄河入海奇观和原始自然风貌为主体的东营黄河口旅游区；以水浒故事为主线，以梁山、阳古为重点的"水浒"旅游线。

此外，山东每年都会举办许多大型旅游节庆活动，吸引国内外游人，形成了山东旅游的一大特色。如传统的孔子国际文化节、青岛国际啤酒节、泰山国际登山节、潍坊国际风筝会、菏泽国际牡丹花会等。

8.5.2 优秀旅游城市

山东省拥有济南、邹城、临沂、青岛、烟台、威海、日照、潍坊等优秀旅游城市。本章节仅以济南、烟台、威海、日照、潍坊为例做简要介绍。

(1)济南。济南是山东省省会，历史悠久，是闻名世界的史前文化——龙山文化的发祥地。境内泉水众多,被誉为"泉城"。济南之泉,纵横分布,错落有致,既有趵突、黑虎、珍珠、五龙潭四大泉群,又有郊区泉群,誉称七十二名泉。其中趵突泉为七十二名泉之首,与大明湖、千佛山并称为济南三大名胜。大明湖湖面宽阔,由众泉汇流而成,夏日湖上荷花映日,绿柳成荫。千佛山为佛教名山,古名历山,有舜耕历山之说,登山远眺,明镜如湖,黄河似带,泉城风貌,尽收眼底。文物古迹众多,有先于秦长城的齐长城,中国最古老的地面房屋建筑——汉代孝堂山郭氏墓石祠,中国最古老的石塔——隋代柳埠四门塔和被誉为"海内第一名塑"的灵岩寺宋代彩塑罗汉(11世纪)等。

(2)烟台。烟台地处山东半岛东部,濒临渤海和黄海,与日本和朝鲜半岛隔海相望,是我国首批沿海开放城市之一。烟台依山傍海,气候宜人,是我国北方著名的旅游避暑和休闲度假胜地。烟台历史悠久,是中国古代早期文化发祥地之一。旅游资源主要有"人间仙境"蓬莱、"海上仙山"长岛和国家5A级旅游区南山风景区。

(3)威海。威海市位于山东半岛东端,北东南三面濒临黄海,是一座美丽的海滨城市,素有"东方夏威夷"之美称。风景秀丽,气候温和,物产丰富,交通方便,经济发达,是我国对外开放的沿海港口城市之一,也是"国家园林城市"。威海自然资源和人文资源兼备,有海岛海岸、城市园林、历史遗迹、民俗风情等类型。拥有国家级风景名胜区2家,华夏城、刘公岛等5A级景区2家。境内上千千米海岸线上,有中国近代第一支海军的诞生地刘公岛、秦始皇东巡经过的东方好望角"天尽头"成山头、中国道教全真派发祥地圣经山、凝聚中日韩三国人民友谊的赤山法华院、亚洲最大的天鹅栖息地天鹅湖、大东胜境——铁槎山、天下第一滩——银滩等名胜景观。全市形成了"一线(千千米海岸线)、六区(中心城市、海滨生态、渔家风情、温泉疗养、传统文化、休闲度假)"的旅游格局。

(4)日照。日照是一座新兴的沿海港口城市,地处山东半岛南翼,东临黄海,西靠沂蒙,北连青岛、潍坊,南接江苏、连云港。作为海滨生态旅游城市,日照以"蓝天、碧海、金沙滩"闻名于世,是我国沿海不可多得的避暑度假胜地。境内百千米的海岸线上有64千米的优质沙滩,被誉为"中国沿海仅存未被污染的黄金海岸";有奥林匹克水上运动公园、五莲山风景区、莒县浮来山风景区等一批国内外知名的旅游景点。

(5)潍坊。潍坊市地处山东半岛西部,是一座历史文化名城,旅游资源丰富,主要有潍坊世界风筝博物馆、十笏园、杨家埠民间艺术大观园、富华游乐园等,其中潍坊世界风筝博物馆是我国第一座大型风筝博物馆,建筑面积8100平方米,建筑造型选取了潍坊龙头蜈蚣风筝的特点,屋脊是一条完整的组合陶瓷巨龙,屋顶用孔雀蓝琉璃瓦铺成,似蛟龙遨游长空伏而又起,设计风格在国内独树一帜。

8.5.3 世界级旅游吸引物

山东省拥有曲阜孔庙、孔府、孔林,泰山等世界遗产。

(1)曲阜孔庙、孔府、孔林。曲阜孔庙、孔府、孔林位于山东省曲阜市,是中国历代纪念孔子、推崇儒学的表征,以丰厚的文化积淀、悠久历史、宏大规模、丰富文物珍藏,以及科学艺术价值而著称。曲阜是孔子故里,是孔子出生、立教、传教之地,是儒学之源,儒教之根。孔庙是祭祀孔子,表彰儒学的庙宇,始建于周,完成于明清时期,是世界上2000余座孔庙中最大的一座和中国使用时间最长的庙宇,也是中国现存最为著名的古建筑群之一;

孔林延续使用2400多年,不仅是中国也是世界上沿用时间最长的氏族墓地;孔府是中国现存规模最大、保存最好、最为典型的官衙与宅第合一的建筑群,有"天下第一家"之称。孔庙、孔林、孔府的历史、科学、艺术价值集中体现在它所保存的文物上。300多座、1 300多间金、元、明、清古建筑反映了各个时期的建筑规制和特点;1 000多件汉画像石、孔子圣迹图、石仪、龙柱等反映了石刻艺术的变化和发展;5 000多块西汉以来的历代碑刻既是中国书法艺术的瑰宝,也是研究中国古代政治、思想、经济、文化、艺术的宝贵资料;10余万座历代墓葬是研究墓葬制度的重要实物,17 000余株古树名木是研究古代物候学、气象学、生态学的活文物。10余万件馆藏文物中,以元明衣冠、孔子画像、衍圣公及夫人肖像、祭祀礼器最为著名,其中元明衣冠是中国罕有的传世同类文物,对于研究古代服饰、纺织艺术具有重要价值。30万件孔府明清文书档案是中国最为丰富的私家档案,是研究明清历史尤其是经济史的重要资料。曲阜"三孔"(孔庙、孔府、孔林),因其在中国历史和世界东方文化中的显著地位,而被联合国教科文组织列为世界文化遗产,被世人尊崇为世界三大圣城之一。

(2)泰山。泰山位于山东省中部,又名岱宗,为世界自然、文化双重遗产。泰山山体高大,气势雄伟,自然景观奇绝,同时也是一座天然的历史、艺术博物馆,仅在泰山的中轴线上就现存有各种石刻1 800余处。泰山岱庙大殿同北京的太和殿、曲阜大成殿并称为中国三大宫殿。在灵岩寺还有40尊宋代的罗汉塑像,造型突出,充分显示了中国古代精湛的雕塑技艺。数千年精神文化的渗透渲染和人文景观的烘托,使泰山被誉为中华民族精神文化的缩影,中华民族之魂。泰山的名胜古迹众多,主要的景点有岱庙、普照寺、王母池、关帝庙、红门宫、斗母宫、经石峪、五松亭、碧霞祠、仙人桥、日观峰、南天门、玉皇顶等,其中旭日东升、晚霞夕照、黄河金带、云海玉盘被誉为岱顶四大奇观。泰山,是中华民族的象征,是灿烂东方文化的缩影,是"天人合一"思想的寄托之地,更负"五岳之尊"盛誉。

8.5.4 国家级旅游吸引物

山东省拥有济南天下第一泉风景区、烟台市蓬莱阁旅游区(三仙山·八仙过海)、青岛崂山旅游风景区、威海刘公岛景区、烟台龙口南山景区、枣庄台儿庄古城景区、青州古城、威海市华夏城旅游景区、沂蒙山旅游景区、泰安市泰山景区、济宁市曲阜明故城(三孔)旅游区等5A级景区;拥有海阳、凤凰岛、烟台市蓬莱等国家级旅游度假区。

8.5.4.1 5A级景区

(1)济南天下第一泉风景区。天下第一泉风景区位于济南市中心,由"一河(护城河)一湖(大明湖)三泉(趵突泉、黑虎泉、五龙潭三大泉群)四园(趵突泉公园、环城公园、五龙潭公园、大明湖公园)"组成。景区以"天下第一泉"趵突泉为核心,泉流成河、再汇成湖,并与明府古城相依。趵突泉北边的五龙潭,东边的环城公园(公园内有黑虎泉等泉水)在济南也极负盛名。这些泉水的水质都很好。大明湖是由众泉汇集而成的天然湖泊,泉水由湖南岸流入,水满时从湖北岸始建于宋代的北水门流出,湖底由不透水的火成岩构成,恒雨不涨,久旱不涸,素有"众泉汇流,平吞济泺"之说,被誉为"泉城明珠"。同样由泉水汇流而成的护城河,宛若一条玉带环绕古城,可坐游船游览护城河。景区自然风光秀美,人文底蕴深厚,泉河湖泊之外,还有众多人文景观。有始建于元代的超然楼,始建于北魏、现为明代建筑的泺源堂等,历史遗迹有泺上台、秦琼故宅遗址、北水门等,名人故居有南丰祠、稼轩祠、李清照纪念堂与易安旧居、铁公祠、老舍纪念馆等,红色景点有济南惨案遗址、中共山东省委机关旧址等。

(2)烟台市蓬莱阁旅游区。蓬莱阁景区位于胶东半岛最北端,素有"人间仙境"之称,传说蓬莱、方丈、瀛洲是海中的三座仙山为神仙居住之所,亦是秦始皇东寻求药、汉武帝御驾访仙之地。广为流传的"八仙过海"神话传说,便源于此。蓬莱阁始建于北宋嘉祐六年(1061年),与黄鹤楼、岳阳楼、滕王阁并称中国四大名楼。其内部由天后宫、龙王宫、吕祖殿、三清殿、弥陀寺等6个单体和附属建筑共同组成规模宏大的古建筑群,每年吸引着数以百万计的游客来此观光旅游。阁东蓬莱水城为我国古代的最早军港之一,负山控海,修有水门、码头、炮台等海港和军事建筑,与蓬莱阁一起列为国家重点文物保护单位。阁西田横山又称登州岬,是黄渤海分界线的南端起点,相传为田横五百壮士筑营扎寨之处,北临大海,峭壁如切,新建有田横山文化公园、田横栈道、黄渤海分界坐标等景点,以海上公园闻名遐迩。另有水师府、登州古船博物馆、中国船舶发展陈列馆、登州博物馆、登州圣会堂、海滨和平广场等20余处景点。

(3)三仙山·八仙过海景区。景区包括三仙山和八仙过海两大园区。三仙山园区以古代神话传说中"蓬莱、方丈、瀛洲"三座仙山为原形,以翰墨古典园林为精华,园内叠山理水意境深远,亭台楼阁气度恢宏,加之藏宝丰富,被誉为"人间仙境,民间故宫";八仙过海园区以"八仙文化"为主题,造型宛如宝葫芦横卧海上,有"中国海上第一园林"的美誉。

(4)威海刘公岛景区。刘公岛位于威海湾口,它面临黄海,背接威海湾,素有"海上桃源"之称。岛上主要景点有刘公岛国家森林公园、刘公岛博览园、刘公岛鲸馆、旗顶山炮台等景点,还有众多英租时期遗留下来的欧式建筑,更有中日甲午战争博物馆,因此,这里是甲午战争纪念地,更是爱国主义教育基地。海岛四周岩石裸露,岛上峰峦叠翠,景色优美,空气清新,素有"海上桃源"之称。"千里绝尘埃,此间即洞天"是刘公岛最好的写照。沿环山路绕岛而行,不仅可以参观各景点,还可饱览海天一色的美丽风光。

(5)枣庄台儿庄古城景区。台儿庄古城位于世界文化遗产——京杭大运河的中心点,有"中国最美水乡"之誉,国家5A级旅游景区,坐落于山东省枣庄市台儿庄区、鲁苏豫皖四省交界地带。占地2平方千米,11个功能分区、8大景区和29个景点。八种建筑风格融为一体,72座庙宇汇于一城,南北交融、中西合璧,是运河文化的活化石;拥有京杭大运河仅存的最后3千米古运河,被世界旅游组织称为"活着的运河",是京杭运河最后一段活着的运河;城内拥有18个汪塘和7千米的水街水巷,可以舟楫摇曳、遍游全城,是名副其实的东方古水城。同时这里也是国台办批准的全国首家海峡两岸交流基地,是两岸交流的重要平台。重建后的台儿庄古城,成为世界上继华沙、庞贝、丽江之后,第四座重建的古城,世界第三座二战城市。

8.5.4.2 国家级旅游度假区

(1)山东省海阳旅游度假区,地处中国山东半岛中南部,南临黄海,位于青岛、烟台、日照、威海四大优秀旅游城市黄金节点,"仙境海岸"核心地段,总面积13.36平方千米。度假区内基础设施完备,旅游资源丰富,以烟台山为中心,两侧各有万米金色海滩呈弧形对称,酷似一只展翅欲飞的凤凰,是天造地设的休闲度假宝地。

(2) 山东凤凰岛旅游度假区。凤凰岛旅游度假区原名薛家岛旅游度假区,位于青岛经济技术开发区东南部,1995年经山东省人民政府批准设立为省级旅游度假区,2005年更名为凤凰岛旅游度假区。三面环海,西北侧与陆地相连,东与青岛老市区隔海相望,海上最近距离仅2.6海里。总面积约27.2平方千米,规划陆地面积9.8平方千米,海岸线长达54千米。凤凰岛旅游度假区是青岛市总体规划六大旅游板块之一,是青岛海滨风景带的重要组成部分,是山东省最具开发价值和潜力的旅游度假区。

8.6 安徽省

8.6.1 旅游地理概况

安徽位于华东腹地,因历史上有古皖国和境内的皖山、皖河而简称"皖",是我国东部襟江近海的内陆省份,跨长江、淮河中下游,位于东经114°54′~119°37′、北纬29°41′~34°38′之间,土地面积13.96万平方千米,省会合肥。地形、地貌呈现多样性。长江和淮河自西向东横贯全境,全省大致可分为5个自然区域:淮北平原、江淮丘陵、皖西大别山区、沿江平原和皖南山区。湖泊众多,其中巢湖面积800平方千米,为中国五大淡水湖之一。

8.6.1.1 历史文化源远流长

安徽是中国史前文明的重要发祥地。在繁昌县人字洞发现了距今约250万年前的人类活动遗址,在和县龙潭洞发现了三四十万年前旧石器时代的"和县猿人"遗址,在潜山县发现了距今五六千年的新石器时代遗存,对研究长江中下游地区原始文化有着重要的学术价值。安徽有5座国家历史文化名城:安庆、绩溪、亳州、歙县和寿县,特色鲜明,都有很高的旅游价值。徽商、徽学,历史悠久,影响深远。

8.6.1.2 自然、人文旅游资源兼备

安徽是中国旅游资源最丰富的省份之一,具有自然、人文资源兼备的特点。黄山、九华山、齐云山、天柱山,山岳神奇,群峰耸翠;巢湖、太平湖、花亭湖、万佛湖,波光水色,风情万种;从易经到儒学,从建安文学到桐城学派,从徽商到徽学,历史悠久,文化底蕴十分丰厚。

8.6.1.3 旅游资源品位高

安徽有黄山、九华山、天柱山、琅琊山、齐云山等12处国家级风景名胜区,还有国家级自然保护区6个,国家历史文化名城5座,以及凤阳都城和明皇陵遗址、"和县猿人"遗址、歙县许国石坊、亳州花戏楼等14处国家重点文物保护单位。其中,黄山为世界自然与文化双重遗产,西递、宏村为世界文化遗产。

8.6.2 优秀旅游城市

安徽省拥有黄山市、合肥市、亳州市、马鞍山市、安庆市、六安市、滁州市、歙县等优秀旅游城市。本章节仅以黄山市、马鞍山市、安庆市、六安市、歙县为例做简要介绍。

(1) 黄山市。黄山市因黄山而得名,是一个"八山一水一分田"的山区。它地处安徽省南部,现辖屯溪、黄山、徽州三区和歙县、休宁、黟县、祁门四县及黄山风景区。拥有名列

我国三大区域文化之一的徽学,它包括新安理学、新安朴学、新安画派、新安医学、徽派建筑、徽派盆景、徽雕、徽剧、徽菜等,是中华民族优秀传统文化的一朵奇葩。

(2)马鞍山市。自古以来,马鞍山作为六朝古都南京的畿辅,荆州至建康的门户,在历史上有着独特的地位。市郊古镇采石,历来为兵家必争之地,有中国历代战争的天然博物馆之称。市内环境优美,素有"九山环一湖,翠螺出大江"之誉,已辟为皖东旅游区。主要旅游点有采石矶、太白楼、广济寺、三元洞、雨山湖公园、当涂青山太白墓等。特产以"采石茶干"和"太白酒"著名。

(3)安庆市。安庆,皖西南中心城市,安徽省"皖江开发"的重点城市之一,长江沿岸著名的港口城市,中国民族工业的发源地,中国传统戏剧黄梅戏之乡,有"万里长江此封喉,吴楚分疆第一州"之美称。安庆历史悠久,人文荟萃,是国家历史文化名城。薛家岗和张四墩等新石器时代文化遗址,见证了安庆的祖先在这片美丽富饶的土地上繁衍生息。

(4)六安市。六安处于长江与淮河之间,大别山北麓,有国家森林公园天堂寨,有南岳山、铜锣寨、万佛山、八公山等风景名胜区,金寨、霍山等大别山革命老区,还有全国历史文化名城、淝水之战发生地——寿县,保存着全国唯一完整、宏伟壮观的宋代古城墙,以及历史悠久的古建筑、古墓群、古战场。

(5)歙县。歙县是国家级历史文化名城,古徽州所在地。歙县古城和丽江古城、平遥古城、阆中古城并称为中国四大古城,景区内古民居群布局典雅,古桥古塔、古街古巷、古坝古牌坊交织着古朴的风采,犹如一座气势恢宏的历史博物馆。城内白墙黑瓦,青砖铺地,阡陌之处,仍是世代徽州人居住之所。县城内外保留有大量明清民宅和街巷,主要景点有许国石坊、棠樾牌坊群、太白楼、新安碑园、陶行知纪念馆等。

8.6.3 世界级旅游吸引物

安徽省拥有黄山风景名胜区、皖南古村落(西递、宏村)等世界遗产;天柱山世界地质公园。

8.6.3.1 世界遗产

(1)黄山风景名胜区。黄山位于安徽省南部太平、黟县、休宁、歙县交界处,为峰林状花岗岩高山构成的山岳风景名胜区。山体雄伟奇特,玲珑巧石,万姿千态,主峰莲花峰海拔1840米,黄山以"四绝"——奇松、怪石、云海、温泉闻名海内外。黄山松生长在峰石峭壁间,苍劲、刚毅、姿态优美;黄山怪石星罗棋布,且多与奇松相伴,令人目不暇接;黄山云海气势磅礴,随风漂移,时卷时舒,状如狂涛巨浪,瞬息多变;黄山温泉四季泉涌,灵异奇妙,极宜入浴。大自然的造化使黄山兼备泰岱之雄伟、华山之险峻、衡岳之烟云、匡庐之飞瀑、雁荡之巧石、峨眉之清凉,故有"五岳归来不看山,黄山归来不看岳"之美誉。黄山为道教圣地,传轩辕黄帝曾在此炼丹,是国家5A级风景名胜区和疗养避暑胜地。1985年入选全国十大风景名胜,1990年12月被联合国教科文组织评为世界文化与自然双遗产,2003年被评为世界地质公园。

(2)皖南古村落(西递、宏村)。西递、宏村位于黄山市黟县境内,至今保存了3500多栋清代以前的古建筑,被誉为"古代建筑博物馆"。这些古民居布局之工,结构之巧,装饰之美,营造之精,集中体现了中国传统文化的精粹,是不可多得的旅游胜地。前者以雕梁

画栋著称,后者以奇巧布局出名,是中国长江中下游山区民居村落的杰出代表,中国古民居建筑的艺术宝库。2000年被评为世界文化遗产。

8.6.3.2 世界地质公园

天柱山世界地质公园位于安徽省潜山县境内,地处扬子、华北板块接合部位,是全球瞩目的大别山超高压变质带的重要地段,记录了两大板块俯冲、碰撞的演化过程。公园面积135.12平方千米,以全球范围内规模最大、剥露最深、出露最好、超高压矿物和岩石组合最为丰富的大别山超高压变质带的经典地段而享誉世界,是研究大陆动力学的最典型地区之一;以郯庐断裂带上花岗岩地貌闻名于世,尤以崩塌堆垒地貌景观而被专家誉为中国"天柱山型"花岗岩地貌;产出丰富的古新世哺乳类动物化石,被公认为"亚洲哺乳动物发源地之一,古脊动物化石宝库"。

8.6.4 国家级旅游吸引物

安徽省拥有池州市九华山风景区、天堂寨风景名胜区、六安市万佛湖景区、芜湖市方特旅游区、合肥市三河古镇景区、黄山市古徽州文化旅游区、阜阳市颍上八里河景区、宣城市绩溪龙川景区、安庆市天柱山风景区、黄山市皖南古村落——西递宏村、黄山市黄山风景区等5A级景区。

(1)池州市九华山风景区。九华山位于安徽省青阳县境内,皖南三大山系之一,是花岗岩体构成的山岳风景名胜区,山势雄伟高拔。九华山是我国四大佛教名山之一,建筑形式以佛教殿堂与皖南民居相结合而独树一帜。尤其九华街一带之寺庙,各抱地势,高低错落,形成以化城寺为中心的优美古建筑群,享有"佛国仙城"之号。九华山的苍松、翠竹、岩洞、怪石、飞瀑、流溪、田园、山庄,也别有情趣。国家重点风景名胜区,国家5A级旅游景区,国家地质公园。

(2)天堂寨风景名胜区。天堂寨,国家5A级旅游景区、国家级自然保护区、国家森林公园、国家地质公园,是大别山第二高峰,位于安徽省金寨县与湖北省罗田县交界的地区,有"华东最后一片原始森林、植物的王国、花的海洋"的美称。天堂寨所处的大别山,是中国南北水系的分水岭,山北水往北流注入淮河,山南水往南流注入长江。所以在天堂寨峰顶北可望中原,南可眺荆楚,巍巍群山尽收眼底。海拔1 729米的天堂顶有一口天塘,塘水不溢不涸,俗称"瑶池"。景区总面积120平方千米,境内千米以上的高峰25座,天堂寨最高峰为大别山主峰之一,系江淮分水岭,常年平均降雨量1350毫米,湿度85%,年均气温12.6℃,水质为地表一级卫生饮用水。其间,雄关漫道,崇山峻岭,茂林修竹,龙潭飞瀑,奇松怪石颇多,古称"吴楚东南第一关",气势雄伟壮观。

8.7 江西省

8.7.1 旅游地理概况

江西省,简称赣,总面积16.69万平方千米。境内除北部的鄱阳湖平原较为平坦外,东、南、西三面环绕有武夷山脉、南岭山脉和罗霄山脉,中部丘陵起伏,成为一个整体向鄱阳湖倾斜而往北开口的巨大盆地。赣江、抚河、信江、修河和饶河为江西五大河流。鄱阳湖为中国最大的淡水湖,同时也是世界上最大的候鸟栖息地。江西处于中亚热带季风湿润气候区,全省生态环境良好,森林覆盖率达60%,居全国前列。

江西拥有的旅游资源具有数量多、分布广、类型全、品位高等特点。其旅游资源的特色和优势表现在四个方面:①红色摇篮。江西是最著名的革命老区之一,这里有"中国革命摇篮"——井冈山、"八一起义英雄城"——南昌、"共和国摇篮"红色故都——瑞金、"秋收起义策源地"——萍乡,在这片红土地上遗存的旧址、故居及纪念建筑物等革命胜迹数量多、分布广。②绝特山水。江西群山环耸,江湖纵横,山水景观非常奇特,加上千百年来名士、高僧、道人纷至沓来,人文积淀深厚,形成众多的山水绝景,尤以庐山、井冈山、龙虎山、三清山和鄱阳湖、赣江等"四山一湖一江"最为突出。③陶瓷艺术。江西景德镇瓷艺独步天下,是享誉中外的"瓷都"。这里古今烧制的青花、青花玲珑、粉彩、颜色釉等四大传统名瓷,已达到"白如玉、明如镜、薄如纸、声如磬"的艺术境界。④道教文化。江西是道教的源流之地,龙虎山是公认的道教祖庭。自第一代天师张道陵炼丹传道,创建天师道始,迄今绵延近两千年。此外,南昌西山、樟树阁皂山、上饶三清山、萍乡武功山、南城麻姑山等都是著名的道教圣地。

8.7.2 优秀旅游城市

江西省拥有南昌市、井冈山市、九江市、赣州市、鹰潭市、景德镇市。本章节仅以南昌市、九江市、赣州市、景德镇市为例做简要介绍等优秀旅游城市。

(1)南昌市。南昌别称洪都、豫章,为江西省省会,位于赣江下游鄱阳湖西岸,是一座具有2200多年历史的文化名城。八一南昌起义使它成为"军旗升起的地方",故又称"英雄城"。南昌人文荟萃,楼台相望,重要旅游景点有八一南昌起义纪念馆、滕王阁、绳金塔、佑民寺、八大山人馆等。其中,滕王阁耸立于南昌市城西赣江之滨,因唐太宗李世民之弟、滕王李元婴任洪洲南昌都督时营建而得名。滕王阁主体建筑为宋式仿木结构,高57.7米,共9层,突出背城临江、瑰玮奇特的气势,因"初唐四杰"之首的王勃一篇雄文——《秋日登洪府滕王阁饯别序》,简称《滕王阁序》而得以名贯古今,誉满天下,素有"西江第一楼"之称。

(2)九江市。九江古称江州、浔阳、柴桑、汝南、湓城、德化,有江西北门之称。地势东西高,中部低,南部略高,向北倾斜,平均海拔32米,全境东西长270千米,南北宽140千米,总面积1.88万平方千米,占江西省总面积的11.3%,其中市区规划面积300平方千米,建成区面积90.14平方千米。主要景点有庐山风景区、鄱阳湖自然保护区、海会寺、九江星子庐山天沐温泉度假村、星子庐山龙湾温泉度假村等。

(3)赣州市。赣州是世界重要的钨产地,有"世界钨都"之称。赣州是国家历史文化名城,全国卫生城市,中国优秀旅游城市和国家园林城市,中部最佳投资城市,粤商最佳投资城市,浙商最佳投资城市,深港企业最佳投资城市,中部六省加工贸易梯度转移重点承接地。素有"江南宋城、客家摇篮、共和国摇篮、世界钨都、世界橙乡、稀土王国、千里赣江第一城、生态王国"之美誉,被誉为全国最适宜居住的城市之一。

(4)景德镇市。景德镇坐落在黄山、怀玉山余脉与鄱阳湖平原过渡地带,是中外著名的瓷都，与广东佛山、湖北汉口、河南朱仙镇并称为明清时期的中国四大名镇，景德镇是国务院首批公布的全国24个国家历史文化名城之一和甲类对外开放城市。据文献记载，景德镇制造陶瓷始于汉代，至今已经有2000多年的历史。到北宋景德年间，所有瓷器底部均书"景德年制"，从此这里名扬天下，地名也变为景德镇。景德镇传统四大名瓷——青花、青花玲珑、粉彩、颜色釉，以其"白如玉、薄如纸、明如镜、声如磬"的品质名扬世界。景德镇市旅游资源以陶瓷文化独具优势。全市已发现30多处陶瓷历史遗址，如古代著名的瓷用原料产地及世界通称制瓷原料高岭土命名地高岭、湖田古窑遗址、明清御窑厂遗址等，分别列为国家级、省级文物保护单位，具有世界性的影响力和吸引力。

8.7.3 世界级旅游吸引物

江西省拥有三清山风景名胜区、庐山世界地质公园等世界遗产；龙虎山、庐山、三清山等世界地质公园。

8.7.3.1 世界遗产

（1）三清山风景名胜区。三清山位于江西省上饶市东北部，因玉京、玉虚、玉华"三峰峻拔，如道教三清列坐其巅"故名。三清山风景区总面积756.6平方千米，其主峰玉京峰海拔1819.9米，为最高峰，也是信江的源头。在漫长的地质史上，三清山历经多次地质构造运动，尤以大规模断裂和岩浆活动的印支燕山运动为最成熟，从而形成了三清山今日的奇伟景观，具有很高的观赏和研究价值。三清山集天地之秀，纳百川之灵，兼具"泰山之雄伟、黄山之奇秀、华山之险峻、衡山之烟云、青城之清幽"，被誉为"世界精品、人类瑰宝、精神玉境"，是国家重点风景名胜区，国家地质公园，5A级风景旅游区，2008年列入《世界遗产名录》，成为中国第七个、江西第一个世界自然遗产。

（2）庐山世界地质公园。庐山又称匡山或匡庐，位于九江市南36千米处，北靠长江，南傍鄱阳湖，是我国著名的旅游风景区和避暑疗养胜地。庐山素以"雄、奇、险、秀"闻名于世。古人云"匡庐奇秀甲天下"，自司马迁将庐山载入《史记》后，历代诗人墨客相继慕名而来，李白、白居易、苏轼、陆游、郭沫若等1500位诗人相继登山，留下了许多珍贵的名篇佳作。庐山以典型的中国大陆东部山地第四纪冰川遗迹、地垒式断块山构造和变质核杂岩构造遗迹所构成的多成因复合地貌景观著称。建于825年的白鹿洞书院，是我国古代的四大书院之一。山上有20多个国家所建的英式、美式、俄式等多种建筑风格的别墅群，号称"世界别墅建筑艺术博物馆"。1996年12月，庐山以"世界文化景观"，列入《世界遗产名录》。2004年2月庐山被批准成为世界地质公园，同时也是我国首批国家重点风景区、全国风景名胜区先进单位、中国首批5A级旅游区。

8.7.3.2 世界地质公园

龙虎山原名云锦山，位于江西省鹰潭市郊西南20千米处，是国家重点风景名胜区。龙虎山由红色沙砾岩构成，是我国典型的丹霞地貌区。据说东汉时张天师在此炼丹，"丹成而龙虎现，山因得名"，龙虎山因而也成为中国道教发祥地。至今保存完好的龙虎山上清嗣汉天师府，占地3万平方米，建筑恢宏，尚存古建筑6000平方米，被历史上众多皇帝赐号"大真人府"，历来被尊为道教祖庭。始建于东汉的上清宫，为祖天师张道陵修道之所。源远流长的道教文化、独具特色的碧水丹山和规模宏大的崖墓群，构成了龙虎山风景旅游区自然景观和人文景观的"三绝"。2008年龙虎山地质公园被评为世界地质公园,2010年8月与福建泰宁、湖南莨山、广东丹霞山、浙江江郎山、贵州赤水一同成为世界自然遗产,现为国家级风景名胜区、5A级旅游区、国家森林公园、国家重点文物保护单位。

8.7.4 国家级旅游吸引物

江西省拥有井冈山风景名胜区、上饶市婺源江湾景区、瑞金市共和国摇篮旅游区、景德镇古窑民俗博览区、上饶市龟峰景区、抚州市大觉山景区、宜春市明月山旅游区、鹰潭市龙虎山旅游景区、上饶市三清山旅游景区、庐山风景名胜区等5A级景区;鄱阳湖国家级自然保护区。

8.7.4.1 5A级景区

(1)井冈山风景名胜区。井冈山位于湘赣边界罗霄山脉中段,总面积261.43平方千米,分为11个景区,76处景点,460多个景物景观。这里千峰竞秀,万壑争流,苍茫林海,飞瀑流泉,融雄、奇、险、秀、幽、奇为一体,集革命人文景观和优美自然风光于一家,既有名垂世界的朱、毛会师广场,又有灯火照亮九州的茅坪、茨坪;既有享誉全球的黄洋界,又有被载入中华货币史册的100元人民币背面主景的井冈山主峰,同时还有蜚声中外的笔架山十里杜鹃长廊。

(2)上饶市婺源江湾景区。江湾位于江西省婺源县东部,距婺源县城28千米,是国家5A级旅游景区,属于国家级文化与生态旅游景区,是江西省爱国主义教育基地。春季漫山遍野的油菜花田与保存完好的徽派建筑群是婺源旅游的招牌。每当花季来临,被誉为"中国四大花海"之一的婺源篁岭都会迎来大批的旅行者和摄影爱好者。除了油菜花,秋天的婺源也是观赏红叶的最佳地点,古朴的建筑映衬下的红叶带给婺源入冬前别样的生机勃勃。白墙黑瓦的徽派建筑给婺源增添了古色古香的质感。这里是我国徽州古建筑保存最好的地方之一,有"古建筑博物馆"之称。不管是紫阳古街上的朱熹祖居,还是四面环山的李坑,或者是《聊斋》取景地思溪延村,都是观赏明清古建筑的绝佳去处。其中,江湾文风鼎盛、群贤辈出,由宋至清孕育出状元、进士、官宦38人;传世著作92部,其中15部161卷列入《四库全书》。村中还有保存尚好的御史府宅、中宪第等明清时期官邸,又有徽派民居滕家老屋、培心堂等,以及徽派商宅,及2003年重修的萧江宗祠,极具历史价值和观赏价值。被誉为"中国最美的乡村"。

(3)瑞金市共和国摇篮旅游区。瑞金共和国摇篮景区位于江西赣州瑞金市,占地面积4550余亩,由叶坪、红井、二苏大、中华苏维埃纪念园(南园和北园)四大景区组成,是全国爱国主义教育示范基地,也是全国红色旅游经典景区之一,于2015年正式成为国家5A级景区。

(4)景德镇古窑民俗博览区。景德镇古窑民俗博览区为国家5A级旅游景区,是全国唯一以陶瓷文化为主题的国家级旅游景区,位于景德镇市瓷都大道古窑路1号,是国家级文化产业示范基地、国家级非物质文化遗产生产性保护示范基地。历代古窑展示区内有古代制瓷作坊、世界上最古老制瓷生产作业线、清代镇窑、明代葫芦窑、元代馒头窑、宋代龙窑、风火仙师庙、瓷行等景点,向人们展示了古代瓷业建筑,明清时期景德镇手工制瓷的工艺过程以及传统名瓷精品。陶瓷民俗展示区以十二栋明、清时期古建筑为中心,民俗景

区内有陶瓷民俗陈列、天后宫、瓷碑长廊、水上舞台瓷乐演奏等景观。水岸前街创意休憩区内有昌南问瓷、三间庙码头、耕且陶焉、前瓷今生、木瓷前缘等瓷文化创意休闲景观。

8.7.4.2 国家级自然保护区

鄱阳湖国家级自然保护区地处我国第一大淡水湖——鄱阳湖的西北角,主要保护对象为珍稀候鸟及湿地生态系统。据调查,全区有鸟类258种,其中属国家一级保护动物的有9种,属国家二级保护动物的有32种,是目前世界上最大的白鹤越冬地,也是迄今发现的世界上最大的越冬鸿雁群体所在地。该保护区已成为世界保护、研究鸟类的重要基地。1985年晋升为国家级自然保护区,1992年被列入《世界重要湿地名录》。

8.8 福 建 省

8.8.1 旅游地理概况

福建简称闽,省会是福州,位于我国东南沿海,全省土地面积为12.14万平方千米,海域面积为13.6万平方千米。福建是著名的台胞祖籍地,旅居海外的华人、华侨多达800万人,台湾同胞中80%祖籍福建。

福建地势总体上从西北向东南下降,在西部和中部形成北东向斜贯全省的两列大山带:西列是以武夷山脉为主体的闽西大山带;东列是由鹫峰山、戴云山、博平岭等山脉组成的闽中大山带。这两大山带之间为互不贯通的河谷、盆地。东部沿海为丘陵、台地、平原地带。福建省海域辽阔,水质肥沃,浮游生物多,水产资源相当丰富,是我国主要产鱼区。

福建山清水秀,人文荟萃,旅游资源丰富且独特。著名的武夷山、湄洲岛、太姥山、鼓浪屿、桃源洞、玉华洞、古寺庙、古塔、古桥、古城堡以及王审知、郑成功、林则徐、陈嘉庚等名流英杰的旧居遗迹等,都是独具特色的旅游胜地。

8.8.2 优秀旅游城市

福建省拥有厦门市、福州市、泉州市等优秀旅游城市。

(1)厦门市。厦门地处中国东南沿海,在香港与上海之间,隔海东望台湾,是中国五个经济特区之一。这里是全国著名的侨乡,旅外侨胞40多万人,主要分布在东南亚和台港澳等国家和地区。厦门是中国最早建立的经济特区之一,享有省级经济管理权限,经济发展迅速。风景秀丽,四季如春,是中国著名的海滨旅游城市和国际游船观光口岸。在环境保护、园林绿化、文明卫生方面走在全国前列,先后被评为"国家级卫生城市""国家环境保护模范城市""国家级园林城市""全国优秀旅游城市"。厦门源远流长的闽南文化与近代西方音乐的交融,构成了独特的文化现象,也孕育了"音乐之岛""钢琴之岛"——鼓浪屿。淳朴热情的民风,温馨的生活情调,被公认是中国最适宜生活的城市之一,主要景点有:鼓浪洞天、万石叠翠、云顶观日、五老凌霄、菽庄藏海、金山松石、胡里炮台、虎溪夜月、金榜玉、鸿山织雨、大轮梵天、集美鳌园、皓月雄风、北山龙潭、筼筜鹭影、青礁慈济等。

(2)福州市。福州简称"榕",是福建省省会,位于福建省东部、闽江下游。城内于山、乌山、屏山"三山"鼎峙,闽江宛如绿带穿城而过,形成了福州"山在城中、城在山内"的独特风貌,故福州亦称"三山"。福州生态环境优美,旅游资源丰富,被誉为"温泉古都、有福之州"。境内名山、名寺、名园、名居繁多,拥有平潭海坛、鼓山、青云山、十八重溪等国家重点风景名胜区,著名历史古迹150多处,各类园林37座,市区内河111条。先后获得"国家卫生城市""中国优秀旅游城市""国家园林城市""国家环保模范城市"等称号。闽江两岸生态环境建设、马尾船政历史文化遗产保护项目等获得中国人居环境范例奖。

(3)泉州市。泉州市地处福建省东南部,是福建省三大中心城市之一。泉州是海上丝绸之路的起点,海外交通和对外贸易曾经盛极一时。宋元时期,泉州港成为当时世界最大的海港之一,与埃及的亚历山大港并驾齐驱,曾呈现出"市井十洲人""涨海声中万国商"的繁荣景象。海外交通带来的古代波斯、阿拉伯、印度和东南亚诸种文化,与西晋末年"衣冠南渡"而后在泉州大地上传播、发育的中原文化交融汇合,形成了独特的异彩纷呈的多元文化现象。在泉州,不同语言、不同宗教的民族融洽相处,绽放出人类和平与文明之花,使泉州赢得了"海滨邹鲁""世界宗教博物馆"等称誉。泉州依山面海,境内山峦起伏,丘陵、河谷、盆地错落其间,地势西北高东南低,山地1 000多万亩,耕地217万亩,山地、丘陵占土地总面积的五分之四,俗称"八山一水一分田"。海域面积7864平方千米,海岸线总长421千米,大小港湾14个,岛屿208个。深水良港多,可建万吨以上深水泊位123个,湄洲湾南岸的肖厝港和斗尾港是世界不多、中国少有的天然良港。

8.8.3 世界级旅游吸引物

福建省拥有福建土楼、武夷山等世界遗产;福建泰宁世界地质公园、宁德世界地质公园等世界地质公园。

8.8.3.1 世界遗产

(1)福建土楼。福建土楼包括闽南土楼和一部分客家土楼,总数3 000余栋。通常是指闽西南独有的利用不加工的生土夯筑承重的土墙壁所构成的群居和防卫合一的大型楼房,形如天外飞碟,散布在青山绿水之间。主要分布地区以中国福建西南山区,客家人和闽南人聚居的福建、江西、广东三省交界地带。福建土楼是世界独一无二的大型民居形式,被称为中国传统民居的瑰宝。2008年中国"福建土楼"被正式列入《世界遗产名录》。

福建土楼产生于宋元时期,经过明代早、中期的发展,明末、清代、民国时期逐渐成熟,并一直延续至今。福建土楼依山就势,布局合理,吸收了中国传统建筑规划的"风水"理念,适应聚族而居的生活和防御的要求,巧妙地利用了山间狭小的平地和当地的生土、木材、鹅卵石等建筑材料,是一种自成体系,具有节约、坚固、防御性强特点,又极富美感的生土高层建筑类型。这种圆楼都由二三圈组成,由内到外,环环相套,外圈高十余米,四层,有一二百个房间,一层是厨房和餐厅,二层是仓库,三、四层是卧室;二圈两层有三五十个房间,一般是客房,中一间是祖堂,是居住在楼内的几百人婚、丧、喜、庆的公共场所。楼内还有水井、浴室、磨坊等设施。土楼除具有防卫御敌的奇特作用外,还具有防震、防火、防盗以及通风采光好等特点。

(2)武夷山。武夷山风景名胜区位于福建省西北部武夷山市境内,处在武夷山脉北段的东南麓,景区面积约70平方千米,于1988年被列入世界生物圈保护区,1999年12月被列入《世界遗产名录》。风景区内有三十六峰、七十二洞、九十九岩及一百零八景点,不

仅全年有景,四季不同,而且阴晴风雨,其山川景色变幻莫测,瑰丽多姿。这里是典型的丹霞地貌,亿万年大自然的鬼斧神工,形成了奇峰峭拔、秀水潆洄、碧水丹峰、风光绝胜的美景,号称"水有三三胜,峰有六六奇",被誉为"奇秀甲东南"。主要景点有:武夷宫、九曲溪、桃源洞、云窝、天游、一线天、虎啸岩、天心岩、水帘洞。武夷山风景的精华在九曲溪。九曲溪源于三保山,溪水碧清,折复绕山,形成"曲曲山回转,峰峰水抱流"的九曲之胜。

武夷山自然保护区是我国东南现存面积最大、保留最为完整的中亚热带森林生态系统,区内峰峦林立,原始森林茂密,景色融雄浑、古朴、隽秀于一体,而且有着极为丰富的生物资源,被纳入联合国"人与自然"保护区。

8.8.3.2 世界地质公园

(1)福建泰宁世界地质公园。福建泰宁世界地质公园位于福建省西北的三明市泰宁县,面积492.5平方千米,其中丹霞地貌面积252.7平方千米。由石网、大金湖、八仙崖、金铙山四个园区和泰宁古城游览区组成,公园以典型青年期丹霞地貌为主体,兼有火山岩、花岗岩、构造地貌等多种地质遗迹,是一个综合性地质公园。国家重点风景名胜区、国家5A级旅游区、国家森林公园、全国重点文物保护单位。

(2)宁德世界地质公园。宁德世界地质公园位于福建省东北部的宁德市境内,鹫峰山脉东南侧,以白水洋、太姥山和白云山三个园区为核心,总面积2639平方千米,属亚热带季风湿润气候。公园内晶洞花岗岩地貌、火山岩地貌、河床侵蚀地貌、海蚀地貌的完美结合,构成了"山海川岛湖林洞"的奇特景观,这在全世界范围内都是较为少见的,具有极高的科学意义及美学价值。它是一个以良好的生态环境为载体,悠久的历史文化为内涵,集科考、科教、观光览胜、休闲度假于一体,科学内涵丰富,地方特色浓郁,具有很高地质地貌科学价值和自然人文科学价值的综合型地质公园。

8.8.4 国家级旅游吸引物

福建省拥有厦门市鼓浪屿风景名胜区、泉州市清源山风景名胜区、宁德市太姥山旅游区、福州市三坊七巷景区、龙岩市古田旅游区、宁德市白水洋—鸳鸯溪旅游景区、福建土楼(永定·南靖)旅游景区、三明市泰宁风景旅游区、南平市武夷山风景名胜区等5A级景区。

(1)厦门市鼓浪屿风景名胜区。鼓浪屿风景名胜区位于厦门岛西南隅,面积1.87平方千米,隔500米宽的鹭江与厦门岛相望。鼓浪屿素有"海上花园"之誉,岛上气候宜人,处处鸟语花香,宛如一颗璀璨的"海上明珠",镶嵌在厦门海湾的碧海绿波之中,是国家5A级旅游区、国家级风景名胜区。2017年7月8日申遗成功,成了中国第52项世界遗产项目。鼓浪屿周边海域为厦门港主要部分,紧临中华白海豚保护区、文昌鱼保护区、大屿岛白鹭保护区,与金门列岛隔海相望。登高远眺,鼓浪屿全景及周边美景尽收眼底。随着厦门经济特区的腾飞,鼓浪屿各种旅游配套服务设施日臻完善,成为集观光、度假、休闲、娱乐、购物于一体的综合性著名风景旅游区,每年都吸引400万以上的海内外游客慕名前来观光游览。

从19世纪中叶起,伴随着基督教的传播,西方音乐开始涌进鼓浪屿,与鼓浪屿优雅的人居环境相融合,造就了鼓浪屿今日的音乐传统,培养出周淑安、林俊卿、殷承宗、陈佐煌、

许斐平等一大批杰出的音乐家。如今,鼓浪屿的人均钢琴拥有率为全国第一,岛上有100多个音乐世家,2002年鼓浪屿被中国音乐家协会命名为"音乐之岛"。岛上主要观光景点有日光岩、菽庄花园、皓月园、海底世界、毓园、环岛路、鼓浪石、天然海滨浴场等。

(2)泉州市清源山风景名胜区。清源山风景名胜区位于福建省泉州市北郊,名胜古迹遍布,包括清源山、九日山、灵山圣墓和西北洋四大景区。清源山自然景色秀丽,人文景观荟萃,又以山上泉眼众多别称"泉山",因山高入云称"齐云山",因位于城市北郊又称"北山",山上有三峰亦称"三台山"。景区属花岗岩地貌的山地丘陵,地势起伏、岩石突兀,主景区最高海拔498米,与泉州市山城相依,相互辉映,犹如名城泉州的一颗璀璨明珠,闪烁着耀眼的光芒,吸引了众多的海内外游客。

(3)福鼎太姥山旅游区。太姥山位于福建省东北部,在福鼎市正南距市区45千米,挺立于东海之滨,三面临海、一面背山、山海相依、傲岸秀拔,以"山海大观"称奇。主峰海拔917.3米。它北望雁荡山,西眺武夷山,三者成鼎足之势。闽人称武夷、太姥为双绝,浙人视雁荡、太姥为昆仲,构成闽越三大名山,素有"海上仙都"的美誉。

(4)三坊七巷。三坊七巷是国家5A级风景名胜区,是福州的历史之源、文化之根。区域内现存古民居约270座,有159处被列入保护建筑,以沈葆桢故居、林觉民故居、严复故居等9处典型建筑为代表的三坊七巷古建筑群,被国务院公布为全国重点文物保护单位。"三坊"是衣锦坊、文儒坊、光禄坊,"七巷"是杨桥巷、郎官巷、安民巷、黄巷、塔巷、宫巷、吉庇巷,是国内现存规模最大、保护最完整的历史文化街区,是全国独一无二的古建筑遗存,被誉为"中国城市里坊制度活化石"和"中国明清建筑博物馆"。

【本章小结】

华东旅游区包括江苏、浙江、山东、安徽、江西、福建六省和上海市,位于我国的第三级阶梯,东濒黄海和东海,开发历史悠久,经济发展水平高,人口城镇密集,交通网络发达,目前,本区已经成为我国旅游业最发达的地区之一。

【重点概念】

吴越文化　海上丝绸之路

【案例分析】

案例一:

如果不带现金,只带一部手机出门,哪座城市你能生活得最好?答案不是北上广深,而是杭州。眼下,杭州已悄然成为全球最大移动支付之城。杭州98%的出租车、超过95%的超市便利店、超过50%的餐馆都可使用移动支付,甚至相当部分的菜市场小摊也能用手机买单。这当然与全球最大的电商公司落户杭州有关,但究竟是杭州成就了阿里巴巴,还是阿里巴巴成就了杭州,依然是一个值得探讨的有趣话题。

除了电商,杭州还有最完善的公共自行车租赁网络,是中国唯一被BBC评为"全球公共自行车服务最棒的城市"。杭州有遍布全市的信用借还网络,凭芝麻信用分(第三方征信机构,通过云计算、机器学习等技术客观呈现个人的信用状况)免费借雨伞、借充电宝、

杭州是养老床位最充裕的城市；是白领年终奖最高的城市；是国内大城市中，真正做到"斑马线前车让人"的城市……

（资料来源：中国青年网，http://minsheng.youth.cn/mszxgch/201609/t20160905_8626667.htm，2016-09-05）

案例二：

7月17日下午，由杭州网义工分会、杭州少年儿童图书馆携手华润万家、联合利华举办的"快乐益夏——添彩G20，圆梦新杭州"外来务工者子女夏令营正式开营了。

杭州网义工分会工作人员介绍，每年假期，长期与家长分隔两地的孩子总希望能够陪在爸爸妈妈身边。但是白天，家长都有自己的工作，往往无暇照顾孩子，这些外来小朋友的学习、娱乐和安全都成了令人担忧的问题。

为此，杭网义工就正式推出了第一期留守儿童夏令营，迄今为止，已成功举办了十期。

（资料来源：新浪浙江，http://zj.sina.com.cn/news/zhzx/2016-07-18/detail-ifxuapvs8697841.shtml，2016-07-18）

案例三：

浙江多地持续的大范围高温天气已持续近两周，杭州最高气温更是接近41℃。酷暑难耐，很多市民来到了地铁站里纳凉。杭州地铁官方发布消息，每天地铁站要接纳200位左右的纳凉人员，大多是外来务工人员和地铁站附近的施工人员。为此杭州地铁2号线今年还首次开放了三个纳凉站点。

（资料来源：央视网，https://mini.eastday.com/a/170726111112688.html，2017-07-26）

结合所学知识，试分析杭州为什么能成为我国优秀旅游城市。

【思考题】

(1) 请简要介绍华东旅游区的主要省份。
(2) 华东旅游区的旅游吸引物有哪些特征？
(3) 分析华东旅游区的旅游地理环境特征及其对旅游发展的影响。
(4) 试分析华东旅游区区域旅游合作开发的条件及其对全国旅游的影响。

参考书目

1. 保继刚,楚义芳.旅游地理学[M].北京:高等教育出版社,1999.
2. 庞规荃.中国旅游地理[M].北京:旅游教育出版社,2016.
3. 罗兹柏,杨国胜.中国旅游地理[M].天津:南开大学出版社,2011.
4. 曹培培.中国旅游地理[M].修订版.北京:清华大学出版社,2014.

华南旅游区

学习目标→

通过本章学习,初步认识和了解华南旅游区的旅游地理环境;理解和掌握该区旅游吸引物基本特征及各重要旅游点的概况;熟悉该旅游区的旅游经济特征,了解粤、桂、琼、港、澳、台地区旅游业发展现状及发展趋势。

学习难点→

华南旅游区旅游吸引物特征　华南旅游区旅游业发展战略　华南旅游区的旅游地理系统

【案例导入】

琼桂粤签署合作协议合力建设国际一流旅游目的地

2017年1月20日,国务院批复《北部湾城市群发展规划》。1年多来,海南、广西、广东三省区共同建立决策层、协调层、执行层"三级运作"合作机制,联手推动《北部湾城市群发展规划》的落实,每年进行高层会晤,确定合作项目和专题,分解落实重点事项,北部湾城市群建设由此驶入快车道。根据协议,2018—2019年期间,三省区将重点从5个方面推进北部湾城市群发展。一是推进交通基础设施等先导性合作项目,构筑互联互通的城市群交通网络。包括加强张家界—桂林—玉林—湛江—海口高铁项目规划建设前期工作,共同争取列入国家相关规划。二是完善城市群生态环境治理联动机制,加强生态环境联防联控。包括建立统一高效的环境监测体系以及跨行政区环境污染联合防治协调机制、环境联合执法监督机制,共同加强北部湾海域生态环境保护等。三是推进重大开放通道和平台建设,深化城市群海陆双向开放合作。包括加快推进琼州海峡南北两岸港航资源整合,共同打造安全、畅通、高效的琼州海峡运输大通道等。四是积极推进产业对接融合等基础性合作项目,促进城市群产业联动发展。包括全方位开展交流和沟通,创新产业合作模式,推进琼州海峡经济带规划建设,合力建设国际一流旅游目的地等。五是加强沟通对接,积极推进北部湾城市群对接粤港澳大湾区。包括加快推进互联互通的重大交通基础设施项目规划建设,加快推进港口重点项目和国际航空枢纽建设,共建海洋经济示范区等。

(资料来源:《海南日报》记者:彭青林)

华南旅游区包括广东、广西、海南,全区总面积约 48 万平方千米,常住人口约 2 亿。本区地处我国热带和亚热带的东南海滨地带,是我国对外开放的窗口,岛屿、半岛较多,海岸线较长,海滨资源丰富,气候终年温暖湿润,交通便利,区位优势突出,旅游资源丰富而具有特色,现代旅游业发展迅速。

9.1 华南旅游地理系统及其评价

华南旅游区全区总面积约 48.0 万平方千米。华南旅游区包括广东、广西、海南。它南临南海诸岛,是我国领土的最南端。其自然地理区域包括东南丘陵等地理单元,地处我国热带和亚热带的东南海滨地带,是我国对外开放的窗口,岛屿、半岛较多,海岸线较长,海滨资源丰富,气候终年温暖湿润,交通便利,区位优势突出,旅游资源丰富而具有特色,现代旅游业发展迅速。华南旅游区旅游地理系统是由旅游客源地子系统、旅游目的地子系统、旅游通道子系统及旅游环境子系统四个部分组成。

9.1.1 旅游客源地子系统

9.1.1.1 国内旅游客源地

华南旅游区旅游资源独特,客源市场广泛。

该区域经济发展迅速,人们生活水平和消费水平明显提高,私家车普及,居民出游率显著上升,因此,各省市区内部的短途旅游市场前景和客源都很广阔,具有良好的开发空间。福建、湖南、江西、环渤海湾、长三角地区等周边省份及经济发达地区,其中北京与长三角是高端度假和专项旅游产品的重点市场。随着西北地区的陕西、甘肃、宁夏、内蒙古等地的经济快速发展,人们的消费水平有了明显改善,居民具备了一定的出行能力和潜力。此外,该地区气候干燥少雨,和热带湿热气候形成鲜明对比。近年来,西部地区各省区的游客逐渐增多,旅游客源所占比例快速上升。

9.1.1.2 国际旅游客源地

从国际上来看,东盟各国(即新、马、泰地区)与该旅游大区距离相近,交通便利,更重要的是这些国家中有着大量的华侨和华人,他们普遍喜爱中国文化,是该区域的主要客源市场。而日韩两国文化和中国有很深的历史渊源,且气候特点差异明显,该区域的多元文化、热带风情深深地吸引着日韩游客。俄罗斯地处欧洲西部内陆地区,冬季气候寒冷干燥。风格迥异的热带风光和绝佳的度假配套设施成为俄罗斯人来该区域旅游的主要原因。

9.1.2 旅游目的地子系统

根据华南旅游区《统计年鉴》、社会统计公报、国家旅游局调查公报、省旅游局发布的数据,充分说明华南旅游区拥有较为丰富的旅游资源。华南旅游区自然地理环境独特,形成了热带和南亚热带优美的自然风光,有壮、瑶、黎、苗、高山族等众多的少数民族,构成富有南国特色的民族风情,所以本区自然和人文旅游资源丰富。

全区大部分地区覆盖着季雨常绿阔叶林、南亚热带景观;有典型的丹霞地貌景观——广东丹霞山;有风景秀丽的岩溶景观——广西桂林山水、广东肇庆七星岩;有旖旎的海滨风光——海南三亚;有华南独特海岸景观——海南琼山东寨港红树林等。

本区历史古迹较少,但近代革命遗迹较多。广东省是太平天国革命以及第一、二次国内革命战争的发源地,有著名的中山纪念堂、三元里抗英遗址、黄花岗烈士墓等;台湾有郑成功庙等。本区的人文旅游资源受外来文化影响明显,如惠州西湖等园林建筑吸收了江南古典园林艺术,又借助国外构园手法,形成独特的岭南风格。其他如民居、寺庙等也表现出以我国民族风格为主、兼容外国风格的特点。本区还有香港和澳门地区的游乐场所、广东和海南的美味佳肴、戏剧、音乐等丰富多彩的人文旅游资源,令人流连忘返。

9.1.3 旅游通道子系统

华南旅游区地处东南沿海,交通发达,海陆联运便利。

(1)航空方面。以广州、南宁为中心,直达国内和国际各大城市和地区;香港国际机场是全球最繁忙的机场之一,国际客运量位列世界第五;海南省的航空事业发展很快,琼山美兰国际机场和三亚凤凰国际机场实现与国内30多个大中城市和地区以及新加坡、曼谷、吉隆坡等国际城市通航。

(2)铁路方面。以京九、京广、湘桂、黔桂、粤海铁路为主干线,包括台湾省内的从基隆至高雄的铁路纵贯线、环岛铁路网,海南省内的东环铁路、西环铁路。此外还有北京—武汉—广州—深圳客运专线和上海—杭州—宁波—福州—深圳高速铁路客运专线,连接华北、华东地区。

(3)公路方面。首都放射线2条:北京—台北、北京—港澳;南北纵向线8条:沈阳—海口、长春—深圳、济南—广州、大庆—广州、二连浩特—广州、包头—茂名、兰州—海口、和浩特—北海;东西横向线3条:泉州—南宁、汕头—昆明、广州—昆明。此外,还包括海南环线、珠三角环线、环岛公路、中部横贯公路等形成主要干线公路网。

(4)水路方面。本区水运最为发达,既有广州、汕头、湛江等国际重要港口,又有珠江等水系连接各地区。广州和湛江已成为我国远洋运输基地;香港维多利亚港为世界上最繁忙、高效的海港之一,与世界100多个国家和地区有班船往来;基隆和高雄是台湾航海线路的两大港口。

9.1.4 旅游保障子系统

(1)自然环境。地形多样,海岸曲折,海域辽阔,岛屿众多。山地、平原、丘陵、台地纵横交错,以山地、丘陵为主,岩溶地形突出。其中粤北山地主要由南岭构成,是本区丹霞地貌分布最为典型的地区。地热资源丰富,温泉众多。典型的热带、亚热带季风气候。植物生长茂盛,种类繁多;农业发达,热带、亚热带水果四季飘香、种类繁多;野生动物、海洋动物种类丰富。

(2)文化环境。多元文化,融会中西。广东和海南主要属于岭南文化,是各民族土著文化、各个时期的移民文化以及海外文化在交流、碰撞、激荡、整合的过程中形成的,各家特色完美结合,民族形式和外国风格兼容并蓄。港澳台地区自古以来就是中国领土不可分割的一部分,中国传统文化在那里长期传承并发扬光大,而西方殖民者的入侵,使这里形成了以中国文化为主,兼容西方文化的多元文化风格。

(3)社会环境。华侨之乡,开放窗口。本区是我国华侨人数最多的地区,其中广东华侨居全国第一位,占全国华侨总人数的一半以上。而本区地处东南沿海的优越地理位置,更使得本区成为我国对外开放的窗口,经济繁荣,商业兴盛,也是我国最大的外贸交易市场。

(4)经济环境。华南旅游区自古即为我国国际交往的重要通道,广州、汕头都是历史悠久的对外贸易港。改革开放以来,本区旅游业发展迅速,不管是接待规模,还是经济效益、社会效益都居全国前列。

(5)政策环境。近年来,华南旅游区在深化粤港澳合作方面持续推进,广东省在"十三五"规划中明确提出推进文化与旅游融合发展,深入推进珠三角一体化;广西则提出大力发展旅游业,整合旅游资源,完善基础设施,打造精品线路,提升品牌品质,开拓新产品新业态,积极创建特色旅游名县名镇名村,建设旅游强区。从政策层面为旅游业发展提供强有力的支撑和保障。

(6)技术环境。华南旅游区是我国经济高速发展的地区,是改革开放的前沿,随着城市化进程的不断加速,城市建设日新月异,科技文化发展迅速。为了满足现代城市居民的游乐欲望又能节省时间,众多高科技人文景观应运而生,如深圳的"世界之窗""锦绣中华",蛇口深圳湾大小梅河、珠海的长隆旅游度假区、国际高尔夫球场等,创造了广州、深圳、珠海、三亚等令人心驰神往的现代化国际大都市。

9.2 广东省

9.2.1 旅游地理概况

广东省,简称粤,省会广州,是我国大陆南端沿海的一个省份,位于珠江三角洲东西两侧,分别与香港、澳门接壤,西南部雷州半岛隔琼州海峡与海南省相望。全省陆地面积为17.97万平方千米,其中岛屿面积为1 592.7平方千米。

广东省地势北高南低,境内山地、平原、丘陵交错。低山丘陵分布广泛,平原仅限河谷及沿海地带,南岭山脉横亘于北部边境。海岸线长,海域辽阔,气候温暖,红树林分布广、面积大。广东省旅游资源丰富,现有肇庆星湖、西樵山、白云山、惠州西湖、罗浮山、湖光岩、梧桐山等国家级风景名胜区;丹霞山世界地质公园、雷琼世界地质公园;湛江湖光岩、阳春凌霄岩等国家地质公园;广州、潮州、佛山、梅州、雷州、中山、惠州、肇庆等国家级历史文化名城;黄花岗七十二烈士墓、中山纪念堂等全国重点文物保护单位。

9.2.2 优秀旅游城市

广东省拥有广州市、深圳市、珠海市、肇庆市等优秀旅游城市。

(1)广州市。广州是广东省省会,全省政治、经济和文化中心。地处广东省东南部,珠江三角洲北缘,濒临南海,毗邻港澳,是华南地区中心城市,中国的"南大门"。广州山清水秀,风光旖旎,旅游资源丰富,旅游景点100多处,其中以羊城新八景——白云山、珠江、越秀山、东站广场、陈家祠、黄花岗七十二烈士墓、广东奥林匹克体育中心、莲花山以及中山纪念堂、黄埔军校、南越王博物馆、广州白云国际机场、广州国际会展中心、广州艺术博物院、广州花卉博览园、华南植物园、从化温泉、番禺香江野生动物世界、宝墨园、广东美术馆、广州抽水蓄能电站旅游区、流溪河国家森林公园、上下九路商业步行街、北京路商业步行街等景点最负盛名。广州的旅游业具有集旅游、饮食、住宿、购物、娱乐于一体的多功能、多层次、全方位服务的格局。众多的文物古迹、风景名胜和人文景观,使游客流连忘返。色、香、味、形俱全的粤菜及中外各色风味饮食,为广州带来"食在广州"的美称。

(2)深圳市。深圳又称为"鹏城",位于中国南方珠江三角洲东岸,是中国第一个经济特区。经过多年的建设和发展,深圳由一个昔日的边陲小镇发展成为具有一定国际影响力的新兴现代化城市,创造了举世瞩目的"深圳速度",是我国改革开放的缩影。深圳依山傍海,整洁美丽,四季草木葱茏,景色秀丽,气候宜人,旅游娱乐资源和设施独具特色。拥有世界最大的微缩景观区"锦绣中华""中国民俗文化村""世界之窗",主题公园"欢乐谷""海洋世界",野生动物园、珍稀植物园以及美丽的海滩、海滨浴场等众多观光娱乐场所。

(3)珠海市。珠海是一座新兴的花园式海滨旅游度假城,位于珠江入海口,地接澳门,水连香港,是中国五个经济特区之一。珠海属亚热带海洋性气候,气候宜人,常受南亚热带季候风侵袭,多雷雨。年平均气温22.3℃。先后被联合国、国家、广东省有关部门授予"联合国改善人居环境最佳范例奖""卫生城市""全国精神文明建设十佳城市""国家生态园林城市""国家级生态示范区"等多项殊荣。珠海是珠三角地区海洋面积和海岛面积最大、岛屿最多、海岸线最长的城市。海域面积6 019平方千米,海岸线长691千米,岛屿146个(总面积236.9平方千米),被誉为"百岛之市"。陆地峰峦重叠,河网纵横,山川形胜,石奇洞秀,发展海滩旅游、海岛旅游和山岩旅游具有得天独厚的资源优势。

(4)肇庆市。肇庆市坐落在广东省的中西部、珠江三角洲的西部,居西江的中下游。肇庆面向穗港澳,背靠大西南,是粤西与珠江三角洲的交会处,是粤港澳通往广西、云南等地的重要交通枢纽。肇庆是国家级历史文化名城,有2100多年的历史,是岭南文化的发祥地,明清时期是西江流域政治、经济、文化、军事中心,180多年的两广总督府所在地。

肇庆是首批中国优秀旅游城市,旅游资源丰富,拥有众多的文物古迹和独特的自然景观。星湖、西江小三峡、德庆盘龙峡、封开白石岩、封开千层峰、大斑石、怀集燕岩、广宁竹海、四会贞山、鼎湖砚洲岛各具特色,星湖(含七星岩、鼎湖山两大景区)最负盛名。唐以来的七星岩摩崖石刻被誉为"千年诗廊",与宋城墙、梅庵、德庆学宫、悦城龙母祖庙同为国家重点文物保护单位。

9.2.3 世界级旅游吸引物

广东省拥有中国丹霞、开平碉楼与村落等世界遗产;拥有雷琼世界地质公园;拥有世界人与生物圈保护区网络:鼎湖山。

9.2.3.1 世界遗产

(1)中国丹霞。丹霞是一种形成于西太平洋活性大陆边缘断陷盆地极厚沉积物上的地貌景观。它主要由红色砂岩和砾岩组成,反映了一个干热气候条件下的氧化陆相湖盆沉积环境。2010年8月1日在巴西利亚举行的第34届世界遗产大会上,由湖南崀山、广东丹霞山、福建泰宁、江西龙虎山等景区共同签订捆绑申报的"中国丹霞"正式列入《世界遗产名录》。

中国红石公园——丹霞山为世界地质公园、世界自然遗产、国家5A级风景名胜区、国家级自然保护区、国家地质公园,位于广东省韶关市仁化县和浈江区境内,面积292平方千米,是广东省面积最大、景色最美的、以丹霞地貌景观为主的风景区和自然遗产地。公园主要分为丹霞景区、韶石景区、巴寨景区、仙人迹景区与锦江画廊游览区。锦江画廊和巴寨景区以自然山水观光为主,是集科普、攀岩、考察、探险、休闲度假于一体的风景区。

丹霞山主峰景区分上、中、下三个景观层。下层为锦石岩景层,有始建于北宋的锦石岩石窟寺、梦觉关、通天洞、百丈峡及最典型的赤壁丹崖等景点。中层为别传寺景层,有岭南十大禅林之一的别传寺,还有一线天、双池碧荷等景点。登丹梯铁索即上至顶层,是登高望远,饱览丹霞秀色,观日出、赏晚霞的大好去处。

(2)开平碉楼与村落。开平碉楼位于广东省江门市下辖的开平市境内,是中国乡土建筑的一个特殊类型,是集防卫、居住和中西建筑艺术于一体的多层塔楼式建筑。其特色是中西合璧的民居,有古希腊、古罗马及伊斯兰等风格多种。根据现存实证,开平碉楼约产生于明代后期(16世纪)。作为近现代重要史迹及代表性建筑,被国务院批准列入第五批全国重点文物保护单位名单,2007年进入世界文化遗产名录。

9.2.3.2 世界地质公园

雷琼世界地质公园位于广东省湛江市雷州半岛(雷)与海南省海口市(琼),自北至南由湛江市区经雷州、徐闻,跨琼州海峡至海口市。早在2005年,湛江湖光岩国家地质公园与海口石山国家地质公园联合申报世界地质公园,于2006年9月加入世界地质公园网络,批准为"雷琼世界地质公园"。公园包括湖光岩景区、三岭山景区、东坡岭景区、硇洲岛景区、鹰峰岭景区、灯楼角景区和海口石山火山群公园,属地堑—裂谷型基性火山活动地质遗迹,也是中国为数不多的全新世(距今1万年)火山喷发活动的休眠火山群之一,具有极高的科考、科研、科普和旅游观赏价值。

9.2.3.3 世界人与生物圈保护区网络

鼎湖山是岭南四大名山之首,距肇庆城区东北18千米。因地球上北回归线穿过的地方大都是沙漠或干草原,所以鼎湖山又被中外学者誉为"北回归线上的绿宝石",与丹霞山、罗浮山、西樵山合称为广东省四大名山。鼎湖山面积1 133公顷,最高处的鸡笼山顶高1 000.3米,从山麓到山顶依次分布着沟谷雨林、常绿阔叶林、亚热带季风常绿阔叶林等森林类型。而保存较好的南亚热带森林典型的地带性常绿阔叶林是有400多年历史的原始森林。鼎湖山因其特殊的研究价值闻名海内外,被誉为华南生物种类的"基因储存库"和"活的自然博物馆"。

1956年,鼎湖山成为我国第一个国家自然保护区,1979年又成为我国第一批加入联合国教科文组织"人与生物圈"计划的世界生物圈保护区,建立了"人与生物圈"研究中心,成为国际性的学术交流和研究基地。

9.2.4 国家级旅游吸引物

广东省拥有长隆旅游度假区、深圳华侨城旅游度假区、广州白云山风景区、西樵山景区、清远市连州地下河、广州市长隆旅游度假区、中山市孙中山故里旅游、惠州市罗浮山风景名胜区、佛山市长鹿旅游休博园、阳江市海陵岛大角湾海上丝路旅游区、丹霞山风景名胜区、深圳市观澜湖休闲旅游区等5A级景区;拥有车八岭自然保护区。

9.2.4.1 5A级景区

(1)长隆旅游度假区。国家级5A景区,占地面积1万亩,集旅游景点、酒店餐饮、娱乐休闲于一体,坐落于羊城广州。主要景点有:长隆欢乐世界,位于中国首批5A级旅游景区长隆旅游度假区的中心位置,占地面积约2 000亩,是长隆集团斥资20亿元人民币倾力打造的集乘骑游乐、特技剧场、巡游表演、生态休闲、特色餐饮、主题商店、综合服务于一体的具有国际先进技术和管理水平的超大型世界顶尖主题游乐园。长隆野生动物世界,是全世界动物种群最多、最大的野生动物主题公园,园区占地2 000多亩,拥有华南地区亚热带雨林大面积原始生态,是目前国内最大的原生态动物园;珍稀濒危动物最多,园区拥有10只大熊猫、22只树熊(考拉)、150多只白虎等世界各国国宝在内的500多种20 000余只珍奇动物,园区内的珍稀动物物种,以种群的形式生活,使得整个物种得以繁衍生息;拥有全国首创的自驾车看动物模式,自驾园区占地面积近100万平方米;拥有全世界表演阵容最强大的白虎表演等四大动物表演秀。拥有全球顶尖的动态高仿真实景恐龙园。还有长隆水上乐园、长隆国际大马戏、广州鳄鱼公园、长隆欢乐世界等景区。

(2)深圳华侨城旅游度假区。华侨城位于深圳经济特区的深圳湾畔,6平方千米的土地上,常年繁花似锦、绿树成荫,是一个现代海滨城区。这里汇聚了中国最为集中的文化主题公园群、文化主题酒店群和文化艺术设施群,是中国首批5A级旅游景区、首批全国文明风景旅游区、国家级文化产业示范园区。以锦绣中华、中国民俗文化村、世界之窗、欢乐谷四大主题公园为核心,深圳华侨城旅游度假区形成了中国最具规模和实力的主题公园群,旅游项目现已超过20个,景区中近百处景点大致按照中国区域版图分布,是中国自然风光与人文历史精粹的缩影。这里有名列世界八大奇迹的万里长城、秦陵兵马俑;有众多世界之最:最古老的石拱桥、天文台、木塔(赵州桥、古观星台、应县木塔),最大的宫殿(故宫),海奇山峰(黄山)、最大瀑布之一(黄果树瀑布);有肃穆庄严的黄帝陵、成吉思汗陵、明十三陵、中山陵,金碧辉煌的孔庙、天坛,雄伟壮观的泰山,险峻挺拔的长江三峡,如诗似画的漓江山水,有杭州西湖、苏州园林等江南胜景,千姿百态、各具特色的名塔名寺名楼名石窟以及具有民族风情的地方民居;此外,皇帝祭天、孔庙祭典的场面与民间的婚丧嫁娶风俗尽呈眼前。

(3)广州白云山风景区。白云山位于广州市的东北部,为南粤名山之一,自古就有

"羊城第一秀"之称。白云山是新"羊城八景"之首、国家5A级景区和国家重点风景名胜区。景区分为七个游览区：明珠楼游览区、摩星岭游览区、鸣春谷游览区、三台岭游览区、麓湖游览区、飞鹅岭游览区、荷依岭游览区。景区内峰峦重叠，溪涧纵横，林木葱郁，鸟语花香，景观多样，四季如春。

(4)西樵山景区。西樵山风景名胜区位于佛山市南海区的西南部，主峰是海拔346米的大秤峰，整个峰群在珠江三角洲百里平川的平原上拔地而起，高耸入云，清幽秀丽。西樵山上还有42洞和无数的奇崖怪壁，比较有名的是九龙岩、冬菇石、燕岩等。西樵山林深苔厚，岩石裂隙纵横，储水丰富，拥有众多泉眼和瀑布，比较有名的是"云崖飞瀑"和"飞叶清泉"。清朝的时候，"云崖飞瀑"是广州的"羊城八景"之一，被称为"两樵云瀑"。西樵山不但自然风光秀丽，而且文化底蕴深厚，有"珠江文明的灯塔""南粤理学名山"等美誉。

(5)连州地下河。连州地下河位于连州市区以北26千米的东陂镇。它藏在山势雄峻的大口岩溶洞中，是一个大型的地下暗河溶洞，上下共分为三层，天然的洞口宽敞雄伟，置身其中，一种"别有洞天"的感觉油然而生。在粤湘桂三省交界的崇山峻岭之中，是一个亚热带喀斯特地貌溶洞暗河景观。经地质学家分析，该溶洞是因2亿年前的地壳运动而形成，现在可游览面积达60 000平方米。最高处为47.8米，最宽处为53.6米，洞内四季气温保持在18℃左右，空气清新，冬暖夏凉，是旅游避暑的胜地。

9.2.4.2 国家级自然保护区

车八岭自然保护区始建于1981年7月，1988年5月9日经国务院批准晋升为国家级自然保护区，1995年9月加入中国"人与生物圈保护区"网络，被广东省省委授予"环境教育基地"，2005年12月被中国生物多样性保护基金会专家委员会评选为"中国生物多样性保护示范基地"，2006年被评选为"广东最美的自然生态乡村"。

车八岭国家级自然保护区，横亘在始兴县和全南县之间，从地图上看车八岭北是始兴县，车八岭南就是江西的全南县，车八岭属于广东也属于江西。总面积11万亩，森林覆盖面积为6.1万亩，是广东省面积最大的自然保护区之一。车八岭自然保护区有"物种宝阵，南岭明珠"之称，植物2 000多种，其中一株"杉树王"高44米，有180多年树龄，是广东省目前发现的最高最大的杉树。是集观光、度假、考察、探险专项旅游和教学实习、自然环境、科学研究、野外娱乐于一体的生态风景旅游区。

9.3 广西壮族自治区

9.3.1 旅游地理概况

广西壮族自治区位于祖国南疆，总面积23.67万平方千米，聚居着汉、壮、瑶、苗、侗、京、回等民族。广西跨云贵高原东南一隅，地势西北高、东南低，地形以丘陵山地为主。境内河流众多，红水河、黔江、浔江等均属珠江流域。属亚热带湿润季风气候，特点是夏长、炎热，干湿季明显，亚热带植物广布，农业种植稻米、甘蔗及橡胶等热带、亚热带经济作物，为西南出海的便捷通道。

广西旅游资源门类俱全,以桂林山水为代表并遍布全区山清水秀、洞奇石美的喀斯特地貌奇观,以壮、瑶、苗、侗为代表的少数民族风情,以北海银滩为代表的环北部湾南亚热带滨海风光和神秘诱人的中越边境风光构成了4大特色旅游资源。拥有桂林漓江、桂平西山、花山国家级风景名胜区;乐业—凤山世界地质公园;北海涠洲岛火山等国家地质公园,桂林、柳州、北海等国家级历史文化名城;金田起义遗址、灵渠等全国重点文物保护单位。

9.3.2 优秀旅游城市

广西壮族自治区拥有桂林市、南宁市、北海市等优秀旅游城市。

(1)桂林市。桂林自古享有"山水甲天下"之美誉,是中国乃至世界重要的旅游目的地城市,被誉为国际旅游明珠。桂林风景秀丽,以漓江风光和喀斯特地貌为代表的山水景观,有山清、水秀、洞奇、石美"四绝"之誉,是中国自然风光的典型代表和经典品牌。"千峰环野立,一水抱城流",景在城中,城在景中,是桂林城市独具魅力的特色。桂林市是首批"中国优秀旅游城市",是世界旅游组织向全球首推的中国最佳旅游目的地城市,是"国家园林城市""国家卫生城市""国家环保城市",是"中国最佳魅力城市"和"中国最安静城市",也是一个最适合人类居住幸福指数很高的城市。

(2)南宁市。南宁市地处广西南部偏西,是广西壮族自治区的首府,是大西南出海通道的重要咽喉,也是东南沿海和西南腹地经济区域的接合部,具有优越的地理环境。南宁是一座环境优美、适合人类居住的绿色之城,也是国家级经济区——北部湾经济区建设的核心城市,拥有"全国文明城市""联合国人居奖""中国绿城""广西北部湾经济区核心城市""中国—东盟博览会永久举办地""南宁国际民歌艺术节"等多张城市名片。

(3)北海市。北海市位于中国广西的南部、北部湾东北岸,东邻广东,西濒越南,南与海南省隔海相望,处于大西南、海南及东南亚的中枢位置,是西南地区对外贸易最为便捷的出海通道,在中国西南和亚太经济区域中,具有独特的区位优势,是北部湾畔一颗璀璨的明珠。北海是一个浪漫的城市,地处南亚热带,面临北部湾,阳光充足,雨量充沛,气候温和,植被丰茂,风光旖旎。全年花繁叶绿,四季瓜果飘香。北海三面环海,海洋资源丰富,空气清新怡人,负氧离子含量高,堪称中国最大的城市氧吧,享有"中国最适宜居住城市"美称。

9.3.3 世界级旅游吸引物

广西拥有左江花山岩画文化景观、中国南方喀斯特等世界遗产;乐业—凤山世界地质公园;山口红树林国家级自然保护区、猫儿山国家级自然保护区。

9.3.3.1 世界遗产

(1)左江花山岩画文化景观。广西左江花山岩画绘于战国至东汉时期,经过2000多年风雨洗刷,仍有数千个图像遗存至今,被称为"崖壁画的自然展览宫""断崖上的敦煌",更是目前为止中国发现的单体最大、内容最丰富、保存最完好的岩画。此次被列入世界文化遗产名录的38个岩画点中,约有4 050个图像分布在左江宁明、龙州、江州、扶绥105千米的河段。

花山岩画是壮族祖先骆越先民的文化瑰宝,为已消逝的古骆越人历史提供了明确的证据,是中国南方少数民族历史上极其重要的遗迹,特别是为壮族发展史提供了确凿和真实的实物证据,与世界各地的古代岩画一样重现了消失的历史文明,花山岩画反映了2000多年前壮族先民骆越人的文化面貌和精神世界,是整个岭南地区骆越文化独一无二的见证,艺术价值之高、历史价值之突出,不仅在亚洲,在全世界也非常罕见。2016年,"左江花山岩画文化景观"通过审核,获准列入《世界遗产名录》,成为我国第49处世界遗产。

(2)中国南方喀斯特。中国南方喀斯特面积占整个中国喀斯特面积的55%,是我国政府2006年申报世界自然遗产的唯一项目,由云南石林的剑状、柱状和塔状喀斯特、贵州荔波的森林喀斯特、重庆武隆的以天生桥、地缝、天洞为代表的立体喀斯特共同组成;2014年,广西桂林、贵州施秉、重庆金佛山和广西环江组成"中国南方喀斯特二期"项目进行了增补。

其中,广西桂林有着举世无双的喀斯特地貌,典型的喀斯特地形构成了别具一格的桂林山水。这里的山,平地拔起,千姿百态;漓江的水,蜿蜒曲折,明洁如镜;山多有洞,洞幽景奇;于是形成了"山清、水秀、洞奇、石美"的桂林山水"四绝"。桂林山水中,又以漓江流经阳朔的那一段最为美丽,故而有"桂林山水甲天下,阳朔山水甲桂林"之誉。列入遗产范围的漓江峰丛和葡萄峰岭喀斯特位于漓江风景区内,漓江风景区是世界上规模最大、风景最美的岩溶山水游览区,国家5A级景区和国家重点风景名胜区,以桂林市为中心,北起兴安灵渠,南至阳朔,由漓江一水相连。桂林漓江风景区游览胜地繁多,其中一江(漓江)、两洞(芦笛岩、七星岩)、三山(独秀峰、伏波山、叠彩山)最具有代表性,基本上是桂林山水的精华所在。

9.3.3.2 世界地质公园

乐业—凤山世界地质公园位于云贵高原向广西盆地过渡的斜坡地带,园区内有多条规模庞大、构成复杂的地下河,将各景点连接成一个统一的水文地质体和岩溶含水体,众多天坑、洞穴、天窗、竖井等共生或伴生。由相邻的乐业大石围国家地质公园和凤山岩溶国家地质公园组成,包括八大景区和两个地质博物馆,即黄猄天坑景区、大石围天坑景区、穿洞天坑景区、罗妹洞景区、布柳河景区、鸳鸯泉景区、三门海景区和江洲长廊景区,以及穿龙岩综合地质博物馆和乐业天坑博物馆。

园内的典型块状岩溶区,发育有两大地下河系统,形成了成熟的高峰丛地貌,拥有全球最大的乐业大石围天坑群、最集中分布的凤山洞穴大厅、天窗群、最大跨度的天生桥及典型洞穴沉积物、最完整的早期大熊猫小种的头骨化石,以及独特天坑生态环境保留的动植物多样性,如天坑植物群落、布柳河河谷森林群落、中国兰花之乡和洞穴动物群落,这些资源都具有重要的科学研究意义以及极高的美学观赏价值。此外,特殊的地质背景为当地人民提供了良好的生存环境,多民族融合留下了独特的少数民族民俗文化,具有非常好的开展地质遗迹保护和发展旅游事业的条件。

9.3.3.3 世界人与生物圈保护区网络

(1)山口红树林国家级自然保护区。山口红树林国家级自然保护区位于广西壮族自治区合浦县山口镇,面积8 000公顷,主要保护对象为红树林生态系统。本区地处沙田半岛的沿海滩涂地带，属南亚热带湿润气候。保护区海岸线总长 50 千米，区内分布着发育良好、结构典型、连片较大、保存较完整的天然红树林，有红海榄、木榄、秋茄、桐花树等 12 种红树林植物，其中连片的红海榄纯林和高大通直的木榄在我国已为罕见。该区具有典型的大陆红树林海岸生态系统特征，还栖息着多种海洋生物和鸟类，具有重要的科学价值。红树林区内潮沟发达，底质为沙或沙质泥。1 条主潮沟贯穿红树林区，长约 800 米，最宽处达 90 米，最高潮时潮沟水深可达 3 米。整个保护区内共有红树植物 15 种，其中包括真红树 10 种：木榄、秋茄、红海榄、桐花树、白骨壤、海桑、榄李、老鼠勒、银叶树、海漆。半红树 5 种：卤蕨、节槿、杨叶肖槿、水黄皮、海杧果。保护区内现目前发现有浮游植物 96 种，底栖硅藻 158 种，鱼类 82 种，贝类 90 种，甲壳类 61 种，鸟类 132 种，昆虫 258 种，其他动物 26 种。2000 年被纳入世界生物圈保护区网络。

（2）猫儿山国家级自然保护区。猫儿山国家级自然保护区地处桂林市兴安县、资源县、龙胜县三县交界处，处于大桂北旅游区的中心位置，属南岭山地越城岭山系，主峰猫儿山，海拔 2141.5 米，是华南最高峰，素有"五岭极顶、华南之巅""秀甲南南、高凌八桂"之美誉。总面积 17 008.5 公顷，其中核心区面积 7 759.0 公顷，缓冲区面积 3 635.4 公顷，实验区面积 5 614.1 公顷。主要保护对象是原生性亚热带常绿阔叶林森林生态系统，国家保护的野生动植物物种，三江源头水源涵养林。由于保护区地理位置特殊，生物多样性保护价值高，是世界上最具典型特征的原生性亚热带山地常绿落叶阔叶混交林植被保存最为完好的地区之一。已知高等植物 2 484 种；脊椎动物 345 种，其中兽类 71 种，鸟类 145 种，爬行类 39 种（其中国家一级保护种类 5 种，二级保护种类 32 种）；已知昆虫 3 300 种。有"中国南岭山脉绿色宝库"之称。2011 年经联合国教科文组织批准成为世界人与生物圈保护区网络新成员。

9.3.4 国家级旅游吸引物

广西拥有南宁市青秀山旅游区、桂林市漓江景区、桂林市乐满地度假世界、桂林市独秀峰—王城景区、桂林市两江四湖·象山景区等 5A 级景区；柳州市鹿寨县中渡镇、桂林市恭城瑶族自治县莲花镇、北海市铁山港区南康镇、贺州市八步区贺街镇等旅游特色小镇。

9.3.4.1 5A 级景区

（1）南宁市青秀山旅游区。青秀山又名青山，因林木青翠，山势秀拔而得名。它海拔有 289 米，占地近 78 公顷，山上林木茂盛遮天蔽日，清风吹过时，发出海涛般的声浪，形成青山著名一景——青山松涛。青秀山风景区包括凤凰岭、凤翼岭和青秀山，海拔高度 82 米至 289 米，气候宜人，奇山异卉，四季常开。景区有凤凰塔、古道摩崖石刻、古榕抱石、萧台及明代风格的龙象塔、佛教名刹——观音禅寺，别具异国风情的中泰友谊园，堪称广西第一山门的青秀山大门，具有鲜明亚热带风光特色的棕榈园、独具热带雨林特色的生态园林景观——热带雨林园，具有活化石之称的全国最大的苏铁保护中心——苏铁园，汇聚东盟各国国花国树的中国—东盟友谊园等。此外，还有董泉、云天阁、碑廊、桃花园、香花园等 30 多个景点，现存明清时期古迹和名人文士的题吟颇丰，成为人们观光游览、寻古探幽、休闲娱乐的旅游胜地，也是集旅游观光、休闲娱乐、科研科普于一体的风景名胜区。

(2)桂林市漓江景区。漓江发源于"华南第一峰"桂北越城岭猫儿山,流经灵川、桂林、阳朔,至平乐,汇入西江,全长437千米。漓江自桂林至阳朔83千米水程,酷似一条青罗带,蜿蜒于万点奇峰之间,沿江风光旖旎,碧水萦回,奇峰倒影、深潭、喷泉、飞瀑参差,构成一幅绚丽多彩的画卷,人称"百里漓江、百里画廊",是广西东北部喀斯特地形发育最典型的地段。

漓江兼有"山清、水秀、洞奇、石美"四绝,还有"洲绿、滩险、潭深、瀑飞"之胜。江中多洲,岸边多滩,乱石遏流,浪回波伏,茂树环合,翠竹竞秀。漓江景观因时、因地(角度)、因气候不同而变化:晴朗天候,上下天光,一碧万顷,千峦百嶂,尽人眼帘;烟雨之日,岚雾缭绕,若隐若现,若断若续,一派空漾;明月之夜,群峰如洗,江波如练,若置身空灵境界,清远无限。雄奇瑰丽的百里江日长卷,使人赏心悦目,怡心陶情,净化心灵,弃俗绝尘。

(3)桂林市乐满地度假世界。桂林乐满地度假世界位于广西兴安县,占地6 000余亩,源自于英语"romantic"一词的直译,即"浪漫"的意思,在这里有"使游客的快乐撒满乐园每一个地方"的一层抽象意思。园区由六大不同特色风格的主题区和曼陀罗园组成,取自从中国出发通往世界之意,七大主题区分别是:欢乐中国城、美国西部区、梦幻世界区、海盗村、欧洲区、南太平洋区以及曼陀罗园,是一个集时尚、缤纷、浪漫、动感、刺激与欢乐于一体的大型游乐场所。各游乐区的建筑、游乐设施、商品、餐饮、音乐等都具有鲜明的主题特色,同时各区均设丰富的表演节目。整个园区可观、可闻、可游、可赏、可疯狂、可闲逸,能够为游客提供完善、多样的游乐选择。

(4)桂林市独秀峰—王城景区。独秀峰—王城景区位于桂林市中心,是以桂林"众山之王"——独秀峰为中心,明代靖江藩王府地为范围的精品旅游景区。景区内自然山水风光与历史人文景观交相辉映,"桂林山水甲天下"这千古名句的真迹题刻就出于此处。景区涵盖了桂林三大历史文化体系,是桂林历史文化的典型代表,走进景区就走进了桂林历史文化之门。

9.3.4.2 旅游特色小镇

(1)柳州市鹿寨县中渡镇。中渡镇位于广西壮族自治区柳州市鹿寨县西北角,方圆374平方千米,境内奇山秀水,民风淳朴。是广西壮族自治区历史文化古镇,早在三国时就已建县,有"文化古镇,旅游乡镇"之美称。历史悠久,文化底蕴深厚。境内有以香桥岩国家地质公园为中心的九龙洞、响水瀑布、鹰山、洛江古榕等自然风光,以一方保障、香桥石刻、武庙等为代表的洛江文化,在区内外享有盛名。中渡古榕众多,是夏季避暑纳凉佳地。香桥岩地质公园,中渡古城,一方保障等一批旅游项目,形成了以生态旅游,文化游,农家乐为重点的发展格局。

(2)桂林市恭城瑶族自治县莲花镇。莲花镇位于县城南部,东毗钟山县,南邻平乐县同安镇,西接平乐县二塘镇,北接本县平安乡,距县城14千米。莲花镇交通区位优势明显,通往邻近乡镇的公路已经硬化,有二级公路通往县城和平乐县的同安镇,是有名的月柿之乡、柑橙之乡,生态环境优良,新农村建设事业远近闻名。该镇的旅游资源也十分丰富,有古色、古香的朗山民居,山清水秀的兰洞天池和传统民族旅游。还有以"赏果园风光,品瑶乡风情"为主题,集生态农业、旅游观光为一体的文化生态旅游红岩新村已初具规模。首届恭城瑶族自治县月柿节开幕式——走进中国月柿之乡大型文艺演出在红岩生

态旅游新村举行并取得了圆满成功。

(3) 北海市铁山港区南康镇。北海市铁山港区南康镇是全国重点城镇,是建设部、国家发展改革委、民政部、国土资源部、农业部、科技部于2004年2月4日批准确定的。同时,南康镇也是全国文明城镇、广西历史文化名镇,蝉联多届广西"南珠杯"特等奖。其是一个有着2000年历史的古镇,犹如一个藏在南方幽深小巷里的小家碧玉,一直鲜为人知。直到近日,荣获自治区首批历史文化名镇称号之后,她美丽而神秘的面纱才被掀起,向世人展示她悠久的历史文化和那深邃迷人的文化底蕴。

(4) 贺州市八步区贺街镇。贺街镇位于广西东部的贺州市八步区中部,总面积377平方千米,是广西重点镇。曾为广西贺县的县城。贺街镇山水秀丽、历史悠久、文化古迹众多。2001年7月,古建筑群——临贺古城被列为全国重点文物保护单位。贺街素有"桂东文化古城"之称。有众多古建筑和风景名胜。风景名胜古迹有形如玉印、闻名遐迩的贺江明珠——浮山;有清澈如镜、浓香馥郁的桂花井;有崔嵬嵯峨、气势磅礴的瑞云山;有南汉铸造、纶绵华丽的"三乘晓钟";有古朴典雅、声如沸水的"瑞云清音";有其形逼真、栩栩如生的"犀牛望月";有景色秀丽、古朴自然的"临江晚钓";有巍峨壮观、神工天作的"魁星点斗";有"出水莲花"、神龙回头、龙洞胜景、贺江风光、文庙、陈王祠等著名景观;还有迄今为止国内考古发现中保存最完好、地面规模最大的汉代古城墙。2000年以来,贺街镇的旅游业已成为贺街新的经济增长点。特别是电视剧《茶是故乡浓》《酒是故乡醇》《围屋里的女人》在贺街取景拍摄,并且在粤港澳热播,贺街迷人的风光、古朴的建筑吸引了大量的粤港澳游客。每逢周末,均有20多个旅游团队到贺街旅游。"五一""十一"黄金周更是火暴。贺街镇将重点抓好贺江小三峡和临贺故城的旅游开发,促进贺街观光农业的发展。

9.4　海南省

9.4.1　旅游地理概况

海南省简称琼,省会海口,位于中国最南端,全省陆地(主要包括海南岛和西沙、南沙群岛、中沙群岛的岛礁及其海域)总面积3.54万平方千米,海域面积200万平方千米。海南省是中国国土面积(陆地面积加海洋面积)第一大省,是仅次于台湾岛的中国第二大岛,海南经济特区是中国唯一的省级经济特区。海南省北以琼州海峡与广东省划界,西邻北部湾与广西壮族自治区和越南相对,东濒南海与台湾省对望,东南和南边在南海中与菲律宾、文莱和马来西亚为邻。地处热带北缘,属热带季风气候,素有"天然大温室"的美称,这里长夏无冬,年平均气温22℃~27℃,光照充足,光合潜力高。海南岛四周低平,中间高耸,以五指山、鹦哥岭为隆起核心,向外围逐级下降。山地、丘陵、台地、平原构成环形层状地貌,梯级结构明显。

海南旅游基础设施良好,旅游配套接待业已形成体系,旅游区位优势明显。依托于独特的生态旅游资源和优越的地理区位优势,以及国家赋予的独一无二的入境旅游优惠政策,海南省确立了旅游国际化发展的道路,旅游业的转型升级工作成效显著,旅游增长方式已呈现出由适度数量规模型向质量效益型转变,旅游产品从观光旅游型向休闲度假型转变,旅游客源结构由低端向高端转变,旅游产业步入了发展加速、质量提高的转型升级时期,呈现出国际化、度假化、品牌化、高端化的发展趋势。尤其是高尔夫、温泉康体、中医理疗等旅游新业态发展迅速。个性化度假旅游产品在国内外独树一帜。

9.4.2 优秀旅游城市

海南省拥有海口市、三亚市等优秀旅游城市。

(1)海口市。海口市地处热带滨海,热带资源呈现多样性,富于海滨自然特色风光景观。海口从发端至今已有近千年的历史。海口市大部分海岸坡度平缓,岸线开阔连绵,沙岸带沙细洁白,有热带海洋世界、假日海滩、白沙门海滩、西秀海滩、粤海铁路通道南站码头海滩、桂林洋海滩等海滨风景区和游乐区,此外,旅游景点还有金牛岭、万绿园、东湖、东寨港红树林保护区、五公祠、海瑞墓、秀英古炮台等。特色产品有珍珠、黎锦、椰雕、珊瑚盆景、贝壳类产品。

(2)三亚市。三亚市位于海南岛的最南端,是海南著名的热带海滨旅游城市和海港,历史悠久,源远流长,文化多姿多彩。天涯海角、大小洞天、崖州古城、落笔洞、三亚古人类遗址等都蕴含着丰厚的历史文化。三亚是我国唯一的热带滨海旅游城市,境内汇集了阳光、海水、沙滩、气候、森林、动物、温泉、岩洞、田园、风情十大风景资源。三亚被称为"东方夏威夷",它拥有全海南岛最美丽的海滨风光。这里有闻名中外的"天下第一湾"亚龙湾和大东海、三亚湾等优质海滨,它们的共同特点就是海蓝沙白、浪平风轻。

9.4.3 世界级旅游吸引物——海南国际旅游岛

2010年1月4日,国务院发布《关于推进海南国际旅游岛建设发展的若干意见》。至此,海南国际旅游岛建设正式步入正轨。作为国家的重大战略部署,2020年我国在海南建成世界一流海岛休闲度假旅游胜地,使之成为开放之岛、绿色之岛、文明之岛、和谐之岛。将海南岛建设成中国旅游业改革创新的试验区、世界一流的海岛休闲度假旅游目的地、全国生态文明建设示范区、国际经济合作和文化交流的重要平台、南海资源开发和服务基地、国家热带现代农业基地,充分发挥海南岛的自然和地理区位优势。

9.4.4 国家级旅游吸引物

海南省拥有南山文化旅游区、三亚大小洞天景区、呀诺达雨林文化旅游区、分界洲岛旅游区、海南槟榔谷黎苗文化旅游区、海南省三亚市蜈支洲岛旅游区等5A级景区;亚龙湾旅游度假区;三亚热带海滨风景名胜区;海南尖峰岭国家森林公园、海南吊罗山国家森林公园、海南霸王岭国家森林公园、五指山热带雨林风景区(水满区)、东寨港国家级自然保护区等国家级自然保护区;琼海市博鳌镇、海口市琼山区云龙镇、琼海市潭门镇等特色小镇。

9.4.4.1 5A级景区

(1)南山文化旅游区。三亚南山作为中国佛教名山,天人合一、返璞归真、洞天福地、生态奇观,共分为三大主题公园:南山佛教文化园是一座展示中国佛教传统文化,富有深刻哲理寓意,能够启迪心智、教化人生的园区;中国福寿文化园是一座集中华民族文化精髓,突出表现和平、安宁、幸福、祥和之气氛的园区;南海风情文化园是一座凭借南山一带蓝天碧海、阳光沙滩、山林海礁等景观的独特魅力,突出展现中国南海之滨的自然风光和黎村苗寨的文化风情,同时兼容西方现代化文明的园区。

(2) 三亚大小洞天景区。三亚大小洞天位于三亚市以西40千米处的南山山麓,始创于南宋(公元1187年),是海南省历史悠久的风景名胜,是中国南端的道家文化旅游胜地,自古因其奇特秀丽的海景、山景、石景与洞景被誉为"琼崖八百年第一山水名胜"。

三亚大小洞天依托得天独厚的生态资源、天工造化的山海形胜和深厚的历史文化底蕴,目前已形成了6个游览区域:彰显古代道迹仙踪的"洞天福地"区域、发掘长寿文化的"福寿南山"区域、宣传中华龙文化的"南海龙王"区域、揭示古崖州文化源流的"摩崖题咏"区域、以滨海自然风貌为主题的"山海奇观"区域、展现1.4亿年前生命世界的"三亚自然博物馆",共有50多个游览景点。三亚大小洞天年接待游客逾百万人次,是一个以古崖州文化为脉络,汇聚中国传统的道家文化与龙文化,融滨海风光、科普教育、民俗风情、滨海休闲于一体的国际化旅游风景区。

(3) 呀诺达雨林文化旅游区。呀诺达雨林景区位于海南省三亚市,是中国唯一地处北纬18°的热带雨林,是海南岛五大热带雨林精品的浓缩,堪称中国钻石级雨林景区。呀诺达雨林景区集观光度假、体验参与、休闲娱乐于一体,坚持天人合一的生态开发理念,以天然自然景观为基础,保护和强化景区优美的自然生态环境,融会"原始生态绿色文化、黎苗文化、南药文化、民俗文化"等优秀文化理念。

(4) 分界洲岛旅游区。分界洲岛,中国首个海岛型国家5A级旅游景区,占地面积0.45平方千米,坐落于海南省海口三亚东线高速公路牛岭15号出口处,是一个极具热带风情特色的海岛型景区。该岛是牛岭的一部分,牛岭南北气候大异。夏季时,岭北大雨滂沱,岭南却是阳光灿烂;冬季时,岭北阴郁一片,而岭南却是阳光明媚。分界洲岛因特殊的地理位置、气候特征、海岛地形、地域文化等,有"美女岛""观音岛""无名岛""睡佛岛""冰火岛"之誉。

(5) 海南槟榔谷黎苗文化旅游区。海南槟榔谷黎苗文化旅游区创建于1998年,地处北纬18°,位于保亭县与三亚市交界的甘什岭自然保护区境内。景区坐落在万余棵亭亭玉立、婀娜多姿的槟榔林海,并置身于古木参天、藤蔓交织的热带雨林中,规划面积5000余亩,距亚龙湾海岸26千米,距三亚市中心28千米。

槟榔谷因其两边森林层峦叠嶂,中间是一条延绵数千米的槟榔谷地而得名。景区由非遗村、甘什黎村、雨林苗寨、田野黎家、《槟榔·古韵》大型实景演出、兰花小木屋、黎苗风味美食街七大文化体验区构成,风景秀丽。景区内还展示了十项国家级非物质文化遗产,其中"黎族传统纺染织绣技艺"被联合国教科文组织列入非物质文化遗产急需保护名录。槟榔谷还是海南黎、苗族传统"三月三"及"七夕嬉水节"的主要活动举办地之一,文化魅力十足,是海南民族文化的"活化石"。

(6) 三亚市蜈支洲岛旅游区。蜈支洲岛位于海南亚龙湾景区内,是躲在亚龙湾美景身后静静绽放光彩的度假天堂,有人曾把它称作中国的马尔代夫,更多的人把这里当作和情人逃离尘世后的天堂,因为它有一个更为浪漫和顺口的名字:"情人岛"。作为中、高端

旅游者必选的海南旅游景点,蜈支洲岛集热带海岛旅游资源的丰富性和独特性于一体。岛东、南、西三面漫山叠翠,85科2 700多种原生植物郁郁葱葱,不但有高大挺拔的乔木,也有繁茂葳蕤的灌木,其中不但有从恐龙时代流传下来的桫椤这样的奇异花木,还生长着迄今为止地球上留存下来最古老的植物,号称"地球植物老寿星"的龙血树,寄生、绞杀等热带植物景观随处可见。蜈支洲岛享有"潜水基地"美誉。四周海域清澈透明,海水能见度6~27米,水域中盛产夜光螺、海参、龙虾、马鲛鱼、海胆、鲳鱼及五颜六色的热带鱼,南部水域海底有着保护很好的珊瑚礁,是世界上为数不多的没有礁石或者鹅卵石混杂的海岛,是国内潜水基地,极目远眺,烟波浩渺,海天一色。

9.4.4.2 国家级旅游度假区

亚龙湾旅游度假区位于三亚市东南28千米处,是海南最南端的一个半月形海湾,全长约7.5千米,是我国唯一具有热带风情的国家级旅游度假区。亚龙湾沙滩绵延7千米且平缓宽阔,浅海区宽达50~60米。沙粒洁白细软,海水澄澈晶莹,而且蔚蓝,能见度7~9米。海底世界资源丰富,有珊瑚礁、各种热带鱼、名贵贝类等。年平均气温25.5℃,终年可游泳,被誉为"天下第一湾"。

9.4.4.3 国家级风景名胜区

三亚海滨风景区位于海南省三亚市,总面积约212平方千米,由海棠湾、亚龙湾度假区、大东海度假区、天涯海角游览区、落笔洞旅游区、大小洞天旅游区等景区组成。1994年被定为国家重点风景名胜区。海棠湾其实只是"半湾",地处三亚市海棠镇与陵水黎族自治县英州镇交界处,因为行政区划的原因,本来一个完整的海湾一分为二,属于三亚境内的一半取名海棠湾,属于陵水境内的那一半海湾名称为土福湾。

9.4.4.4 旅游特色小镇

(1)海口市琼山区云龙镇。云龙镇是海南省海口市琼山区辖镇,位于海南省海口市琼山区中部,东靠演丰镇,西隔南渡江与龙塘镇相望,南连红旗镇,北接美兰国际机场与灵山镇。云龙属于中心镇,是海南省唯一的计划单列镇,是"中国生态文化名镇",云龙的名胜有海南省唯一的全国百家爱国主义教育基地——琼崖红军云龙改编旧址,有被周恩来总理喻为琼崖人民一面旗帜的冯白驹将军故居。有省级文物保护点唐胄墓,有海南唯一的道教洞天福地"陶公山"。

(2)琼海市博鳌镇。博鳌镇隶属于海南省琼海市,位于琼海市东部海滨,万泉河入海口。东临南海、南与万宁市交界,西与琼海市朝阳乡、上甬乡相邻,北与潭门镇接壤。博鳌是海南著名的"十大文化名镇"之一,是国际会议组织——博鳌亚洲论坛永久性会址所在地。博鳌地处三江交汇入海处,这三江就是万泉河、九曲江、龙滚河。还有沙坡岛、东屿岛、鸳鸯岛三岛,与金牛岭、龙潭岭、田涌岭三岭遥相呼应,形成"三江三山抱三岛"的风水格局。近些年博鳌利用自身优势大力发展旅游业,云集了一大批星级海景度假酒店、温泉、高尔夫等康乐养生会所,是盛名在外的著名旅游目的地。

【本章小结】

华南旅游区包括广东省、广西壮族自治区、海南省。该旅游大区地处我国热带、亚热带的东南海滨地带,交通便利,经济文化发达,旅游资源丰富而独具特色,已成为国际性的旅游热点地区。地貌类型多样,海岸线曲折,众多的岛屿和半岛,山地丘陵为主,长夏无冬、降水丰沛的亚热带—热带海洋性季风气候,丰富多样性的生物资源,火山和温泉等自然地理环境是构成天然旅游景观的基础。中西交融的历史文化,发达的现代经济,密集的人口城镇等人文地理环境,既是旅游资源开发的基础,又是当地社会文化景观的组成部分。

【重点概念】

岭南文化　多元文化

【案例分析】

海南跻身全国增长最快的十大客源地

2017年年初,途牛旅游网与中国旅游研究院联合发布的《2016—2017中国旅游消费市场发展报告》显示,海南位列全国增长最快的十大旅游目的地,同时跻身全国增长最快的十大客源地。这凸显了海南旅游的一大新变化,而更加多元的旅游需求也给海南旅行社带来新商机。

"候鸟"旅游热情高

每到冬季,海南温暖舒适的气温及优美休闲的环境,吸引着越来越多的北方老人欣然南飞到海岛过冬,成为"候鸟老人"。根据官方统计,仅在海南的候鸟老人,大约有45万人。

有钱有闲,成为"候鸟"的一大特点。2015年,海南省卫计委与北京大学社会学系联合对非海南省户籍的季节性来琼人口进行调查,发现"候鸟"老人的一系列特征。联合调查显示,候鸟老年人群的平均个人月收入为3 894.94元,远高于2015年全国居民人均1 830.5元的每月可支配收入,也明显高于当年全国城镇居民人均2 599.6元的水平。近年来,"候鸟"一族有家庭化、年轻化趋势,形成"老人在海南度假养生,儿孙跟过来过寒暑假"的模式。

多元需求促进消费升级

在大众旅游时代,海南的旅游目的地优势转化为客源优势,似乎也是一种必然。《2016—2017中国旅游消费市场发展报告》称,以亲子游、爸妈游为主的家庭游火爆;自由行、品质游、度假休闲旅游市场规模逐步扩大;品质团、定制游成为旅游消费升级新标志。作为旅游集散地,这一变化在海南旅游市场尤为明显。

日趋多元、注重体验的旅游需求越来越大,旅行社也纷纷推出新玩法。海南国旅前往西线的自驾车团、滨海房车游产品销售火爆,海南银新国际旅行社推出豪玩亚龙湾短线游产品,以欣赏浓郁热带风情的草裙舞、参与各种海上趣味运动、品罍家海鲜特色火锅餐等6种玩法,让游客体验不一样的亚龙湾;海南康泰旅游则推出360度环岛游,"咱爸咱妈"养生慢游之旅……

2016年,海南开通多条飞往柬埔寨、老挝等东南亚国家的旅游包机航线。从海南搭乘飞机到越南、老挝和柬埔寨等国家,直飞航程耗时均在2小时以内,给游客省却了转机的麻烦和时间,出境游也渐成这些"候鸟老人"和"新海南人"的出行时尚。

随着出游方式不断更新,高端出游体验也进入了寻常百姓家。连续5年冬季来海南的候鸟老人应仲玉回忆起之前的邮轮旅游仍意犹未尽,辛苦了一辈子,她想换一种活法,便和亲朋好友几人一同体验了一把邮轮旅游。

(资料来源:《海南日报》,http://www.visithainan.gov.cn/government/jiaodianxinwen/lvyouyaowen/201704/t20170427_74913.htm,2017-04-27.)

结合所学知识,请分析海南建设国际旅游岛的优势以及未来发展思路。

【思考题】

(1)试分析华南旅游区旅游地理环境特征及其对旅游业发展的影响。
(2)分析华南旅游区旅游吸引物的特征。
(3)对比分析广东省、广西壮族自治区、海南省的旅游吸引物各有什么不同特征。

参考书目

1. 保继刚,楚义芳.旅游地理学[M].北京:高等教育出版社,1999.
2. 庞规荃.中国旅游地理[M].北京:旅游教育出版社,2016.
3. 罗兹柏,杨国胜.中国旅游地理[M].天津:南开大学出版社,2011.
4. 曹培培.中国旅游地理[M].修订版.北京:清华大学出版社,2014.

10 西南旅游区

> **学习目标→**
>
> 通过本章的学习,全面了解西南旅游区的旅游地理系统;熟悉四川省、云南省、贵州省、重庆市和西藏自治区等省域旅游地理概况,理解本区旅游目的地的旅游发展现状,掌握该区旅游吸引物的基本特征。
>
> **学习难点→**
>
> 西南各省市区旅游吸引物　西南各省市区旅游通道　西南各省市区旅游业发展战略

【案例导入】

未来,我们如何旅游?

"上车睡觉,下车撒尿,景点拍照,回来一问啥都不知道。"——这些曾是网上对"旅游"的戏谑。然而在现实中,这种走马观花的景点游、扎堆儿游不乏其例。

随着旅游越来越成为国人生活中的"必需品",人们对旅游品质、旅游创新提出了更高要求。未来,我们将如何旅游?

从"景点旅游"走向"全域旅游"。"在我国旅游发展的初级阶段,主要是建景点、景区、饭店、宾馆。然而旅游业发展到现在,已经到了全民旅游和个人游、自驾游为主的全新阶段,传统的景点旅游模式已不能满足现代大旅游发展的需要。"日前,国家旅游局局长李金早说。

"疲于奔命"变身"休闲享受"。近年来随着国内游客旅游观念的转变,享受型、休闲型旅游需求正不断增长。就拿2016年春节假期来说,携程大数据显示,国内游客对于高星级(4~5星)酒店的需求远超预期,境外高星级酒店占比超过六成,境内高星级酒店占比也达到53%;而去年春节期间,境外高星级酒店占比为51%,境内高星级酒店占比仅35%。

"定制旅游"进入大众消费。定制旅游是一种国外非常流行的旅游方式,可以根据消费者的喜好和需求定制行程。这种模式能够给旅游者带来个性化的服务。"优定制"可为客户提供全球主要目的地国家和地区的旅游定制服务。针对不同客户群体的不同需求,他们开发出婚拍蜜月、海外游学、亲子假期、全球自驾、商务洽谈、医疗美容等10余种主题产品。

"未来景区"开启"智慧旅游"。随着"互联网+"快速进入旅游行业,未来的景区,又会是什么样?4月20日,阿里旅行与桂林市旅游发展委员会正式缔结战略合作关系,桂林成为与阿里旅行开展"未来景区"城市级战略合作的首个国内城市。游客在阿里旅行平台购买"未来景区"门票,或通过扫描景区二维码实现扫码入园,免去排队购票之苦。达到一定信用分的游客,还可以享受"先游玩,再付费"的"信用游"体验。进入景区,游客打开手机地图提供的景区导览服务,再也不用担心"迷失在景区"。园区内的所有消费,游客也只需支付宝就可以轻松支付,甚至可以在全程游玩结束后,再统一结算所有消费。

(信息来源:《重庆日报》,2016-05-30.)

10.1 西南旅游地理系统及其评价

西南旅游区旅游地理系统是由旅游客源地子系统、旅游目的地子系统、旅游通道子系统及旅游保障子系统四个部分组成,具有特定的结构、功能和目标的综合体。西南旅游区包括四川、云南、贵州、重庆和西藏自治区。它的西南分别与缅甸、老挝、越南、印度、尼泊尔等国接壤。自然地理区域包括四川盆地、云贵高原、横断山脉、青藏高原四个地理单元。

10.1.1 客源地子系统

10.1.1.1 国内旅游客源地

(1)四川省、重庆市旅游客源地。接待国内省外游客中,周边省份和珠长三角地区仍然是主要客源地。省外前五位客源地有三个是周边省份,两个是珠长三角地区。广东、陕西、云南、江苏、浙江分列四川省国内省外游客客源地的前五名。

(2)贵州省旅游客源地。贵州省的旅游开发主要围绕自然风景名胜、民族民俗文化和红色文化等内容展开。对于国内旅游客源的吸引呈现随着空间距离的增大,游客的增量逐渐减少的特征。表现为:在≤500千米的范围内,吸引力最大,所占客源份额最大;501~1 000千米范围内,吸引力较低,占客源份额13%左右;1 001~1 500千米范围内,客源份额与501~1 000千米范围相近;在≥1 500千米范围内,所占客源份额不到5%。浙江、广东分居国内入黔游客第一、二位,周边5省和对口帮扶城市所在的6个省份入黔游客人数超过入黔游客总数的八成,初步形成贵州省稳定的客源市场。

(3)云南省旅游客源地:①省外游客仍是云南省主要的客源市场。云南周边地区、沿海及东部经济相对发达的省份仍是最大的国内客源市场,其中四川、重庆和贵州居国内旅游客源市场的前三位,接待量分别占所有游客的7.20%、4.05%和3.28%,四川游客增幅最大,增长1.52个百分点。同时,山西、陕西和宁夏等中、西部省(区)入滇游客所占比重均有所提高。②省内客源市场进一步壮大。③非城镇居民游客比重进一步提高。伴随国家对新农村建设的政策扶持,农民收入的不断增加,越来越多的非城镇居民开始由物质提高转变为精神层面的提高,2015年非城镇居民游客所占比重提升了8.12个百分点,达27.58%。

(4)西藏旅游客源地。21世纪初,由于西藏距国内主体客源市场遥远,宣传促销工作差,因此本区游客占主体。之后本区旅游部门推出多条旅游线路,在西藏的国内游客中,多数来自西北地区,主要集中在大中城市,尤以省会城市为突出。这是因为本区同周边经济文化交流较多,且地域上较为接近,往来便利,会议及商务游客多,因此与西部相邻省市互为客源地。

10.1.1.2 境外旅游客源地

(1)四川省、重庆市客源地。从入境客源的来源地来看,港澳台同胞一直是入境旅游客源市场的主要客源。就海外客源地来看,其总体格局是:亚洲市场为主要海外客源市场,欧洲为次要客源市场,接下来依次为美洲、大洋洲和非洲。四川省接待的国际旅游客源中,美国、日本、英国和韩国分列四川省接待入境客源国前4位,重庆市入境旅游人数前5位的国家为:韩国、美国、日本、泰国、新加坡。

(2)云南省、贵州省客源地。从入境客源的来源地来看,港澳台同胞一直是民族风情、岩溶山水旅游区入境旅游客源市场的主要客源。就海外客源地来看,其总体格局是:亚洲市场为主要海外客源市场,欧洲市场虽然是世界上最主要的客源输出地,但由于地理交通的不便利,历史文化、生活方式、价值观念差距等原因,欧洲市场所占比重较小,是次要客源市场,北美和大洋洲的客源市场比重较低。

(3)西藏客源地。日本是最大的客源国,约占接待外国游客总数的33%;西欧三国(英、法、德)是次一级主要客源国,占外国游客总数的比重为18.14%;北美的游客占接待总数的12%;韩国和东南亚游客人数较少。在来华游客中,法国、加拿大、德国、英国、日本是人数比例最高的国家,其次是美国和澳大利亚。

10.1.2 旅游目的地子系统

(1)四川省旅游目的地。四川是中国旅游资源极其丰富的地区,各个区域的景观特色都不同。以成都为中心以及东部地区属于四川盆地,经济发达,历史悠久,受汉文化影响较大,主要有成都市内的历史遗迹以及峨眉山、乐山、青城山、都江堰等;四川北部的主要旅游目的地有九寨沟、若尔盖、黄龙、色达、毕棚沟、卧龙熊猫基地、七藏沟、米亚罗、雀儿山、汶川地震遗址、德格印经院;四川西部的主要旅游目的地有稻城、亚丁、海螺沟、康定、泸定、新都桥、牛背山、四姑娘山、贡嘎雪山、丹巴、理塘草原、格聂、塔公草原。著名的稻城亚丁自然风景区,这里被称为最后的香格里拉,一年四季都有无数游客慕名前来;四川南部的主要旅游目的地有峨眉山、乐山大佛、自贡、攀枝花;四川东部有著名的三国文化、巴人文化、红军文化以及秀美的自然风光，主要景点有遂宁、巴中，总的来说，川东地区的旅游资源相对较弱。

(2)重庆市旅游目的地。重庆拥有山、水、林、泉、瀑、峡、洞等自然景色，共有自然、人文景点300余处。

(3)贵州省旅游目的地。《纽约时报》公布了世界上52个最值得到访的旅游目的地（即"必到旅游胜地推荐"），中国仅有贵州和杭州上榜。《纽约时报》给贵州的推荐理由是"Authentic Chinese hill tribes without mass tourism—yet."（正宗的中国山地部落，还没有大众旅游），贵州省当之无愧。贵州省拥有最美的世界最大苗族聚居村寨——西江千户苗寨，最美的侗乡第一寨——黎平肇兴侗寨，最美的南长城外围的"王者之城"——松桃苗王城，民族文化保留最完整的荔波瑶山古寨，最美的彝族历史文化古城——大方慕俄格古城，除了这些国家级的风景区，贵州还有很多鲜为人知的民族村寨和古镇，如占里侗寨、岜沙苗寨、芭扒侗寨、北侗三门塘、黄岗侗寨、架里苗寨、增冲鼓楼、郎德上寨、翘街古镇、楼上古寨、土城古镇、丙安古镇等。此外，贵州还有最美山林——万峰林、最美峡谷——马岭河大峡谷、最美瀑布——黄果树瀑布、最美地质奇观——赤水丹霞、最美溶洞——织金洞、最美湿地——草海、最美湿地——草海等，这些独一无二、特色鲜明的旅游景区（景点）成为游客来贵州省的必游之地。

(4)云南省旅游目的地。云南省地理环境独特，西双版纳与缅甸、老挝相连，有着浓郁的热带风情；香格里拉春天草长莺飞，繁花似锦，秋日天高云淡、色彩斑斓；玉龙雪山雄伟纯净，是神的化身；"世界喀斯特的精华"——石林，以"雄、奇、险、秀、幽、奥、旷"著称，是造型地貌的天然博物馆。险峻的虎跳峡、雪山峡谷、高原湖泊、丰富的高山动植物资源，无一不极富吸引力。另外，崎岖的茶马古道、古典恬淡的丽江和大理古城，皆印满历史的痕迹，充满了人文气息。

(5)西藏旅游目的地。拉萨作为西藏自治区首府，是一座具有1300年历史的古城。总面积约3.1万平方千米。拉萨在藏语中为"圣地"或"佛地"之意，长期以来是西藏政治、经济、文化、宗教的中心。金碧辉煌、雄伟壮丽的布达拉宫，是至高无上政教合一政权的象征。拉萨市区地处河谷冲积平原，是世界上海拔最高的城市之一。地势由东向西倾斜，气候属高原温带半干旱季风气候区。年日照时数3 000小时以上，故有"日光城"美称。主要旅游景点除被列为世界文化遗产的布达拉宫、大昭寺和罗布林卡外，还有哲蚌寺、色拉寺、小昭寺、宗角禄康、藏王陵、楚布寺、拉萨清真寺、曲贡遗址、西藏博物馆、药王山、直贡噶举派寺庙群等，另外藏传佛教氛围浓重，与之相关的民俗、节庆、民居建筑等无不打上了宗教的印迹，旅游资源具有独特的民族性、地域性和深厚的文化性。

10.1.3 旅游通道子系统

10.1.3.1 四川省旅游通道

为加快建设世界重要旅游目的地，让四川文旅名扬天下、享誉全球。四川建设世界重要旅游目的地分两步实施：到2027年，世界重要旅游目的地建设取得重要突破；到2035

年,建成世界重要旅游目的地。①

(1)航空旅游交通。四川拥有成都双流国际机场和绵阳南郊机场、泸州蓝田机场、达州河市机场、九寨黄龙机场、宜宾菜坝机场等17个主支线机场。成都双流国际机场是中国中西部地区最繁忙的民用枢纽机场、中国西南地区的航空枢纽和重要客货集散地。使用成都双流国际机场的航空公司有16家,航线140多条,可以直飞国内外众多城市。规划的成都天府国际机场2020年建成后,将是成都双流国际机场2倍大。

(2)铁路旅游交通。四川古有"蜀道难,难于上青天"之说,经过不断的建设,四川成为西南的交通枢纽。铁路是四川沟通省内外运输的大动脉。四川铁路已形成包括宝成铁路等5条铁路干线、8条铁路支线和4条地方铁路组成的铁路网。成渝铁路沟通成都和重庆,是新中国自行修筑的第一条铁路,同时也是四川通往贵州及华南的重要通道。宝成铁路连接陇海铁路,是中国第一条电气化铁路。达成铁路东接襄渝铁路,是四川与湖北间的重要通道。成昆铁路南接南昆铁路,是四川通往广西的重要通道。内六铁路南接沪昆铁路、水红铁路,连通湘黔铁路、南昆铁路,是沟通云、贵、川三省的又一条主要干线,成为西南出海的便捷通道。

(3)公路旅游交通。四川高速公路总里程8 915千米,居西部第一,全国第三。四川省公路以成都为中心,干、支线公路呈辐射状分布,同时,又辅以东西、南北线路的相互交织。主要的公路干线有:川藏公路、川青公路、川陇公路、川陕公路、成渝公路、川云东路、川云中路、川云西路及川滇路等。成都汽车中心客运站是四川最大的公路客运枢纽站。四川第一条高速公路——成渝高速公路(即今G76厦蓉高速和G85银昆高速)是成都市与重庆市之间的公路交通大动脉。全长340.2千米,于1995年全线开通。此外,成都—绵阳、成都—乐山—峨眉山以及内江—自贡—宜宾、达州—重庆等高速公路也在四川的公路交通中发挥着巨大的作用。

(4)水路旅游交通。长江横贯全省,是水路运输的干线,并与岷江、金沙江等支线沟通,在境内形成了一个天然的水路运输网络。四川水路主要有金沙江段、长江段、沱江和嘉陵江水系水域。其中,金沙江新市镇以下、岷江乐山以下、嘉陵江阆中以下常年可通轮船,泸州、乐山、宜宾是水路干道上的重要城市。

10.1.3.2 重庆市旅游通道

重庆地处中国中部和西部地区的接合部,是长江上游地区唯一汇集水、陆、空交通资源的特大型城市,西南地区综合交通枢纽;共建成了"二环十射"高速公路网和"一枢纽八干线"铁路网,港口年吞吐量1.6亿吨,江北国际机场年旅客吞吐量超过3 200万人次,构建起航空、铁路、内河港三个交通枢纽,以长江黄金水道、渝新欧国际铁路等为支撑的开放通道。

(1)航空旅游交通。重庆有"一大两小"三座民用机场,其中,江北机场T3航站楼和第三跑道正建设中,巫山机场实现开工,基地航空公司增至6家,新增通航点61个,航线总数达到275条,覆盖国内大中城市,通达欧洲、美洲、澳洲及亚洲主要口岸城市。江北机

---

① 资源来源:建"一省四地"凸显核心竞争力[N].四川日报,2023-07-17.

场成为国家区域枢纽机场,旅客吞吐量突破 3 000 万人次,是"十一五"末的 2 倍,年均增长 16%,位居全国第九、世界前 55 位;货邮吞吐量 31.8 万吨、较"十一五"末增长 62%,国际货邮吞吐量西部领先。

(2)铁路旅游交通。2019 年,全市铁路营运里程达到 5 090 千米。轨道交通营运里程 213.3 千米,形成"一枢纽八干线"网络格局,日均客运量 189.97 万人次。开通重庆至上海、广州、深圳等沿海港口的货运五定班列和"渝新欧"国际货运班列,实现了铁海联运、国际直达。

(3)公路旅游交通。全市高速公路通车总里程 3 841 千米,路网密度继续保持西部第一。重庆有 210 国道、319 国道、212 国道、318 国道和 326 国道等数条普通公路通向全国 10 多个省区市。

(4)水路旅游交通。重庆是长江上游乃至中国西部最大的内陆港口城市。域内长江、嘉陵江及其支流形成了以重庆市区为中心的长江上游水运网,通航河流达 136 条。沿江建有万州、涪陵等港口和客货码头数十个,开展了重庆经上海至海外的江海联运业务,千(万)吨级轮船可终年通航。其中,重庆港属国家一类开放口岸,为长江上游地区最大港口;重庆寸滩港,年货运吞吐能力可达 100 万吨。全市船舶总运力达到 660 万载重吨,船型标准化率、货运船舶平均吨位均居全国内河第一。

(5)特种旅游交通。重庆主城区内公共交通形势丰富多样,包含公交汽车、轻轨、地铁、过江索道、缆车、扶梯、升降电梯以及过江轮渡等,其中主要公共交通工具是轨道交通和公交汽车(在重庆马路上几乎看不到自行车和电动车)。重庆主城区有两条全国独一无二的过江索道:嘉陵江索道;长江索道,建成于 1986 年。重庆主城区有两处作为公共交通使用的自动扶梯和升降式电梯:连接菜园坝和两路口的亚洲第一长扶梯皇冠大扶梯;连接凯旋路和较场口的升降式电梯凯旋路电梯。另外,重庆主城区长江和嘉陵江上还有多条客运轮渡。重庆轨道交通:2020 年,重庆轨道交通年日均客运量 229.4 万乘次、年客运量 8.4 亿人次。截至 2021 年 4 月,日最高客运量为 2021 年 4 月 30 日的 416.9 万人次。截至 2023 年 7 月 19 日,重庆已开通 1、2、3、4、5、6、9、10 号线、环线、国博线,江跳线共 11 条轨道交通线路,线网覆盖重庆主城都市区多个区,通车运营里程 501 千米。

10.1.3.3 贵州省旅游通道

(1)航空旅游交通。目前,贵州省已经拥有贵阳龙洞堡、遵义新舟、铜仁凤凰、兴义、黎平、荔波、安顺、毕节、黄平、六盘水等 10 个通航机场,形成了"一干九支"的格局。

(2)铁路旅游交通。贵州省会贵阳是中国西南铁路枢纽,以贵阳为中心,黔桂铁路、川黔铁路、贵昆铁路、湘黔铁路四条铁路干线贯穿贵州。

(3)公路旅游交通。截至 2022 年底,贵州省新增公路 4.4 万千米。全省公路通车总里程达 20.9 万千米,其中高速公路 8 331 千米,排全国第 4,综合密度排全国第 2。

(4)水路旅游交通。"十二五"期间,贵州省水运基础设施建设取得新突破。开工建设水运项目 11 个,重点实施了 3 条水运通道,6 个库区航运,80 个城乡便民码头及 1 480 道乡镇渡口,实现了贵州水运史上三大突破:完成南北盘江——红水河和乌江两条出省水运主要通道建设,新建和改、扩建 16 个码头共 30 个 500 吨级泊位,全省四级及以上高等级航道达 791 千米,实现了贵州高等级航道零的突破旅游环境。

10.1.3.4　云南省旅游通道

(1)航空旅游交通。云南省现有机场 10 个,在建 2 个,是我国拥有民用机场最多的省份之一。现有的机场由昆明、保山、思茅、昭通、西双版纳、德宏芒市、丽江、大理、迪庆香格里拉、临沧 10 个机场构成。昆明巫家坝国际机场位于昆明东南部,是中国最重要的国际口岸机场和全国起降最繁忙的国际航空港之一,是中国西南地区门户枢纽机场。昆明的巫家坝国际机场目前开辟国内航线 48 条,国际航线 6 条。昆明至省内各旅游地区的民航也很发达,现已开辟通往思茅、西双版纳、保山、昭通、大理、芒市、丽江、中甸的航线。

(2)铁路旅游交通。云南省的铁路以昆明为中心,以东为贵昆铁路,以北为成昆铁路;以南为南昆铁路。目前云南铁路里程约 3 000 千米,拥有准轨、米轨、寸轨三轨并存的路网,主要铁路有准轨贵昆、成昆、南昆、沪昆客专、云桂客专及米轨昆河、蒙宝等干线。

(3)公路旅游交通。云南省的公路以昆明为中心,7 条国道(108、213、214、320、321、323、326 国道),61 条省道,辐射至省内、国内外各大城市。"七出省""五出境"通道基本形成;建成武昆、大丽等 24 条高速公路,全省高速公路通车里程达 4 005 千米。全省 13 个州市通高速公路,129 个县有 72 个通高速公路,占 55.8%,初步实现州市通高速路。

(4)水路旅游交通。云南主要有金沙江、澜沧江、红河、南盘江、怒江等 5 条干流及其支流 63 条,长 14 200 千米,其中可开发利用的航道有 8 000 多千米,分属于长江、澜沧江、珠江、红河、怒江、伊洛瓦底江等六大水系,有高原湖泊 30 多个和各类水库 5 500 座。

10.1.3.5　西藏旅游通道

(1)航空旅游交通。拉萨贡嘎机场是西藏最大的机场,也是西藏航空公司的基地。除此之外,日喀则、林芝等大城市也有机场,开通有与国内大城市直飞的航班。

(2)铁路旅游交通。青藏铁路开通后,前往青藏高原游览就变得更为便捷了。铁路比起飞机,最大的优点就是随着铁轨铺设高度自然提升,游客可以比较容易地适应高原的气压、气温变化。铁路在青藏高原的各大城市都有站点,可查询青藏铁路公司公布的时刻表来搭乘需要的班次。

(3)公路旅游交通。有青藏、滇藏、川藏、新藏等四条主要公路环贯青藏高原地区。青藏高原内部以公路为主要运输方式。

10.1.4　旅游保障子系统

(1)自然环境。复杂多样的地形,喀斯特地貌发育典型;高山横亘的"世界屋脊";典型的亚热带季风气候和独特的高原气候;西藏气候独特。本区西高东低,大致西部为高原、山地,海拔多在 4 000 米以上;东部为盆地、丘陵,海拔多在 1 000～3 000 米。地形地貌从高原、山地、峡谷到盆地、丘陵、平原,从江河湖泊到温泉瀑布,从冰川地貌、喀斯特地貌到丹霞地貌,一应俱全。为开展多种旅游提供了有利的地形条件。本旅游区的气候复杂多变。但基本以亚热带季风气候和高原气候为主,其中云南、重庆、四川大部分区域亚热带季风气候显著,夏热而长,冬寒而短,春秋相等,川西高原,气候垂直变化明

显,西藏山区地高天寒,且冬季长达五个半月之久,多雷暴、冰雹、大风为青藏高原特殊的气候特色。

(2)文化环境。历史文化悠久灿烂。历史上魏、蜀、吴三国鼎立的半个世纪,留下了许多的历史遗迹,而本旅游区则是这些故事的主要发生地。为本区发展三国文化专项旅游提供了极其优越的条件。云南是我国古人类的起源地之一,距今170万年的云南元谋人就是在这里繁衍生息。各族人民在长期的生产劳动中创造了灿烂的历史文化,在青藏地区,历史文化与宗教相关,在这里,佛教的圣地、圣迹比比皆是。民族风情别具一格;红色旅游吸引物众多。从古至今,本区一直是多民族聚居地,这些少数民族在长期的生产生活中,形成各自的民族风俗,创造出各自富有民族特色的文化,构成了独具优势的人文旅游吸引物,引得旅游者络绎不绝。四川、贵州、云南是我国工农红军长征经过的地区,留下了许多珍贵的革命遗址遗迹。

(3)社会环境。西南旅游业发展势头强劲,旅游吸引物得到合理的开发利用,形成了品牌效应。以旅游业为契机加快了当地的经济转型,使旅游地的运营管理更加科学。旅游业的发展促进了西南旅游区的休闲农业、交通、餐饮、娱乐、房地产等行业的发展,当地从事旅游产业的就业人数逐渐增多,更多旅游景点可以面向市场。

(4)经济环境。以重庆市为例,旅游产业发展呈现多个亮点:多个功能区域旅游业竞相发展;旅游业供给侧结构性改革成效明显;旅游市场主体不断壮大;全域旅游试点示范扎实推进;旅游扶贫取得新进展;旅游品牌影响持续提升,旅游发展环境进一步优化;旅游基础研究和人才队伍建设扎实推进等。从横向比较看,目前全国各地都将旅游业作为支柱产业加以打造,区域竞争日趋激烈。

(5)政策环境。在"十三五"旅游业发展规划中强调要做强跨区域旅游城市群,其中四川省和重庆市要打造成渝旅游城市群:充分发挥长江上游核心城市作用,依托川渝独特的生态和文化,建设自然与文化遗产国际精品旅游区,打造西部旅游辐射中心。依托跨区域的自然山水和完整的地域文化单元,培育一批跨区域特色旅游功能区,构建特色鲜明、品牌突出的区域旅游业发展增长极。涉及西南旅游大区的特色旅游功能区推进计划主要有:香格里拉民族文化旅游区、武陵山生态文化旅游区、长江三峡山水人文旅游区、乌蒙山民族文化旅游区、秦巴山区生态文化旅游区、滇黔桂民族文化旅游区等。打造国家精品旅游带如长江国际黄金旅游带、藏羌彝文化旅游带、茶马古道生态文化旅游带等国家精品旅游带。以国家等级交通线网为基础,加强沿线生态资源环境保护和风情小镇、特色村寨、汽车营地、绿道系统等规划建设,完善游憩与交通服务设施,实施国家旅游风景道示范工程,形成品牌化旅游廊道。依托特色旅游资源,打造一批特色旅游目的地,满足大众化、多样化、特色化旅游市场需求,如民俗风情旅游目的地、湖泊旅游目的地等的建设。

(6)技术环境。大力推动旅游科技创新,打造旅游发展科技引擎。推进旅游互联网基础设施建设,加快机场、车站、码头、宾馆饭店、景区景点、乡村旅游点等重点涉旅区域无线网络建设。推动游客集中区、环境敏感区、高风险地区物联网设施建设。建设旅游产业大数据平台。构建全国旅游产业运行监测平台,建立旅游与公安、交通、统计等部门数据共享机制,形成旅游产业大数据平台。实施"互联网+旅游"创新创业行动计划。建设一批国家智慧旅游城市、智慧旅游景区、智慧旅游企业、智慧旅游乡村。规范旅游业与互联网金融合作,探索"互联网+旅游"新型消费信用体系。在线旅游消费支出占旅游消费支出20%以上,4A级以上景区实现免费Wi-Fi、智能导游、电子讲解、在线预订、信息推送等全覆盖。

10.2 四川省

10.2.1 旅游地理概况

四川,简称"川"或"蜀",省会成都,位于中国大陆西南腹地,自古就有"天府之国"之美誉,是中国西部门户,大熊猫故乡。四川今与重庆、贵州、云南、西藏、青海、甘肃、陕西诸省区市交界。四川东部为川东平行岭谷和川中丘陵,中部为成都平原,西部为川西高原。四川省是一个多民族的大家庭,境内有中国第二大藏区(甘孜州、阿坝州)、中国最大彝区(凉山州)和中国唯一羌族自治县(北川县),其中甘孜州是康藏文化的核心区。

四川历史悠久,文化灿烂,自然风光绚丽多彩,拥有九寨沟、黄龙、都江堰、青城山、乐山大佛、峨眉山、三星堆、金沙遗址、武侯祠、杜甫草堂、宽窄巷子、阆中古城、海螺沟、四姑娘山、稻城亚丁等享誉海内外的旅游景区。

10.2.2 优秀旅游城市

四川省拥有成都市、广安市、峨眉山市、都江堰市、乐山市、崇州市、绵阳市、自贡市、宜宾市、泸州市、攀枝花市、雅安市、江油市、阆中市、南充市、西昌市、邛崃市、德阳市、广元市、遂宁市、华蓥市等优秀旅游城市。本章节仅以成都市、自贡市、德阳市、攀枝花市、乐山市、峨眉山市为例做简要介绍。

10.2.2.1 成都市

简称"蓉",位于四川省中部,不仅是四川省政治、经济、文化中心,也是西南地区科技中心、商贸中心、金融中心和交通通信枢纽。

作为我国历史文化名城之一,成都是一座既宁静又繁荣,既有深厚的文化积淀,又有优美自然环境的城市。1500多年前的晋代诗人左思曾由衷地称它是"既崇且丽"。不论是"诗仙"李白,还是"诗圣"杜甫都曾无限深情地讴歌过这座风姿独具的城市。2007年,成都市被国家确定为中国最佳旅游城市;2009年,成都荣获"世界优秀旅游目的地城市"称号;2010年,联合国教科文组织授予成都"美食之都"称号,成都成为亚洲第一个世界"美食之都",并正式批准成都加入联合国教科文组织的创意城市网络。

成都拥有2项世界遗产,是中国中西部拥有世界遗产项目数最多的城市,是一座有着3200年的历史的"中国文化名城"。成都拥有武侯祠、杜甫草堂、永陵、望江楼、青羊宫、文殊院、明蜀王陵、昭觉寺、金沙遗址、都江堰、青城山等众多历史名胜古迹和人文景观。成都也是四川大熊猫栖息地,拥有名扬四海的大熊猫基地。

10.2.2.2 自贡市

1986年,自贡市由国务院颁定为国家历史文化名城,其后又相继被批准为省级风景名胜区、国家对外开放城市和全国卫生城市,2003年被列入第四批中国优秀旅游城市名单。自贡依山傍水,环境优美宜人,有"千年盐都""恐龙之乡""南国灯城"之称。自贡因盐设镇、设县直至因盐设市,以井盐文化为主体的历史文化内涵丰富。市内现有文物保护单位 88 处。其中,自贡盐业历史博物馆所在的西秦会馆和燊海井,荣县大佛、富顺文庙,以及吴玉章故居均为全国重点文物保护单位。

10.2.2.3 德阳市

德阳旅游吸引物得天独厚,历史文化积淀厚重。德阳是省级园林城市,旌湖两岸生态环境获"中国人居环境范例奖"。2007 年,德阳被评为全国优秀旅游城市。作为国家森林城市,其还是中国唯一的"联合国清洁技术与再生能源装备制造业国际示范城市"。同时也是中国三大名酒"茅五剑"之一的剑南春的产地。其境内拥有"沉睡数千年,一醒惊天下"的广汉三星堆古蜀文明遗址,有中国"四大年画"之一的绵竹年画,德阳还有保存完好、建筑精美、全国第三大,西南地区最大的德阳孔庙;雄伟壮观的李冰陵,古代二十四孝之一"一门三孝"故事的发源地,以及白马关庞统祠墓、张飞点将台、换马沟、落凤坡、庞统血坟、金牛蜀道、诸葛双忠祠、张任墓等为三国文化不可分割的重要组成部分。有位于龙门山国家地质公园,以"五绝四海"闻名的蓥华山风景名胜区;集成片原始森林和大熊猫、金丝猴等珍稀动植物为一体的九顶山风景名胜区和九顶山大熊猫自然保护区;有省级森林公园——云湖森林公园、剑南春森林公园、崴螺山景区;有东湖山公园、房湖公园和继光水库等;还有被誉为"东方艺术的瑰宝,人类智慧的结晶"的德阳石刻、旌湖等现代文化娱乐景区,以及中国芍药谷 4A 级度假区、全国青少年教育基地——黄继光纪念馆和继光故里等红色旅游区,全国唯一的观音菩萨金刚道场——中江白塔寺。

10.2.2.4 攀枝花市

攀枝花市先后获评中国优秀旅游城市、中国自驾游目的地试点城市,入选第二批国家全域旅游示范区创建单位,被纳入中国大香格里拉旅游推广联盟,是大香格里拉和南方丝绸之路上的重要节点城市。

"花是一座城,城市一朵花""阳光花城 康养胜地""孝敬爸妈,请带到攀枝花"等城市宣传语正广为传诵。这里有高峡平湖的水墨二滩,有神奇疗养保健功效的红格氡温泉,有绚丽索玛花海的格萨拉,有万亩三角梅怒放的阿署达花舞人间,有米易国家级皮划艇竞训基地,有镌刻三线建设历史记忆的大工业,还有 42 个民族积淀的多元文化。每年举办欢乐阳光节、米易灯会、索玛花节、枇果节等丰富多彩的节庆活动,是田园休闲度假的上佳之选,是户外运动健身的理想之地,更是阳光生态康养的旅游胜地。

10.2.2.5 乐山市

历史上属古蜀国,有"海棠香国"的美誉。乐山市是国家历史文化名城、国家首批对外开放城市、全国绿化模范城市、中国优秀旅游城市、国家园林城市、全国卫生城市、2008 北京奥运会火炬传递城市之一。乐山市是中国唯一拥有三处世界遗产的城市(乐山大佛景区、峨眉山景区、东风堰)。乐山,世界著名的生态和文化旅游胜地、中国旅游版图的重镇、中国最佳旅游目的地和中国世界自然与文化遗产城市之一。乐山旅游业形成了向全省的强劲辐射力,每年都吸引着五湖四海的游客。2011 年,峨眉山—乐山大佛景区被评选为"中国最令人向往的地方"。2012 年,乐山被评选为中国城市旅游投资竞争力 50 强城市,拥有 8 平方千米城市绿心公园,与荷兰鹿特丹同时被誉为"森林在城市中,城市在山水中"。世界级和国家级旅游吸引物密度达每万平方千米 25 个,是全省平均值的 3.6 倍。旅游吸引物开发利用和产业发展水平位居全省前列。

10.2.2.6 峨眉山市

峨眉山市地处四川盆地西南边缘,因境内有闻名世界的峨眉山而得名。峨眉山市地域条件优越,交通十分发达,气候舒适宜人,旅游吸引物丰富,文化底蕴深厚,民俗风情朴实多彩。1988 年撤县建市,以"山城一体、旅游兴市"为发展战略,走旅游牵头、农业垫基、发展工业、建设城镇、山城一体协调发展的路子。峨眉山市是首批中国优秀旅游城市、全国文明城市、卫生城市、双拥模范城市;已发展成为一座旅游吸引物丰富多彩,旅游功能配套完善的新兴旅游城市。

峨眉山是世界自然与文化遗产,国家级风景名胜区,中国佛教四大名山之一,普贤菩萨道场,大文豪郭沫若誉为"天下名山"。唐代诗人李白赞誉"蜀国多仙山,峨眉貌难匹",峨眉山自古有"峨眉秀色甲天下"和"峨眉天下秀"之美誉。如果说峨眉山是中国旅游一颗璀璨而耀眼的明珠,峨眉山市就是托起这颗明珠美丽而坚实的基座。

10.2.3 世界级旅游吸引物

四川省拥有兴文、自贡、光雾山-诺水河等世界地质公园;拥有九寨沟、黄龙、峨眉山-乐山、都江堰、大熊猫栖息地等世界遗产;拥有卧龙、九寨沟等国家级自然保护区。

10.2.3.1 世界地质公园

(1)兴文世界地质公园。兴文世界地质公园位于四川省宜宾市兴文县,地处四川盆地南部与云贵高原过渡带,由小岩湾景区、僰王山景区、太安石林景区、凌霄山景区组成,面积 156 平方千米地质公园,包括 4 个园区,分别为以天泉洞为代表的 200 多个大小溶洞组成的洞穴群小岩湾地质园区;以自然生态著称,汇聚了峡谷、瀑布、湖泊、溶洞、古僰人遗址等多种地质遗迹景观的僰王山园区;形成于距今 4.9 亿年的奥陶纪,古石林、千年银杏、溶洞群、太安石林以及凌霄僰人遗址的凌霄城园区。公园内石灰岩广泛分布,特殊的地理位置、地质构造和气候环境条件形成了兴文式喀斯特岩溶地貌,是国内最早对天坑研究和命名地,也是研究西南地区喀斯特地貌的典型地区之一。四川兴文世界地质公园世界级规模的大漏斗、大量的流入型洞穴、完整的喀斯特流域、优良的喀斯特发育条件,构成了"兴文式"喀斯特地貌。公园是研究喀斯特地貌形成、发展、演化的天然博物馆,也是一部普及岩溶地学知识的百科全书。因此,兴文喀斯特地质资源具有重要的科学价值和国际对比研究意义。公园于 2005 年 2 月被联合国教科文组织批准为世界地质公园。

(2)自贡世界地质公园。自贡世界地质公园位于四川省西南部的自贡市,自贡东与泸州市相接,南与宜宾地区为邻,西与乐山市相连,北与内江地区接壤。自贡地区交通发达,距成都市、重庆市各约 200 千米,距宜宾机场 67 千米。

自贡世界地质公园是四川省第二个世界级地质公园,是中国大陆首个以城市名命名的世界级地质公园。四川自贡地质公园由大山铺恐龙化石群遗迹园区和青龙山恐龙化石群遗迹园区组成,总面积为 56.6 平方千米。

自贡世界地质公园 2008 年被联合国教科文组织正式批准加入世界地质公园网络,公园以闻名遐迩的中侏罗世恐龙化石遗迹和历史悠久的井盐遗址为特色,辅以有"活化石"

之称的桫椤子遗植物群景观,并融合自贡厚重的历史文化,是一个集科学研究、科普教育、观光游览和休闲度假等多功能于一体,具有丰富科学内涵、浓郁地方特色、浓厚文化气息和优雅美学观赏价值的世界地质公园。

(3)光雾山—诺水河世界地质公园。四川光雾山—诺水河世界地质公园位于巴中市北部的米仓山地区,分别由光雾山园区与诺水河园区两部分构成,面积362平方千米。北临陕西汉中,南濒四川盆地,东为大巴山主脉,西接龙门山,跨四川省巴中市南江县、通江县,行政区划隶属于巴中市。公园内最具震撼力的景观是岩溶地貌景观,包括地表和地下岩溶地貌,是中国南北岩溶过渡地区岩溶地貌的典型代表,是研究中国岩溶的理想场所和关键地区。

2018年4月17日,联合国教科文组织执行局第204全会批准四川光雾山-诺水河地质公园成为我国第三十六个世界地质公园。

10.2.3.2 世界遗产

(1)四川九寨沟国家级名胜区。九寨沟风景名胜区位于四川省阿坝藏族羌族自治州南坪县境内,距离成都市400多千米,是一条纵深40余千米的山沟谷地,因周围有9个藏族村寨而得名,总面积约620平方千米,大约有52%的面积被茂密的原始森林所覆盖。九寨沟海拔在2 000米以上,遍布原始森林,沟内分布一百零八个湖泊,有"童话世界"之誉;九寨沟为全国重点风景名胜区,并被列入世界遗产名录,也是国家首批5A级旅游景区。其特色主要表现在以下几个方面:

1)奇特的水体景观:九寨沟的精灵是水,湖、泉、河、滩连缀一体,五颜六色,高低错落的群瀑高唱低吟,大大小小的群海碧蓝澄澈,水中倒映红叶、绿树、雪峰、蓝天,变幻无穷;水在树间流,树在水中长,花树开在水中央。树正景区是九寨风光的集中表现,河谷地带有大小湖泊100多处,沿沟分布多个海子,个个如水晶般明澈,由于每个海子深度、沉积物和临岸景物不同,各自在色度上有差异,使片片彩池都有特征。

2)类型多样的地貌景观:九寨沟地处青藏高原向四川盆地过渡地带,地质背景复杂,碳酸盐分布广泛,褶皱断裂发育,新构造运动强烈,地壳抬升幅度大,多种营力交错复合,造就了多种多样的地貌,发育了大规模喀斯特作用的钙华沉积,以植物喀斯特钙华沉积为主导,形成九寨沟艳丽典雅的群湖、奔泻湍急的溪流、飞珠溅玉的瀑群、古穆幽深的林莽、连绵起伏的雪峰,这些地貌景观的和谐组合,构成独具特色的风景名胜区。九寨沟角峰峥嵘,刃脊璀嵬,冰斗、U字谷十分典型,悬谷、槽谷独具风韵。槽谷伸至海拔2 800米的地方。谷地古冰川侧碛、终债垄发育,成为我国第四纪冰川保存良好的地方之一。

3)物种资源的基因库:九寨沟为多种自然要素交会地区,山地切割较深,高低悬殊,植物垂直带谱明显,植物资源丰富,有高等植物2 576种,其中国家保护植物24种;低等植物400余种,其中藻类植物212种,首次在九寨沟发现的藻类达40余种。植被类型多样,隐藏着不同气候带的地带性植被类型。植物区系成分十分丰富,几乎包括了所有大的世界分区。九寨沟野生珍稀动物资源共有17种。其中一类保护动物有大熊猫、牛羚、金丝猴等;二类保护动物有毛冠鹿、白唇鹿、小熊猫、猕猴、林麝、红腹角雉、绿尾红雉、大天鹅等;三类保护动物有鬣羚、斑羚、碉羊、蓝马鸡、血雉等。

4)美学价值:九寨沟是大自然的杰作。山青葱妩媚,水澄清绚纷;山偎水,水绕山,树

在水边长,水在林中流,山水相映,林水相亲,景色秀美,环境清新,集色美、形美、声美于一体的综合美、原始美的和谐统一,是人类风景美学法则的最高境界。

(2) 四川黄龙国家级名胜区。黄龙风景名胜区位于四川省阿坝藏族羌族自治州松潘县境内,面积 700 平方千米。海拔在 3 000 米以上,是中国最高的风景名胜区之一。主要景观集中于长约 3.6 千米的黄龙沟,沟内遍布碳酸钙华沉积,并呈梯田状排列,仿佛是一条金色巨龙,并伴有雪山、瀑布、原始森林、峡谷等景观。黄龙风景名胜区既以独特的岩溶景观著称,也以丰富的动植物资源享誉人间。从黄龙沟底部(海拔 2 000 米)到山顶(海拔 3 800 米)依次出现亚热带常绿与落叶阔叶混交林、针叶阔叶混交林、亚高山针叶林、高山灌丛草甸等。包括大熊猫、金丝猴在内的 10 余种珍贵动物徜徉其间,使黄龙景区的特殊岩溶地貌与珍稀动植物资源相互交织,浑然天成。以其雄、峻、奇、野风景特色,享有"世界奇观""人间瑶池"的美誉。

(3) 四川峨眉山—乐山风景名胜区

1) 峨眉山,又称"大光明山",位于中国西部四川省的中南部,四川盆地向青藏高原过渡地带,主峰金顶的最高峰万佛顶,海拔 3 099 米。峨眉山以优美的自然风光和神话般的佛国仙山而驰名中外,美丽的自然景观与悠久的历史文化内涵完美结合,相得益彰,享有"峨眉天下秀"的赞誉。

峨眉山处于多种自然要素的交会地区,这里区系成分复杂,生物种类丰富,特有物种繁多,保存有完整的亚热带植被体系,森林覆盖率达 87%。峨眉山有高等植物 242 科,3 200 多种,约占中国植物总数的 1/10,其中仅产于峨眉山或在峨眉山发现,并以峨眉定名的植物就达 100 余种。此外,峨眉山还是多种稀有动物的栖居地,已知动物 2 300 多种。这里是研究世界生物区系等具有特殊意义问题的重要地点。

峨眉山是"中国佛教四大名山"之一。佛教的传播、寺庙的兴建和繁荣,为峨眉山增添了许多神奇色彩。宗教文化特别是佛教文化,构成了峨眉山历史文化的主体,所有的建筑、造像、法器以及礼仪、音乐、绘画等无不展示出宗教文化的浓郁气息。峨眉山上寺庙林立,其中以报国寺、万年寺等"金顶八大寺庙"最为著名。

2) 乐山大佛位于峨眉山东麓的栖鸾峰,古称"弥勒大像""嘉定大佛",始凿于唐代开元初年(713 年),历时 90 年才得以完成。佛像依山临江开凿而成,是世界现存最大的一尊摩崖石像,有"山是一尊佛,佛是一座山"的称誉。大佛为弥勒倚坐像,坐东向西,面相端庄,通高 71 米。雕刻细致,线条流畅,身躯比例匀称,气势恢宏,体现了盛唐文化的宏大气派。

(4) 四川青城山—都江堰

1) 青城山位于中国西部四川省都江堰市西南 15 千米处。因为山上树木茂盛,四季常青,故历来享有"青城天下幽"的美誉。青城山是中国道教的重要发祥地。全山的道教宫观以天师洞为核心,包括建福宫、上清宫、祖师殿、圆明宫、老君阁、玉清宫、朝阳洞等 10 余座。这些建筑充分体现了道家追求自然的思想,一般采用按中轴线对称展开的传统手法,并依据地形地貌,巧妙地构建各种建筑。建筑装饰上也反映了道教追求吉祥、长寿和升仙的思想。对于深入研究中国古代的道教哲学思想,有着重要的历史和艺术价值。

2) 都江堰位于四川省成都平原西部的岷江上,今都江堰市城西,是著名的古代水利工程。在都江堰建成以前,岷江江水常泛滥成灾。公元前256年,秦国蜀郡太守李冰和他的儿子,吸取前人的治水经验,率领当地人民兴建水利工程。都江堰建成后,成都平原沃野千里,成为"天府之国",这项工程直到今天还在发挥着作用,被称为"活的水利博物馆"。

都江堰工程包括鱼嘴、飞沙堰和宝瓶口三个主要组成部分。鱼嘴是在岷江江心修筑的分水堤坝,形似大鱼卧伏江中,它把岷江分为内江和外江,内江用于灌溉,外江用于排洪。飞沙堰是在分水堤坝中段修建的泄洪道,洪水期不仅泄洪水,还利用水漫过飞沙堰流入外江水流的旋涡作用,有效地减少了泥沙在宝瓶口前后的淤积。宝瓶口是内江的进水口,形似瓶颈。除了引水,还有控制进水流量的作用。此外,都江堰一带还有二王庙、伏龙观、安澜索桥等名胜古迹。都江堰水利工程以独特的水利建筑艺术创造了与自然和谐共存的水利形式。它创造了成都平原的水环境,由此孕育了蜀文化繁荣发展的沃土。都江堰不但是世界上唯一具有2000多年历史,且至今尚在发挥重要作用的古代水利工程,同时它还是集政治、宗教和建筑精华于一体的珍贵文化遗产。

(5)四川大熊猫栖息地。四川大熊猫栖息地由中国四川省境内的7处自然保护区和9处风景名胜区组成,地跨成都市所辖都江堰市、崇州市、邛崃市、大邑县,雅安市所辖芦山县、天全县、宝兴县,阿坝藏族羌族自治州所辖汶川县、小金县、理县,甘孜藏族自治州所辖康定县等12个县或县级市。四川大熊猫栖息地拥有丰富的植被种类,是全球最大最完整的大熊猫栖息地。全球30%以上的野生大熊猫栖息于此。同时,这里亦是小熊猫、雪豹及云豹等濒危物种栖息的地方。

四川大熊猫栖息地是保护国际基金会选定的全球25个生物多样性热点地区之一。从某种意义上来讲,它可以说是一个"活的博物馆",这里有高等植物1万多种,还有大熊猫、金丝猴、羚牛等独有的珍稀物种。此外,美国和英国等国家的学者很早就开始对邛崃山系的生物进行研究,并到实地搜集有关信息,这里一直是全世界都很知名的生物多样性地区。

10.2.3.3 世界人与生物圈保护区网络

(1)卧龙国家级自然保护区。卧龙自然保护区位于四川省阿坝藏族羌族自治州汶川县西南部,邛崃山脉东南坡,距四川省会成都130千米,东西宽60千米,南北长63千米。东与汶川县映秀镇连接,西与宝兴、小金县接壤,南与大邑、芦山两县毗邻,北与理县及汶川县草坡乡为邻。

卧龙自然保护区是国家级第三大自然保护区,四川省面积最大、自然条件最复杂、珍稀动植物最多的自然保护区。保护区横跨卧龙、耿达两乡,东西长52千米,南北宽62千米,总面积约70万公顷。主要保护西南高山林区自然生态系统及大熊猫等珍稀动物。卧龙自然保护区森林覆盖面积达11.8万公顷,约占保护区总面积的56.7%,灌丛草甸覆盖面积约3.04万公顷,复杂多变的自然条件造成了植物种类与群落的多样性。保护区内有各种兽类50多种,鸟类300多种,此外还有大量的爬行动物,两栖动物和昆虫。区内分布的大熊猫约占总数的十分之一,被誉为"大熊猫的故乡"。除了大熊猫外,还有金丝猴、扭角羚、白唇鹿、小熊猫、雪豹、水鹿、猕猴、短尾猴、红腹角雉、藏马鸡、石貂、大灵猫、小灵猫、猞猁、林麝、毛冠鹿、金雕、藏雪鸡、血雉等几十种珍稀野生动物。鸟类种类繁多,占中国特种鸟类的50%,是世界上古老物种保存最多最完好的地区之一。这些动物主要生活在2 200～3 600米的气候温凉的针阔叶混交林及箭竹林地带。

卧龙自然保护区始建于1963年,面积2万公顷,是中国最早建立的综合性国家级保护区之一。1974年3月面积扩大到20万公顷。1980年加入联合国教科文组织"人与生物圈"保护区网络,并与世界野生生物基金会合作建立中国保护大熊猫研究中心。

(2)九寨沟国家级自然保护区。九寨沟位于四川省阿坝藏族羌族自治州九寨沟县境内,地处青藏高原向四川盆地过渡地带,距离成都市400多千米,是一条纵深40余千米的山沟谷地,总面积64 297公顷,森林覆盖率超过80%。因沟内有树正寨、荷叶寨、则查洼寨等9个藏族村寨坐落在这片高山湖泊群中而得名,是中国第一个以保护自然风景为主要目的的自然保护区。

九寨沟国家级自然保护区主要保护对象是以大熊猫、金丝猴等珍稀动物及其自然生态环境。区内高等植物中有74种国家保护的珍稀植物,其中国家一级保护植物有银杏、红豆杉和独叶草3种,二级保护植物66种,主要集中在兰科(43种),列入中国濒危植物红皮书的植物5种。有国家一、二级保护动物18种,其中,一级4种、二级14种,代表种有大熊猫、川金丝猴等。动植物资源丰富,具有极高的生态保护、科学研究和美学旅游价值。九寨沟还是以地质遗迹钙化湖泊、滩流、瀑布景观、岩溶水系统和森林生态系统为主要保护对象的国家地质公园,具有极高的科研价值。1997年10月,被联合国教科文组织列入世界生物圈保护区网络。2000年3月,根据国家林业局要求,"九寨沟国家级自然保护区管理处"更名为"九寨沟国家级自然保护区管理局"。2001年,取得"绿色环球21国际生态旅游标准"认证合格证书。

(3)黄龙国家自然保护区。黄龙国家自然保护区位于中国四川省西北部松潘县境内,地处青藏高原东南缘的岷山山脉南段,贡嘎岭的东侧。南北长31.5千米,东西宽28.4千米,总面积5.5万多公顷。以自然景观和珍稀动植物为主要保护对象。区内动植物资源丰富,高大的乔木与灌丛、藤本、草本、苔藓植物构成立体空间,花木野果相间成趣。在原始森林中保存着红杉、连香树、麦吊云杉等中国特有的珍稀、濒危树种。在高山草甸中,生长着许多名贵中药材,如松贝、虫草、五甲皮等,享有"寒温带植物王国"之美誉。茂密的森林和草地,为各种野生动物的繁衍提供了良好的生存环境,区内常见大熊猫、牛羚、云豹、金丝猴等国家一二级重点保护动物30余种。

黄龙自然保护区以其规模大、类型多、造型奇、景观美、生态完整、科学和美学价值高等重要保护价值,于1992年被联合国教科文组织列入《世界自然遗产名录》,2000年末又被正式纳入联合国"人与生物圈"保护区网络。

(4)亚丁自然保护区。亚丁自然保护区位于四川省甘孜藏族自治州稻城县南部,保护区属大陆性季风高原气候,加之海拔相差较大,从河谷亚热带到高山寒带,横跨五个自然气候带,经长期演化,形成多种植物类型,从低到高,分别为干河谷灌丛—亚高山针叶林—高山灌丛草甸—高山流石滩稀疏植被等多种植被,区内属国家二三级保护植物有王龙蕨、扇蕨、扇核木、长苞冰杉、丽江铁杉、桃儿七、八角莲、四川牡丹、金铁锁等。特别是地狱谷中的情人树(铁杉、高山栎同根)堪称植物界奇观。野生动物200余种,主要以高山动物、森林动物为主,由于该区为典型的横断山脉地区带,区内属南方动物区系的有小熊

猫等。景区中属国家保护鸟类有:藏马鸡、金鸡、藏雪鸡、雉鸡、白雉等。属我国特产种有:花背噪鹛、橙枝噪鹛、褐背松地雉等。鱼类种类较丰富,主要种类有四川裂腹鱼、短须裂腹鱼、厚唇裸重唇鱼、松潘裸鱼秋、梭形高原鳅、期氏高原鳅、黄石爬等。

2001年6月,经国务院批准,亚丁成为国家级自然保护区。2003年7月10日,联合国教科文组织人与生物圈执行局在巴黎召开的会议上,把亚丁列入联合国人与生物圈保护计划之中,亚丁正式加入世界人与生物圈保护区网络。亚丁是继黄龙、卧龙、九寨沟后,四川省第4个加入该网络的保护区,也是甘孜藏族自治州第一个获此殊荣的自然保护区。

10.2.4 国家级旅游吸引物

四川省拥有都江堰、峨眉山、九寨沟等5A级景区;邛海国家级旅游度假区;德源镇、安仁镇等特色旅游小镇。

10.2.4.1 5A级景区

四川省拥有成都市都江堰市青城山—都江堰旅游景区、乐山市峨眉山市峨眉山景区、阿坝藏族羌族自治州九寨沟县九寨沟景区、乐山市乐山大佛景区、阿坝藏族羌族自治州松潘县黄龙风景名胜区、绵阳市北川羌族自治县羌城旅游区、阿坝藏族羌族自治州汶川县汶川特别旅游区、南充市阆中市阆中古城旅游景区、广安市广安区邓小平故里旅游区、广元市剑阁县剑门蜀道剑门关旅游景区、南充市仪陇县朱德故里景区、甘孜藏族自治州泸定县海螺沟景区等5A级景区。

(1) 乐山大佛景区。乐山大佛景区位于乐山市郊,岷江、大渡河、青衣江三江交汇处,景区面积17.88平方千米,与乐山城隔江相望,地处凌云山中部,凌云山海拔448米,周长约3.5千米,面积约0.6平方千米。其中,核心区范围即世界遗产保护范围,东起乐山至五通桥公路,北至三龟山,向西跨河至涵春门,沿岷江西岸至肖公嘴,再沿大渡河北岸向西至铁牛门,跨大渡河过凤洲岛至大渡河南岸,沿岸边向南至乌尤山对岸,跨江沿乌尤山山脚至乌尤大桥过运河,沿河向北与乐山至五通桥公路闭合,总面积2.81平方千米。

景区由凌云山、麻浩岩墓、乌尤山、巨形卧佛等组成。凌云山紧傍岷江,上有凌云寺,建于唐代。依山开凿大佛一座,通高71米,脚背宽8.5米,为当今世界第一大佛。大佛为唐代开元名僧海通和尚创建,历时90载完成。大佛为一尊弥勒座像,雍容大度,气魄雄伟,被诗人誉为"山是一尊佛,佛是一座山"。麻浩岩墓系汉代墓葬,麻浩一带较为集中,为全国重点文物保护单位,已开放的是一个"前堂三穴"的大型墓。墓门上均有精工雕刻,飞檐、瓦当、斗拱、花纹图案,无一雷同,墓壁上还有许多历史故事和动物浮雕,是研究古代建筑雕刻、民俗、宗教极为珍贵的实物资料。乌尤山与凌云山并肩立于岷江之滨,四面环水,如一堆碧玉露于江水之中。山上有创建于盛唐的乌尤寺,寺内现存七座殿堂,寺周林木葱茏,尤显幽雅静谧。寺内尔雅台是汉代文字家郭舍人注释《尔雅》的地方。

(2) 阿坝藏族羌族自治州汶川县汶川特别旅游区。阿坝州汶川特别旅游区位于四川省阿坝藏族羌族自治州汶川县漩三路。以"世界汶川、水墨桃源"为旅游定位,2013年被评定为国家5A级旅游景区。阿坝州汶川特别旅游区涵盖汶川南部的三江乡、映秀镇和水磨镇,由梦幻三江、天地映秀、水磨古镇组成,按照"功能明晰化、产业集聚化、文旅融合化"的发展功能要求,将映秀东村分为北区、中区、南区三个主体功能区。北区(又称小东村)包括中滩堡村、枫香树村,主要是以阿坝的非物质文化遗产生产性保护项目为主的民族文化展示、体验区;中区包括秀坪社区、渔子溪村,主要以主流文化为主的感受、感悟区;南区包括黄家村、震源新村、张家坪村,主要以现代农耕文化和休闲农业为主的生态农业体验区。特色小吃有三江老腊肉、猕猴桃、土鸡蛋、药花蜂蜜、各种野生菌类、春芽、斑竹笋、核桃花等生态野菜。

阿坝汶川特别旅游区是2008年5月12日汶川特大地震重建后特别开发的纪念性和文化主题景区。因其厚重的历史文化以及灾后重建迅捷而受到世界瞩目。在汶川县灾后恢复重建中,坚持"旅游统筹,全域景区,一三互动,接二连三"的旅游发展思路,以"世界汶川、水墨桃源"为旅游定位,围绕资源、文化、城镇办旅游,大力发展"三精"旅游,着力形成了一步一景、步移景换的全域景区新格局,充分展示了阿坝丰富多彩的民族文化,有力地促进了优秀民族文化的传播和影响力。

10.2.4.2 国家级旅游度假区

邛海国家级旅游度假区位于四川省西昌市,是以邛海—泸山国家级风景名胜、邛海国家级生态旅游示范区为依托,面积51.06平方千米。度假区以高原湖泊湿地和彝族民俗为主题特色,集滨湖度假、山地度假、湿地度假、森林度假、民俗度假于一体,具备足够聚集发展休闲度假产业的空间。优美的环境、洁净的空气、冬暖夏凉的气候,以及配套设施的不断完善和旅游服务的升级,令西昌旅游人气大增。

10.2.4.3 特色旅游小镇

四川省有成都市郫县德源镇、成都市大邑县安仁镇、攀枝花市盐边县红格镇、泸州市纳溪区大渡口镇、南充市西充县多扶镇、宜宾市翠屏区李庄镇、达州市宣汉县南坝镇等29个国家特色小镇。

(1)成都市郫县德源镇。德源镇隶属于四川省成都市郫都区,地处川西平原腹心地带,位于成都市近郊,是郫都区的南大门,距成都市区仅5千米,距郫都区城区1.2千米,距温江县城6千米,区域优势十分突出,随着成灌高速公路和郫温快速通道的建成,更缩短了德源与成都市区的时空距离,全镇面积26.5平方千米,辖16个村,108社,总人口2.03万。德源镇历史悠久,文化底蕴深厚,大禹治水途经此地,掘井七眼,解百姓干旱,后人感念其恩德,立庙祭祀,故又名大禹庙。2016年10月,入选第一批中国特色小镇。

(2)成都市大邑县安仁镇。安仁镇是中国四川省成都市大邑县所辖的一个镇,是中国历史文化名镇。地处成都平原西部,距成都市区42千米,距大邑县城13.5千米,面积21.36平方千米。

安仁镇有保存较完好的川西风格的明清古典建筑,全国重点文物保护单位——大邑刘氏地主庄园也位于此。安仁古镇现存的旧式街坊建筑多建于清末民初时期,尤以民国年间刘氏家族鼎盛时期的建筑最多,风格中西式样结合,庄重、典雅、大方的各式院落,造就了安仁镇特殊的建筑风貌,号称"川西建筑文化精品"。刘氏庄园,是一所地主庄园。始建于清末民初,占地面积7万余平方米,建筑面积2万余平方米。老公馆现名"大邑刘氏庄园博物馆",其布局错综复杂,曲折幽深;新公馆现名"川西民俗博物馆",其配置对称,主次分明。雕塑《收租院》的创作,究其思想性和艺术性达到了高度和谐的统一,被誉为"雕塑革命"和"超级现实主义的先驱和成功之作",被列为新中国成立以来雕塑领域取

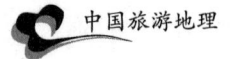

得的两大成就之一。

10.2.4.4 国家公园

大熊猫国家公园体系试点旨在进一步加强大熊猫栖息地维护。试点区总面积达2.7万平方千米,涉及四川、甘肃、陕西三省,其中四川占74%。国家公园试点区加强大熊猫栖息地廊道建造,连通彼此阻隔的栖息地,完成阻隔种群之间的基因交流;经过建造空中廊道、地下隧道等方式,为大熊猫及其他动物通行提供方便。

10.3 重庆市

10.3.1 旅游地理概况

重庆是我国四大直辖市之一,地处西南,是长江上游地区经济中心和金融中心,内陆出口商品加工基地和扩大对外开放的先行区,中国重要的现代制造业基地,长江上游科研成果产业化基地,长江上游生态文明示范区,中西部地区发展循环经济示范区,国家高技术产业基地,长江上游航运中心,中国政府实行西部大开发的开发地区以及国家统筹城乡综合配套改革试验区。重庆历史悠久,系国务院公布的第二批国家历史文化名城之一。

由于特殊的地理环境,重庆多山多雾,故又有"雾都""山城"的别名。具有三千年悠久历史的重庆旅游吸引物丰富,既有集山、水、林、泉、瀑、峡、洞等于一体的壮丽自然景色,又有融巴蜀文化、民族文化、移民文化、三峡文化、陪都文化、都市文化于一炉的浓郁文化景观。雄伟壮阔的长江三峡、璀璨多彩的重庆夜景、秀丽怡人的芙蓉江、火爆刺激的重庆火锅都是重庆重要的旅游吸引物。

10.3.2 世界级旅游吸引物

重庆市拥有大足石刻(世界文化遗产),武隆喀斯特旅游区、重庆金佛山喀斯特(世界自然遗产)等世界遗产。

10.3.2.1 世界遗产

(1)大足石刻。大足石刻位于重庆市大足区境内,是唐末、宋初时期宗教摩崖石刻,以佛教题材为主,儒、道教造像并陈,是著名的艺术瑰宝、历史宝库和佛教圣地,有"东方艺术明珠"之称。大足石刻最初开凿于初唐永徽年间(649年),历经晚唐、五代(907—959年),盛于两宋(960—1278年),明清时期(14~19世纪)亦有所增刻,最终形成了一处规模庞大,集中国石刻艺术精华之大成的石刻群,堪称中国晚期石窟艺术的代表,与云冈石窟、龙门石窟和莫高窟齐名。大足石刻以其规模宏大,雕刻精美,题材多样,内涵丰富,保存完整而著称。它集中国佛教、道教、儒家"三教"造像艺术的精华,以鲜明的民族化和生活化特色,成为中国石窟艺术中一颗璀璨的明珠。它以大量的实物形象和文字史料,从不同侧面展示了9世纪末至13世纪中叶中国石刻艺术的风格和民间宗教信仰的发展变化,对中国石刻艺术的创新与发展做出了重要贡献,具有前代石窟不可替代的历史、艺术和科学价值。

（2）重庆金佛山景区。金佛山景区位于重庆市南川区境内，大娄山脉北部，面积1 300平方千米，景区面积441平方千米，最高峰海拔2 238米，森林覆盖率达95%以上，负氧离子含量每立方厘米约10万个，是重庆主城区的200倍。金佛山又名金山，古称九递山，系大娄山脉主峰，形成于2.6亿年前，金佛山与珠穆朗玛、玛雅文明、古埃及金字塔同处于神秘北纬30°附近，有喀斯特世界自然遗产、生物多样性、佛教文化三大奇观。景区具有原始独特的自然风貌，雄险怪奇的岩体造型，神秘幽深的洞宫地府，变幻莫测的气象景观，惊险刺激的绝壁栈道，历史悠久的唐寺庙群，融山、水、林、泉、洞为一体，集雄、奇、险、秀于一身，春赏高山杜鹃、夏享避暑天堂、秋观层林尽染、冬品南国雪原，是四季皆宜的旅游精品，参禅拜佛的佛教圣地，先后被评为国家级风景名胜区、国家自然保护区、国家森林公园、国家自然遗产、国家科普教育基地，国家5A级景区，全国文明风景区，并于2014年6月成功荣列世界自然遗产。

（3）重庆武隆喀斯特旅游区。武隆喀斯特旅游区位于重庆市武隆区境内，拥有罕见的喀斯特自然景观，包括溶洞、天坑、地缝、峡谷、峰丛、高山草原等，形态全面；兼具丰富多彩的度假、休闲、娱乐、运动项目，以及土家族、苗族、仡佬族等少数民族独特的民俗风情。武隆喀斯特旅游区包括重庆武隆旅游景点天生三桥、仙女山、芙蓉洞这三部分。天生三桥名天坑三桥，是全国罕见的地质奇观生态型旅游区，属典型的喀斯特地貌。景区以天龙桥、青龙桥、黑龙桥三座气势磅礴的石拱桥称奇于世，属亚洲最大的天生桥群。天生三桥位于武隆区城东南20千米的白果乡与核桃乡交界处，大自然造就的3座天生石拱桥，具有雄、奇、险、秀、幽、绝等特点。仙女山国家森林公园是国家5A级景区，位于重庆市武隆区境，总面积8 910公顷，平均海拔1 900米，最高峰2 033米，以其江南独具魅力的高山草原、南国罕见的林海雪原、青幽秀美的丛林碧野景观而誉为"东方瑞士"，她与神奇的芙蓉洞、秀美的芙蓉江、世界最大的天生三桥群地质奇观组合为重庆最佳旅游观光度假胜地。仙女山平均气温比重庆主城区低15℃，由此又享有"山城夏宫"之美誉。芙蓉洞是世界自然遗产、国家5A级旅游区、中国最美洞穴、国家地质公园、国家重点风景名胜区。芙蓉洞全长2 700米，以竖井众多、洞穴沉积物类型齐全、形态完美、质地纯净著称，其竖井是目前国内外发现的最大竖井群。中国洞穴协会会长朱学稳教授评价说"芙蓉洞是一座斑斓辉煌的地下艺术宫殿，一座内容丰实的洞穴科学博物馆"，游客称其为"天下第一洞"。2007年6月27日芙蓉洞与天生三桥、后坪箐口天坑景区一起被列入世界自然遗产名录，成为中国第6个世界自然遗产和重庆第一个世界自然遗产，也是中国唯一列入世界自然遗产的洞穴。

10.3.3 国家级旅游吸引物

重庆市拥有大足区大足石刻景区、巫山区小三峡—小小三峡旅游区、武隆县喀斯特旅游区（天生三桥、仙女山、芙蓉洞）、酉阳土家族苗族自治县桃花源旅游景区、綦江区万盛黑山谷—龙鳞石海风景区、南川区金佛山景区、江津区四面山景区、云阳县龙缸景区等5A级景区；仙女山等国家级旅游度假区；万州区武陵镇、涪陵区蔺市镇、黔江区濯水镇、潼南区双江镇等旅游特色小镇。

10.3.3.1 5A级景区

(1)重庆巫山小三峡—小小三峡景区。巫山小三峡是长江三峡的第一大支流大宁河下游在巫山县境内,由龙门峡、巴雾峡、滴翠峡等三个峡谷组成,南起巫山县,北至大昌古镇,全长约60千米,是一处玲珑奇巧的天然景观。2007年5月8日,重庆巫山小三峡—小小三峡经国家旅游局正式批准为国家5A级旅游景区。

1)龙门峡:从巫山县巫峡西口逆水而上,第一个峡谷就是龙门峡,峡长约3千米,峡口犹如瞿塘峡中的"夔门",峡口两岸峭壁高耸入云,峰峰相对,形若一扇扇铁门,雄奇壮观,故有"小夔门"之称。龙门峡从巫山县巫峡西口逆水而上,进峡后,两岸峰峦耸立,绝壁摩天,悬崖上翠竹垂萝,摇曳多姿。河东岩壁上,有一清泉汩汩流入河中,人称"龙门泉";河西绝壁上可见一方方的石孔,为古栈道的遗迹。

2)巴雾峡:从乌龟滩至双龙,长10千米,山高谷深,云雾迷蒙,钟乳密布,千奇万状,怪石嶙峋,峰回路转,石出疑无路,拐弯别有天,有"奇哉,巴雾峡"之称。峡中有猴子捞月、马归山、虎出、龙进、回龙洞、仙女抛绣球、仙桃峰、观音坐莲台、八戒拜观音、悬棺等景观。

3)滴翠峡:小三峡中最长、最迷人的是滴翠峡,长约20千米,峡中钟乳石遍布,石石滴水,处处苍翠,故名滴翠峡。峡中有座巨大的赤壁山陡立河岸,其通体赤黄生辉,小木船从其脚下经过,犹如巨人足旁的蚂蚁,这就是宁河十二景之一的"赤壁摩天";赤红色崖壁上挂满莲花般钟乳石的就是"红屏翠莲";那直立江心的"关门岩"恰似巨扉锁关,使船无路可行,紧逼岩前却见大门开启一缝,然刚挤过门缝,回头一看大门又合了起来,真令人惊奇。

4)小小三峡:小小三峡由大宁河支流马渡河上的三撑峡、长滩峡和秦王峡组成。小小三峡奇峰多姿、风光旖旎,峡内幽、奇、翠、怪、美,是小三峡风景区中一朵绚丽的奇葩。

(2)武隆县喀斯特旅游区。武隆喀斯特旅游区位于重庆市武隆区境内,拥有罕见的喀斯特自然景观,兼具丰富多彩的度假、休闲、娱乐、运动项目,以及土家族、苗族、仡佬族等少数民族独特的民俗风情。2011年,它被评为国家5A级旅游区。武隆喀斯特旅游区除著名的旅游景点天生三桥、仙女山、芙蓉洞,还有武隆地缝风景区,位于武隆区仙女山镇境内,距县城15千米。它是几千万年前造山运动而形成,属典型的喀斯特地貌景观,峡谷长5千米,谷深200~500米,其武隆地缝由入口地缝、中途穿洞、出口地峡三段组成。峡谷两边悬崖千仞、岩壁绝险、植被茂密,地缝极其狭窄。

(3)酉阳土家族苗族自治县桃花源旅游景区。酉阳桃花源景区位于渝、鄂、湘、黔四省市接合部的武陵山区腹地,总面积50平方千米。由世外桃源、伏羲洞、桃花源国家森林公园、金银山、酉州古城、二酉山世外桃源文化主题公园、桃花源风情小镇、桃花源大舞台等八大部分组成的,集岩溶地质奇观、秦晋农耕文化、土家民俗文化、自然生态文化于一体,浓缩了中国武陵山区最美的原生态自然田园风光,传承着土家族、苗族悠久的人文历史与灿烂的民族文化。森林覆盖率80.4%,重庆"特色森林公园",中国登山协会户外运动训练基地。桃花源动植物资源丰富,被称为"植物王国、天然氧吧"。先后被评为国家5A级旅游景区、国家森林公园、市级文明旅游景区、国家地质公园、国家户外运动基地、重庆市文明旅游风景区、"十大文化休闲旅游品牌景区"、"中国最具国际影响力旅游品牌"。

10.3.3.2 国家级旅游度假区

仙女山国家旅游度假区位于长江上游地区、重庆武隆县中北部,处于乌江北岸,距县城20千米,是武隆县"一江两翼"发展战略中的一个重要经济增长点。东接火炉镇,南与巷口镇接壤,西与土坎镇、双河乡相连,北邻土地乡。海拔高度在260~1 930米,立体气候明显;森林覆盖率已达63%。境内植被保护好,空气清新,无工业废气、废水污染,是绿色食品的理想生产地和休闲度假的好去处。其旅游吸引物丰富,品位高,拥有仙女山国家森林公园、天生三桥、龙水峡地缝等著名景观。

10.3.3.3 特色旅游小镇

武陵镇地处万州区西南部,位于万州、忠县、石柱三区(县)交界处,历史上享有"小万县"的美誉。境内遗址众多,"武陵遗址群"为市级文物保护单位,共出土文物达2万余件,其中汉阙、虎钮錞于等为国宝级文物。苏洵、苏轼、黄庭坚、王周等名家均在武陵作诗留赋。蔺市镇濒临长江,地处涪陵西郊,蔺市民风纯朴,居民文明诚信,素来就享有"君子镇"的美誉,文化底蕴深厚,人杰地灵,2001年10月被评为"三峡库区特色风貌集镇"。濯水镇距黔江县城32千米,蒲花河、乌江支流阿蓬江穿越腹心,伍佛岭山脉和麒麟山脉东西对峙,形成了独特的"一江一河一线两山"地形地貌。双江古镇建于明末清初,距今有400余年,这里是中华人民共和国第四任国家主席杨尚昆的出生地。古镇因猴溪、浮溪如玉带环腰而得名,自古便是西南地区的军事、商贸要地。

10.4 贵州省

10.4.1 旅游地理概况

目前贵州省旅游业的规模尽管在西南旅游区中最小,但以岩溶山水、民族风情和红色文化为主的旅游吸引物相当丰富,有"天然大公园""公园省"之称,旅游开发潜力巨大。生态博物馆则是其在全国具有垄断性的特色旅游吸引物。

贵州的旅游吸引物主要分布在三片地区:黔中及黔西南——以贵阳市为中心,有花溪、黔灵山、织金洞、红枫湖、黄果树瀑布、龙宫、马岭河峡谷和百里杜鹃等重要景区,在全国知名度较高,镇山布依族和梭嘎长角苗族生态博物馆就位于这一地区;黔东南——苗族、侗族聚居区,少数民族风情浓郁,对游客吸引力很大,主要景区有舞阳河小三峡、苗岭新城凯里、荔波樟江、黎平天生桥、八舟河等,黎平县还于每年国庆前后举行苗侗民歌大赛;黔北——主要有遵义会议会址、梵净山、赤水、习水石林等景区,是开发红色旅游、对青少年进行爱国主义教育的重要基地。

10.4.2 优秀旅游城市

贵州省拥有贵阳市、都匀市、凯里市、遵义市、安顺市、赤水市、兴义市等优秀旅游城市。本章节以贵阳市、安顺市、遵义市为例做简要介绍。

10.4.2.1 贵阳市

贵州省省会,低纬度,高海拔,地形多样是贵阳地理的显著特征。古代贵阳盛产美丽的竹子,故贵阳简称"筑"。贵阳地处山地丘陵之间,故有"山国之都"雅誉。由于市内自然景观、文化古迹、民族风情星罗棋布,因此又有"公园省"的"盆景市"之美称。贵阳属亚热带湿润温和型气候。夏无酷暑,冬无严寒,阳光充足,雨水充沛。空气不干燥,四季无风沙,年平均气温在 15.3℃ 左右。宜人的气候是贵阳的骄傲,博得了"上有天堂,下有苏杭,气候宜人数贵阳"之誉。

主要景观:植物区系以热带及亚热带性质的地理成分占明显优势,如泛热带分布、热带亚洲分布等地理成分占较大比重,温带性质的地理成分也不同程度存在。既有以山、水、林、洞为特色的高原风光,又有以明代建筑文昌阁和甲秀楼为特色的人文景观,更有以民族节会为特色的民族风情。

10.4.2.2　安顺市

安顺素有"中国瀑乡""屯堡文化之乡""蜡染之乡""西部之秀"的美誉,是中国优秀旅游城市,全国甲类旅游开放城市,全国唯一的"深化改革,促进多种经济成分共生繁荣,加快发展"改革试验区,民用航空产业国家高技术产业基地,贵州省级历史文化名城,是"贵州加快发展的经济特区",2009 年度中国十大特色休闲城市,世界喀斯特风光旅游优选地区,全国六大黄金旅游热线之一和贵州西部旅游中心。

由于地处中国华南喀斯特地貌中心,是喀斯特地貌发育最成熟、最典型、最集中的地带,江河峡谷纵横交错,峰丛石林、森林湖泊、暗河泉水星罗棋布,100 多个瀑布、1200 多个地表溶洞密布,构成一幅幅绚丽多姿的立体画卷。安顺文化底蕴深厚,是贵州历史上开发最早的区域,是贵州省历史文化名城,具有穿洞文化、夜郎文化、牂牁文化、屯堡文化、三国文化、攀岩文化、三线文化等独特的文化优势。普定穿洞古人类文化遗址被誉为"亚洲文明之灯";中国古代八大神秘文字之一的关岭"红崖天书",世称"千古之谜";明代军事遗存屯堡村落和关岭古生物化石群堪称"世界唯一";安顺蜡染被誉为"东方第一染";安顺地戏被称为"中国戏剧活化石"。

10.4.2.3　遵义市

遵义旅游区是大西南旅游的重要组成部分,是川渝黔金三角旅游区的重点景区,也是长江三峡国际旅游热点中生态旅游的理想之地。遵义山川秀丽,风光独特,尤以山、水、林、洞为主要特色。遵义是首批国家历史文化名城,拥有世界文化遗产海龙屯、世界自然遗产赤水丹霞。曾获得国家森林城市、国家卫生城市、双拥模范城市、中国优秀旅游城市等多项殊荣。同时也是中国三大名酒"茅五剑"之一的茅台酒的故乡。

遵义旅游吸引物总体类型比较丰富。旅游业发展呈现四大特色:①以遵义会议会址为代表的长征文化;②以国酒贵州茅台酒为代表的国酒文化;③以赤水为代表的生态文化;④以海龙囤军事古城堡为代表的地域文化。这里有 1 家国家级风景名胜区和 4 家省级风景名胜区,近千处文物点。如被称为"西南古代雕刻艺术宝库"的杨粲墓、被誉为"生物活化石"的桫椤大面积生长于赤水桫椤国家级自然保护区以及被誉为"丹霞第一瀑"的赤水大瀑布等,真可谓处处有佳境,步步有名胜。随着近几年的开发建设,遵义旅游业初步形成了"两点一线"的格局:一点是以遵义两城区为中心的游客集散中心,一点是赤水旅游区;一线为遵义城区连接赤水的旅游线(遵义—仁怀—习水—赤水)。

10.4.3 世界级旅游吸引物

贵州省拥有世界地质公园织金洞、世界遗产中国丹霞、世界梵净山自然保护区、贵州茂兰国家级自然保护区等旅游吸引物。

10.4.3.1 世界地质公园

织金洞世界地质公园，位于贵州省西部毕节市境内，跨织金、黔西两县，大部分位于织金县境内，距织金县城22千米，距黔西县城78千米。地理坐标东经105°44′42″~106°11′38″，北纬26°38′31″~26°52′35″。公园总面积170平方千米，海拔900~1 670米。

园区内地质遗迹丰富，总体可概括为：岩溶洞穴遗迹、岩溶峡谷遗迹、岩溶天生桥遗迹、岩溶天坑遗迹、岩溶高峰丛遗迹、岩溶丘陵遗迹、岩溶单面山与象形山遗迹、岩溶水文遗迹、古生物化石遗迹、地层岩石遗迹和构造遗迹等。共同构成一个以洞穴、峡谷、天生桥、天坑为核心的高原喀斯特景观，集繁多的人文和生物景观于一体的综合性地质公园。

2004年1月，贵州织金洞国家地质公园成功申报并取得国家地质公园资格。2015年9月，织金洞国家地质公园被联合国教科文组织正式批准加入世界地质公园网络中心，成为世界地质公园大家庭新成员。至此，织金走向世界，有着"公园省"之称的贵州又增添一块世界级品牌，填补了贵州没有世界地质公园的空白。

10.4.3.2 世界遗产

中国丹霞是一个世界自然遗产"系列提名"，根据国际、国内专家的意见，经过几轮筛选，最后上报的提名地由湖南崀山、宁夏西吉火石寨、广东丹霞山、福建泰宁、江西龙虎山、贵州赤水、浙江江郎山等中国西南、西北地区7个著名的丹霞地貌景区组成。"中国丹霞"于2010年8月1日在巴西利亚举行的第34届世界遗产大会上，经联合国教科文组织世界遗产委员会批准，被正式列入《世界遗产名录》。

贵州赤水丹霞国家地质公园位于贵州省赤水市，地处四川盆地南缘，紧靠黔北大娄山北麓，扬子准地台西部。是青年早期丹霞地貌的代表，其面积达1 200多平方千米，是全国面积最大的丹霞地貌。主要包括赤水国家级风景名胜区十丈洞景区、丙安竹海景区、赤水桫椤国家级自然保护区和赤水竹海国家森林公园。赤水丹霞位于中国最大的红层盆地——四川盆地南缘，地处贵州高原与四川盆地的过渡地带。赤水丹霞地貌发育处于回春青年早期发育阶段，区内峡谷、绝壁、溪流、飞瀑遍布，丹霞地貌主要以高原峡谷型和山原峡谷型为主，峡谷深切，地面破碎，地势起伏大。海拔最高处约1 730米，最低处240米，相对高差近1 500米，存在1 600~1 700米、1 400~1 500米、1 200~1 300米、900~1 000米及300~500米等多级地形面。白垩系嘉定群是赤水丹霞地貌发育最为核心的物质基础，以河湖相厚层块状红色砂岩夹粉砂岩为主，岩石坚硬，抗侵蚀性强，垂直节理发育，多发育峡谷崖壁等高大雄伟的丹霞地貌形态。侏罗系地层以紫红色、紫灰色砂岩、泥岩、页岩为主，岩性较软，抗侵蚀性弱，主要以剥蚀—侵蚀红岩低山、丘陵等地貌形态为主，边坡和缓。

10.4.3.3 世界人与生物保护圈网络

(1)梵净山自然保护区。贵州梵净山国家级自然保护区位于贵州省东北部的江口、松桃、印江三县交界处，梵净山国家级自然保护区内的国家一级保护动物黔金丝猴，是第

三纪遗留下来的中国特产动物,总共750只左右,仅分布于梵净山保护区内,是中国特产的三种金丝猴中数量最少、分布区最窄、濒危度最高的一种,是贵州梵净山国家级自然保护区的"珍品",是世界的"瑰宝"。

梵净山保护区是武陵山系森林生态系统保存较好的少数山地之一,是东亚植物区系华中植物区的典型区域之一,生物多样性十分丰富,特有种众多,珍稀动植物种更为繁多,是一块保存较为完好的自然原始综合体,具有较高的保护价值和科学研究价值。

(2)贵州茂兰国家级自然保护区。茂兰保护区位于贵州省荔波县南部,主要保护对象为亚热带喀斯特森林生态系统及其珍稀野生动植物资源,森林覆盖率达87.3%,是地球同纬度地区残存下来的一片面积最大、相对集中、原生性强、相对稳定的喀斯特森林生态系统。据目前的初步研究:区内有维管束植物175科718属1 851种,其中有国家一级保护植物7种,二级保护植物20种,茂兰特有26种。有脊椎动物400余种,其中兽类61种,鸟类205种,两栖爬行类100余种,鱼类39种,脊椎动物中有国家一级保护动物3种,二级保护动物40余种,茂兰特有5种。还有大量的无脊椎动物,仅昆虫已发现1 300余种,其中有150种为茂兰特有种。

10.4.4 国家级旅游吸引物

贵州省拥有安顺市镇宁布依族苗族自治县黄果树瀑布景区、安顺市西秀区龙宫景区、毕节市黔西县百里杜鹃景区、黔南布依族苗族自治州荔波县樟江景区、贵阳市花溪区青岩古镇景区等5A级景区;拥有贵阳市花溪区青岩镇、六盘水市六枝特区郎岱镇、遵义市仁怀市茅台镇、安顺市西秀区旧州镇、黔东南州雷山县西江镇等旅游特色小镇。

10.4.4.1 5A级景区

(1)安顺市黄果树大瀑布景区。黄果树大瀑布景区是黄果树风景名胜区的核心景区,1982年被评为首批国家级风景名胜区,2006年被审定为首批5A级旅游区。大瀑布景区内有盆景园、大瀑布、水帘洞、犀牛潭等观光景点。

黄果树瀑布高77.8米,宽101米,是亚洲第一大瀑布,也是世界著名大瀑布之一,是世界上唯一能从上、下、左、右、前、后,6个角度观看和欣赏的瀑布,也是世界上唯一有水帘洞从其腰间全长贯穿,即能从洞里面观、听、摸的一个瀑布。黄果树瀑布所处河流叫白水河,白水河属珠江流域北盘江上打邦河的一条支流,最终流到广东珠江,它发源于贵州六盘水六枝,因贵州水源多属山区雨源型,靠天降雨,所以瀑布水一年四季从不断流。

黄果树瀑布属喀斯特地貌中的侵蚀裂点型瀑布,最早因河床突然出现了一个裂点,经河水长年累月不断地冲刷和溶蚀,裂点处形成了一个落差,也就形成了瀑布的基本面貌,后因风雨溶蚀和雨水不断冲刷,又使原先形成的瀑布不断向后撤,据地质学家考证,瀑布形成了今天这种稳定的局面,曾有过三次大的变迁,它后撤距离长达205米,现今的三道滩、马蹄滩、油鱼井便是它后撤留下的遗迹,在地质学上,这一现象称为"向岩后撤"。

(2)安顺市龙宫景区。龙宫位于中国贵州省腹部的安顺市西秀区龙宫镇,距安顺市城区27千米,西南距国家重点风景名胜区黄果树35千米。龙宫是全世界天然辐射剂量率最低的地方,其值为0.22×10^{-8}戈瑞/小时仅为联合国原子能委员会给定的最适宜人类生存的天然辐射剂量率值的1/30。森林覆盖率高,按区域划分一般达30%~90%。大气质量为国家一级标准,且富含大量的负氧离子,水体为国家Ⅱ类标准。非常适宜旅游、度假和疗养。

龙宫风景区是以暗河溶洞为主,并集旱溶洞、峡谷、瀑布、峰林、绝壁、溪河、石林等多种喀斯特地质地貌景观于一体的国家重点风景名胜区。有着中国最长、最美丽的水溶洞、中国最大的洞穴佛堂、中国最大的洞中瀑布、全世界最低的天然辐射剂量率、全世界最多、最为集中的水旱溶洞等高品位风景资源。

10.4.4.2 旅游特色小镇

（1）贵阳市花溪区青岩镇。位于贵州省贵阳市南郊29千米,是花溪区南郊中心集散地,贵州省的历史文化古镇。南北长约10千米,东西宽约8千米,总面积为92.3平方千米,东接黔陶乡、西与燕楼乡、马铃乡相连,南与惠水县接壤。地势东、西、北部较高,中部、南部较低,属丘陵河谷盆地,海拔1100～1300米,最高峰大苗山海拔1330米,最低处思潜村官塘河入惠水处1010米,镇政府驻地海拔1100米左右。这里是石头砌就的世界,青石板铺成的古驿道,宽阔而平坦,洁净得一尘不染。民居则是石瓦、石墙、石凳、石磨。区别只在于富人家的墙用青条石砌就,穷人家的墙用碎石片叠成,只是年深日久,这些房子愈显得低矮破旧了。2016年10月14日,青岩镇被列为第一批中国特色小镇。2017年2月25日,国家旅游局宣布,经全国旅游吸引物规划开发质量评定委员会评定,贵州省贵阳市花溪区青岩古镇景区等20家景区新晋为国家5A级旅游景区。青岩古镇成为贵阳市首个、贵州省第5个国家5A级旅游景区。

（2）六盘水市六枝特区郎岱镇。位于六盘水市东部,距特区政府驻地32千米、六盘水市政府驻地92千米,黄果树瀑布30千米。总面积98.42平方千米,有耕地面积24 315亩,2010年GDP达4亿多元。郎岱因牂牁江的狼山(即老王山)和城中的岱山而得名。郎岱历史文化名镇重点保护郎岱镇"群山环抱、水系环绕"的自然格局,胜利路、解放路、民族路、书院路等组成的街巷空间格局,兵役局、李伯平故居等文物保护单位,以及郎岱镇传统民居建筑风貌。

10.5 云南省

10.5.1 旅游地理概况

云南,简称云(滇),省会昆明,位于中国西南的边陲,面积39万平方千米,北回归线横贯南部。云南省气候有北热带、南亚热带、中亚热带、北亚热带、暖温带、中温带和高原气候区等7个温度带气候类型。云南气候兼具低纬气候、季风气候、山原气候的特点,天然优势是云南省拥有"丰富多彩"的旅游吸引物,高原地形和立体气候使其不仅有秀丽的热带、亚热带风景,而且有发育相当好的岩溶景观,云南还是中国少数民族最多的省份,是人类文明重要发祥地之一,民族风情浓郁,文物古迹更是遍布全省,是进行观光旅游和民族风情旅游的最好去处。云南旅游吸引物分布与开发呈典型的"一心多线"格局,即以昆明为中心,分别向滇西的楚雄—大理—瑞顺—畹町;滇西北的丽江—香格里拉(中甸)—线;滇西南的红河—思茅—西双版纳和滇南的建水—河口一线;滇东南的石林—罗平—线辐射。而正在开发的一江连四国(中国、泰国、老挝和缅甸)的澜沧江——湄公河"黄金水道"旅游线则将成为亚洲大陆上最能吸引世界目光的精品旅游线之一。此外,涉及滇川藏3省区毗邻区域的"茶马古道"旅游线也因其巨大的开发价值而引起了国家和地方旅游主管部门的高度重视。

10.5.2 优秀旅游城市

云南省拥有昆明市、景洪市、大理市、瑞丽市、潞西市、丽江市、保山市等优秀旅游城市。本章节以昆明市、大理市、香格里拉市、景洪市为例做简要介绍。

10.5.2.1 昆明市

昆明是云南省省会,位于云贵高原腹地的盆地中、滇池畔,海拔1 891米,四季如春,年均气温16℃,一向有"春城"美誉,自然风光和气候条件与瑞士日内瓦相当。昆明是一座资源富聚、山川秀美、民族风情绚丽多彩的旅游城市。昆明是全国十大旅游热点城市,首批中国优秀旅游城市。全市有各级政府保护文物200多项,有石林世界地质公园、滇池、安宁温泉、九乡、阳宗海、轿子雪山等国家级和省级著名风景区,还有世界园艺博览园和云南民族村等100多处重点风景名胜,10多条国家级旅游线路,形成以昆明为中心,辐射全省,连接东南亚,集旅游、观光、度假、娱乐于一体的旅游体系。主要景点有石林、九乡溶洞、世博园、滇池、云南民族村、大观楼、大叠水瀑布、西山等。

10.5.2.2 大理市

大理位于云南西北部,1200多年前曾是南诏故地,1000多年前成为大理国国都,历史上长期是云南高原的政治、经济和文化中心,现为大理白族自治州首府,国际知名的旅游城市,由大理古城和下关新城两部分组成。大理古城和崇圣寺三塔是大理最具盛名的文物古迹。大理是白族文化的发祥地,居民多为白族,"三道茶"是其独具特色的风俗。"风花雪月"(即下关风、上关花、苍山雪、洱海月)的苍洱风光是大理最具代表性的自然景观,且在白族姑娘的帽子上体现得淋漓尽致,可谓天下一绝。每年农历三月中旬的"三月街"是白族最盛大的节日,也是大理最热闹的日子。因电影《五朵金花》而享誉中外的蝴蝶泉位于苍山云弄峰下,春末夏初蝴蝶成群飞舞,形成奇观。此外,大理白族自治州博物馆的建筑物艺术再现了白族"三坊一照壁、四合五井天"的传统民居形式,馆内收集的南诏大理历史文物尤为珍贵。大理白族自治州边境剑川的鸡足山为云南佛教名山。

丽江古城以中国保存最完整的少数民族古城镇著称,狭义上指丽江古城的主体部分大研古镇。丽江大研古镇有著名的四方街、大石桥、酒吧街、木府等小景点,这里有全中国最集中的客栈、最具民族特色的旅游纪念品。是丽江旅游的必到之处。丽江市共有旅游风景点104处,具有代表性的有:二山(玉龙雪山、老君山)、一城(丽江古城)、一湖(泸沽湖风景名胜区)、一江(金沙江)、一文化(纳西东巴文化)、一风情(摩梭人风情)。其他较知名的还有束河古镇、拉市海、虎跳峡、老君山、文笔山、白沙古镇、长江第一湾等丽江旅游景点。

10.5.2.3 香格里拉市

香格里拉藏语意为"心中的日月",是云南省迪庆藏族自治州下辖市及首府所在地,位于云南省西北部、青藏高原横断山区腹地,是滇、川、藏三省区交界地,也是世界自然遗产"三江并流"景区所在地。香格里拉于20世纪30年代出现于英国作家詹姆斯·希尔顿的著名小说《消失的地平线》中而为世人所向往,不久便被拍成同名电影并荣获多项奥斯卡奖,更使其为世人熟知。香格里拉藏区历史悠久,自然风光绚丽,拥有普达措国家公园、独克宗古城、噶丹松赞林寺、虎跳峡等景点。

10.5.2.4　景洪市

景洪位于云南省南部,是西双版纳傣族自治州的首府,属于热带雨林气候,终年常夏,高温多雨,因品种繁多的珍稀生物和浓郁迷人的民族风情闻名于世,素有"植物王国""动物王国""孔雀之乡"的美誉。清澈的澜沧江、美丽的橄榄坝、优雅别致的傣家竹楼、充满东南亚情调的小乘佛教寺院和欢快的泼水节,令世界各地的游客为之陶醉。当地主要旅游景区景点有曼飞龙笋塔、版纳民族风情园、橄榄坝傣族山寨、勐仑植物园、野象谷(三岔河原始森林)等,还开通了至缅甸、老挝的跨国边境游。

10.5.3　世界级旅游吸引物

云南省拥有云南石林世界地质公园、大理苍山世界地质公园、三江并流保护区、澄江化石遗址、丽江古城、红河哈尼梯田文化景观、中国南方喀斯特、西双版纳国家级自然保护区、高黎贡山国家级自然保护区等世界级旅游吸引物。

10.5.3.1　世界地质公园

(1)云南石林世界地质公园。云南石林世界地质公园位于云南省昆明市石林彝族自治县境内,占地总面积400平方千米,特级保护区44.96平方千米,一级保护区62.10平方千米,二级保护区107.21平方千米,三级保护区135.73平方千米。海拔1 500米～1 900米,距省会昆明78千米,素有"天下第一奇观""石林博物馆"的美誉。

云南石林世界地质公园主要地质遗迹类型为岩溶地质地貌,是以石林地貌景观为主的岩溶地质公园。石林可分布于溶丘、洼地、湖泊、河流、瀑布、洞穴内等喀斯特地形,这丰富了石林的类型和科学意义。石林与分布地形的组合称为石林组合地貌。主要分布类型有:石林洼地、石林谷地、石林岭脊、石林坡地、石林盆地、石林溶丘、尖峰溶痕城堡等。1982年,经国务院批准定为第一批国家级重点风景名胜区,2004年石林成为全球首批世界地质公园之一。

(2)大理苍山世界地质公园。大理苍山世界地质公园地处云贵高原与横断山脉结合部位,属喜马拉雅造山带南延部分,云岭山脉南端,由于雄伟高大的喜马拉雅山系在苍山结束而被称为"世界屋脊的屋檐"。由苍山、洱海和其间的山麓冲洪积平原三个带组成,总面积933平方千米。2005年9月被国土资源部批准为国家地质公园,2014年9月在联合国教科文组织第六届国际地质公园大会上被批准为世界地质公园。

公园地质遗迹资源丰富,有距今一万多年前的第四纪末次冰期(大理冰期)地貌;有形成于20多亿年前并经后期复杂地质改造的变质岩系列(变质岩的教科书,在中国苍山是大理石的命名地);有受喜马拉雅造山运动作用随苍山隆升而相继形成的断陷湖泊洱海,以及洱海侵蚀"海岸地貌"特征的岩岛、湖滨湿地;有苍山、洱海间山麓堆积形成的由冲-洪积扇组成的冲洪积平原。公园动植物资源丰富,苍山有9个植被型,13个植被亚型和陆生脊椎动物604种;洱海有鱼类30多种、水生植物61种、水禽59种。

10.5.3.2 世界遗产

(1)云南三江并流保护区。"三江并流"自然景观由怒江、澜沧江、金沙江及其流域内的山脉组成,涵盖范围达170万公顷,它包括位于云南省丽江市、迪庆藏族自治州、怒江傈僳族自治州的9个自然保护区和10个风景名胜区。它地处东亚、南亚和青藏高原三大地理区域的交会处,是世界上罕见的高山地貌及其演化的代表地区,也是世界上生物物种最丰富的地区之一。

"三江并流"景区内高山雪峰横亘,海拔变化呈垂直分布,从760米的怒江干热河谷到6 740米的卡瓦格博峰,汇集了高山峡谷、雪峰冰川、高原湿地、森林草甸、淡水湖泊、稀有动物、珍贵植物等奇观异景,"三江并流"地区被誉为"世界生物基因库"。由于"三江并流"地区未受第四纪冰期大陆冰川的覆盖,加之区域内山脉为南北走向,因此这里成为欧亚大陆生物物种南来北往的主要通道和避难所,是欧亚大陆生物群落最富集的地区。目前,区内栖息着珍稀濒危动物滇金丝猴、羚羊、雪豹、孟加拉虎、黑颈鹤等77种国家级保护动物和秃杉、桫椤、红豆杉等34种国家级保护植物。植物学界将"三江并流"地区称为"天然高山花园"。

同时,该地区还是16个民族的聚居地,是世界上罕见的多民族、多语言、多种宗教信仰和风俗习惯并存的地区。长期以来,"三江并流"区域一直是科学家、探险家和旅游者的向往之地,他们对此区域显著的科学价值、美学意义和少数民族独特文化给予了高度评价。2003年7月,联合国教科文组织将三江并流保护区作为"世界自然遗产"列入《世界遗产名录》。

(2)澄江化石遗址。云南澄江化石群距今5.3亿年,被誉为"20世纪最惊人的古生物发现之一"。澄江动物化石群主要分布在中国云南省澄江县抚仙湖畔,距省会昆明52千米,境内景色优美,交通极为方便。澄江动物化石群是当今世界上所发现最古老、保存最好的一个多门类动物化石群,从海绵动物到脊椎动物以及绝灭门类都有其代表。澄江动物化石群的首发地帽天山地区已批准为国家地质公园,并于2012年7月1日被列入《世界遗产名录》。

(3)丽江古城。丽江古城位于中国西南部云南省的丽江纳西族自治县,始建于宋末元初(13世纪后期)。古城地处云贵高原,海拔2 400余米,全城面积达3.8平方千米,自古就是远近闻名的集市和重镇。丽江古城内的街道依山傍水修建,以红色角砾岩铺就,雨季不会泥泞,旱季也不会飞灰,石上花纹图案自然雅致,与整个城市环境相得益彰。在丽江古城区内的玉河水系上,修建有桥梁354座,其密度为平均每平方千米93座。桥梁的形制多种多样,较著名的有锁翠桥、大石桥、万千桥、南门桥、马鞍桥、仁寿桥,均建于明清时期,其中以位于四方街以东100米的大石桥最具特色。

丽江古城历史悠久,古朴自然。城市布局错落有致,既具有山城风貌,又富于水乡韵味。丽江民居既融和了汉、白、彝、藏各民族精华,又有纳西族的独特风采,是研究中国建筑史、文化史不可多得的重要遗产。丽江古城包容着丰富的民族传统文化,集中体现了纳西民族的兴旺与发展,是研究人类文化发展的重要史料。古城内重要的景点有:木府、福国寺。

(4)红河哈尼梯田文化景观。红河哈尼梯田文化景观位于中国云南省红河哈尼族彝族自治州元阳县。遗产区面积为16 603公顷,缓冲区面积29 501公顷,包括了最具代表性的集中连片分布的水稻梯田及其所依存的水源林、灌溉系统、民族村寨。红河哈尼梯田所展现的生产生活方式,反映了人与自然的和谐相处,展现了人类在极端自然条件下顽强的生存能力、伟大的创造力和乐观的精神。世界遗产委员会在对红河哈尼梯田文化景观的评语中写道,红河哈尼梯田文化景观所体现的森林、水系、梯田和村寨"四素同构"系统符合世界遗产标准,其完美反映的精密复杂的农业、林业和水分配系统,通过长期以来形成的独特社会经济宗教体系得以加强,彰显了人与环境互动的一种重要模式。2013年6月22日中国红河哈尼梯田文化景观成功列入《世界遗产名录》。

(5)中国南方喀斯特。"中国南方喀斯特"面积占整个中国喀斯特面积的55%,是我国政府2006年申报世界自然遗产的唯一项目,由云南石林的剑状、柱状和塔状喀斯特、贵州荔波的森林喀斯特、重庆武隆的以天生桥、地缝、天洞为代表的立体喀斯特共同组成,形成于距今3亿年至50万年间,总面积达1 460平方千米,其中提名地(核心区)面积480平方千米,缓冲区面积980平方千米。

这一区域集中了中国最具代表性的喀斯特地形地貌,其中很多景点享誉国内外:云南石林以"雄、奇、险、秀、幽、奥、旷"著称,被称为"世界喀斯特的精华";贵州荔波是布依族、水族、苗族和瑶族等少数民族聚集处,曾入选"中国最美十大森林"。

10.5.3.3 世界人与生物圈网络

(1)西双版纳国家级自然保护区。西双版纳国家级自然保护区位于云南省西双版纳傣族自治州,面积241 776公顷(由勐腊、尚勇、勐仑、勐养、曼搞五大片组成),西双版纳国家级自然保护区属热带湿润气候。保护区在西双版纳傣族自治州境内,由勐腊、尚勇、勐仑、勐养、曼搞等互不相连的5片组成,总面积约24.12万公顷,占自治州总面积的12.7%。其中勐养片9.93万公顷,勐仑片1.12万公顷,勐腊片9.29万公顷,尚勇片3.05万公顷,曼搞片7 304公顷。保护区内地形复杂,海拔从南腊河与澜沧江交汇处的457米到南贡山顶的2 007米。以保护热带雨林、热带季雨林和南亚热带季风常绿阔叶林森林生态系统和珍稀动植物物种资源为主要目的的国家级自然保护区。

(2)高黎贡山国家级自然保护区。高黎贡山国家级自然保护区地处云南省西北部的保山市和泸水县境内,怒江的西岸,位于北纬24°56′~28°23′,东经98°08′~98°53′之间。总面积405 200平方千米,是云南省面积最大的自然保护区,其中323 685平方千米在怒江州境内,占保护区总面积的79.9%。核心区面积183 789.5平方千米,占保护区总面积的45.3%;缓冲区面积142 611.5平方千米,占保护区总面积的35.2%;实验区面积79 148平方千米,占保护区总面积的19.5%。高黎贡山国家级自然保护区动植物种类众多,南北混杂,东西过渡,是青藏高原和印支半岛的南北生物走廊,是亚热带、温带、寒温带野生动植物种质基因库,著名的种子植物模式标本产地,是中国常绿阔叶林保存最完整、最原始的地区之一,同时还保存有典型的温性、寒温性针叶林森林生态系统,是国家级森林和野生动物类型自然保护区,以保护生物、气候、垂直带谱自然景观、多种植被类型和多种珍稀濒危保护动植物种类为目的。主要保护对象为中山湿性常绿阔叶林、高山温性、寒温性针叶林为主的森林垂直自然景观;生物多样性完整的森林生态系统;珍稀动植物和特有物种。

高黎贡山国家级自然保护区以其生物的多样性,被学术界誉为"世界物种基因库"

"自然博物馆""民族文化园",为世界生物圈保护区网络成员之一。1986年,经国务院批准成为国家级自然保护区。

10.5.4 国家级旅游吸引物

云南省拥有昆明市石林风景区、丽江市玉龙雪山景区等5A级景区;拥有阳宗海旅游度假区、西双版纳旅游度假区等旅游度假区;拥有香格里拉普达措国家公园、红河州建水县西庄镇、大理州大理市喜洲镇、德宏州瑞丽市畹町镇等旅游特色小镇。

10.5.4.1 5A级景区

(1)昆明市石林风景区。石林风景区地处滇东高原腹地,位于石林彝族自治县境内,距省会昆明市70余千米,"冬无严寒,夏无酷暑,四季如春"气候属亚热带低纬度高原山地季风气候,年平均温度16℃,是一个集自然风光、民族风情、休闲度假、科学考察为一体的著名大型综合旅游区。

石林以喀斯特景观为主,以"雄、奇、险、秀、幽、奥、旷"著称,具有世界上最奇特的喀斯特地貌(岩溶地貌)景观,以形成历史久远、类型齐全、规模宏大、发育完整,被誉为"天下第一奇观""造型地貌天然博物馆",在世界地学界享有盛誉。石林形成于2.7亿年前,发育经漫长地质演化和复杂的古地理环境变迁才形成了现今极为珍贵的地质遗迹;它涵盖了地球上众多的喀斯特地貌类型,分布世界各地的石林仿佛汇集于此,有马来西亚的石林、美洲的石林、非洲的石林;在相差不到500米的高差上有着最丰富的类型:石牙、峰丛、溶丘、溶洞、溶蚀湖、瀑布、地下河,错落有致,洋洋洒洒,是典型的高原喀斯特生态系统和最丰富的立体全景图。

(2)丽江市玉龙雪山景区。玉龙雪山景区,北半球最南的大雪山。玉龙雪山以险、奇、美、秀著称于世,气势磅礴,玲珑秀丽,随着时令和阴晴的变化,有时云蒸霞蔚、玉龙时隐时现;有时碧空如水,群峰晶莹耀眼;有时云带束腰,云中雪峰皎洁,云下岗峦碧翠;有时霞光辉映,雪峰如披红纱,娇艳无比,故名玉龙山。

玉龙雪山是纳西族及丽江各民族心目中一座神圣的山,纳西族的保护神"三朵"就是玉龙雪山的化身,至今丽江还举行每年一度盛大的"三朵节"。唐朝南诏国异牟寻时代,南诏国主异牟寻封岳拜山,曾封赠玉龙雪山为北岳,至今白沙村北北岳庙尚存,仍然庭院幽深,佛面生辉,拜山朝圣者不绝于途。元代初年,元世祖忽必烈到丽江时,曾封玉龙雪山为"大圣雪石北岳安邦景帝"。玉龙雪山凭其迷人的景观、神秘的传说和至今尚无人征服的处女峰而令人心驰神往。1988年,玉龙雪山以云南丽江玉龙雪山风景名胜区的名义,被国务院批准列入第二批国家级风景名胜区名单。2007年5月8日,丽江市玉龙雪山景区经国家旅游局正式批准为国家5A级旅游景区。

10.5.4.2 国家级旅游度假区

(1)阳宗海旅游度假区。阳宗海旅游度假区为国家级旅游度假区,以阳宗海北部湖滨为中心,地处昆明至石林高等级公路35千米处。位于宜良县、呈贡县、澄江三县之间,湖面海拔1770米,形如一只巨履,两头宽、中间窄,南北长12千米,东西宽3千米。阳宗海为云南第三深水淡水湖泊,水质清澈透明,平均水深22米,水面积31平方千米,温泉水温高达70℃,是理想的旅游度假胜地。

阳宗海度假区设有高尔夫球场,有运动项目40多项,水上大世界、水上牵引升空跳伞、海滨浴场、水上摩托、高速快艇、实弹射击等,是西南地区目前水上娱乐设施规模最大、内容最丰富的水上娱乐中心。

(2)西双版纳旅游度假区。西双版纳旅游度假区辖区总面积61.1平方千米,下辖南联山农场26个居民点、2个综合队,保护区地处热带北缘,常年无冬。境内各地气温随海拔高度而异,大体上800米以下为北热带气候,800~1 500米为南亚热带气候,1 500~2 000米为中亚热带气候,海拔每增高100米,气温平均递减0.51℃。由于保护区处于海拔相对较高位置,又有良好的森林环境,因而具有比城镇优越的旅游气候资源。例如:勐养片的野象谷,最热月份的温度比景洪市平均约低4℃,气候相对凉爽,不仅可以避寒,而且可以避暑,开展旅游,四季皆宜。辖区内气候、阳光、空气、山地、水体、森林、温泉等组合良好,具有以傣民族为主的人文和谐的文化、社会环境,发展旅游度假产业条件优良。

西双版纳旅游度假区主要包括原始森林公园、勐仑植物园、孔雀湖、西双版纳野象谷、热带雨林国家公园、民族博物馆和民族风情园等主要景点。

10.5.4.3 旅游特色小镇

(1)红河州建水县西庄镇。西庄镇位于红河州建水县,该镇属亚热带气候区,气候温和,无霜期360天,四季如春,年平均气温18.3℃,年平均降雨量800毫米,总面积144.81平方千米,其中林业用地7.5万亩,耕地22 154亩,交通十分便利,蒙(自)宝(秀)铁路、国道323线、鸡石高等级公路穿境而过,实现村组通公路。

该镇是国家历史文化名城和国家重点风景名胜区的重要组成部分之一,是县委、县政府实施旅游带动型发展战略的主要地区,地处建水县以西,位于泸江河上游,东接临安镇、南庄镇,南连青龙镇,西邻石屏县坝心镇,北与甸尾乡相连,南北长度为14.15千米,镇政府驻黄龙寺风景区。2016年10月14日,入围第一批中国特色小镇名单。

(2)大理州大理市喜洲镇。喜洲镇位于大理市北部,西倚苍山,东临洱海,隋唐时期称"大厘城",是南诏时期"十睑之一",是电影"五朵金花"的故乡,云南省著名的历史文化名镇和重点侨乡之一。2016年10月14日,被住建部认定为第一批中国特色小镇。

喜洲镇地处平坝,地势西高东低,平均海拔1 900米,境内最高的五台峰海拔3 761米,总面积为165平方千米(不包括洱海水域),平地和缓坡约占30%,山地约占70%,镇域内南北长14千米,苍山脚至洱海边平均长4千米,呈缓坡形长条状,即喜洲镇村落分布的坝区面积为56平方千米。喜洲以四方街为中心,北至田庄宾馆,南至富春里、彩云街、染衣巷,西至市上街中段,东至镇东公路东侧的两院保护民居,约17.32公顷的面积内,集合了大部分重点保护民居,同时包括了被列为国家重点文物保护单位的严、董、杨三家大院。

10.5.4.4 国家公园

云南香格里拉普达措国家公园试点区坐落云南省迪庆藏族自治州香格里拉市境内,试点区域总面积为602.1平方千米。普达措具有丰厚的生态资源,具有地质地貌、湖泊湿地、森林草甸、河谷溪水、珍稀动植物等,原始生态环境保存无缺。试点区分为严格维护区、生态保育、游憩展现区和传统使用区,各区分界线尽可能采用山脊、河流、沟谷等天然界限。

10.6 西藏自治区

10.6.1 旅游地理概况

西藏古称"蕃",简称"藏",是中国五大少数民族自治区之一,位于中华人民共和国西南边陲,青藏高原的西南部,平均海拔4 000米以上,是青藏高原的主体部分,有着"世界屋脊"之称。这里地形复杂,大体可分为三个不同的自然区:北部是藏北高原,位于昆仑山、唐古拉山和冈底斯山、念青唐古拉山之间,占全自治区面积的2/3;在冈底斯山和喜马拉雅山之间,即雅鲁藏布江及其支流流经的地方,是藏南谷地;藏东是高山峡谷区,为一系列由东西走向逐渐转为南北走向的高山深谷,系著名的横断山脉的一部分。地貌基本上可分为极高山、高山、中山、低山、丘陵和平原等六种类型,还有冰缘地貌、岩溶地貌、风沙地貌、火山地貌等。

10.6.2 优秀旅游城市

西藏自治区的优秀旅游城市有一个,为拉萨市。拉萨,简称"拉",是中国西藏自治区的首府,具有高原和民族特色的国际旅游城市。拉萨全年多晴朗天气,降雨稀少,冬无严寒,夏无酷暑,气候宜人。全年日照时间在3 000小时以上,素有"日光城"的美誉。拉萨境内蕴藏着丰富的各类资源,相对于全国和自治区其他地市,具有较明显的资源优势。作为首批中国历史文化名城,拉萨以风光秀丽、历史悠久、风俗民情独特、宗教色彩浓厚而闻名于世,先后荣获中国优秀旅游城市、欧洲游客最喜爱的旅游城市、全国文明城市、中国特色魅力城市、中国最具安全感城市等荣誉称号。拉萨有许多古迹遗址,布达拉宫、大昭寺和罗布林卡被列为世界文化遗产。主要旅游景点有哲蚌寺、色拉寺、小昭寺、宗角禄康、藏王陵、楚布寺、拉萨清真寺、曲贡遗址、西藏博物馆、药王山、直贡噶举派寺庙群等,主要商业区有八廓街、宇拓路步行街、拉萨百货大楼等。周围具有经济价值和医疗作用的地热温泉遍地,堆龙德庆县的曲桑温泉、墨竹工卡县的德中温泉享誉整个藏区。

10.6.3 世界级旅游吸引物

西藏自治区拥有布达拉宫建筑群、藏戏、格萨尔等世界遗产;拥有珠穆朗玛保护区。

10.6.3.1 世界遗产

(1)布达拉宫建筑群。布达拉宫在1994年12月入选《世界遗产名录》,后来又加入了拉萨的大昭寺,2001年12月,拉萨的罗布林卡也被补充加入这项世界文化遗产。

布达拉宫屹立在西藏首府拉萨市区西北的红山上,是一座规模宏大的宫堡式建筑群。始建于7世纪,是藏王松赞干布为远嫁西藏的唐朝文成公主而建。布达拉宫依山垒砌,群楼重叠,殿宇嵯峨,气势雄伟,有横空出世,气贯苍穹之势,坚实敦厚的花岗石墙体,松茸平展的白玛草墙领,金碧辉煌的金顶,具有强烈装饰效果的巨大鎏金宝瓶、幢和经幡,交相辉映,红、白、黄三种色彩的鲜明对比,分部合筑、层层套接的建筑型体,都体现了藏族古建筑迷人的特色。布达拉宫是藏式建筑的杰出代表,也是中华民族古建筑的精华之作。

· 206 ·

大昭寺又名"祖拉康""觉康"(藏语意为佛殿),始建于唐贞观二十一年(647年),是藏王松赞干布为纪念尺尊公主入藏而建的,后经历代修缮增建,形成庞大的建筑群。大昭寺是西藏现存最辉煌的吐蕃时期的建筑,也是西藏现存最古老的土木结构建筑,开创了藏式平川式的寺庙布局格式。大昭寺融合了藏、唐、尼泊尔、印度的建筑风格,成为藏式宗教建筑的千古典范。大昭寺内保存有大量珍贵文物,为藏学研究提供了丰富的素材。2000年11月拉萨的大昭寺被补充加入世界文化遗产。

罗布林卡俗称拉萨的颐和园,藏语意为"宝贝公园",罗布林卡全园分为三个区:东部宫前区包括入口和威镇三界阁之前的前园;中部为核心部分的宫殿区;西区是以自然丛林野趣为特色的金色林卡。每个景区又根据功能要求,结合自然环境,或宫墙深院,古木成荫,或芳草疏林,繁花似锦,构成不同的景观。罗布林卡的园林布置,既有西藏高原的特点,又吸取了内地园林传统手法,运用建筑、山石、水面、林木组景,创造出不同的意境。罗布林卡是西藏人造园林中规模最大、风景最佳的、古迹最多的园林。2001年12月,拉萨的罗布林卡也被补充加入世界文化遗产。

(2)藏戏。藏戏的藏语名叫"阿吉拉姆",意思是"仙女姐妹"。据传藏戏最早由七姐妹演出,剧目内容又多是佛经中的神话故事,故而得名。藏戏起源于8世纪藏族的宗教艺术。17世纪时,从寺院宗教仪式中分离出来,逐渐形成以唱为主,唱、诵、舞、表、白和技等基本程式相结合的生活化的表演。藏戏唱腔高亢雄浑,基本上是因人定曲,每句唱腔都有人声帮和。藏戏原系广场剧,只有一鼓一钹伴奏,别无其他乐器。藏戏是一个非常庞大的剧种系统,由于青藏高原各地自然条件、生活习俗、文化传统、方言语音的不同,它拥有众多的艺术品种和流派。藏戏的服装从头到尾只有一套,演员不化妆,主要是戴面具表演。由于受到严格的宗教神规制约,藏戏在发展过程中受汉族文化影响较少,从表演内容到形式更多保留了原始风貌,所以在戏剧发生学等领域具有极高的学术价值。同时,藏戏的剧本也是藏族文学的一个高峰,它既重音律,又重意境,大量应用格言、谣谚和成语,甚至还在情节中穿插寓言故事,保留了藏族古代文学语言的精华。2009年入选世界非物质文化遗产名录。

(3)格萨尔。《格萨(斯)尔》是一部篇幅极其宏大的藏族民间说唱体英雄史诗。这是我国藏族人民在11世纪以来漫长的岁月里,用集体智慧创作出来的一部极为珍贵的文学巨著。传唱千年的史诗《格萨(斯)尔》也叫《格萨尔王传》。主要流传于中国青藏高原的藏族、蒙古族、土族、裕固族、纳西族、普米族等民族中,以口耳相传的方式讲述了格萨尔王降临下界后降妖除魔、抑强扶弱、统一各部,最后回归天国的英雄业绩。

《格萨(斯)尔》是相关族群社区宗教信仰、本土知识、民间智慧、族群记忆、母语表达的主要载体,是唐卡、藏戏、弹唱等传统民间艺术创作的灵感源泉,同时也是现代艺术形式的源头活水。千百年来,史诗艺人一直担任着讲述历史、传达知识、规范行为、维护社区、调节生活的角色,以史诗对民族成员进行教育。史诗演唱具有表达民族情感、促进社会互动、秉持传统信仰的作用,也具有强化民族认同、价值观念和影响民间审美取向的功能。它既是族群文化多样性的熔炉,又是多民族民间文化可持续发展的见证。这一为多民族共享的口头史诗是草原游牧文化的结晶,代表着古代藏族、蒙古族民间文化与口头叙事艺术的最高成就。无数游吟歌手世代承袭着有关它的吟唱和表演。

10.6.3.2 世界人与生物圈保护区网络

珠穆朗玛保护区 2004 年加入联合国教科文组织世界生物圈保护区网络,是世界著名的自然与文化遗产地、登山探险和生态旅游目的地。全球 14 座 8 000 米以上高峰中,就有 5 座矗立在珠穆朗玛保护区内,成为世界顶尖级登山探险和生态旅游目的地。保护区最高处为 8 844.43 米,最低处仅 1 440 米,自然景观独特。这里有世界十大景观之一的卡玛山谷,有旧石器时代的石器,唐、清时代的摩崖石刻,残存的古宗建筑,商贸市场等;例如,有公元 7 世纪修建的寺庙,8 世纪吐蕃王朝的古墓葬群,9~11 世纪割据时期的古堡、18 世纪中尼战争时期的残垣以及米拉热巴等众多高僧传法修行的洞舍。

珠穆朗玛保护区内分布有雪豹、长尾叶猴、藏野驴、塔尔羊、岩羊、小熊猫等珍稀动物,有喜马拉雅冷杉、长叶云杉、落叶松、皱皮桦、刺柏灌丛、箭竹、高山栎、云杉、尼泊尔檀木、木兰、乔松、杜鹃等珍贵树种,还有观赏和药用价值很高的长蕊木兰、三七、胡黄连等野生植物。林海之上,海拔 3 800~4 500 米是高山草原,长着蒿草、蚤缀等植物;雪线以上海拔 5 500~8 000 米地带,覆盖着终年不化的积雪。保护区内的最大冰川是绒布冰川,长 22.2 千米,冰舌平均宽 1.4 千米,面积达 88.89 平方千米,是一条复式山谷冰川。除此以外,还广泛分布着冰斗冰川和悬冰川。

10.6.4 国家级旅游吸引物

西藏自治区拥有林志巴松措旅游区、扎什伦布寺、卡若文化遗址、色季拉国家森林公园等 5A 级景区;拥有拉萨市尼木县吞巴乡、山南市扎囊县桑耶镇、阿里地区普兰县巴嘎乡、昌都市芒康县曲孜卡乡、日喀则市吉隆县吉隆镇、拉萨市当雄县羊八井镇、山南市贡嘎县杰德秀镇等旅游特色小镇。

10.6.4.1 5A 级景区

(1)林芝巴松措旅游区,位于林芝地区工布江达县境内。巴松措又名错高湖,藏语的意思是"绿色的水",湖面海拔 3 700 多米,面积达 6 000 多亩,是红教的一处著名神湖和圣地。巴松湖为堰塞湖,区内湖泊连连,串串湖泊与蓝天、白云、雪山、冰川相映,与峡谷、森林、草原、花海相依,有冬雪、春花、夏绿、秋黄四时变幻的动人自然景观。一切自然景色都以其纯净无污染的原生状态呈现在人们面前,给人以回归自然、物我齐一的超凡感受。巴松湖最具代表性的,也是最令人难忘的,正是那些由星罗棋布的湖泊、傲视苍穹的冰川雪岭、一望无际的原始森林、宽阔如茵的花海草场、峭拔奔涌的峡谷急流等组成的自然景观,顶级的自然风光和独特的民俗文化使巴松湖旅游区成为人们休闲度假的理想之地。

(2)扎什伦布寺。扎什伦布寺是中国藏传佛教的格鲁派寺院,位于西藏日喀则的尼色日山下。明正统十二年(1447 年)宗喀巴弟子根敦主兴建,后四世班禅罗桑却吉坚赞加以扩建。扎什伦布寺是全国著名的六大黄教寺院之一。错钦大殿为该寺最早建筑,可容 2 000 人诵经。大弥勒殿和历世班禅灵塔殿是该寺最宏伟的建筑。大弥勒殿位于寺院西侧,殿高 30 米,供奉 1914 年由九世班禅确吉尼玛主持铸造的弥勒坐像,总高 26.2 米,仅镶嵌佛像两眉,就用了大小钻石珍珠等 1 400 颗,是世界上最大的铜佛坐像。寺内有历代班禅灵塔,均包裹银皮,镶嵌宝石,雍容华贵,塔内藏有班禅舍利肉身。该寺还收藏有极其丰富的佛像、唐卡、刺绣、珍玩、供器以及金玉印章和敕造书等。在扎什伦布寺还有一大景观,那就是众多无主的狗皆聚集于此,据说这是放生狗,在西藏的许多寺庙都能看见放生羊、放生鸡等。它们悠闲地晒着太阳,与人和平相处。万物有灵和珍爱生灵的观念渗透于每个人的心中。扎什伦布寺是西藏日喀则地区最大的寺庙,为四世之后历代班禅驻锡之地。它与拉萨的"三大寺"甘丹寺、色拉寺、哲蚌寺合称藏传佛教格鲁派的"四大寺"。四大寺以及青海的塔尔寺和甘肃的拉卜楞寺并列为格鲁派的"六大寺"。

(3) 卡若文化遗址。卡若文化遗址,属全国重点文物保护单位,是中国澜沧江上游地区的新石器时代遗址,1978—1979 年发掘。遗址分为早、晚两期,发现房屋基址 28 座,发现农作物粟和家畜猪的遗存,当时经济生活以粟作农业为主,辅以经常性的狩猎,一般把该遗存命名为卡若文化。这里曾出土有房屋遗迹 20 多座,还有许多古人类所使用过的石制生产工具以及谷物、兽骨等,对研究西藏早期历史有重要价值,值得参观,但交通不便。卡若遗址占地面积约为 1 万平方米,文物种类繁多,古文化堆积层丰富,被考古界和古人类学研究者公认为西藏的三大原始文化遗址之一。遗址的发掘对研究西藏早期历史和汉藏关系史有重要价值。这一发现,受到全国考古界、地理地质、古人类、动植物学术界的重视和关注。卡若遗址的发掘,以雄辩的事实证明了早在 4000 多年以前,中华民族的先民们就曾经以简陋的工具,克服了重重困难,为开发这片富饶的土地而斗争。他们所创造的灿烂的文化,将在中国史册上永放光辉。

(4) 色季拉国家森林公园。色季拉国家级森林公园位于西藏林芝县和米林县,大致范围包括已建的雅鲁藏布大峡谷国家级自然保护区西侧外围,占地 10 万公顷。色季拉山由于特殊的地理条件,形成了独特的气候,造就了丰富的植被,这里共有 1 046 种植物,占西藏植物种数的 20%,珍贵药材数十种,菌类 20 多种,野生花卉 150 种,其中百合花种类最多,有 16 种。据林业部门测算,色季拉山的森林覆盖率 55.1%,以阔叶林、针叶林、落叶松、云杉、冷杉、柏树等居多。在色季拉东西坡还保存了一定数量的珍稀濒危的国家重点保护植物,其中国家一级保护植物:巨柏,国家二级保护植物金荞麦,被列入国家三类保护植物的有三种:大花黄牡丹、滇牡丹、桃儿七。这些林区野生资源多数是自生自落的再生性资源,共有植物 1 046 种,珍贵药材数十种,被誉为"世界植物的博物馆"。

10.6.4.2 旅游特色小镇

拉萨市尼木县吞巴乡,主要以藏香、藏纸等民族特色手工业为主打,其中藏香占了非常大的比例。与吞巴乡大力发展民族特色手工业不同,山南市扎囊县桑耶镇主打的是旅游牌。桑耶镇是山南藏源文化的典型体现,在漫长的历史文化中拥有丰富而深邃的历史遗迹。下一步,桑耶镇将按照规划严格控制村庄建设,按标准配置公共服务设施和基础设施,提高人居环境品质,打造美丽乡村。拉萨市当雄县羊八井镇位于拉萨西北方,西藏念青唐古拉山下的盆地内,占地面积约 15 平方千米。两侧是高耸入云的皑皑雪山、冰川、原始森林,中间盆地则为碧绿如茵的草甸,山清水秀,风景迷人。羊八井镇以当地的地热矿井闻名。

【本章小结】

本章主要介绍了西南旅游大区的旅游地理系统,包括该区域的旅游客源地、目的地、旅游通道和旅游环境。此外,分别对四川省、重庆市、云南省、贵州省和西藏自治区五省市

的旅游地理概况和每个省或直辖市的优秀旅游城市、世界级和国家级的旅游吸引物特征及旅游业发展战略进行了介绍。

【重点概念】

西南旅游区　旅游地理系统　冰缘地貌　喀斯特地貌

【案例分析】

广西岭南风情旅游文化周活动在梧州启动

5月26日,2017年第二届广西岭南风情旅游文化周在广西梧州启动。在启动仪式上,梧州、玉林、贵港、贺州四市发表了《桂东南岭南风情旅游联盟宣言》,成立桂东南岭南风情旅游联盟。作为旅游文化周活动之一的苍梧县人和龙舟队挑战"一小时一个龙舟行驶的最远距离"吉尼斯世界纪录称号取得成功,成为新的吉尼斯世界纪录称号保持者。

据了解,此次岭南风情旅游文化周活动以"旅游+"形式,分"神韵梧州、品味梧州、动感梧州"三大板块共13项子活动进行。神韵梧州包括岭南"非遗"展演、岭南风情旅游推广活动、梧州有礼旅游商品创意设计大赛、"情系鸳江·向爱出发"等活动；品味梧州包括龙母文化汇、六堡茶文化汇、美食文化汇、骑楼文化汇、水乡文化汇等活动；动感梧州包括2017年梧州端午龙舟赛、挑战龙舟吉尼斯世界纪录、岭南老城探奇寻宝、"看千年梧州·品桂东南岭南风情"体验之旅等活动。

此次岭南风情旅游文化周活动亮点纷呈:围绕"一带一路"做好"水"文章。梧州作为海上丝绸之路的节点城市,三江汇合的地方,此次活动紧紧围绕"一带一路"做水的文章。启动仪式的地点在梧州"中恒集团号"游船上进行,溯江看青山绿水,感受西江黄金水道的繁华。启动仪式结束后,嘉宾在浔江人和段见证挑战龙舟吉尼斯世界纪录的诞生。在打造岭南水乡风情方面,泗洲岛作为在启动仪式中上下游船的重要节点,通过情景演艺形式对泗洲岛按岭南水乡进行提升打造,在码头集市、疍家文化展演中展示梧州的码头文化和水乡文化。

围绕梧州建城2200年做好"古韵"文章。梧州是岭南文化的发源地之一,为更好地展现梧州深厚的岭南历史文化底蕴,这次活动的各项子活动围绕梧州建城2200年做好老城的"古韵"文章。活动期间在骑楼城打造骑楼岭南风情街,围绕"老街坊,您好吗"主题打造旧时光留影区、骑楼守艺集市,举行骑楼街访剧场、复古情景巡演、街头秀,唤起老城记忆,增强游客的参与感和情景感,彰显梧州原汁原味的岭南文化。同时,在龙母庙景区邀请岭南地区具有代表性的非物质文化遗产项目进行展示和现场巡游表演。还将举行"最梧州饮食老店""梧州传统特色小吃""最受喜欢梧州河粉"美食评选大赛,开展粤桂两地名厨厨艺交流活动,各色经典岭南美食精彩荟萃,展现百年商埠的舌尖文化。

围绕桂东南旅游区域合作做好"岭南风情"文章。在今年初的广西全区旅游工作会议上,自治区旅游发展委员会将梧州、玉林、贵港、贺州规划为桂东南岭南风情旅游圈并由梧州牵头实施,为此,在启动仪式上宣读了《桂东南岭南风情旅游联盟宣言》,成立桂东南岭南风情旅游联盟,通过编印《桂东南岭南风情旅游地图》、播放桂东南四市的旅游宣传

片、举办"看千年梧州·品桂东南岭南风情"体验之旅活动等方式联合进行旅游形象宣传推广工作,促进区域旅游合作。

(资料来源:人民网广西频道)

问题:
分析广西岭南风情旅游文化周活动举办的意义。
如何围绕"岭南风情",促进区域旅游合作?

【思考题】

1. 分析西南旅游区旅游地理环境特征,说明其对旅游发展的影响。
2. 分析四川省和重庆市的旅游吸引物特色各有什么不同。
3. 分析四川省、重庆市旅游区区域旅游合作开发的趋势与前景。
4. 分析云南省、贵州省旅游区旅游地理环境特征,说明其对旅游发展的影响。
5. 简述西藏自治区的主要旅游吸引物及特征。

参考资料

1. 曹培培. 中国旅游地理[M]. 2版. 北京:清华出版社,2016.
2. 中国世界遗产网(www.whcn.org).

11 西北旅游区

> **学习目标→**
> 　　通过本章的学习，全面了解西北旅游区的旅游地理系统，熟悉陕西、宁夏回族自治区、甘肃、新疆维吾尔自治区和青海省的旅游地理概况，了解本区旅游目的地的旅游发展现状，掌握本区的旅游吸引物特征及旅游地理系统。
>
> **学习难点→**
> 　　西北旅游区旅游吸引物特征　丝绸之路发展战略　西北旅游区旅游地理系统

【案例导入】

"大山大河"拓展陕西"一带一路"体育旅游版图

在陕北吴堡县浪花奔涌的黄河上，国内外11支专业漂流队伍奋力争先；在陕南留坝县层峦叠翠的秦岭里，中国地质大学、中山大学等高校的户外选手勇攀高峰……一个周末里的这场"秦岭与黄河的对话"，也是陕西谋划的"体育+旅游"融合战略半年以来的成果。随着《"一带一路"体育旅游发展行动方案》的印发，陕西作为"一带一路"重要省份，将继续拓展自身"体育+旅游"的战略版图。

"黄河晋陕大峡谷段的旅游开发现在是万事俱备、只欠东风。"站在陕西榆林吴堡县的黄河二碛，国内地理学者、河流发育史专家杨联康感慨道。早在1982年，他就完成徒步对黄河全程的考察，并在调研报告中提出，要充分开发黄河沿岸的旅游资源。如今，他认为的东风之一，就是近些年火热的休闲体育产业。

首届全国大学生山地户外挑战赛则是二者融合最新的成果。21日开赛首日的自行车比赛中，国内19所高校的大学生选手在陕西省首条拥有竞速爬山、急坠快感和恬静山道等多样特色的国际专业山地自行车赛道上骑行,秦岭的壮阔与旖旎尽收眼底。在本月底,这里还将举办2017年陕西省第三届山地自行车定向锦标赛和中国环秦岭自行车联赛汉中留坝站比赛,一时间成为广大户外运动爱好者关注的焦点。

陕西"体育+旅游"离不开秦岭、黄河这样的"大山大河",但也不只依靠自然条件。"近些年来像渭南市举办的青少年游泳比赛、黄龙县举行的越野定向挑战赛,比赛期间当地酒店均出现房客爆满的情况,这得益于'体育+旅游'的主题贯穿于赛事当中。"陕西省体育局局长姚金荣认为,体育与旅游的融合,无形间让一场普通的体育比赛变成集锻炼身心、家庭聚会、品尝美食等于一身的"大派对"。通过国家层面的政策引导以及地方各级各有关部门的努力,陕西"体育+旅游"的布局也将进一步突破"大山大河",以更广泛的元素和内容促进体育产业与体育消费,满足群众的物质文化需求。

(信息来源:新华社2017-07-24.)

11.1 西北旅游地理系统及其评价

西北旅游区位于我国西北部,包括新疆维吾尔自治区、陕西省、甘肃省、宁夏回族自治区和青海省,本区面积广阔,自然环境复杂,民族众多,丝绸之路贯穿全境,形成了以辽阔草原、浩瀚沙漠为主要特色的自然旅游吸引物和以丝路古迹、民族风情为主题的人文旅游吸引物。西北旅游区旅游地理系统是由旅游客源地子系统、旅游目的地子系统、旅游通道子系统及旅游保障子系统四个部分组成,具有特定的结构、功能和目标的综合体。

11.1.1 旅游客源地子系统

11.1.1.1 国内旅游客源地

陕西省国内客源地主要为本省,在来陕的省外游客中,以周边省份和东部沿海省份为主,客源比重位列前十位的省份依次是:河南、山西、甘肃、四川、广东、河北、山东、湖北、浙江、江苏,上述10个省的接待量占来陕的省外游客的比重达65.09%。

甘肃省国内客源市场分布不均匀,国内游客主要来自本省、邻近省区、发达省区,三者约占国内客源市场的71.06%,其中本省游客约占国内客源市场的21.62%,邻近省区(宁夏、新疆、内蒙古、陕西、青海、四川)占国内客源市场的22.93%,发达省区(广东、北京、上海、福建、江苏、浙江)虽然距离甘肃较远,但人均收入水平较高,出游率高,约占国内客源市场的26.51%。甘肃国内客源市场在区域上分布不过于分散,具有一定的集中性。

宁夏近年来旅游业发展势头很快,但其发展水平仍然处于全国的后进之列。根据宁夏旅游经济发展统计公告的客源分布,可以看出宁夏的客源市场主要是宁夏本地的居民,这也说明了宁夏在旅游形象、宣传促销方面有待提高,应实施旅游形象拉动战略及规划。以"多彩宁夏"之新形象为中心,塑造"山川奇秀新宁夏、西夏秘境古文明""锦绣黄河美宁夏、塞上江南好风光""神奇沙漠游、浪漫山水情"等新形象。

新疆维吾尔自治区的旅游业处于初级发展阶段,旅游产品水平低,旅游业收入仅占西北省区总收入的五分之一,总体特征是"一流的资源、二流的交通、三流的开发、四流的经

营、五流的促销"。根据国家统计局新疆城市旅游调查报告显示来自全国 30 个省、市、自治区的游客占 29.9%，其中最多的是来自江苏、陕西、甘肃、广东、浙江、四川等，旅游消费尚处于初级阶段，有很大的发展潜力。旅游者主要是以休闲观光度假为主。由于地理区位的原因，到新疆旅游的旅游者旅游时间及旅游交通占据的比例较大，从而造成旅游者在景区停留的时间较少及旅游娱乐费用减少。

青海省的旅游业是 20 世纪 80 年代后才发展起来的，游客增长迅速，但低于全国平均水平。1981—1997 年，本区旅游接待人数扩大了 13 倍，游客人数以平均每年 17%～18% 的速度增长。近几年来，已经渐渐赶超全国平均增长速度。1995 年之前，本区游客增长迅速，平均增长速率为 24.16%。21 世纪初，由于青海距国内主体客源市场遥远，宣传促销工作差，因此本区游客中省内游客占主体。之后本区旅游部门推出多条旅游线路，2006 年青藏铁路建成运营后，本区旅游迅速发展，增长率曾一度高达 50%。

在青海的国内游客中，多数来自西北地区，主要集中在大中城市，尤以省会城市为突出。这是因为本区同周边经济文化交流较多，且地域上较为接近，往来便利，会议及商务游客多，因此与西部相邻省区互为客源地。

11.1.1.2 境外旅游客源地

甘肃国际客源市场主要来自于亚洲和欧洲，亚洲的境外游客主要来自于港澳台地区，欧洲地区的外国游客主要来自于俄罗斯。

新疆国际游客主要是俄罗斯、日本，二者占其境外游客总人数的 70% 左右。俄罗斯是新疆的第一大海外客源国，因新疆与俄罗斯相邻，独特的地理优势、开放的边境贸易口岸及长期的边贸活动有力地促进了两国的旅游发展。

青海国际游客中，日本是最大的客源国，约占本区接待外国游客总数的 33%；西欧三国（英、法、德）是次一级主要客源国，占外国游客总数的比重为 18.14%；北美到本区的游客占接待总数的 12%；韩国和东南亚游客人数较少。在来华游客中，法国、加拿大、德国、英国、日本是接待人数比例最高的国家，其次是美国和澳大利亚。

11.1.2 旅游目的地子系统

根据西北旅游区《统计年鉴》、国家旅游局调查公报、省旅游局发布的数据，将西北旅游区的旅游吸引物做出统计，西北地区拥有丰富独特的旅游吸引物。

11.1.2.1 陕西省旅游目的地

陕西省古为秦地，位于黄河中游，是中华民族的发祥地之一，自周朝开始有秦、西汉、西晋、前赵、前秦、后秦、西魏、北周、隋、唐等 13 个王朝在陕西建都，时间长达 1 180 年，是中国历史上建都时间最长的省份。悠久的历史，给陕西地上地下留下了极为丰富的历史文物和旅游资源——轩辕黄帝陵、西岳华山、秦始皇陵兵马俑、唐太宗昭陵、明代西安城墙、法门寺、大雁塔、小雁塔、金丝峡景区、宝鸡太白山景区、西安城墙、西安碑林、彬县大佛寺石窟、碑林博物馆、半坡村遗址、临潼华清宫御汤遗址博物馆、延安革命纪念馆、西安事变纪念馆等。

11.1.2.2 新疆旅游目的地

新疆旅游资源众多，海拔在 7 500 米以上的雪峰冰川有 8 座，吐鲁番盆地底部是中国

内地最低处,天山天池为著名高山湖泊,艾丁湖是中国最低湖泊,还有火焰山、魔鬼城与将军崖的雅丹地貌。天山天池—乌鲁木齐旅游区,天池是个天然的高山湖泊,有"天山明珠"之称,天池东南面是博格达主峰,海拔5445米。吐鲁番旅游区,火焰山是中国最热的地方,夏季最高气温达47.8℃,地表最高温度在70℃以上,山下是高昌古城;葡萄沟内有210多公顷葡萄园,酒厂众多,生产的干白葡萄酒尤为著名。喀什—和田旅游区,有新疆最大的清真寺"艾提尕尔大清真寺";和田玉举世闻名,与丝绸、地毯并称为和田三大特产。

11.1.2.3　甘肃旅游目的地

丝绸之路是甘肃旅游的主题,绿洲、城镇、关隘、长城、寺庙、石窟极具价值。在威武雷台汉墓出土的"马踏飞燕"被作为中国旅游的标志。敦煌莫高窟是世界上现存规模最大、内容最丰富的佛教艺术地,1987年12月被联合国教科文组织列为世界文化遗产。鸣沙山—月牙泉风景区,以沙漠奇观著称于世。敦煌雅丹国家地质公园,是迄今为止发现的全球规模最大、地质形态发育最成熟、最具观赏价值的雅丹地貌群落。玉门关、阳关、嘉峪关是三座在历史上非常著名的关隘。兰州百里黄河风景线,全国唯一一座黄河穿城而过的大型城市。麦积山石窟,是我国著名的大型石窟之一。

11.1.2.4　宁夏旅游目的地

宁夏简称宁,首府银川,位于中国西北地区,黄河中上游,地跨内蒙古高原和黄土高原,以高原、山地为主,银川平原被称为"塞上江南"。旅游资源既有边塞风光的雄浑,又有江南景色的秀丽,素有"塞上江南、回族之乡"的美誉。在银川市,西夏王陵有8座帝王陵园和70多座陪葬陵墓;玉皇阁始建于明代,迄今已有600多年的历史,本身就是座珍贵的传统木结构大屋顶建筑;还有海宝塔、西夏影视城、三观口明长城等游迹。青铜峡水利枢纽工程,有一百零八塔、发电站等风景。沙坡头保护区,是著名的沙漠旅游胜地。须弥山石窟,源于北朝,是探索宗教艺术文化的一个好地方。

11.1.2.5　青海旅游目的地

西宁是一座有着2100多年历史的高原古城,塔尔寺是我国六大藏传佛教寺院之一,东关清真大寺是西北四大清真寺之一。西宁市名胜古迹众多,主要游览点有北山寺、东关清真大寺、马步芳宅邸等,湟中县的塔尔寺,北山烟雨为西宁古八景中遗留最完善的一景。

青海境内有长江源头、万丈盐桥、雪山冰川、昆仑雪景、瀚海日出、沙漠森林等独具特色的自然景观,同时还有被誉为"大漠英雄树"的胡杨林保护区;有充满民族风情的蒙古族草原帐篷度假村;是观赏青藏高原风光、野生动物活动和进行科学考察、登山探险的理想之地。茶卡盐湖被誉为柴达木东大门,历史上是商贾、游客进疆入藏的必经之地。湖光山色风光旖旎,景色优美。在青藏高原众多的盐湖家族中,气象万千,独具特色。可可西里自然保护区位于青海西南部的玉树藏族自治州境内,是目前世界上原始生态环境保存最完美的地区之一,也是目前中国建成的面积最大、海拔最高、野生动物资源最为丰富的自然保护区之一。这里又被称为可可西里无人区,是中国最大、海拔最高、最神秘的"死亡地带"。人类无法在那里长期生存,只能依稀见到已适应了高寒气候的野生动植物,然而正因为如此,给高原野生动物创造了得天独厚的生存条件,成为"野生动物的乐园"。藏羚羊被称为可可西里的骄傲,是中国特有的物种,国家一级保护动物。

11.1.3　旅游通道子系统

　　西北旅游区经过多年的建设,基本形成了以铁路为骨干、以公路为主体、航空相配合,覆盖全区的交通网络。铁路干线主要有陇海线、兰新线、包兰线、兰青线、南疆线等。兰新线西段乌鲁木齐到阿拉山口铁路的开通并且与哈萨克斯坦的铁路并轨,成为欧亚大陆桥的重要组成部分。公路部分在本区地位非常重要,312国道贯穿新疆和甘肃全境,将西北地区与沿海地区联系在一起。314国道将南疆城市连接在一起。315国道、303国道、217国道、301国道将本区的旅游区连接在一起。北起轮台南达民丰的公路干线横穿塔克拉玛干沙漠,创造了人间奇迹。近些年来,乌鲁木齐、兰州、银川、呼和浩特为本区的主要机场,有往返国内外的航班。

　　西北地区边境线漫长,沿边对外开放成为未来此区发展之重。其中新疆分别与蒙古、俄罗斯、哈萨克斯坦、吉尔吉斯斯坦、塔吉克斯坦、阿富汗、巴基斯坦、印度相邻,边境线长5 400千米,是中国国境线最长、交界国家最多的自治区,逐步发展边境旅游、边境贸易是未来此区工作之重。内蒙古自治区与蒙古国地理上接壤、生活习俗上相近或相同,具有发展旅游业的基础。

　　随着现代科学技术的发展,旅游目的地的相关组织有更多的渠道来推销自己的旅游产品和服务,同样旅游者也可以了解更多的旅游信息,从而达到双方在一定程度上信息的对等。

11.1.4　旅游保障子系统

　　(1)自然环境。西北旅游区地形比较复杂,东西部差异较大,东部是高原、平原,西部主要是山地和盆地。西北地区处于欧亚大陆的中心,远离海洋,是明显的温带大陆性气候,干旱少雨,夏季炎热短暂,冬季寒冷漫长,春秋气候变化剧烈。这种独特干旱气候,形成了以风蚀城堡、雅丹地貌、火焰山、戈壁等为典型奇异的沙漠景观,多咸水湖和半咸水湖。植被组成简单,多为旱生、叶退化的半灌木、灌木和小乔木。西北内陆盆地周围高山地区因现代冰川融水的原因植被由下而上呈现山地荒漠、山地草原、山地森林、亚高山灌丛草甸、高山草甸明显的垂直分布,成为荒漠中的绿洲和森林。

　　(2)文化环境。该地区的人文地理环境受丝路文化影响较深。公元前119年张骞出使西域后,开辟了一条沟通中国与中亚、西亚,并连接地中海的陆上通道。随着"一带一路"建设的开展,古老丝路沿线的众多的历史文物、古迹、自然风光、各民族的风土人情,将会吸引越来越多的游客,促进西北地区经济、贸易的良好发展。西北旅游区是我国少数民族聚居较多的地区之一,各民族有着悠久的历史和独特古老的文化,民俗活动异彩纷呈,民族风情绚丽多姿。

　　(3)社会环境。西北旅游业发展较快,旅游吸引物的知名度逐渐增大,当地从事旅游产业的就业人数增多,很多长期从事畜牧业或农业的人们有了更多的就业岗位,当地人们的收入和生活水平也逐渐提高,生活环境得到改善。旅游业的发展促进了西北旅游区的休闲农业、交通、餐饮、娱乐等行业的发展,更多旅游吸引物的价值得以实现,西北旅游区的形象得到改变,旅游地的运营管理更加科学。

(4)经济环境。西北旅游区的经济发展水平整体相对落后,但是近年来西北旅游区各省区已充分认识到发展旅游在经济发展中的重要性及积极作用,除了增加宣传,扩大原有知名景区的知名度,吸引更多的国内外游客,还顺应游客旅游需求的变化,开发出了很多极具西北特色的旅游景点或旅游项目,增强游客的旅游体验,以独特的环境吸引着越来越多的游客。但也存在一些突出的问题急需改进,如:旅游资源利用效能较低,旅游产业链条还需进一步拓展,旅游商品特色不足,受旅游者欢迎的旅游新业态产品相对较少,人均消费低,旅游综合效益有待进一步提高等。

(5)政策环境。在"十三五"旅游业发展规划中针对西北各省区提出要建设特色旅游功能区的计划,建成六盘山生态文化旅游区、祁连山生态文化旅游区和塔里木河沙漠文化旅游区。打造国家精品旅游带:丝绸之路旅游带、黄河华夏文明旅游带、青藏铁路旅游带等国家精品旅游带。重点建设国家旅游风景道,如黄土高原风景道、祁连山风景道、青海三江源风景道、天山世界遗产风景道等。以国家等级交通线网为基础,加强沿线生态资源环境保护和风情小镇、特色村寨、汽车营地、绿道系统等规划建设,完善憩与交通服务设施,实施国家旅游风景道示范工程,形成品牌化旅游廊。推进特色旅游目的地建设,如高原湖泊旅游目的地、沙漠旅游目的地、草原旅游目的地、民俗风情旅游目的地等。依托特色旅游吸引物,打造一批特色旅游目的地,满足大众化、多样化、特色化旅游市场需求。

(6)技术环境。全面推进旅游信息化发展。搭建旅游信息平台,建立各省统一的旅游基础空间信息数据库,着力推进旅游信息的自动化采集,为加强各省区旅游业的实时动态管理提供依据。建设旅游监测与预警平台,加强对旅游信息的动态监测、预报、预警和实时发布。推进智慧旅游发展。依托互联网、云计算、物联网等新技术,实施科技创新,加快智慧旅游建设。强化景区微信平台、旅游营销平台、旅游电商平台、电子门票营销平台建设。在规划期内实现区内高 A 级旅游景区、高星级酒店和其他主要旅游者活动场所免费 Wi-Fi、智能导游、电子讲解、信息推送等功能全覆盖,全面推进智慧旅游发展。

11.2 陕 西 省

11.2.1 旅游地理概况

陕西,简称"陕"或"秦",中国省级行政单位之一,省会西安。位于西北内陆腹地,东邻山西、河南,西连宁夏、甘肃,南抵四川、重庆、湖北,北接内蒙古,横跨黄河和长江两大流域中部,是中华民族的发祥地之一,自周朝开始有秦、西汉、西晋、前赵、前秦、后秦、西魏、北周、隋、唐等 13 个王朝在陕西建都,时间长达 1180 年,是中国历史上建都时间最长的省份。悠久的历史,给陕西地上地下留下了极为丰富的历史文物和旅游吸引物。

陕西历史古迹众多,可看到古代城阙遗址、宫殿遗址、古寺庙、古陵墓、古建筑等,如长城、秦始皇兵马俑、乾陵、茂陵、阳陵、黄帝陵、法门寺等,西安城墙、西安碑林、西安钟鼓楼、大小雁塔等。在陕西,仅古代帝王陵墓就有 72 座。

陕西各地的博物馆内陈列的西周青铜器、秦代铜车马、汉代石雕、唐代金银器、宋代瓷

器及历代碑刻等稀世珍宝,闪烁着耀眼的历史光环,昔日的周秦风采、汉唐雄风从中可窥一斑。

在自然景观方面,有位于华阴市的西岳华山、宝鸡眉县的太白山,还有西安周边的临潼骊山华清池、终南山、翠华山,秦晋交界处的黄河壶口瀑布等。

11.2.2 优秀旅游城市

陕西省拥有西安市、咸阳市、宝鸡市、延安市、韩城市、汉中市等优秀旅游城市。本章节仅以西安市、咸阳市、宝鸡市、延安市为例做简要介绍。

11.2.2.1 西安市

西安,古称长安、镐京,是中国八大古都之一,联合国教科文组织1981年确定的"世界历史名城",美媒评选的世界十大古都之一。长安自古为帝王都,先后有西周、秦、西汉、新莽、东汉、西晋、前赵、前秦、后秦、西魏、北周、隋、唐13个王朝在此建都。西安是中华文明和中华民族重要发祥地之一,丝绸之路的东方起点。丰镐都城、秦阿房宫、兵马俑,汉未央宫、长乐宫,隋大兴城,唐大明宫、兴庆宫等勾勒出"长安情结"。

西安是中国最佳旅游目的地、全国文明城市之一,有两项六处遗产被列入《世界遗产名录》,分别是:秦始皇陵及兵马俑、大雁塔、小雁塔、唐长安城大明宫遗址、汉长安城未央宫遗址、兴教寺塔。其他著名景点有:华清池、大唐芙蓉园、陕西历史博物馆、西安明城墙、西安碑林博物馆、骊山、翠华山、曲江海洋世界、秦岭野生动物园、关中民俗艺术博物院、半坡博物馆、西安世园会、大唐西市、汉城湖、楼观台、太平国家森林公园、黑河国家森林公园、钟楼、鼓楼等。

11.2.2.2 咸阳市

咸阳是秦汉文化的重要发祥地。秦始皇定都咸阳,使这里成为"中国第一帝都"。咸阳也是古丝绸之路的第一站,中国中原地区通往大西北的要冲。咸阳遍地秦砖汉瓦,境内文物景点多达4 951处,五陵塬上有汉高祖长陵、汉景帝阳陵、汉武帝茂陵、唐太宗昭陵、唐高宗和武则天合葬的乾陵等28位汉唐帝王陵寝,被誉为"中国的金字塔之都"。主要景点有:彬县大佛寺石窟、乾陵、茂陵、汉阳陵、昭陵、三原城隍庙、秦城遗址等。

11.2.2.3 宝鸡市

宝鸡古称"陈仓""雍城",誉称"炎帝故里、青铜器之乡"。宝鸡具有奇特秀丽的自然风光,有9个国家和省级森林公园,森林覆盖率达48.6%,境内的太白山是神州南北界、华夏分水岭,是秦岭的主峰,海拔3 767米,因物种垂直分布所造成的多样性和罕见的第四季冰川遗迹,而被称为"生物基因库"和"地质博物馆"。著名景点有:法门寺佛文化景区、太白山国家森林公园、关山草原景区、周公庙风景名胜区、中华礼乐城、中华石鼓园景区、通天河国家森林公园、青峰峡景区、宝鸡红河谷景区、宝鸡消灾寺景区、炎帝陵等。

11.2.2.4 延安市

延安是中国优秀旅游城市,有国务院公布的全国重点文物保护单位、中国第一号古墓葬——轩辕黄帝陵(5A)、宝塔山景区(4A)、国家级重点文物保护单位——子长钟山石窟等;在自然景观方面有延安黄河壶口瀑布(4A)、中国最大的野生牡丹群和花木兰故里万花山、黄河蛇曲国家地质公园(乾坤湾)、延安国家森林公园、洛川黄土国家地质公园等。延安是中国红色旅游景点最多、内涵最丰富、知名度最高的红色旅游吸引物富集区,有枣园革命旧址(4A)、杨家岭革命旧址、王家坪革命旧址、凤凰山革命旧址、南泥湾、清凉山、延安革命纪念馆、延安新闻纪念馆、中国抗日军政大学纪念馆等,红色旅游吸引物数量占陕西省红色资源总量的72%,是中国保存最完整、面积最大的革命遗址群,被授予"中国红色旅游景点景区"称号。

11.2.3 世界级旅游吸引物

陕西省拥有秦始皇陵及兵马俑等世界遗产;拥有陕西佛坪国家级自然保护区、牛背梁国家级自然保护区。

11.2.3.1 世界遗产

秦始皇陵是中国历史上第一位皇帝的陵墓,其规模之大、陪葬坑之多、内涵之丰富,为历代帝王陵墓之冠。根据考古工作发现,秦陵的陵基为近覆斗方形,夯土筑成,陵基东西宽345米,南北长350米。围绕封土堆,在地面上还筑有两重南北向长方形城垣,内城和外城的四面均有城门,城的四角还筑有角楼。

兵马俑坑位于秦始皇陵封土以东约1 500米处,它是秦始皇陵的一个组成部分。现已发现了三个坑,基本呈"品"字形排列,总面积达2万余平方米。兵马俑坑均为地下坑道式土木结构建筑,坑内埋藏有陶质兵马俑7000余件,木质战车100余辆。秦兵马俑皆仿真人、真马制成。其中,武士俑高约1.8米,面目各异,从服饰、甲胄和排列位置可以区分出他们的不同身份,出土武器多为经过铬处理的青铜制品,至今仍锋利如新。

11.2.3.2 世界人与生物圈保护区网络

(1)陕西佛坪国家级自然保护区。佛坪世界生物圈保护区内山势巍峨险峻,最高峰鲁班寨海拔2 904米,与秦岭主峰太白山遥遥相望;最低处海拔980米,相对高差近2 000米。海拔2 700米以上有第四纪冰川遗迹。保护区内原始森林占保护区总面积的30%左右,许多濒危、古老或具有"活化石"之称的植物在这里得到庇护,在这里不仅有分布于我国南方的红豆杉、棕榈、柑橘等植物,也有分布于华中地区的连香树、杉木、领春木,还有分布于华北和辽东的栎、红桦、朴树,分布于西北荒漠的酸枣、狼牙刺,以及分布于青藏高原的丛枝杜鹃、峨眉蔷薇等植物。

大熊猫是佛坪世界生物圈保护区的主要保护对象,种群数量达83只,约占秦岭大熊猫总数的1/3。保护区是大熊猫野外遇见率最高的地方,此外,每年6月中旬,大批的羚牛群会成群结队地由低海拔迁往海拔2 800米的高山草甸,进行一年一度的繁殖大决斗。在保护区能观看到几十只或者上百只羚牛在一起迁移活动、觅食、决斗的壮观景象。更为引人注意的是,生活在这里的大熊猫、金丝猴、羚牛等动物的体形也较其他地区同种动物体大威猛,毛色更为漂亮。

(2)牛背梁国家级自然保护区。牛背梁保护区主峰牛背梁海拔2 802米,为秦岭东段的最高峰。生活在保护区内的羚牛秦岭亚种又称"金毛扭角羚",是我国特有的一种珍贵大型偶蹄类动物。其通体毛色白中泛着金黄,极为美丽,较之其他三个羚牛亚种,它的体形最大,长相最为威武、数量也最为稀少,所以更具观赏性和保护价值。每年因繁殖而形

· 219 ·

成的大规模羚牛集群是牛背梁保护区一年四季当中最为壮观,也最富灵动的景象。

11.2.4 国家级旅游吸引物

陕西省拥有华清池、黄帝陵、华山风景区、大小雁塔、法门寺、金丝峡国家森林公园、太白山景区等5A级景区;蓝田县汤峪镇、耀州区照金镇、眉县汤峪镇、宁强县青木川镇、杨陵区五泉镇等旅游特色小镇。

11.2.4.1 5A级景区

(1)华清池。华清池位于西安市以东的临潼城南骊山北麓。因有温泉涌出,这里自古就是著名的沐浴游览胜地。唐玄宗常偕杨贵妃在此沐浴、游乐。唐代诗人白居易"春寒赐浴华清池,温泉水滑洗凝脂"的诗句,便是指这里。主要景点有飞霜殿、沉香殿、宜春殿、禹王殿、贵妃池、九龙汤、莲花汤等数十处仿古宫殿建筑。

(2)黄帝陵,又称黄陵,全国重点文物保护单位。位于陕西省黄陵县城北二里桥山。相传约5000年前,黄帝为黄河流域最早的杰出部落首领,姓公孙,名轩辕,以土德称王,土是黄色,故称黄帝。在当时频繁的部落战争中,他杀死南方部落首领蚩尤,击败黄河上游的炎帝部落并与之合并,构成了华夏族的主干成分。传说的许多发明,也被认为起源于这一时代,因此黄帝被称为中华民族的始祖。史载黄帝葬桥山,桥山在陕北子长县北。今黄帝陵为汉以后所建,原在桥山西麓,宋太祖开宝五年(972年)移建今址。陵园内有陵墓、轩辕庙。庙内陈列黄帝画像和有关黄帝的文物,柏树成荫,古柏成为黄土高原残存森林的珍品,最大者高19.3米,下围10.3米。碑亭中林立中国历代各族的石刻祭文和重修黄帝庙的记载数十块。1949年后,每年清明节都举行祭扫黄陵的仪式。

(3)华山风景区。华山古称"西岳",雅称"太华山",为中国著名的五岳之一,位于陕西省渭南市华阴市,在省会西安以东120千米处。南接秦岭,北瞰黄渭,自古以来就有"奇险天下第一山"的说法。华山是第一批国家重点风景名胜区,国家AAAAA级旅游景区,全国重点文物保护单位,国家地质公园。2017年6月29日,华山荣膺"2017中国最受欢迎旅游景区"殊荣。华山是中华民族的圣山。中华之"华",源于华山,由此,华山有了"华夏之根"之称。华山山脉是深成侵入岩体的花岗岩浑然巨石,华山的著名景区多达210余处,有凌空架设的长空栈道,三面临空的鹞子翻身,以及在峭壁绝崖上凿出的千尺幢、百尺峡、老君犁沟等,其中华岳仙掌被列为关中八景之首。

(4)大小雁塔。小雁塔与大雁塔东西相向,是唐代京师长安保留至今的两处重要地标。小雁塔在唐、宋朝时期一直叫"荐福寺塔","小雁塔"之名和"大雁塔"有关。唐高宗永徽三年(652年),朝廷资助在长安大慈恩寺西院建造用于安置玄奘由印度带回经籍的佛塔,此塔名雁塔。唐中宗景龙元年(707年),由皇宫中的宫人集资、著名的道岸律师在荐福寺主持营造了一座较小的佛塔。后来,为了区别两塔,慈恩寺塔名为"大雁塔",而荐福寺塔外形似雁塔又小于大雁塔,故名"小雁塔",一直流传至今。

(5)法门寺。法门寺文化景区位于陕西省宝鸡市扶风县城北10千米处的法门镇,东距西安市110千米,西距宝鸡市90千米。始建于东汉末年恒灵年间,至今有1700多年历史,有"关中塔庙始祖"之称,因安置释迦牟尼佛指骨舍利而成为举国仰望的佛教圣地。2009年5月9日,法门寺文化景区建成对外开放。

(6)金丝峡国家森林公园。金丝峡峡谷景观奇特俊秀,峡谷总长度20.5千米,占地面积30多平方千米。商南县内丹江划分为丹北、丹南两大部分。丹北为蟒岭和流岭的东延,山体浑圆,峰峦起伏;丹南处新开岭腹地,山形陡峭,河谷深邃,水系发达,森林茂密,花草繁盛,植被覆盖率高,自然环境优美,金丝大峡谷即在其中。园内有白龙峡、黑龙峡、青龙峡和石燕寨四大景区,白龙门、月牙峡、一线天等景点。

金丝大峡谷2002年12月进入国家森林公园行列,2009年成为国家4A级旅游景区,同年入选中国最美的十大峡谷,2010年被国土资源部评为国家地质公园,2015年成为国家5A级旅游景区。金丝峡景区被誉为"峡谷奇观,生态王国"。

(7)太白山景区。太白山,国家5A级旅游景区、国家森林公园、国家水利风景区、全国体育旅游十大景区、"美丽中国"十佳度假区、中国最具吸引力十大旅游目的地、中国最美生态旅游目的地、中国登山摇篮。

太白山国家森林公园位于秦岭主峰太白山北麓的陕西省宝鸡市眉县境内,公园面积2 949公顷,森林覆盖率94.3%。公园以森林景观为主体,苍山奇峰为骨架,清溪碧潭为脉络,文物古迹点缀其间,自然景观与人文景观浑然一体,是中国西部不可多得的自然风光旅游区,被誉为中国西部的一颗绿色明珠。包括10个景区,180多个景点。公园海拔高度从620米到3511米,是中国海拔最高的国家森林公园。

11.2.4.2　旅游特色小镇

(1)蓝田县汤峪镇。汤峪镇隶属于陕西省西安市蓝田县,位于西安市东南40千米的秦岭北麓,蓝田县西南25千米,北与西安长安区为邻、南与商洛柞水县一岭之分、西接长安区引镇街道办、东连蓝田县焦岱镇,依山傍水,风景秀丽,是西安乃至西北地区著名的温泉疗养胜地。

(2)耀州区照金镇。照金是全国百名红色经典旅游景区之一,主要有薛家寨、陈家坡会议旧址、芋园游击队大本营、中共陕西省委坟滩旧址、陕甘边照金革命根据地纪念馆等。照金是铜川市耀州区重要的采煤区,探明储量7亿吨,照金植被茂盛,森林覆盖率达75%以上。

(3)眉县汤峪镇,别称西汤峪,陕西重点建设示范镇,陕西文化旅游名镇,位于陕西省宝鸡市眉县东南部,秦岭主峰太白山脚下,拥有西安到汤峪镇的直达专用高速道路。汤峪镇自然景色优美,历史文化深厚;境内有始建于周代的汤峪温泉、钟吕坪、西周遗址、东坡新石器时期,三国名臣法正故里等著名名胜古迹。丰富的自然资源,悠久的历史文化,汤峪镇依托太白山打造景区级西部旅游度假小镇,集旅游、餐饮、度假、休闲于一体的综合文化小镇。

(4)宁强县青木川镇。青木川,国家4A级旅游景区,位于陕西省宁强县西北角,地处陕、甘、川三省交界处,镇西连四川省青川县、北邻甘肃省武都县、康县,枕陇襟蜀,素有"一脚踏三省"之誉,是陕西省最西的一个乡镇,距县城136千米,西去227千米即九寨沟。古镇历史悠久,旅游资源丰富。2013年3月,青木川老街建筑群和青木川魏氏庄园被国务院公布为全国第七批全国重点文物保护单位。

(5)杨陵区五泉镇。五泉镇是杨陵示范区2个建制镇、3个街道办事处之一,位于杨凌示范区西北方12千米处,隋文帝泰陵地处该镇内。2001年被列入全国重点建设小城镇,省级小城镇建设示范镇之列。

11.3 甘肃省

11.3.1 旅游地理概况

甘肃,简称甘或陇,中华人民共和国省级行政区,省会兰州,省名取甘州(今张掖)与肃州(今酒泉)二地的首字而成。由于西夏曾置甘肃军司,元代设甘肃省,简称甘;又因省境大部分在陇山(六盘山)以西,而唐代曾在此设置过陇右道,故又简称为陇。甘肃是中华民族的发祥地之一,横跨黄土高原、青藏高原、内蒙古高原的交汇地带。汉唐以来,甘肃为贸易的重要通道、中西文化交流的重要地带,丝绸之路横穿甘肃,沿途密布石窟寺庙、长城关隘、塔碑楼阁、古城遗址遗迹等,主要有莫高窟、麦积山石窟、炳灵寺石窟、嘉峪关、玉门关、张掖大佛寺等。甘肃集高山、草原、大漠戈壁、黄土高原、丹霞地貌、冰川雪山于一体,自然景观奇丽独特。在这里居住着汉族、藏族、回族10多个民族,民俗风情浓厚。目前甘肃已经基本形成以兰州、敦煌、天水三座城市为依托的东、中、西三大旅游区以及以兰州为中心,沿东、西、南、北、东北、东南方向成放射状展开的六条旅游线路。

11.3.2 优秀旅游城市

甘肃省拥有兰州、敦煌、天水、嘉峪关等优秀旅游城市。

(1)兰州。兰州是古"丝绸之路"重镇,是甘肃省省会有许多名胜古迹,并曾入选中国十佳避暑旅游城市,国家级森林公园有徐家山、吐鲁沟、石佛沟等;市区有五泉山、白塔山、白云观等名胜古迹,还有兰山公园、西湖公园、滨河公园、水上公园等风格各异的景点。

(2)敦煌。敦煌市位于河西走廊的最西端,地处甘肃、青海、新疆三省(区)的交会处。丝绸之路的节点城市,以"敦煌石窟""敦煌壁画"闻名天下,是世界遗产莫高窟和汉长城边陲玉门关、阳关的所在地。2012年,入选"2012年度中国特色魅力城市200强",是国家历史文化名城。

"两关遗迹、千佛灵岩、危峰东峙、党水北流、月泉晓彻、古城晚眺、绣壤春耕、沙岭晴鸣",被称为"敦煌八景"。著名景点有:莫高窟、鸣沙山、月牙泉、敦煌雅丹地貌、敦煌古城、玉门关、阳关、三危山等。

(3)天水。天水是国家历史文化名城,有大地湾遗址、天水伏羲庙和麦积山石窟等。

(4)嘉峪关。嘉峪关位于甘肃省嘉峪关市西5千米处最狭窄的山谷中部,城关两侧的城墙横穿沙漠戈壁,北连黑山悬壁长城,南接天下第一墩,是明长城最西端的关口,历史上曾被称为河西咽喉,因地势险要,建筑雄伟,有天下第一雄关、边陲锁钥之称。嘉峪关是古代"丝绸之路"的交通要塞,素有中国长城三大奇观之一(东有山海关、中有镇北台、西有嘉峪关)的美称。

嘉峪关主要景点有嘉峪关关城、悬壁长城、长城第一墩、魏晋墓群、黑山石刻、木兰城、"七一"冰川、滑翔基地等自然及人文景观。嘉峪关大多数景点紧扣长城文化及丝路文化的脉系,并具有自己的特色,是世界文化遗产,国家5A级旅游景区,全国重点文物保护单位,全国爱国主义教育示范基地。

11.3.3 世界级旅游吸引物

甘肃省拥有敦煌莫高窟、丝绸之路、敦煌地质公园、白水江世界生物圈保护区等旅游吸引物。

11.3.3.1 世界遗产

（1）敦煌莫高窟。敦煌莫高窟是甘肃省敦煌市境内的莫高窟、西千佛洞的总称,是我国著名的四大石窟之一,也是世界上现存规模最宏大,保存最完好的佛教艺术宝库。莫高窟位于敦煌市东南25千米处,开凿在鸣沙山东麓断崖上。南北长1 600多米,上下排列五层、高低错落有致、鳞次栉比,形如蜂房鸽舍,壮观异常。它是我国现存规模最大,内容最丰富的古典文化艺术宝库,也是举世闻名的佛教艺术中心。1987年12月被联合国教科文组织列为世界文化遗产。

（2）丝绸之路（天山廊道）。丝绸之路是世界上路线最长、影响最大的文化线路。丝绸之路是指起始于古代中国的政治、经济、文化中心——古都长安（今天的西安）连接亚洲、非洲和欧洲的古代陆上商业贸易路线。丝绸之路起源于汉武帝派张骞出使西域,形成其基本干道。它的最初作用是运输中国古代出产的丝绸。丝绸之路天山廊道是连接中国与欧洲的整个丝绸之路的一部分,廊道中交错排列的贸易路网,连接着大小城镇,总长约8 700千米。被提名"申遗"的33处遗址反映了丝绸之路贸易不仅创造了财富,也为人员与商品的顺利通过建造了基础设施,促发了因贸易而孕育形成的众多民族之间的交流,传播了沿路的各种思想,并促使欧亚大陆两大文化,即农耕文化与大草原游牧文化之间的深度融合。

11.3.3.2 世界地质公园

敦煌世界地质公园位于甘肃省敦煌市,由雅丹景区、鸣沙山—月牙泉景区以及自然景观游览区和文化遗址游览区组成,面积2 067.2平方千米。特殊的地质背景和极端干旱的气候条件形成的地貌景观,与特殊的地理位置和古丝绸之路形成的文化遗址在这里浑然成为一体。雅丹地貌、鸣沙山—月牙泉,以及沙漠、戈壁和西湖湿地是大自然的造化;莫高窟、古丝绸之路文化遗址阳关、玉门关以及古军事遗址汉长城、河仓城等则是敦煌文化历史的写照。

11.2.3.3 世界人与生物圈保护区网络

地处亚热带与暖温带的交会地带,海拔落差大,最高处可达4 000多米,最低处不到600米。其自然景观丰富多样。白水江世界生物圈保护区现有大熊猫100多只。此外,还有川金丝猴、羚牛、林麝、绿尾虹雉、金雕等珍稀野生动物。珍稀植物有珙桐、独叶草、红豆杉、秦岭冷杉、大果青杆、香果树、红豆树、西康玉兰等。

在白水江世界生物圈保护区的白马河流域居住着一个独特的民族——白马藏族,他们自称是古氐族的后裔,俗称"白马人"。白马人没有自己的文字,却有自己的语言,姓名基本与汉名相同,一般不与外族通婚,不与同姓人通婚,不信佛教,崇拜自然,世代以农耕、狩猎为生。他们至今还保留着用捻线织布,用丝线绣花,用羊毛和面擀毡,用一根长长的犁杖驾驭两头犏牛耕田种地的古老习惯。白马人经常饮用自家酿造的类似黄酒的低度

· 223 ·

酒。白马人相聚,总是一边跳舞唱歌,一边举碗豪饮。文县白马藏族民间文化由于举世无双,因此有着重要的历史研究价值。

11.3.4 国家级旅游吸引物

甘肃省拥有嘉峪关市嘉峪关文物景区、平凉市崆峒山风景名胜区、天水市麦积区麦积山景区、酒泉市敦煌市鸣沙山—月牙泉景区等5A级景区;兰州市榆中县青城镇、武威市凉州区清源镇、临夏州和政县松鸣镇等旅游特色小镇。

11.3.4.1 5A级景区

(1)嘉峪关市嘉峪关文物景区。嘉峪关位于甘肃省嘉峪关市西5千米处最狭窄的山谷中部,城关两侧的城墙横穿沙漠戈壁,北连黑山悬壁长城,南接天下第一墩,是明代万里长城最西端的关口,历史上曾被称为河西咽喉,因地势险要,建筑雄伟,有天下第一雄关、边陲锁钥之称。嘉峪关是明代长城西端第一重关,也是古代"丝绸之路"的交通要塞,素有中国长城三大奇观之一(东有山海关、中有镇北台、西有嘉峪关)的美称。

嘉峪关始建于1372年,由内城、外城、罗城、瓮城、城壕和南北两翼长城组成,全长约60千米。长城城台、墩台、堡城星罗棋布,由内城、外城、城壕三道防线组成重叠并守之势,形成五里一燧,十里一墩,三十里一堡,百里一城的防御体系。

嘉峪关主要景点有嘉峪关关城、悬壁长城、长城第一墩、魏晋墓群、黑山石刻、木兰城、"七一"冰川、滑翔基地等自然及人文景观。嘉峪关大多数景点紧扣长城文化及丝路文化的脉系,并具有自己的特色,多年来一直是中外游客所向往的地方。

(2)平凉市崆峒山风景名胜区。崆峒山位于甘肃省平凉市城西12千米处,海拔2 123米,拥有典型的丹霞地貌,自古以来就有"崆峒山色天下秀"的美誉。又因相传为仙人广成子修炼得道之所,人文始祖轩辕黄帝问道广成子于此山,故也被尊称为"天下道教第一山"。崆峒山的武术与少林、武当、峨眉、昆仑并称为中国五大武术流派。崆峒山的风光既有北国之雄又有南方之秀美,具有极高的观赏、文化、科考价值。

(3)天水市麦积区麦积山景区。麦积山景区位于天水市东南约50千米处,地处西秦岭北支东段,北跨渭水,南携嘉陵,包括麦积植物园、曲溪、放马滩、净土寺四大景区,还有麦积山石窟、仙人崖、瑞应寺、罗汉崖等相邻景点。该景区森林覆盖率大约76%,动植物资源丰富,自然景观与人文景观交融。据统计,该景区共有35个旅游小区,180处景点。其中最为中外游客所熟知的是麦积山石窟,麦积山海拔1 742米,山高只有142米,孤峰崛起犹如麦垛故被称之为麦积山。山峰的西南面为悬崖峭壁,著名的麦积山石窟就开凿在这峭壁上,有的距山基二三米,有的距山基七八十米,在悬崖上开凿成百上千的洞窟和佛像在中国石窟中是十分罕见的,故被称之为东方雕塑馆。

(4)酒泉市敦煌市鸣沙山—月牙泉景区。鸣沙山—月牙泉风景名胜区位于甘肃省敦煌市城南5千米处,占地面积3.12万平方千米,包括鸣沙山,其山东西长40余千米,南北宽约20千米,主峰海拔1 715米。月牙泉处于鸣沙山环抱之中。

鸣沙山—月牙泉风景名胜区,主要景点有月牙泉、鸣沙山。月牙泉处于鸣沙山环抱之中,其形酷似一弯新月而得名。鸣沙山位距敦煌市南郊5千米,因沙动成响而得名。鸣沙山为流沙积成,分红、黄、绿、白、黑五色。

鸣沙山—月牙泉风景名胜区1994年被定为国家重点风景名胜区,荣获"中国最美的五大沙漠之一"等荣誉称号。2015年7月20日,被批准为国家5A级旅游景区。

11.3.4.2 旅游特色小镇

(1)兰州市榆中县青城镇。青城古镇位于甘肃省榆中县最北端的黄河南岸,是兰州市唯一的省级历史文化名镇和全国民间艺术之乡,也是甘肃省古民居保存较为完整、非常难得的古镇。景区内主要是古建筑、古民居群,对研究西北民居、西北风情有一定历史价值。

(2)武威市凉州区清源镇。清源镇境内有省级文物濒危野生动物繁育中心和沙漠公园、市沙产业开发中心、区治沙站等单位驻在镇区;皇台万亩葡萄基地、清源生态农业观光园区已初具规模。该镇制种业发展迅速,已形成产业优势。近年来,制种产业前景看好,镇上同区种子公司、农科院、瓜菜研究所等单位联系,引进西红柿、籽瓜、玉米、辣椒等制种项目,发展制种面积6 000亩。苗木花卉等特色优势产业发展前景看好,形成以蔡家寨村为中心,向周围村组辐射发展的趋势。

(3)临夏州和政县松鸣镇。松鸣镇位于和政县东南部,地处大南岔河上游两岸,平均海拔2 400米。东南与广河县、康乐县接壤,南面是太子山林区,西接新庄乡,北邻达浪乡。东乡族、回族等少数民族约占总人口的62.5%。辖9个行政村,113个村民小组。镇政府驻吊滩村,距县城10千米。S317蒿(支沟)临(洮)公路纵贯南北,景点有松鸣岩国家森林公园、闻涛亭、拜英亭、太子亭、百花亭、观景塔、跑马场、人工湖、水帘洞等。

11.4 宁夏回族自治区

11.4.1 旅游地理概况

宁夏回族自治区位于中国的西北部,现辖银川、石嘴山、吴忠、固原、中卫5个地级市,下设11个县加8个市辖区,回族是宁夏的主体民族,人口约占全区总人口的1/3。宁夏远离海洋,气候干旱少雨,春暖快、夏酷热、秋凉早、冬寒长,自然景观复杂多变,森林、草原、沙漠、绿洲、湖泊、高山、冰川兼具。人文气息浓厚丝绸之路贯穿全境,留下了许多丝路遗产遗迹如古石窟、古佛寺、古城址、古长城等,西夏王朝、黄河文化、回族风情等是其独有的人文特色。宁夏目前着力打造"一带两区"(贺兰山东麓文化旅游带,沙坡头旅游区、六盘山旅游区),"两山一河"(贺兰山、六盘山、黄河),"两沙一陵"(沙湖、沙坡头、西夏王陵),"两堡一城"(将台堡、镇北堡、古长城),"两文一景"(西夏文化、伊斯兰文化、塞上江南景观)九大特色十大系列产品的旅游体系,全面展现了宁夏独特自然景观和人文景观。

11.4.2 优秀旅游城市

宁夏回族自治区拥有银川、中卫、石嘴山等优秀旅游城市。

(1)银川。银川是宁夏回族自治区首府,雄浑的贺兰山与黄河,一起造就了银川平原,在这块土地上孕育了生生不息的文明,中原文化、边塞文化、河套文化、丝路文化、西夏文化、伊斯兰文化等多种文化在这里激荡交融。浓郁的回乡风情,雄浑的大漠风光,秀丽

的塞上水色,古老的黄河文明,神秘的西夏文化,形成了"塞上古城、西夏古都、回族之乡"的鲜明特色。银川是国家历史文化名城,民间传说中又称"凤凰城",素有"塞上江南、鱼米之乡"的美誉,城西有著名的国家级风景区西夏王陵。

(2)中卫。中卫市位于宁夏回族自治区中西部,黄河前套之首,被誉为"沙漠水城、花儿杞乡、休闲中卫"。中卫旅游吸引物得天独厚,共有A级旅游景区17家,其中3A级以上4家。沙坡头属世界垄断性旅游吸引物,是国家首批5A级旅游景区,浩瀚腾格里沙漠连绵黄河之阳,一水中分,形成一幅天然太极图,是"中国十大最好玩的地方"之一。中卫高庙始建于明朝永乐初年,融儒、释、道三教于一体,被全国建筑师学会称作"中国古寺庙经典建筑"。寺口子景区丹霞与喀斯特地貌相交融,奇幽险绝。腾格里湖沙漠湿地休闲度假区浩瀚大漠与万顷碧波相交相辉映,美不胜收。南、北长滩国家历史文化名村、大麦地岩画、一碗泉旧石器遗址、秦汉明长城、海原环球大地震遗址、南华山、天都山、中宁石空大佛寺等,具有极高的历史文化研究和旅游开发价值。

(3)石嘴山。石嘴山市是一座新兴城市,号称"塞上煤城",因生产无烟煤而闻名中外,也是宁夏回族自治区的唯一一个获得"国家森林城市"称号的地级市。著名景点有:沙湖、北武当地质公园、石嘴山、玉皇阁、大武口森林公园、青山公园、马兰花大草原、星海湖等。

11.4.3 国家级旅游吸引物

宁夏回族自治区拥有石嘴山市平罗县沙湖旅游景区、中卫市沙坡头区沙坡头旅游景区、银川市西夏区宁夏镇北堡西部影视城、银川市灵武市水洞沟旅游区等5A级景区;银川市西夏区镇北堡镇、固原市泾源县泾河源镇等旅游特色小镇。

11.4.3.1 5A级景区

(1)石嘴山市平罗县沙湖旅游景区。位于贺兰山下距宁夏首府银川42千米,交通方便。整个景区总面积80.1平方千米,其中20多平方千米的沙漠和40多平方千米的水域相邻,沙水相依相融,风景独特壮观,再加上飞鸟、品种繁多的游鱼特别是沙漠大鱼头、芦苇、彩荷、沙丘等旅游吸引物,被誉为世间少有的旅游胜地。历经20多年的可持续发展,正逐步成为西部独有的国际旅游目的地。

(2)中卫市沙坡头区沙坡头旅游景区。沙坡头是宁夏文物重点保护单位,被业界专家誉为世界垄断性旅游吸引物,位于中卫市区以西16千米,地处腾格里(蒙语音译,天一样大)沙漠边缘,集沙漠、黄河、高山、绿洲于一体,兼具西北的雄奇风格与江南的秀美景色。其在治沙方面也独辟蹊径,在1994年被联合国授予"全国环保500佳"单位的荣誉称号,被世人誉为沙都。

(3)银川市西夏区宁夏镇北堡西部影视城。位于银川市西夏区镇北堡镇,两堡一南一北,均坐西朝东。紧邻沿山公路东侧的老堡已被风蚀殆尽,向北穿过城中黄土路,是老堡瓮城遗址。再向北行200米便是新堡。新堡城池较完整,墙体用黄土夯筑而成,高10余米。镇北堡影视城在中国众多的影视城中以古朴原始粗犷荒凉民间化为特色,是中国三大影视城之一,也是中国西部唯一著名影视城。华夏西部影视城已逐步将单纯参观型的旅游点发展成既有观光价值,又有为游客制作影视片及餐饮购物陶艺骑射等多样化服务的娱乐型旅游区。现在镇北堡两座古城内,还保留和复原了拍摄过部分影片的原景和道具,供游人观赏。展出的场景有:《大话西游》中的城门楼、城门洞、盘丝洞,孙悟空与牛魔王打斗时的"天崩地裂"等一系列场景;《黄河谣》中的"铁匠营"实景,《红高粱》中的月亮门酿酒作坊、九儿巩俐饰居室和九儿出嫁时乘坐的轿子、盛酒的大缸碗具等。还建有电影资料馆放映厅等影视服务设施。历史上,被誉为"东方好莱坞"的影视城被当地人称为镇北堡,在过去只是一个边防戍塞,在宁夏像镇北堡这样的边防戍塞有20多个。

(4)银川市灵武市水洞沟旅游区。水洞沟是中国发掘最早的旧石器时代遗址,被称为中国史前考古的发祥地和最具中华文明意义的百项考古发现之一。另外水洞沟还完好保存着中国古代长城立体军事防御体系。其独有的雅丹地貌创造了魔鬼城、摩天崖、大峡谷等奇观,这些景观与其周围的蓝天碧水、断崖、鸳鸯、野鸭构筑了一个世外桃源。

11.4.3.2 旅游特色小镇

(1)银川市西夏区镇北堡镇。镇域及周边地区旅游资源得天独厚。不仅有驰名中外的镇北堡西部影视城、苏峪口国家森林公园、贺兰山岩画、滚钟口森林景区、拜寺口双塔等风景旅游景区,镇域大部分用地为贺兰山自然保护区,是银川西线旅游长廊的中心。

近年来,镇北堡镇认真落实《宁夏空间战略规划》,按照"一心、两轴、三片区"镇域规划思路,("一心"即镇北堡镇区,"两轴"即沿沿山公路、镇苏路和新小线连接周边区域的区域交通发展主轴线,"三片区"即影视文化核心区、葡萄酒庄文化中心区、温泉度假休闲体验区)突出区域影视文化和旅游服务功能地位,抢抓宁夏葡萄酒庄文化产业政策机遇,以发展旅游服务业和葡萄酒产业为主,以影视文化、葡萄酒文化、边塞文化和温泉体验文化为特色,建成集旅游观光、生态休憩、文化体验、商务会议、度假娱乐于一体的中国北方温泉影视文化明星镇。

(2)固原市泾源县泾河源镇。泾河源镇是宁夏回族自治区泾源县下辖镇。全县辖3个镇、4个乡:香水镇、泾河源镇、六盘山镇、新民乡、兴盛乡、黄花乡、大湾乡。县人民政府驻香水镇。风景名胜有老龙潭、秋千架、凉天峡、香水峡、荷花苑、二龙河等,古迹有宋代石窟(古称延龄寺,相传是南宋名僧济公和尚修行之地)等。

11.5 新疆维吾尔自治区

11.5.1 旅游地理概况

新疆,简称"新"。新疆维吾尔自治区,首府乌鲁木齐市,位于中国西北边陲,是中国五个少数民族自治区之一,也是中国陆地面积最大的省级行政区,其中山地面积(包括丘陵和高原)约80万平方千米,平原面积(包括塔里木盆地、准噶尔盆地和山间盆地)约80万平方千米。除东南连接甘肃、青海,南部连接西藏外,其余与8个国家为邻,边境线长达5 400多千米,是我国边境线最长、对外口岸最多的一个省区,这使新疆对外开放具有得天独厚的地缘优势。新疆维吾尔自治区自然地理环境独特,分布着众多的湖泊、浩瀚的沙漠和巍峨的雪山;丰富多彩的民族风情和神秘的宗教文化等具有当地特色的人文旅游环境也极具吸引力。

11.5.2 优秀旅游城市

新疆维吾尔自治区拥有乌鲁木齐、喀什、库尔勒、阿泰勒、昌吉等优秀旅游城市。

(1)乌鲁木齐。乌鲁木齐地处中国西北,亚欧大陆腹地,毗邻中亚各国,有"亚心之都"的称呼,自古以来是沟通东西商贸的重要枢纽。如今是世界上最内陆、距离海洋和海岸线最远的大型城市。乌鲁木齐是中国国家园林城市、全国双拥模范城市、中国优秀旅游城市、全国民族团结进步模范城市。2017年将建成全国文明城市。

乌鲁木齐是新疆乃至全国重要的旅游集散地和目的地,天山山脉分布着高山冰雪景观、山地森林景观、草原景观,为游客观光、探险提供了丰富的内容,各民族的文化艺术、风情习俗,构成了具有民族特色的旅游人文景观。新疆国际大巴扎、新疆民街、二道桥民族风情一条街等带有浓郁新疆民俗风情的景区景点,享誉国内外。丝绸之路冰雪风情游、丝绸之路服装服饰节等带有丝绸之路文化特色的节庆会展活动,已成为乌鲁木齐特有的城市名片。著名景点有:丝绸之路滑雪场、红山、水磨沟风景名胜区、南山西白杨沟、一号冰川、八路军驻新疆办事处纪念馆、陕西大寺、大佛寺等。

(2)喀什。喀什历史悠久,有文字记载的历史已2100多年。喀什是南疆的政治、经济、文化、交通中心,农牧产品最大集散地,也是古丝绸之路上的商埠重镇,东西方交通的咽喉枢纽和东西方经济文化和文明的重要交会点。著名景点有:喀什老城、艾提尕尔清真寺、香妃墓、高台民居、帕米尔高原、金湖杨国家森林公园、红其拉甫口岸、叶尔羌河、喀什大巴扎、红海湾、达瓦昆沙漠旅游风景区、乔戈里峰、喀什古石头城等。

(3)库尔勒。库尔勒市地处欧亚大陆和新疆腹心地带,塔里木盆地东北边缘,北倚天山支脉库鲁克山和霍拉山,南距"死亡之海"世界第二大沙漠——塔克拉玛干沙漠直线距离仅70千米,是古丝绸之路中道的咽喉之地和西域文化的发源地之一,是南北疆重要的交通枢纽和物资集散地,也是该地区重要的政治、经济、文化中心。

库尔勒市独特的地理位置孕育了独特的旅游吸引物,库尔勒市周边有不少独特的自然景观,如博斯腾湖、巴音布鲁克草原、天鹅湖、巩乃斯林海、塔里木河、天山石林、雅丹奇观以及世界最长的沙漠公路,还有海拔6 973米的木孜塔格峰,都是人们旅游探险的好去处。在民族风情方面,主要有蒙古族的"那达慕",维吾尔族的"麦西来甫"等民间文化艺术。主要景点有:铁门关、孔雀河、库尔勒园艺场牧区大峡谷、胡杨林度假村、加麦清真寺、民族风情园、太阳岛、罗布人村寨、巴音布鲁克草原、博斯腾湖等。

(4)阿勒泰。阿勒泰山河壮丽多姿,具有风貌特异的自然风光,主要风景名胜有喀纳斯湖自然景观保护区、布尔根河河狸自然保护区、蝴蝶沟等。其他著名景点有:五指泉景区、金山森林公园、桦林公园、金山生态葡萄风景区、大小东沟旅游区等。

(5)昌吉。昌吉有国家级旅游风景区——高山湖泊天池、有始建于汉代的西域历史名城北庭都护府遗址、有距今3000年历史的呼图壁康家石门子原始生殖崇拜岩画、有恐龙化石发掘地、古森林化石群及鸣沙山、原始胡杨林等人文和自然奇观。主要景点有:天山天池、北庭故城遗址、铁瓦寺遗址、博格达峰、江布拉克、奇台魔鬼城、杜氏旅游景区等。

11.5.3 世界级旅游吸引物

新疆维吾尔自治区拥有新疆天山、博格达世界生物圈保护区等旅游吸引物。

11.5.3.1 世界遗产

位于新疆维吾尔自治区阜康市境内,是以高山湖泊为中心的自然风景区。天山博格达峰海拔5 445米,终年积雪,冰川延绵。天池古称"瑶池",清乾隆时始以"天镜""神池"之意命名为天池。天池在天山北坡三工河上游,湖面海拔1 900多米。湖畔森林茂密,绿草如茵。随着海拔高度不同可分为冰川积雪带、高山亚高山带、山地针叶林带和低山带四个自然气候带。在天池同时可观赏雪山、森林、碧水、草坪、繁花的景色。附近还有小天池、灯杆山、石峡等景点。

11.5.3.2 世界人与生物圈保护区网络

保护区海拔440~5 445米,在直线距离80千米的范围内,有从永久冰雪带到沙漠边缘共10个景观带。包括以下几个方面:①保存着几亿年完整的地质演变结构,这在中亚地区是唯一的,在世界范围内也是不多见的;②海拔高度1 910米的天池,在全国乃至世界都是排在前列的第四纪高山冰碛湖;③位于海拔2 800米以上由火山岩形成的马牙山高山石林,在世界范围内都是稀缺的;④距今3000年前后的海拔最高、距离博格达最近、分布最集中、内容最丰富、保存最完好的博格达岩画,是中国乃至全世界都罕见的远古先民创造的历史画卷;五是保存有在亚洲首次被证实的距今3.5亿年以前中侏罗纪时代出现的甲龙——"明星天池龙",以及副肯氏水龙兽化石——"九龙壁"为代表的具有极高科研价值的古生物化石。另外,珍稀的雪豹、北山羊、黑鹳、金雕、玉带金雕、胡兀鹫等野生动物也分布在保护区内。

11.5.4 国家级旅游吸引物

新疆维吾尔自治区拥有喀纳斯景区、可可托海景区、乌鲁木齐市乌鲁木齐县天山大峡谷、巴音郭楞蒙古自治州博湖县博斯腾湖景区、喀什地区喀什市噶尔老城景区等5A级景区;喀什地区巴楚县色力布亚镇、乌兰乌苏镇、阿勒泰地区富蕴县可可托海镇等旅游特色小镇。

11.5.4.1 5A级景区

(1)喀纳斯景区。喀纳斯,蒙古语"神秘而美丽",也有本地土族翻译为"圣者之湖"或"王者之水",是西伯利亚泰加林在我国的唯一分布区,是一个集冰川、雪原、高山、河流、湖泊、森林、草原等各种自然景观于一体的综合性生态旅游区。公园的主导景观是以喀纳斯湖为代表的高山冰湖和以月亮湾等为代表的喀纳斯河风景河段。喀纳斯湖是一著名淡水湖,面积45.73平方千米,平均水深120米,最深处达到188.5米,蓄水量达53.8亿立方米,湖形呈月牙状,湖面碧波万顷,还会随着季节和天气的变化而时时变换颜色,是有名的"变色湖"。喀纳斯湖不仅自然资源和生物物种非常丰富,而且旅游环境和人文资源也别具异彩,喀纳斯既具北国风光之雄浑,又有南国山水之娇秀,加之这里还有"云海佛光""变色湖""浮木长堤""湖怪"等胜景,绝景堪称西域之佳景、仙景。

(2)可可托海景区。可可托海风景区暨新疆可可托海国家地质公园,位于新疆北部

阿勒泰地区富蕴县,占地面积788平方千米,距乌鲁木齐485千米,距富蕴县城53千米。景区由额尔齐斯大峡谷、可可苏里、伊雷木特湖、卡拉先格尔地震断裂带四部分组成。它以优美的峡谷河流、山石林地、矿产资源、寒极湖泊和奇异的地震断裂带为自然景色,融地质文化、地域特色、民族风情于一体,以观光旅游、休闲度假、特种旅游(徒步、摄影等)、科学考察等为主要特色的大型旅游景区。

(3)天山大峡谷。天山大峡谷位于新疆维吾尔自治区乌鲁木齐县境内,距市区48千米。景区三面环山,平均海拔2020米,年平均气温4℃~6℃,是天山北坡最完整、最具观赏价值的原始雪岭云杉林,天山大峡谷主要景区有天山坝休闲区、照壁山度假游乐区、加斯达坂观光区、天鹅湖自然风景区、牛牦湖林海松涛观光区、哈萨克民族风情园区、高山草原生态区、雪山冰川观光区、二湖、三瀑、四溪、十八谷相映争辉,尤以"奇松、怪石、云海"受到游客青睐。天山大峡谷囊括了沙漠以外的新疆所有自然景观,是人类农耕文明之前游牧文化的活博物馆,具有极高的旅游欣赏、科学考察和历史文化价值。

(4)巴音郭楞蒙古自治州博湖县博斯腾湖景区。大湖西南部分布有大小不等的数十个小湖区,小湖区有较大的湖泊,总面积为240平方千米,湖水西东深,最深16米,最浅0.8~2米,平均深度约10米。总面积1 228平方千米的博斯腾湖与雪山、湖光、绿洲、沙漠、奇禽、异兽同生共荣,互相映衬,组成丰富多彩的风景画卷。大湖水域辽阔,烟波浩渺,天水一色,被誉为沙漠瀚海中的一颗明珠。小湖区,苇翠荷香,曲径邃深,被誉为"世外桃源"。

(5)喀什市噶尔老城景区。喀什噶尔古城,国家5A级旅游景区,占地面积20平方千米。疏勒国都改称"盘橐城",前身即西汉时疏勒城。据近年来史学界考证,盘橐遗址就是今喀什市东南郊的艾斯克萨古城,位于克孜勒河与吐曼河交界的高埠之上,从地理位置上看,这种推测极有可能,不过尚有待进一步证实。"疏勒国……王治疏勒城…有市列"(《汉书·西域传》),这是2100余年前张骞对喀什古城的最早文字记录。疏勒城(今喀什市)的形成无疑还要提前一二百年。

11.5.4.2 旅游特色小镇

(1)喀什地区巴楚县色力布亚镇。色力布亚镇位于喀什巴楚县人民政府驻地西南84千米处,巴莎公路中段,周边与麦盖提、岳普湖、伽师等县及农三师三个团场毗邻,是古代"丝绸之路"的北路要道。并与314国道相连,主要有维、汉、回、柯尔克孜、乌孜别克等民族,以维吾尔族居多。交通便利、民族手工业发达,商贸流通业繁荣,是闻名遐迩的南疆四大农村集市之一。

(2)乌兰乌苏镇。乌兰乌苏镇皇宫村御园农场,占地500亩,由农家菜园、养殖体验区、休闲娱乐区三大部分组成,是沙湾目前集休闲农业种植、蔬菜采摘、农家餐饮于一体的旅游休闲农业园,吸引认领菜园游客600余人,初步实现了经济效益、社会效益、生态效益三方面的统一,创新了沙湾休闲旅游农业发展新模式。

御园开心农场、绿创林家乐、兰翔设施林果、润泽园双面设施林果、蔬菜种植、农家乐旅游、冷水鱼养殖等有机结合,带动整村乃至全镇推进采摘、观光、农家乐等体验式休闲旅游农业,为乌兰乌苏镇打造丝绸之路旅游休闲之都建设示范乡镇增添活力、为农民土地经营新模式、增加农民工资性收入、发展"一村一品"现代农业开辟了新途径。

(3)阿勒泰地区富蕴县可可托海镇。可可托海镇位于新疆维吾尔自治区北部富蕴县城东北48千米的阿尔泰山间。额尔齐斯河刚好从镇中穿流而过,便是镇名的来历。可可托海,哈萨克语的意思为"绿色的丛林"。蒙古语,意为"蓝色的河湾"。这里曾因矿产资源丰富而举世闻名,这里是全国第二冷极,水电部门在这里测出了-60 ℃的数据,但未被认可。而在此期间,黑龙江的漠河气象站也测出-60 ℃的低温,于是漠河便被定为中国第一寒冷区,而富蕴就只有屈居第二了。

11.6 青海省

11.6.1 旅游地理概况

青海,简称青,省会西宁,位于中国西部,雄踞世界屋脊青藏高原的东北部,是中国青藏高原上的重要省份之一。境内山脉高耸,地形多样,河流纵横,湖泊棋布。巍巍昆仑山横贯中部,唐古拉山峙立于南,祁连山矗立于北,茫茫草原起伏绵延,柴达木盆地浩瀚无限。长江、黄河之源头在青海,中国最大的内陆高原咸水湖也在青海,因此而得名"青海"。青海是长江、黄河、澜沧江的发源地,故被称为"江河源头",又称"三江源",素有"中华水塔"之美誉。天地有大美而不言。青海地大物博、山川壮美、历史悠久、民族众多、文化多姿多彩,具有生态、资源、稳定上的重要战略地位。

11.6.2 优秀旅游城市

青海省拥有西宁、格尔木、玉树藏族自治州等优秀旅游城市。

(1)西宁。西宁位于青海省东部,湟水中游河谷盆地,是青藏高原的东方门户,古"丝绸之路"南路和"唐蕃古道"的必经之地,自古就是西北交通要道和军事重地,素有"西海锁钥""海藏咽喉"之称,是世界高海拔城市之一。

西宁八景,八景即今西宁及其周围的八个景观。他们是:石峡清风、金娥晓日、文峰耸翠、凤台留云、龙池月夜、湟流春涨、五峰飞瀑和北山烟雨。其他景点有:老爷山、塔尔寺位、马步芳公馆等。

(2)格尔木。格尔木以东是西宁,以北是敦煌,以南是拉萨,地理位置十分重要,是通往新疆、西藏等地的中转站。格尔木市以"青藏高原、世界屋脊、昆仑文化"为轴心的旅游吸引物十分丰富,境内有长江源头、万丈盐桥、雪山冰川、昆仑雪景、瀚海日出、沙漠森林等独具特色的自然景观。格尔木昆仑旅游区是国家4A级旅游景区。自20世纪80年代以来,相继开辟了青藏高原世界屋脊汽车探险、昆仑山道教寻祖、察尔汗盐湖观光、胡杨林自然风景、蒙古族草原风情、玉珠峰登山探险等十余条具有旅游线路,相继建成了昆仑山口、玉虚峰、西王母瑶池、昆仑神泉、万丈盐桥、胡杨林、昆仑文化碑林等景点,获得了"中国优秀旅游城市"的荣誉称号。主要景点有:昆仑山、雅丹地貌、长江源、西王母瑶池、昆仑神泉、胡杨秋色、纳赤台清泉、察尔汗盐湖、唐古拉山口、玉虚峰、三江源自然保护区等。

(3)玉树藏族自治州。长江、黄河、澜沧江三大河流均发源于本地,三江源自然保护区和可可西里自然保护区覆盖自治州全境,素有江河之源、名山之宗、牦牛之地、歌舞之乡

和中华水塔之美誉。自治州首府——玉树市结古镇是历史上唐蕃古道的重镇,也是青海、四川、西藏交界处的民间贸易集散地。著名景点有:可可西里自然保护区、文成公主庙、唐蕃古道、结古寺、通天河、尕尔寺、当卡寺、三江源自然保护区、长江源头、勒巴沟岩画、新寨玛尼堆、结古镇等。

11.6.3 世界级旅游吸引物——昆仑山世界地质公园

昆仑山世界地质公园以闻名中外的地震遗迹、冰川地貌为主旋律,辅以历史悠久神秘莫测的道教文化景观和昆仑神话,兼有高原风光和珍贵独特的高原生态系统,是一个集科学研究、科学普及、登山探险、观光游览和休闲度假于一体,科学内涵丰富、地方特色浓郁、文化气息浓厚、极具观赏价值的综合性自然公园。

11.6.4 国家级旅游吸引物

青海省拥有青海湖风景区、西宁市湟中县塔尔寺景区、海东市互助土族自治县互助土族故土园旅游区等5A级景区;青海三江源国家公园;海东市化隆回族自治县群科镇、海西蒙古族藏族自治州乌兰县茶卡镇等旅游特色小镇。

11.6.4.1 5A级景区

(1)青海湖风景区。青海湖景区位于青海省刚察县南部,古称鲜水、西海。青海湖位于西宁市西约130千米处,青藏高原的东北部,为日月山、大通山、青海南山所环抱。湖面海拔3 195米,面积4 600平方千米,湖中有海心山,盛夏时节平均气温仅15℃,为天然避暑胜地,是我国最大的咸水湖,也是全国第一大湖。青海湖蒙语称"库库诺尔",藏语称"温布错",意为"青蓝色的湖"。青海湖美丽富饶,四山环绕,湖滨绿草如茵,水草丰美,牛羊成群,湖光山色,草原风光分外秀丽。青海湖中耸立着许多美丽多姿的小岛,其中鸟岛面积最大,每年春夏,有数十万只候鸟来海西山、三块石等岛屿栖息,鸟岛因而得名,现以列为候鸟保护区。每年5月底,斑头雁、棕头欧、鸬鹚等10多种候鸟,栖息在鸟岛上,直到深秋,方才离开。盛夏季节,湖滨上空、湖面上、草滩上、鸟巢遍地,鸟鸣鼎沸,飞翔雀跃,一片鸟的世界。

(2)西宁市湟中县塔尔寺景区。塔尔寺位于湟中县鲁沙尔镇西南部,距西宁约30千米,它是为纪念黄教鼻祖宗喀巴而建,是格鲁派六大著名寺院之首。塔尔寺依山就势,由众多的殿堂、经堂、佛堂、寺舍组成,规模宏大,建筑考究,为一完整的藏汉相结合的古宗教建筑群。大金瓦殿、小金瓦殿和大经堂等建筑最为著名。

塔尔寺是中国西北地区藏传佛教的活动中心,在中国及东南亚享有盛名,历代中央政府都十分推崇塔尔寺的宗教地位。明朝对寺内上层宗教人物多次封授名号,清康熙皇帝赐有"净上津梁"匾额,乾隆皇帝赐"梵宗寺"称号,并为大金瓦寺赐有"梵教法幢"匾额。塔尔寺除气势壮观的寺院建筑以外,塔尔寺的艺术三绝,即酥油花、壁画、堆绣更是名扬天下,为人们熟知,是藏传佛教艺术的精华所在。

(3)海东市互助土族自治县互助土族故土园旅游区。互助土族故土园景区位于青海省海东市互助土族自治县威远镇境内,距青海省会西宁市31千米,总规划面积6.81平方千米,其中核心游览区达3.25平方千米。景区包括天佑德中国青稞酒之源、彩虹部落土族园、纳顿庄园和西部土族民俗文化村、小庄土族民俗文化村5个核心景点,分别展现了土族绚丽多彩的民俗文化、源远流长的青稞酒文化、弥久沉香的酩馏酒文化、古老纯真的建筑文化、别具一格的民居文化、古朴神秘的宗教文化,是世界上最全面、最纯正、最真实的以"土族文化"为主题,集游览观光、休闲度假、民俗体验、宗教朝觐于一体的综合性旅游景区,成为国内外游客集中了解土族民俗文化的首选之地。

11.6.4.2 国家公园

三江源国家公园体系试点是我国第一个国家公园体系试点,包含长江源、黄河源、澜沧江源3个园区,总面积为12.31万平方千米。这也是现在试点中面积最大的一个。作为"中华水塔"的三江源是我国重要的淡水供给地,长江、黄河、澜沧江三大河流维系着全国乃至亚洲水生态安全命脉,是我国生物多样性维护优先区之一。

11.6.4.3 旅游特色小镇

(1)海东市化隆回族自治县群科镇。群科地区南北群山环抱,东西黄河穿流,枕山带河,依山傍水。地势平坦,交通便利,是全省最具魅力、最具特色地域文化、最具休闲品位的区域之一。境内有卡约文化遗址,为省级文物保护单位。

(2)海西蒙古族藏族自治州乌兰县茶卡镇。茶卡镇位于青海省海西蒙古族藏族自治州乌兰县东端,有海西州"东大门"之称。茶卡盐湖总面积105平方千米,位于柴达木盆地东北部,茶卡盆地的西部,为典型的氯化物型盐湖,是柴达木盆地有名的天然结晶盐湖。湖面上现代化大型采盐船游弋作业,湖畔,小火车来往奔驰,盐砣似雪山般矗立,展示着柴达木盐湖的迷人风光和博大富有。游客到此可以乘坐采盐小火车直达采盐现场,观赏各种盐类结晶,如水晶盐、珍珠盐、珊瑚盐、雪花盐、钟乳盐、蘑菇盐等。盐湖姿态妩媚,气象万千,海市蜃楼般的景观引人入胜。

【本章小结】

本章主要介绍了西北旅游区的旅游地理系统,包括该区域的旅游客源地、目的地、旅游通道和旅游环境。此外,分别对陕西省、宁夏回族自治区、甘肃省、青海省和新疆维吾尔自治区五省区的旅游地理概况和每个省区的优秀旅游城市、世界级和国家级的旅游吸引物特征及旅游业发展战略进行了介绍。

【重点概念】

西北旅游大区   西北文化   宗教文化

【案例分析】

"一带一路"擘画甘肃发展新蓝图——甘肃积极参与"一带一路"建设纪实

丝绸之路三千里,华夏文明八千年。甘肃,犹如一柄如意镶嵌在中国大西北,既有过使者相望于道、商旅不绝于途的辉煌,也有过隋朝时期在张掖焉支山举办万国博览会的传奇,见证了"黄金通道"的繁华。

国家主席习近平提出共建"丝绸之路经济带"和"21世纪海上丝绸之路"的倡议,随着"一带一路"建设的全线拓展,甘肃站在发展的新起点上,展现出光明而美好的发展前景。"一带一路"巨笔正在擘画甘肃发展的崭新蓝图。"一带一路"倡议的实施,使甘肃成为丝路经济带重要组成部分。我省拥有丰富的矿产资源,能源资源富集。近年来,随着新能源的开发建设,全省光电、风电并网装机分别居全国第二位和第三位。巨大的人文优势、资源优势让甘肃在"丝绸之路经济带"建设中的重要性凸显。抢抓"一带一路"建设历史机遇,打造"丝绸之路经济带"甘肃黄金段。我省通过突出着力重点、落实组合措施,打出了一系列精彩的行动牌:

打好平台牌。把平台打造作为推进"一带一路"建设的重要抓手和载体,以兰州新区为重点的经济平台、以丝绸之路(敦煌)国际文化博览会和华夏文明传承创新区为重点的文化交流合作平台、以中国兰州投资贸易洽谈会为重点的经贸合作平台,一体规划、一体建设、一体推进。

打好外向牌。深入推进国际产能和装备制造合作,鼓励省内大型骨干企业抱团"走出去",通过投资参股、合作开发、技术转移等途径,开展境外勘探、购买、开发能源资源,承接交通、水利、建筑等大型建设工程,抢占国际市场份额。支持产品有特色、技术有优势的中小企业加快"走出去"步伐。

打好交流牌。发挥我省文化历史悠久优势,依托"一带一路"高校战略联盟和省内研究机构、大专院校等,加强与丝路沿线国家在敦煌学、岐黄中医药、丝路文化以及中、西亚文化等方面的学术交流与合作,建设中、西亚国家研究中心,进一步推动向西文化传播,带动民心相通、贸易往来。

打好通道牌。立足战略通道和区位优势,依托兰州新区综合保税区和武威保税物流中心,加快向西开放的陆港和空港建设。近年来,我省相继开通了天马号、兰州号、嘉峪关号国际货运班列,为我省打造"丝绸之路经济带"黄金段提供了有力抓手,也是我省打造国家向西开放新平台的重要举措。

岁月之海的奔涌从不停歇,砥砺奋进的征程永远向前。从愿景擘画到落地生根再到深耕细作,甘肃承接着历史的荣光与当代的机遇,在挑战中寻求发展,在发展中挖掘新的契机,在融入"一带一路"倡议中留下一行行坚实的足印,踏上了新的征程。

(来源:《甘肃日报》,2017-05-15.)

问题:

1. 甘肃是如何借助"一带一路"的机遇来发展旅游业的?
2. 结合甘肃旅游吸引物的实际情况,思考甘肃发展旅游业的优势和劣势。

【思考题】

1. 西北旅游区的自然旅游吸引物特色是什么?
2. 简述陕西、宁夏回族自治区、甘肃、新疆维吾尔自治区、青海的主要旅游吸引物。
3. 论述本区区域旅游联合开发的可能性和开发构想。
4. 设计本区最具特色的旅游线路。

参考书目

1. 曹培培. 中国旅游地理[M]. 2版. 北京:清华出版社,2016.
2. 中国世界遗产网(www.whcn.org).

12 港澳台旅游区

> **学习目标→**
>
> 通过本章学习,初步认识和了解港澳台旅游区的旅游地理环境;理解和掌握该区旅游吸引物基本特征及各重要旅游点的概况;熟悉该旅游区的旅游经济特征,了解港、澳、台地区旅游业发展现状及发展趋势。
>
> **学习难点→**
>
> 港、澳、台旅游特色

【案例导入】

中国加速打造粤港澳大湾区

7月1日,《深化粤港澳合作,推进大湾区建设框架协议》在香港签署,国家主席习近平出席签署仪式。按照协议,粤港澳三地将在中央有关部门支持下,完善创新合作机制,促进互利共赢合作关系,共同将粤港澳大湾区建设成为更具活力的经济区、宜居宜业宜游的优质生活圈和内地与港澳深度合作的示范区,打造国际一流湾区和世界级城市群。

理念创新:区域合作发挥优势

粤港澳大湾区建设瞄准的是"世界级"格局。2016年3月,国务院印发的《关于深化泛珠三角区域合作的指导意见》中,明确要求广州、深圳携手港澳,共同打造粤港澳大湾区,建设世界级城市群。一个以粤港澳大湾区为龙头,以珠江—西江经济带为腹地,带动中南、西南地区发展,辐射东南亚、南亚的重要经济支撑带,呼之欲出。

长期以来,粤港澳有着深厚的交往合作基础,粤港澳大湾区的建设是三地通过优势互补实现互利共赢的合理选择,更是国家进一步推进"一国两制"实践、落实对外开放战略的重大决策。

机制创新:资源要素流动整合

《深化粤港澳合作 推进大湾区建设框架协议》提出,粤港澳要"完善创新合作体制机制""完善区域协同创新体系","推动各种生产和生活要素在区域内更加便捷流动和优化配置"。

当前,大湾区各地正掀起一阵涵盖要素流动、基础设施连通、贸易投资自由、文化融合等领域的建设热潮,旨在改善大区域的软硬发展环境,加速形成利益共同体。

近年来,粤港澳深度合作示范区成为融合发展的示范点。其中,广东自贸区南沙、前海和横琴分别因地制宜吸引港企落户;截至6月,三片区吸引的港资企业累计近4700家,分布于南沙粤港澳青年创业工场、前海青年梦工厂、横琴澳门青年创业谷的港澳青年创业团队达到207家,吸引包括港澳在内的国际人才超过7000人。

体系创新:人才技术资本集聚

根据《协议》,打造国际科技创新中心,加快形成以创新为主要引领和支撑的经济体系和发展模式,统筹利用全球科技创新资源,完善创新合作体制机制,优化跨区域合作创新发展模式,构建国际化、开放型区域创新体系。

不仅如此,运用资本力量,将教授、学生、创新有机结合的发展模式正扩大和深化。港深两地将共同建造"港深创新及科技园",这将是香港最大的科技创新园区,将吸引港深两地及海外企业、研发机构和高等院校进驻,推动园区发展。

(资料来源:《人民日报·海外版》,2017-07-26.)

港澳台是对中国香港特区、中国澳门特区、中国台湾地区的统称,因为此三地在政治、经济和文化体制上有诸多类似,有别于大陆(内地),故将香港、澳门、台湾等地区统称为"港澳台",作为一个类型来讨论。港澳台旅游区位于我国大陆南部沿海,地形以低山丘陵为主,平原面积不大,岩溶地形突出。全区平原只限于河流两侧和河口三角洲。海侵时间长,沉积了很厚的石灰岩,厚隆起,在湿热气候条件下,岩溶地形发育良好。同时地表切割破碎,反映在海岸形态上,则海岸线曲折,多天然良港,海域广阔,岛屿众多。旅游资源丰富而具有特色,现代旅游业发展迅速。

12.1 旅游地理系统及其评价

港澳台旅游区旅游地理系统是由旅游客源地子系统、旅游目的地子系统、旅游通道子系统及旅游保障子系统四个部分组成的,具有特定的结构、功能和目标的综合体。港澳台旅游区包括香港、澳门、台湾。

12.1.1 客源地子系统

(1)国内旅游客源地。港澳台旅游区旅游资源独特,客源市场广泛。首先,该区域经济发展迅速,人们生活水平和消费水平明显提高,私家车普及,居民出游率显著上升,因此,各省市区内部的短途旅游市场前景和客源都很广阔,具有良好的开发空间。其次为福建、湖南、江西、环渤海湾、长三角地区等周边省份及经济发达地区。

(2)国际旅游客源地。从国际上来看,东盟各国(即新、马、泰地区)与该旅游区距离

相近,交通便利,更重要的是这些国家中有着大量的华侨和华人,他们普遍喜爱中国文化,是该区域的主要客源市场。而日韩两国文化和中国有很深的历史渊源,且气候特点差异明显,该区域的多元文化、热带风情深深地吸引着日韩游客。俄罗斯地处欧洲西部内陆地区,冬季气候寒冷干燥。风格迥异的热带风光和绝佳的度假配套设施成为俄罗斯人来该区域旅游的主要原因。

12.1.2 目的地子系统

港澳台旅游区自然地理环境独特,形成了热带和南亚热带优美的自然风光,有高山族、阿美族等少数民族,构成富有南国特色的民族风情,所以本区自然和人文旅游资源丰富。

全区大部分地区覆盖着季雨常绿阔叶林、南亚热带景观;有壮丽的山湖景色——台湾阿里山、日月潭等。

本区历史古迹较少,但近代革命遗迹较多。本区的人文旅游资源受外来文化影响明显,如民居、寺庙等表现出以我国民族风格为主、兼容外国风格的特点。本区还有香港和澳门地区的游乐场所、各色美味佳肴、戏剧、音乐等丰富多彩的人文旅游资源,令人流连忘返。

12.1.3 旅游通道子系统

港澳台旅游区地处东南沿海,水路与航空交通发达。水路上,本区水运较为发达香港维多利亚港为世界上最繁忙、高效的海港之一,香港作为世界航运中心,与世界100多个国家和地区的460多个港口有航运关系;基隆和高雄是台湾岛内外航海线路的两大港口。

航空运输上,香港国际机场是全球最繁忙的机场之一,国际客运量位列世界第五

12.1.4 旅游保障子系统

(1)自然环境。地形多样,海岸曲折,海域辽阔,岛屿众多。山地、平原、丘陵、台地纵横交错,以山地、丘陵为主,岩溶地形突出。地热资源丰富,温泉众多。典型的热带、亚热带季风气候。植物生长茂盛,种类繁多;农业发达,热带、亚热带水果四季飘香、种类繁多;野生动物、海洋动物种类丰富。

(2)文化环境。多元文化,融汇中西。港澳台地区自古以来就是中国领土不可分割的一部分,中国传统文化在那里长期传承并发扬光大,而西方殖民者的入侵,更使这里形成了中国文化为主,兼容西方文化的多元文化风格。

(3)社会环境。本区地处沿海的优越地理位置,经济繁荣,商业兴盛,也是我国重要的外贸交易市场。随着城市化进程的不断加速,城市建设日新月异,科技文化发展迅速。

(4)政策环境。近年来,港澳台旅游区在深化粤港澳合作方面持续推进。国务院印发的《"十三五"旅游业发展规划》提出,要深化与港澳台旅游合作,支持港澳地区旅游发展,深化对台旅游交流,扩大旅游对港澳台开放,规范赴港澳台旅游市场秩序。

(5)技术环境。港澳台旅游区是我国经济高速发展的地区,是改革开放的前沿,随着

城市化进程的不断加速,城市建设日新月异,科技文化发展迅速。为了满足现代城市居民的游乐欲望又能节省时间,众多高科技人文景观应运而生。

12.2 香港特别行政区

12.2.1 旅游地理概况

香港特别行政区简称港,位于中国的东南端,濒临南海,毗连深圳,面积1 104平方千米,由香港岛、大屿山、九龙半岛以及新界(包括262个离岛)组成。境内多低山丘陵,面积约占地区面积的3/4以上,山峰海拔多为300~400米。九龙半岛上的大帽山主峰海拔957米,是香港地区最高点。香港是一个举世闻名的国际大都市,由于优越的地理位置和国际资本的不断注入,已发展成为世界金融贸易中心、航运中心,其黄金外汇市场、深水自由港、转口贸易等已成为国际商业的重要组成部分,是亚洲经济重要的增长点,被誉为"东方之珠"、"动感之都"。

香港主要旅游资源有主题公园,如香港海洋公园和香港迪士尼乐园;遍布各个角落的历史遗迹,如传统的祖先宗祠、新界氏族围村,以及坐落闹市的庙宇;宗教文化景点,如香港岛上的文武庙、铜锣湾天后庙、圣约翰大教堂,九龙的黄大仙祠墓、侯王庙、慈云山观音庙、九龙清真寺,沙田的万佛寺、车公庙、蓬瀛仙馆、半园春、道风山基督教堂,荃湾的竹林禅院、东普陀、荃湾天后庙,龙门的青山寺、青松观、妙法寺,元朗的灵渡寺、云浮仙观,西贡的佛堂天后庙、蚝涌车公庙以及大屿山宝莲寺、长洲北帝庙、坪州天后庙等;民俗文化景点,如九龙的九龙城寨、宋城、宋王台、李郑屋古墓,屯门的宋帝岩、红楼、沙田的曾大屋、五国六村,荃湾的三栋屋、海坎村屋,元朗新田大夫第、锦田吉庆围、水头村古迹、聚星楼、厦村邓氏宗祠,西贡上窑民俗博物馆等。香港海洋公园是世界最大的海洋公园之一,拥有东南亚最大的海洋水族馆及主题游乐园,是访港旅客最爱光顾的地方。香港每年都主办各种类型文化、康乐、体育活动,较大型的活动包括香港艺术节、香港国际电影节、国际综艺合家欢、香港国际七人橄榄球赛、六人木球赛和有影响力的国际赛马等。香港把华人的智慧与西方社会制度的优势合二为一,以廉洁的政府、良好的治安、自由的经济体系以及完善的法治闻名于世。

12.2.2 世界级旅游吸引物

香港拥有香港迪士尼乐园、香港海洋公园等世界级旅游吸引物。

(1)香港迪士尼乐园。香港迪士尼乐园,坐落于香港新界大屿山,环抱山峦,与南中国海遥遥相望,于2005年9月12日开园。它是全球第5个以迪士尼乐园模式兴建、迪士尼全球的第11个主题乐园,占地面积40多公顷,是全球面积最小的迪士尼乐园。包括七大主题区:幻想世界、明日世界、探险世界、反斗骑兵大本营、灰熊山谷、美国小镇、迷离庄园,除了迪士尼经典故事及游乐设施外,香港迪士尼乐园还结合香港的文化特色,配备一些专为香港而设的游乐设施、娱乐表演等。香港迪士尼乐园是一座融合了美国加州迪士尼乐园及其他迪士尼乐园特色于一体的主题公园。

(2)香港海洋公园。香港海洋公园是一座集海陆动物展览、机动游戏和大型表演于一身的主题公园,位于香港南区的黄竹坑,1977年1月10日落成启用。海洋公园分为3部分,分别为位于北面的山下花园,和南面的南朗山南麓及大树湾,占地共17公顷,有40多个游乐设施。山下花园与南朗山以登山缆车和海洋列车连接。而南朗山与大树湾之间,则以登山电梯连接,是全世界第二长的户外电动扶梯。园内里分为八个不同主题的区域,包括亚洲动物天地、梦幻水都、威威天地、热带雨林天地、动感天地、海洋天地、急流天地及冰极天地,提供各式各样的景点及娱乐体验。香港海洋公园拥有全东南亚最大的海洋水族馆及主题游乐园,凭山临海,旖旎多姿,在这里不仅可以看到趣味十足的露天游乐场、海豚表演,还有千奇百怪的海洋性鱼类、高耸入云的海洋摩天塔,更有惊险刺激的越矿飞车、极速之旅,堪称科普、观光、娱乐的完美组合,成为全球最受欢迎及最多入场人次的主题公园之一。

12.2.3 国家级旅游吸引物

香港拥有太平山顶、浅水湾、维多利亚港、大屿山旅游区、尖沙咀等国家级旅游吸引物。

(1)太平山顶。太平山顶雄踞香港岛的西部,海拔554米,是港岛最高的山峰,一直是香港的标志。当夜幕降临之际,站在太平山上放眼四望,在万千灯火的映照下,港岛和九龙宛如镶嵌在维多利亚港湾的两颗明珠,互相辉映。香港的心脏中环地区更是高楼林立,展示着香港的繁华兴旺,也因此成为观赏香港美妙夜景的最佳去处。太平山以其得天独厚的地理环境和人文景观,吸引着成千上万的海内外游客,成为人们到香港的必游景点。

(2)浅水湾。浅水湾,英文名为Repulse Bay,是香港最具代表性的沙滩。浅水湾在香港岛之南,依山傍海,海湾呈新月形,坡缓滩长,波平浪静,水清沙细,沙滩宽阔洁净而水浅,且冬暖夏凉,水温在16 ℃~27 ℃之间,历来是港人消夏弄潮的胜地,也是游人必至的著名风景区。昔日,香江八景之一的"海国浮沉",指的就是浅水湾的海滨浴场。浅水湾也是香港最高尚住宅区之一,众多的别墅豪宅遍布于海湾的坡地上。

(3)维多利亚港。维多利亚港是亚洲的第一大、世界第三大海港,位于香港岛和九龙半岛之间。由于港阔水深,为天然良港,香港亦因而有"东方之珠""世界三大天然良港"及"世界三大夜景"之美誉。维多利亚港的名字,来自英国的维多利亚女王。一年四季皆可自由进出,早年已被英国人看中有成为东亚地区优良港口的潜力,后来从清政府手上夺得香港,发展其远东的海上贸易事业。维多利亚港一直影响香港的历史和文化,主导香港的经济和旅游业发展,是香港成为国际大化大都市的关键之一。

(4)大屿山旅游区。大屿山岛是香港特区最大的岛屿,其面积比香港岛大近一倍,位于珠江口外。大屿山地势西南高峻,东北较低,主峰凤凰山海拔935米,是全香港第二高峰。山上气势磅礴,有"凌绝顶"之称。山下有罗汉寺,寺内的罗汉洞及罗汉泉景色迷人。山的西面有宝莲寺和"天坛大佛",北面有清代海盗张保仔的古堡,东南海岸则有香港海岸最长的海水浴场——长沙湾渔场。岛上山多平地少,只有山溪下有小块平坦土地,岛上人口最集中的地方是西南面的大澳镇,风景秀丽盎然,仍旧保留早期香港的渔村风貌。一排排的古老棚屋建筑群,烘托出独特的渔乡风情,有"香港威尼斯"美誉。

(5)尖沙咀。尖沙咀(亦作尖沙嘴,古称尖沙头,旧名香埗头;英语:Tsim Sha Tsui),是九龙油尖旺区的一部分,位于九龙半岛的南端,北以柯士甸道至康庄道为界,与香港岛的中环及湾仔隔着维多利亚港相望,是香港九龙主要的游客区和购物区。区内亦设有多个博物馆和文娱中心,饮食业和酒吧等也相当蓬勃,是一个高度发展区域,是香港的心脏的地带。

香港星光大道在新世界中心面向维多利亚港一面的尖沙咀海滨长廊,模仿美国好莱坞星光大道而设。星光大道是香港的标志性景点之一,旨在表扬台前幕后电影工作者的贡献,并纪录香港的百年电影史,犹如一个香港电影的博物馆,让旅客一同经历香港电影业的成长。旅客可以欣赏不少杰出电影业人士的手印、牌匾和雕塑,重温不同电影人的风采。

12.3 澳门特别行政区

12.3.1 旅游地理概况

澳门特别行政区地处珠江口西南岸,与广州、香港鼎足分立于珠江三洲外缘,包括澳门半岛和氹仔岛、路环岛,陆地总面积32.8平方千米。澳门地势不高,但是天然平原少,而丘陵、台地广布。路环岛地势最高,全岛是一个花岗岩山体,主峰叠石塘山海拔174米;氹仔岛上,大凼山(159米)、小凼山(111米)分立于东西;澳门半岛地势最低,最高的东望洋山海拔仅91米。沿海水域水深甚浅,大部分只有1~3米,路环岛东端的大担角近岸水深5~6米,是全澳沿岸水最深之处。属于亚热带海洋性季风气候,湿度较大,雨量充沛,夏季常受到热带气流的影响。

澳门是一个国际自由港,是世界人口密度最高的地区之一,也是世界四大赌城之一。其著名的轻工业、旅游业、酒店业和娱乐场使澳门长盛不衰,成为全球最发达、富裕的地区之一,目前已形成由对外贸易、制造业、建筑业、旅游和金融业各占一定比例的多元化经济格局。

12.3.2 世界级旅游吸引物

澳门拥有澳门历史城区等世界文化遗产,其中包含有世界级旅游吸引物大三巴牌坊、妈阁庙等。

12.3.2.1 世界遗产

(1)澳门历史城区。"澳门历史城区"是联结相邻的众多广场空间及二十多处历史建筑,以旧城区为核心的历史街区。覆盖范围包括妈阁庙前地、亚婆井前地、岗顶前地、议事亭前地、大堂前地、板樟堂前地、耶稣会纪念广场、白鸽巢前地等多个广场空间,以及妈阁庙、港务局大楼、郑家大屋、圣老楞佐教堂、圣若瑟修院及圣堂、岗顶剧院、何东图书馆、圣奥斯定教堂、民政总署大楼、三街会馆(关帝庙)、仁慈堂大楼、大堂(主教座堂)、卢家大屋、玫瑰堂、大三巴牌坊、哪吒庙、旧城墙遗址、大炮台、圣安多尼教堂、东方基金会会址、基

督教坟场、东望洋炮台(含东望洋灯塔及圣母雪地殿圣堂)等二十多处历史建筑。澳门历史城区保存了澳门四百多年中西文化交流的历史精髓,是中国境内现存年代最远、规模最大、保存最完整和最集中,以西式建筑为主、中西式建筑互相辉映的历史城区;是西方宗教文化在中国和远东地区传播历史的重要见证;更是四百多年来中西文化交流互补、多元共存的结晶。2005年入选世界文化遗产。

(2)大三巴牌坊。大三巴牌坊正式名称为圣保禄大教堂遗址,一般称为大三巴或牌坊,是澳门天主之母教堂(圣保禄教堂,于1580年竣工)正面前壁的遗址。大三巴牌坊是澳门的标志性建筑物之一,同时也为"澳门八景"之一。2005年与澳门历史城区的其他文物成为联合国世界文化遗产。

牌坊高约27米,宽23.5米,为意大利文艺复兴时期"巴洛克"式建筑物,共分五层,底下两层为同等的长方矩形,由三至五层构成三角金字塔形。顶端竖有十字架,其下嵌有象征圣灵的铜鸽;铜鸽像的旁边围着太阳、月亮及星辰的石刻,象征圣母童贞怀孕一刹那时光;铜鸽之下为一圣婴雕像,其左上是"永恒之火"的雕像,右侧则是"生命之树"的石刻;第三层的正中刻着一个童贞圣母像,旁边以牡丹和菊花环绕,前者代表中国,后者代表日本,雕像左右还刻有"永恒之众"、一艘葡式帆船及一个面目狰狞的魔鬼;第四层分别供奉耶稣四名圣徒的雕像;第三层与第四层的左右两侧,雕刻有中华民族传统文化艺术的象征动物——狮子;底层为三面门户,正门的楣额上用葡文刻着"MATERDEL"意即"天主圣母",两侧的门上刻有耶稣的记号"HIS"。大三巴牌坊上各种雕像栩栩如生,既保留传统,更有创新;既展现了欧陆建筑风格,又继承了东方文化传统,体现着中西文化结合的特色,堪称"立体的圣经",是远东著名的石雕宗教建筑。

(3)妈阁庙。妈阁庙为澳门最著名的名胜古迹之一,初建于明弘治元年(1488年),距今已有五百多年的历史。妈阁庙原称妈祖阁,俗称天后庙,位于澳门的西南方,枕山临海,倚崖而建,周围古木参天,风光绮丽。阁共四层,高32.3米,取妈祖农历三月廿三诞辰之意,总体造型端庄古朴,轻盈灵动,居下仰观、遥遥而望或登阁远眺,不同角度的妈祖阁有着截然不同的神韵,主要建筑有大殿、弘仁殿、观音阁等殿堂。庙内主要供奉道教女仙妈祖,又称"天后娘娘"、"天妃娘娘",人称能预言吉凶,常于海上帮助商人和渔人化险为夷,消灾解难,于是福建人与当地人商议在现址立庙祀奉。2005年7月15日,在南非德班市举行的第29届世界遗产委员会会议上,包括妈阁庙前地在内的澳门历史城区被列入《世界遗产名录》。妈阁庙前地是葡萄牙人最早登陆澳门的地方,正是中葡文化融合的起点。

12.3.3 国家级旅游吸引物

澳门拥有澳门渔人码头、澳门塔、葡京娱乐场、黑沙海滩等国家级旅游吸引物。

(1)澳门渔人码头。澳门渔人码头是澳门首个主题公园和仿欧美渔人码头的购物中心。建于外港新填海区海岸,邻近港澳码头,占地超过111 500平方米,集娱乐、购物、饮食、酒店、游艇码头及会展设施于一体,结合不同建筑特色及中西文化,务求使游客突破地域界限,体验不同地区的感受。东面向着潾潾碧波的大海和具有后现代设计概念的友谊大桥,其他三面有日夜繁忙的港澳码头、货品齐全的新八佰伴百货大楼、宫廷式的赌船

"澳门皇宫"、五星级大酒店文华东方酒店、雄伟的澳门文化中心以及莲花广场等。整个项目按照设计分为"宫廷码头""东西汇聚""励骏码头"3个主题区域。"宫廷码头"是一个表现中国古老文化的区域,区内以金黄色为主体的中国传统建筑,亭台楼阁,古色古香,其中宫殿式的四合院除提供各种富有地方色彩的民间小食外,还有工艺品展览馆。海边还设有多艘花艇食肆,供应中西式海鲜美食。

(2)澳门塔。澳门塔位于南湾新填海区D区域1号地段,占地面积达13 363平方米,是澳门特别行政区著名的大型旅游设施,亦是澳门新的标志性建筑。澳门观光塔集观光、会议、娱乐于一体,是全球十大观光塔之一,为全球第8高塔。观光塔顶层设有大型旋转餐厅,可俯瞰全澳景色。站在塔的观光廊,澳门、珠海尽收眼底,晴天还可以看到香港的大屿山岛。此外,该塔还有展览及会议设施、主题餐厅、高级购物中心和剧场、露天广场和海滨长廊等。

(3)葡京娱乐场。葡京娱乐场是澳门最大的一间赌场,是澳门"东方的蒙爱卡罗"地位确立的标志性建筑。娱乐场位于葡京酒店的左边,是一座三层圆柱形建筑,入夜时由霓虹组成的皇冠形门额别具特色。其正门位于殷皇子大马路和友谊大马路交叉口上。葡京是澳门娱乐公司下属六大娱乐场中最大的赌场,又号称东亚的最大赌场。其主楼和左右两翼楼,气势雄伟,造型多样,线条富于变化,结构不凡,颜色一律以黄为底、以白为间,给人一种雍容华丽又不乏轻松跳跃的感觉。主楼外形像一座雀笼,而主楼加上它的左翼楼,又像一艘航行的海船。

(4)黑沙海滩。黑沙海滩位于澳门的离岛路环岛上,是天然的海滩,也是澳门著名的天然海浴场,"黑沙踏浪"是澳门八景之一。海湾呈半月形,坡度平缓,滩面广阔。附近有一片松林,苍翠茂密;旁边建有宽广的停车场、公共汽车站及各式小食店。海滩入口附近有黑沙公园。黑沙的特色在于黝黑、幼滑的细沙,海滩因而得名。据说,黑色的细沙是由于海洋特定环境形成的黑色次生矿海绿石所致。"海绿石"受海流影响,被搬运至近岸,再经风浪携带到海滩,使原来洁白明净的白沙滩,变成迷人神秘的黑沙滩。

12.4 台湾省

12.4.1 旅游地理概况

台湾位于中国大陆东南沿海的大陆架上,东临太平洋,东北邻琉球群岛,南接巴士海峡与菲律宾群岛相对,西隔台湾海峡与福建省相望,总面积约3.6万平方千米,包括台湾岛及兰屿、绿岛、钓鱼岛等21个附属岛屿和澎湖列岛64个岛屿,是中国第一大岛。平原主要集中于西部沿海,地形海拔变化大。由于地处热带及亚热带气候之交界,自然景观与生态资源丰富多样。

台湾岛大致分成山地、丘陵、盆地、平原、台地五大地形,超过一半的面积是东部的山区地形,可耕地占24%。山脉走向大致与地质构造分布一致,北半部主要为东北至西南走向,南半部则是西北至东南走向,五大山脉由东到西分别为海岸山脉、中央山脉、雪山山脉、玉山山脉和阿里山山脉。

台湾四周沧海环绕,境内山川秀丽,加上日照充足,四季如春,所以自古以来就有"美丽宝岛"的美誉,早在清代就有"八景十二胜"之说。作为著名的世界旅游胜地,台湾岛上的风光可概括为"山高、林密、瀑多、岸奇"等特征。

12.4.2 世界级旅游吸引物——台北"故宫博物院"

台北"故宫博物院"是台湾著名的历史与文化艺术史博物馆,坐落在台北士林区外的双溪旁。整座建筑依山而建,是中国传统的宫殿建筑形式,庄重典雅,极富传统色彩。博物院内收藏各类文物珍宝约60万件,展馆会展出其中的一部分藏品,每3个月更换一次,不定期还会举行各种特展。除了参观稀世文物,博物院内还建有仿宋明庭院风格的"至善园"和"至德园","张大千先生纪念馆"也坐落在此。台北"故宫博物院"依山傍水,地理位置得天独厚,雄伟的建筑在绿色山峦的映衬下显得更加壮阔。台北"故宫博物院"的三大镇馆之宝,分别是肉形石、翠玉白菜和毛公鼎;翠玉白菜和肉形石皆是精巧绝伦的工艺品,栩栩如生的造型足以以假乱真;而毛公鼎则是迄今为止镌刻铭文最多的重器,珍贵程度世所罕见。

12.4.3 国家级旅游吸引物

台湾省拥有日月潭风景名胜区、101大楼、澎湖列岛、阿里山、阳明山国家公园、垦丁国家公园等国家级旅游吸引物。

(1)日月潭风景名胜区。日月潭位于中国台湾地区阿里山以北、能高山之南的南投县鱼池乡水社村,是台湾地区最大的淡水天然湖泊,在清朝时即被选为台湾八大景之一,有"海外别一洞天"之称。日月潭湖面海拔748米,常态面积为7.73平方千米,最大水深27米,湖周长约37千米,是台湾外来生物物种最多的淡水湖泊之一。它以光华岛为界,北半湖形状如圆日,南半湖形状如弯月。区内依特色规划有六处主题公园,包括景观、自然、孔雀及蝴蝶、水鸟、宗教等,还有八个特殊景点,以及水社、德化社两大服务区。日月潭中有一小岛,远望好像浮在水面上的一颗珠子,名"珠子屿"。这里除可泛舟游湖、骑行赏景外,其环湖胜景殊多,诸如涵碧楼、慈恩塔、玄光寺、文武庙、德化社、山地文化村及孔雀园等都是游览日月潭无尽美景的好去处。日月潭之美在于环湖重峦叠峰,湖面辽阔,潭水澄澈。一年四季,晨昏景色各有不同。

(2)101大楼。台北101大楼,位于台北市信义区,是台北最显眼的地标性建筑,在2004年12月31日至2010年1月4日它曾一直是"世界第一高楼"。台北101大楼以中国人的吉祥数字"八"作为设计单元。每八层楼为一个结构单元,彼此接续、层层相叠,构筑整体。在外观上形成有节奏的律动美感,开创国际摩天楼新风格。其中B1至4楼共有5层楼的购物中心;86至88楼为观景餐厅;89楼为室内观景层;91楼为室外观景台。在室内观景台可以透过落地窗俯瞰整个台北,夜幕降临后,更是成为欣赏台北夜景的最佳地点之一。这里的购物中心拥有许多精品旗舰店,如BALLY、LV、Prada、Gucci、Cartier、DIOR及FENDI等。这里还是美食的天堂,餐厅楼层聚集着鼎泰丰、代官山居食屋、晶汤匙泰式料理、九如浙江美食、川滇食尚等各式美味。

(3)澎湖列岛。澎湖列岛位于台湾海峡的南部,是台湾第一大离岛群,总面积约为

128平方千米。外侧海水汹涌澎湃,湖内波平浪静。澎湖列岛由64个岛屿组成,以澎湖本岛面积最大,为64.24平方千米,其次是白沙、西屿(渔翁岛)二岛。面积超过1平方千米的岛屿还有虎井、吉贝、望安等8个,其余53个岛屿的面积都在1平方千米以下,其中有44个岛屿无人居住。域内港湾交错,地势险要,是我国东海和南海的天然分界线。

澎湖列岛的自然景观十分优美,著名的景点包括天后宫、风柜洞、通梁大榕树、澎湖跨海大桥等。渔业观光历来是台湾旅游的观赏重点,而澎湖渔港占台湾全省的1/3,居民60%以上以捕鱼为生。"澎湖渔火"被列为台湾八景之一,入夜后渔船上和岸上的灯火与天空的繁星交相辉映,景色绮丽,别有一番情致。

(4) 阿里山。阿里山为国内著名的观光胜地,位于台湾省嘉义县吴凤乡境内,海拔2 274米。阿里山自然风光优美,群峰环绕、山峦叠翠、巨木参天,非常雄伟壮观。神木、樱花、云海、日出是阿里山名扬四海的四大胜景。祝山顶是阿里山上观赏日出的绝佳地点。春天的阿里山樱花尽放,色泽不一的樱花遍满山头,花繁如海,惹人心醉。阿里山的美是自然的、生态的,不仅是台湾最知名的景点,更是海内外游客心目中最佳的旅游胜地。阿里山铁路有70多年历史,是世界上仅存的3条高山铁路之一,途经热、暖、温、寒四带,景致迥异,搭乘火车如置身自然博物馆。每年3月中旬至4月是樱花季,满山遍野的樱花同时绽放,美不胜收。

(5) 阳明山国家公园。阳明山国家公园是台湾地区最早的国家公园之一,位于台北市近郊。以大屯火山群为主的火山地型景观是阳明山国家公园的主要特色。阳明山国家公园管理处规划有下列游憩区:小油坑游憩区、冷水坑地区、大屯游憩区、二子坪游憩区、擎天岗地区、阳明书屋、林语堂故居、龙凤谷硫黄谷游憩区;以及需申请方可进入:鹿角坑生态保护区、梦幻湖生态保护区与磺嘴山生态保护区。另外,尚有由台北市政府工务局公园路灯工程管理处管理的前山公园、阳明公园及七星公园三座公园。

其中,阳明公园又名"后山公园""阳明山公园",位于湖山路二段,居七星山、大屯山、纱帽山之间,海拔约445米,地势起伏较缓,夏季凉爽,是台北地区的避暑胜地。公园内的建筑式样采用中国式庭园布局格调,亭楼台榭均力求典雅,池塘喷泉皆顺应自然,有"城中山林"与"台北市后花园"之美誉。公园广场边有一直径达22尺的巨型"花钟",钟面以绿草为底,其间栽植五彩缤纷的花卉,整点播放悦耳音乐,为阳明山最知名的地标之一。花钟后方山坡上有一辛亥光复楼,为一座富丽堂皇的中国传统式建筑物,为远眺台北盆地之最佳处所。阳明公园全园遍植台湾原生山樱花和多种樱花以及梅花、杜鹃花、茶花、碧桃、杏花等花木,每年春季举行的阳明山花季均能吸引满山人潮,为全台最知名的赏花节日之一。

(6) 垦丁国家公园。垦丁国家公园是台湾的第一座国家公园,位于台湾最南部的恒春半岛上,三面环海,东面太平洋、西邻台湾海峡、南濒巴士海峡。陆地范围西边包括龟山向南至红柴之台地崖与海滨地带,南部包括龙銮潭南面之猫鼻头、南湾、垦丁国家森林游乐区、鹅銮鼻、东沿太平洋岸经佳乐水,北至南仁山区。海域范围包括南湾海域及龟山经猫鼻头、鹅銮鼻北至南仁湾间,距海岸一公里内的海域。这里是台湾唯一一块属于热带的领土,同时也是台湾所建立的第一座自然保护公园。气候和暖,艳阳高照,洁白的沙滩,碧蓝的海水,四周海域清澈,珊瑚生长繁盛。猫鼻头与帆船石海岸上几经风霜的珊瑚礁,龙磐公园上一望无际的太平洋海岸线是垦丁永久不变的记忆。亚洲唯一可夜宿的海洋馆，夜幕降临后喧闹的垦丁大街预示着垦丁无可替代的魅力。

【本章小结】

港澳台旅游区包括台湾地区、香港和澳门特别行政区。该旅游大区地处我国热带、亚热带的东南海滨地带，交通便利，经济文化发达，旅游资源丰富而独具特色，已成为国际性的旅游热点地区。地貌类型多样，海岸线曲折，众多的岛屿和半岛，山地丘陵为主，长夏无冬、降水丰沛的亚热带—热带海洋性季风气候，丰富多样性的生物资源，火山和温泉等自然地理环境是构成天然旅游景观的基础。中西交融的历史文化，发达的现代经济，密集的人口城镇等人文地理环境，既是旅游资源开发的基础，又是当地社会文化景观的组成部分。

【重点概念】

港澳台旅游区　特别行政区　港澳台旅游吸引物特点

【案例分析】

自助签注机"进驻"，港澳台旅游续签三分钟即可！

2月6日市公安局出入境接待大厅市民李先生过来办理港澳旅游续签准备去港澳过春节在工作人员的引导下他选择了一台自助签注机自行操作插卡、选签注、核对、缴费、打印……三分钟不到李先生就办好了港澳旅游的续签手续

自1月23日港澳及台湾通行证（卡式）自助签注机在市公安局出入境接待大厅"上岗"以来3分钟办结港澳台旅游签注续签的高效服务已经吸引了近200位市民进行自助办理体验

据悉，一直以来，申请人办理赴港澳台旅游签注续签，通常需到受理窗口递交申请材料进行办理，并通过自取或邮寄的方式在7个工作日内拿回证件。而自助一体机进驻后，不仅能为持有卡式港澳台证件的台州户籍居民提供港澳个人及团队旅游续签、台湾团队旅游续签，同时也可以为省内（台州）市外的居民签发团队旅游签注。申请人只需根据签注机的提示，选择签注种类、次数，存入现金完成缴费，三分钟即可自助办结港澳台旅游再次签注业务。

而且，这项业务还可以帮他人代办，只需携带申请人的证件！不过工作人员提醒实现港澳台旅游续签"立等可取"必须是电子卡式证件同时申请人员必须是非国家机关工作人员一些需要经过单位审批的人员在此机器上无法当场取证。

结合所学知识，请分析未来大陆游客赴港澳台旅游区旅游的趋势。

【思考题】

（1）试分析港澳台旅游区旅游地理环境特征及其对旅游业发展的影响。

（2）分析港澳台旅游区旅游吸引物的特征。

(3)对比分析香港、澳门、台湾的旅游吸引物各有什么不同特征?
(4)谈谈你对香港和澳门旅游业发展的展望。

参考书目

1. 保继刚,楚义芳.旅游地理学[M].北京:高等教育出版社,1999.
2. 庞规荃.中国旅游地理[M].北京:旅游教育出版社,2016.
3. 罗兹柏,杨国胜.中国旅游地理[M].天津:南开大学出版社,2011.
4. 曹培培.中国旅游地理[M].修订版.北京:清华大学出版社,2014.

参考文献

[1] 黄振方,侯国林,周年兴,等.旅游地理学[M].大连:东北财经大学出版社,2015.

[2] 保继刚,楚义芳.旅游地理学[M].北京:高等教育出版社,2012.

[3] 曹培培.中国旅游地理[M].2版.北京:清华出版社,2016.

[4] 王志电,周红军.中国旅游地理[M].郑州:河南科学技术出版社,2009.

[5] 罗兹柏,杨国胜.中国旅游地理[M].2版.天津:南开大学出版社,2011.

[6] 吴传军.论地理学的研究核心——人地关系地域系统[J].经济地理,1991,11(3):1-4.

[7] 吴晋峰.旅游吸引物、旅游资源、旅游产品和旅游体验概念辨析[J].经济管理,2014,8(36):126-136.

[8] 徐菊凤,任心慧.旅游资源与旅游吸引物:含义、关系及适用性分析[J].旅游学刊,2014,7(29):115-125.

[9] 胡抚生.国外旅游吸引物理论研究综述[J].北京第二外国语学院学报(旅游版).2008(3):31-37.

[10] 艾伦·法伊奥,布赖恩·加罗德.旅游吸引物管理:新的方向[M].大连:东北财经大学出版社,2005.

[11] 吕连琴.中国旅游地理[M].郑州:郑州大学出版社,2006.

[12] 马丽明.中国旅游地理[M].北京:机械工业出版社,2005.

[13] 吴宜进.旅游地理学[M].北京:科学出版社,2005.

[14] 张忠孝.青海省旅游区划探讨[J].经济地理,1990,(1):71-76.

[15] 米文宝,玉梅兰.宁夏旅游区划与可持续发展研究[J].宁夏大学学报(自然科学版),2000(4):361-364.

[16] 郑度,葛全胜,张雪芹,等.中国区划工作的回顾与展望[J].地理研究,2005(3):330-344.

[17] 杨载田.中国旅游地理[M].北京:科学出版社,2004.

[18] 李娟文,游长江.中国旅游地理[M].大连:东北财经大学出版社,2002.

[19] 梁留科,孙淑英.河南省旅游区划研究[J].旅游科学,2004(3):22-26.

[20] 赵宏亮.甘肃省旅游区划初探[J].甘肃农业,2006(4):100.

[21] 韩笑.山东省旅游区划研究[J].枣庄学院学报,2006(3):80-83.

[22] 李艳,陈晓亮,曹诗图.湖北省旅游区划初探[J].四川烹饪高等专科学校学报,2009

(4):49-51.

[23]郭洁,姜艳,胡毅,等.四川省旅游气候资源分析及区划[J].长江流域资源与环境,2008(3):390-395.

[24]郭福生,刘林清,杨志,等.江西省丹霞地貌发育规律及旅游区划研究[J].资源调查与环境,2007(3):214-222.

[25]高小华.山西人文旅游区划研究[J].甘肃农业,2009(5):36-37.

[26]胡炜霞,张继前.山西自然生态旅游区划[J].科技情报开发与经济,2005(5):86-87.

[27]陈传康.华北文化旅游区与京津冀旅游开发协作[J].城市问题研究,1989(1):62-66.

[28]葛立成,聂献忠.区域旅游合作——理论分析与案件研究[M].北京:社会科学文献出版社,2009.

[29]马勇,肖智磊.区域旅游竞争力的形成机理研究[J].旅游科学,2008,22(5):7-11.

[30]覃海宁,施敏.我国区域旅游合作中的若干问题及对策分析[J].经济与社会发展,2005,3(7):79-81.

[31]温秀,李树民,杜江.区域旅游合作研究文献[J].北京第二外国语学院学报(旅游版),2007(11):5-10.

[32]薛宝琪,李永文.我国区域旅游合作进展及中部旅游发展的启示[J].河南大学学报(社会科学版),2006,46(1):72-74.

[33]孙刚.新世纪中国区域旅游发展大思路[M].北京:中国旅游出版社,2001.

[34]陈传康.华北文化旅游区与京津冀旅游开发协作[J].城市问题研究,1989(1):62-66.

[35]薛莹.对区域旅游合作研究中几个基本问题的认识[J].桂林旅游高等专科科学学报,2001,12(2):26-29.

[36]何小东.中国区域旅游合作研究——以中部地区为例[D].上海:华东师范大学,2008.

[37]王兴斌.中国旅游客源国/地区概况[M].北京:旅游教育出版社,2003.

[38]吴军.中国区域旅游合作时空演化特征分析[J].旅游学刊,2007,8(22):35-41.

[39]胡兆量.中国文化地理概述[M].北京:北京大学出版社,2009.

[40]吴天凯.旅游线路设计与优化中的运筹学问题[J].旅游科学,2004,18(1):41-45.

[41]叶红.区域旅游线路节点选择对目的地的影响[J].经济地理,2007,27(4):672-675.

[42]刘欣.区域旅游线路优化与旅游经济发展[J].商场现代化,2007(6):265.

[43]周存宇,钟振全.我国旅游线路设计研究概述[J].科技信息(规划与设计),2008(20):649-650.

[44]闵洁.论旅游线路设计中旅游资源(景区、景点)的选取[J].吉林省教育学院学报,

2008(10):80-82.

[45]于桂林.试论旅游线路设计的原则[J].中国水运,2007,5(11):153-154.

[46]王燕.论旅行社旅游线路的设计[J].经济论坛,2010(3):81-82.

[47]庞规荃.中国旅游地理[M].北京:旅游教育出版社,2016.

[48]赵济.中国自然地理[M].北京:高等教育出版社,1995.

附录

附录1 中国世界遗产名录

遗产类别	遗产名录	所在地区	申报时间
自然遗产	黄龙风景名胜区	四川	1992年
	九寨沟风景名胜	四川	1992年
	武陵源风景名胜区	湖南	1992年
	云南三江并流保护区	云南	2003年
	四川大熊猫栖息地	四川	2006年
	中国南方喀斯特	云南、贵州、重庆、广西	2007年一期;2014年二期
	三清山国家公园	江西	2008年
	中国丹霞	(贵州、福建、湖南、广东、江西、浙江)	2010年
	澄江化石遗址	云南	2012年
	新疆天山天池风景名胜区	新疆	2013年
	湖北神农架风景区	湖北	2016年
	可可西里自然保护区	青海	2017年
	梵净山	贵州	2018年
	黄渤海候鸟栖息地	江办	2019年
文化遗产	明清故宫	北京、辽宁	1987年北京,2004年辽宁
	莫高窟	甘肃	1987年
	万里长城	北京、黑龙江等地	1987年
	秦始皇兵马俑博物馆	陕西	1987年
	周口店北京人遗址博物馆	北京	1987年
	左江花山岩画文化景区	广西	2016年
	拉萨布达拉宫历史建筑群	西藏	1994年

续表

遗产类别	遗产名录	所在地区	申报时间
文化遗产	曲阜明故城（三孔）旅游区	山东	1994年
	武当山	湖北	1994年
	承德避暑山庄	河北	1994年
	平遥古城	山西	1997年
	丽江古城	云南	1997年
	苏州园林	江苏	1997年
	天坛公园	北京	1998年
	颐和园风景区	北京	1998年
	大足石刻景区	重庆	1999年
	龙门石窟	河南	2000年
	西递·宏村·皖南古村落	安徽	2000年
	明清皇家陵寝	北京市等	2000年江苏明孝陵；2003年北京明十三陵；2003年盛京三陵
	大同云冈石窟	山西	2001年
	高句丽王城、王陵及贵族墓葬	辽宁省等	2004年
	澳门历史城区	澳门	2005年
	安阳殷墟景区	河南	2006年
	开平碉楼与村落	广东	2007年
	福建土楼（永定·南靖）旅游景区	福建	2008年
	登封"天地之中"历史古迹	河南	2010年
	元上都遗址旅游区	内蒙古	2012年
	中国大运河	北京市等地	2014年
	丝绸之路：长安-天山廊道的路网	河南省等地	2014年
	土司遗址	湖北	2015年
	鼓浪屿	福建	2017年
	良渚遗址	浙江	2019年
	青城山-都江堰旅游景区	四川	2000年
	宋元中国的世界海洋商贸中心	福建	2021年

续表

遗产类别	遗产名录	所在地区	申报时间
双重遗产	泰山	山东	1987 年
	黄山	安徽	1990 年
	峨眉山-乐山大佛	四川	1996 年
	武夷山	福建	1999 年

注：评定时间截至 2022 年 3 月。

附录2 中国世界地质公园名录

省份	数量	名称	评定年份
北京市	1	房山世界地质公园（北京，河北）	2006年
天津市	1	中国延庆世界地质公园	2013年
河北省	1	房山世界地质公园（北京，河北）	2006年
内蒙古自治区	3	克什克腾世界地质公园	2005年
		阿拉善沙漠世界地质公园	2009年
		内蒙古阿尔山世界地质公园	2017年
黑龙江省	2	五大连池世界地质公园	2004年
		镜泊湖世界地质公园	2006年
浙江省	1	雁荡山世界地质公园	2005年
安徽省	3	黄山世界地质公园	2004年
		天柱山世界地质公园	2011年
		九华山世界地质公园	2019年
福建省	2	泰宁世界地质公园	2005年
		宁德世界地质公园	2010年
江西省	3	庐山世界地质公园	2004年
		龙虎山世界地质公园	2008年
		三清山世界地质公园	2012年
山东省	2	泰山世界地质公园	2006年
		沂蒙山世界地质公园	2019年
河南省	4	云台山世界地质公园	2004年
		嵩山世界地质公园	2004年
		王屋山—黛眉山世界地质公园	2006年
		南阳伏牛山世界地质公园	2006年
湖北省	2	神农架地质公园	2013年
		黄冈大别山世界地质公园	2018年
湖南省	2	张家界武陵源世界地质公园	2004年
		湘西世界地质公园	2020年
广东省	2	丹霞山世界地质公园	2004年
		雷琼世界地质公园（广东，海南）	2006年

续表

省份	数量	名称	评定年份
广西壮族自治区	1	乐业—凤山世界地质公园	2010年
海南省	1	雷琼世界地质公园（广东，海南）	2006年
四川省	3	兴文世界地质公园	2005年
		自贡世界地质公园	2008年
		光雾山—诺水河地质公园	2018年
贵州省	1	织金洞世界地质公园	2015年
云南省	2	石林世界地质公园	2004年
		大理苍山地质公园	2014年
陕西省	1	秦岭终南山世界地质公园	2009年
甘肃省	2	敦煌雅丹世界地质公园	2015年
		张掖地质公园	2020年
青海省	1	昆仑山地质公园	2014年
新疆	1	可可托海国家地质公园	2017年
香港特别行政区	1	香港世界地质公园	2011年

附录 3 中国 5A 级旅游景区名单

截至 2022 年 11 月 10 日,我国公布了 318 个 5A 级景区。

省份	数量	名称	评定年份
北京市	8	东城区故宫博物院	2007 年
		东城区天坛公园	2007 年
		海淀区颐和园	2007 年
		八达岭—慕田峪长城旅游区	2007 年
		昌平区明十三陵景区(神路—定陵—长陵—昭陵)	2011 年
		西城区恭王府景区	2012 年
		朝阳区北京奥林匹克公园	2012 年
		海淀区圆明园景区	2020 年
天津市	2	南开区天津古文化街旅游区(津门故里)	2007 年
		蓟州区盘山风景名胜区	2007 年
河北省	11	承德市双桥区承德避暑山庄及周围寺庙景区(普陀宗乘—须弥福寺—普宁寺—普佑寺)	2007 年
		保定市安新县白洋淀景区(文化苑—大观园—鸳鸯岛—元妃荷园—嘎子印象—渔人乐园)	2007 年
		保定市涞水县野三坡景区(百里峡—白草畔—鱼谷洞—龙门天关)	2011 年
		石家庄平山县西柏坡景区	2011 年
		唐山市遵化市清东陵景区	2015 年
		邯郸市涉县娲皇宫景区	2015 年
		邯郸市永年县广府古城景区	2017 年
		保定市涞源县白石山景区	2017 年
		秦皇岛市山海关区山海关景区	2018 年
		保定市清西陵景区	2019 年
		承德市金山岭长城景区	2020 年
山西省	10	大同市南郊区云冈石窟景区	2007 年
		忻州市五台县五台山风景名胜区	2007 年
		晋城市阳城县皇城相府生态文化旅游区	2011 年
		晋中市介休市绵山风景名胜区	2013 年
		晋中市祁县乔家大院文化园区	2014 年

· 256 ·

续表

省份	数量	名称	评定年份
山西省	10	晋中市平遥县平遥古城景区	2015 年
		忻州市代县雁门关景区	2017 年
		临汾市洪洞县洪洞大槐树寻根祭祖园旅游景区	2018 年
		临汾市云丘山景区	2020 年
		黄河壶口瀑布旅游区	2022 年
内蒙古自治区	6	鄂尔多斯市达拉特旗响沙湾旅游景区	2011 年
		鄂尔多斯市伊金霍洛旗成吉思汗陵旅游区	2011 年
		呼伦贝尔市满洲里市中俄边境旅游区	2016 年
		兴安盟阿尔山·柴河旅游景区	2017 年
		赤峰市克什克腾旗阿斯哈图石阵旅游区	2018 年
		阿拉善盟胡杨林旅游区	2019 年
辽宁省	6	沈阳市浑南区沈阳植物园	2007 年
		大连市中山区老虎滩海洋公园—老虎滩极地馆	2007 年
		大连市金州区金石滩景区（地质公园—发现王国—蜡像馆—文化博览广场）	2011 年
		本溪市本溪满族自治县本溪水洞景区	2015 年
		鞍山市千山区千山景区	2017 年
		盘锦市红海滩风景廊道景区	2019 年
吉林省	7	长白山景区	2007 年
		长春市宽城区伪满皇宫博物馆	2007 年
		长春市南关区净月潭景区	2011 年
		长春市南关区长影世纪城景区	2015 年
		延边朝鲜族自治州敦化市六鼎山文化旅游区	2015 年
		长春市南关区世界雕塑公园景区	2017 年
		通化市高句丽文物古迹旅游景区	2019 年
黑龙江省	6	哈尔滨市松北区太阳岛景区	2007 年
		黑河市五大连池市五大连池景区	2011 年
		牡丹江市宁安市镜泊湖景区	2011 年
		伊春市汤旺河区林海奇石景区	2013 年
		大兴安岭地区漠河县北极村旅游景区	2015 年
		虎林市虎头旅游景区	2019 年

续表

省份	数量	名称	评定年份
上海市	4	浦东新区东方明珠广播电视塔	2007年
		浦东新区上海野生动物园	2007年
		浦东新区上海科技馆	2010年
		上海市中国共产党一大·二大·四大纪念馆景区	2021年
江苏省	25	苏州市姑苏区苏州园林（拙政园—留园—虎丘）	2007年
		苏州市昆山市周庄古镇景区	2007年
		南京市玄武区钟山—中山陵风景名胜区（明孝陵—音乐台—灵谷寺—梅花山—紫金山天文台）	2007年
		无锡市滨湖区中央电视台无锡影视基地三国水浒城景区	2007年
		无锡市滨湖区灵山大佛景区	2009年
		苏州市吴江区同里古镇景区	2010年
		南京市秦淮区夫子庙—秦淮河风光带（江南贡院—白鹭洲—中华门—瞻园—王谢故居）	2010年
		常州市新北区环球恐龙城景区（中华恐龙园—恐龙谷温泉—恐龙城大剧院）	2010年
		扬州市邗江区瘦西湖风景区	2010年
		南通市崇川区濠河风景区	2012年
		泰州市姜堰区溱湖国家湿地公园	2012年
		苏州市吴中区金鸡湖国家商务旅游示范区	2012年
		镇江市三山风景名胜区（金山—北固山—焦山）	2012年
		无锡市滨湖区鼋头渚旅游风景区	2012年
		苏州市吴中区太湖旅游区（旺山—穹窿山—东山）	2013年
		苏州市常熟市沙家浜—虞山尚湖旅游区	2013年
		常州市溧阳市天目湖景区（天目湖—南山竹海—御水温泉）	2013年
		镇江市句容市茅山景区	2014年
		淮安市淮安区周恩来故里景区（周恩来纪念馆—周恩来故居—驸马巷历史街区—河下古镇）	2015年
		盐城市大丰区中华麋鹿园景区	2015年
		徐州市泉山区云龙湖景区	2016年
		连云港市海州区花果山景区	2016年
		常州市武进区春秋淹城旅游区	2017年
		无锡市惠山古镇景区	2019年
		宿迁市洪泽湖湿地景区	2020年

续表

省份	数量	名称	评定年份
浙江省	20	杭州市西湖区西湖风景区	2007 年
		温州市乐清市雁荡山风景区	2007 年
		舟山市普陀区普陀山风景区	2007 年
		杭州市淳安县千岛湖风景区	2010 年
		嘉兴市桐乡市乌镇古镇旅游区	2010 年
		宁波市奉化区溪口—滕头旅游景区	2010 年
		金华市东阳市横店影视城景区	2010 年
		嘉兴市南湖区南湖旅游区	2011 年
		杭州市西湖区西溪湿地旅游区	2012 年
		绍兴市越城区鲁迅故里—沈园景区	2012 年
		衢州市开化县根宫佛国文化旅游区	2013 年
		湖州市南浔区南浔古镇景区	2015 年
		台州市天台县天台山景区	2015 年
		台州市仙居县神仙居景区	2015 年
		嘉兴市嘉善县西塘古镇旅游景区	2017 年
		衢州市江山市江郎山·廿八都旅游区	2017 年
		宁波市海曙区天一阁·月湖景区	2018 年
		丽水市缙云仙都景区	2019 年
		温州市刘伯温故里景区	2020 年
		台州市台州府城文化旅游区	2022 年
安徽省	12	黄山市黄山区黄山风景区	2007 年
		池州市青阳县九华山风景区	2007 年
		安庆市潜山县天柱山风景区	2011 年
		黄山市黟县皖南古村落—西递宏村	2011 年
		六安市金寨县天堂寨旅游景区	2012 年
		宣城市绩溪县龙川景区	2012 年
		阜阳市颍上县八里河风景区	2013 年
		黄山市古徽州文化旅游区（徽州古城—牌坊群·鲍家花园—唐模—潜口民宅—呈坎）	2014 年
		合肥市肥西县三河古镇景区	2015 年
		芜湖市鸠江区方特旅游区	2016 年
		六安市舒城县万佛湖风景区	2016 年
		马鞍山市长江采石矶文化生态旅游区	2020 年

续表

省份	数量	名称	评定年份
福建省	10	厦门市思明区鼓浪屿风景名胜区	2007 年
		南平市武夷山市武夷山风景名胜区	2007 年
		三明市泰宁县泰宁风景旅游区	2011 年
		福建土楼（永定·南靖）旅游景区	2011 年
		宁德市屏南县（白水洋·鸳鸯溪）旅游景区	2012 年
		泉州市丰泽区清源山风景名胜区	2012 年
		宁德市福鼎市太姥山旅游区	2013 年
		福州市鼓楼区三坊七巷景区	2015 年
		龙岩市上杭县古田旅游区	2015 年
		莆田市湄洲岛妈祖文化旅游区	2020 年
江西省	14	九江市庐山市庐山风景名胜区	2007 年
		吉安市井冈山市井冈山风景旅游区	2007 年
		上饶市玉山县三清山旅游景区	2011 年
		鹰潭市贵溪市龙虎山风景名胜区	2012 年
		上饶市婺源县江湾景区	2013 年
		景德镇市昌江区古窑民俗博览区	2013 年
		赣州市瑞金市共和国摇篮景区	2015 年
		宜春市袁州区明月山旅游区	2015 年
		抚州市资溪县大觉山景区	2017 年
		上饶市弋阳县龟峰景区	2017 年
		南昌市东湖区滕王阁旅游区	2018 年
		萍乡市武功山景区	2019 年
		九江市庐山西海景区	2020 年
		赣州市三百山景区	2022 年
山东省	14	泰安市泰山区泰山景区	2007 年
		烟台市蓬莱市蓬莱阁—三仙山—八仙过海旅游区	2007 年
		济宁市曲阜市明故城三孔旅游区	2007 年
		青岛市崂山区崂山景区	2011 年
		威海市环翠区刘公岛景区	2011 年
		烟台市龙口市南山景区	2011 年
		枣庄市台儿庄区台儿庄古城景区	2013 年

续表

省份	数量	名称	评定年份
山东省	14	济南市历下区天下第一泉景区（趵突泉—大明湖—五龙潭—环城公园—黑虎泉）	2013 年
		山东沂蒙山旅游区（沂山景区—龟蒙景区—云蒙景区）	2013 年
		潍坊市青州市青州古城景区	2017 年
		威海市环翠区威海华夏城景区	2017 年
		东营市黄河口生态旅游区	2019 年
		临沂市萤火虫水洞·地下大峡谷旅游区	2020 年
		济宁市微山湖旅游区	2022 年
河南省	15	郑州市登封市嵩山少林寺景区	2007 年
		洛阳市洛龙区龙门石窟景区	2007 年
		焦作市云台山—神农山—青天河风景区	2007 年
		安阳市殷都区殷墟景区	2011 年
		洛阳市嵩县白云山景区	2011 年
		开封市龙亭区清明上河园景区	2011 年
		平顶山市鲁山县尧山—中原大佛景区	2011 年
		洛阳市栾川县老君山—鸡冠洞旅游区	2012 年
		洛阳市新安县龙潭大峡谷景区	2013 年
		南阳市西峡县伏牛山—老界岭—中国恐龙遗址园旅游区	2014 年
		驻马店市遂平县嵖岈山旅游景区	2015 年
		安阳市林州市红旗渠—太行大峡谷旅游景区	2016 年
		永城市芒砀山汉文化旅游景区	2017 年
		新乡市八里沟景区	2019 年
		信阳市鸡公山景区	2022 年
湖北省	14	武汉市武昌区黄鹤楼公园	2007 年
		宜昌市三峡大坝—屈原故里文化旅游区	2007 年
		宜昌市夷陵区三峡人家风景区	2011 年
		十堰市丹江口市武当山风景区	2011 年
		恩施土家族苗族自治州巴东县神龙溪纤夫文化旅游区	2011 年
		神农架林区神农架生态旅游区	2012 年
		宜昌市长阳土家族自治县清江画廊景区	2013 年
		武汉市洪山区中国武汉—东湖生态旅游风景区	2013 年

续表

省份	数量	名称	评定年份
湖北省	14	武汉市黄陂区木兰文化生态旅游区	2014 年
		恩施土家族苗族自治州恩施市恩施大峡谷景区	2015 年
		咸宁市赤壁市三国赤壁古战场景区	2018 年
		襄阳市古隆中景区	2019 年
		恩施州腾龙洞景区	2020 年
		宜昌市三峡大瀑布景区	2022 年
湖南省	11	张家界市武陵源—天门山旅游区	2007 年
		衡阳市南岳区衡山旅游区	2007 年
		湘潭市韶山市韶山旅游区	2011 年
		岳阳市岳阳楼—君山岛景区	2011 年
		长沙市岳麓区岳麓山旅游区	2012 年
		长沙市宁乡县花明楼景区	2013 年
		郴州市资兴市东江湖旅游区	2015 年
		邵阳市新宁县崀山景区	2016 年
		株洲市炎帝陵景区	2019 年
		常德市桃花源旅游区	2020 年
		湘西土家族苗族自治州矮寨·十八洞·德夯大峡谷景区	2021 年
广东省	15	广州市番禺区长隆旅游度假区	2007 年
		深圳市南山区华侨城旅游度假区	2007 年
		广州市白云区白云山景区	2011 年
		梅州市梅县区雁南飞茶田景区	2011 年
		深圳市龙华区观澜湖休闲旅游区	2011 年
		清远市连州市地下河旅游景区	2011 年
		韶关市仁化县丹霞山景区	2012 年
		佛山市南海区西樵山景区	2013 年
		惠州市博罗县罗浮山景区	2013 年
		佛山市德顺区长鹿旅游休博园	2014 年
		阳江市江城区海陵岛大角湾海上丝路旅游区	2015 年
		中山市孙中山故里旅游区	2016 年
		惠州市惠城区惠州西湖旅游景区	2018 年
		肇庆市星湖旅游景区	2019 年
		江门市开平碉楼文化旅游区	2020 年

续表

省份	数量	名称	评定年份
广西壮族自治区	9	桂林市漓江风景区	2007年
		桂林市兴安县乐满地度假世界	2007年
		桂林市秀峰区独秀峰·靖江王城景区	2012年
		南宁市青秀区青秀山旅游区	2014年
		桂林市两江四湖（秀峰区）·象山（象山区）景区	2017年
		崇左市大新县德天跨国瀑布景区	2018年
		百色市百色起义纪念园景区	2019年
		北海市涠洲岛南湾鳄鱼山景区	2020年
		贺州市黄姚古镇景区	2022年
海南省	6	三亚市崖州区南山文化旅游区	2007年
		三亚市崖州区南山大小洞天旅游区	2007年
		保亭县呀诺达雨林文化旅游区	2012年
		陵水县分界洲岛旅游区	2013年
		保亭县海南槟榔谷黎苗文化旅游区	2015年
		三亚市海棠区蜈支洲岛旅游区	2016年
重庆市	11	大足区大足石刻景区	2007年
		巫山区小三峡—小小三峡旅游区	2007年
		武隆县喀斯特旅游区（天生三硚、仙女山、芙蓉洞）	2011年
		酉阳土家族苗族自治县桃花源旅游景区	2012年
		綦江区万盛黑山谷—龙鳞石海风景区	2012年
		南川区金佛山景区	2013年
		江津区四面山景区	2015年
		云阳县龙缸景区	2017年
		彭水县阿依河景区	2019年
		黔江区濯水景区	2020年
四川省	16	成都市都江堰市青城山—都江堰旅游景区	2007年
		乐山市峨眉山市峨眉山景区	2007年
		阿坝藏族羌族自治州九寨沟县九寨沟景区	2007年
		乐山市市中区乐山大佛景区	2011年
		阿坝藏族羌族自治州松潘县黄龙风景名胜区	2012年

续表

省份	数量	名称	评定年份
四川省	16	绵阳市北川羌族自治县羌城旅游区（中国羌城—老县城地震遗址—"5·12"特大地震纪念馆—北川羌族民俗博物馆—北川新县城—吉娜羌寨）	2013年
		阿坝藏族羌族自治州汶川县汶川特别旅游区（震中映秀—水磨古镇—三江生态旅游区）	2013年
		南充市阆中市阆中古城旅游景区	2013年
		广安市广安区邓小平故里旅游区	2013年
		广元市剑阁县剑门蜀道剑门关旅游景区	2015年
		南充市仪陇县朱德故里景区	2016年
		甘孜藏族自治州泸定县海螺沟景区	2017年
		雅安市碧峰峡旅游景区	2019年
		巴中市光雾山旅游景区	2020年
		甘孜州稻城亚丁旅游景区	2020年
		成都市安仁古镇景区	2022年
贵州省	9	安顺市镇宁布依族苗族自治县黄果树瀑布景区	2007年
		安顺市西秀区龙宫景区	2007年
		毕节市黔西县百里杜鹃景区	2013年
		黔南布依族苗族自治州荔波县樟江景区	2015年
		贵阳市花溪区青岩古镇景区	2017年
		铜仁市梵净山（江口·印江）旅游区	2018年
		黔东南州镇远古城旅游景区	2019年
		遵义市赤水丹霞旅游区	2020年
		毕节市织金洞景区	2022年
云南省	9	昆明市石林彝族自治县石林风景区	2007年
		丽江市玉龙纳西族自治县玉龙雪山景区	2007年
		丽江市古城区丽江古城景区	2011年
		大理白族自治州大理市崇圣寺三塔文化旅游区	2011年
		西双版纳傣族自治州勐腊县中科院西双版纳热带植物园	2011年
		迪庆藏族自治州香格里拉县普达措国家公园	2012年
		昆明市盘龙区昆明世博园景区	2016年
		保山市腾冲县火山热海旅游区	2016年
		文山州普者黑旅游景区	2020年

续表

省份	数量	名称	评定年份
西藏自治区	5	拉萨市城关区布达拉宫景区	2013 年
		拉萨市城关区大昭寺景区	2013 年
		林芝市工布江达县巴松措景区	2017 年
		日喀则市桑珠孜区扎什伦布寺景区	2017 年
		林芝市雅鲁藏布大峡谷旅游景区	2020 年
陕西省	12	西安市临潼区秦始皇兵马俑博物馆	2007 年
		西安市临潼区华清池景区	2007 年
		延安市黄陵县黄帝陵景区	2007 年
		西安市雁塔区大雁塔—大唐芙蓉园景区	2011 年
		渭南市华阴市华山风景区	2011 年
		宝鸡市扶风县法门寺佛文化景区	2014 年
		商洛市商南县金丝峡景区	2015 年
		宝鸡市眉县太白山旅游景区	2016 年
		西安市城墙·碑林历史文化景区	2018 年
		延安市延安革命纪念地景区	2019 年
		西安市大明宫旅游景区	2020 年
		延安市黄河壶口瀑布旅游区	2022 年
甘肃省	7	嘉峪关市嘉峪关文物景区	2007 年
		平凉市崆峒区崆峒山风景名胜区	2007 年
		天水市麦积区麦积山景区	2011 年
		酒泉市敦煌市鸣沙山月牙泉景区	2015 年
		张掖市七彩丹霞景区	2019 年
		临夏州炳灵寺世界文化遗产旅游区	2020 年
		陇南市官鹅沟景区	2022 年
青海省	4	青海湖风景区	2011 年
		西宁市湟中县塔尔寺景区	2012 年
		海东市互助土族自治县互助土族故土园旅游区	2017 年
		海北州阿咪东索景区	2020 年

续表

省份	数量	名称	评定年份
宁夏回族自治区	4	石嘴山市平罗县沙湖旅游景区	2007 年
		中卫市沙坡头区沙坡头旅游景区	2007 年
		银川市西夏区宁夏镇北堡西部影视城	2011 年
		银川市灵武市水洞沟旅游区	2015 年
新疆维吾尔自治区	17	昌吉回族自治州阜康市天山天池风景名胜区	2007 年
		吐鲁番市高昌区葡萄沟风景区	2007 年
		伊犁哈萨克自治州阿勒泰地区布尔津县喀纳斯景区	2007 年
		伊犁哈萨克自治州新源县那拉提旅游风景区	2011 年
		伊犁哈萨克自治州阿勒泰地区富蕴县可可托海景区	2012 年
		喀什地区泽普县金胡杨景区	2013 年
		乌鲁木齐市乌鲁木齐县天山大峡谷	2013 年
		巴音郭楞蒙古自治州博湖县博斯腾湖景区	2014 年
		喀什地区喀什市噶尔老城景区	2015 年
		伊犁哈萨克自治州特克斯县喀拉峻景区	2016 年
		巴音郭楞蒙古自治州和静县巴音布鲁克景区	2016 年
		新疆生产建设兵团第十师白沙湖景区	2017 年
		喀什地区帕米尔旅游区	2019 年
		克拉玛依市世界魔鬼城景区	2020 年
		博尔塔拉蒙古自治州赛里木湖景区	2021 年
		新疆生产建设兵团阿拉尔市塔克拉玛干·三五九旅文化旅游区	2021 年
		昌吉回族自治州江布拉克景区	2022 年
总计	318		

资料来源：中华人民共和国文化和旅游部。

附录4 中国国家级旅游度假区

批次	序号	省份	名称
第一批 （2015年）	1	吉林	长白山旅游度假区
	2	江苏	汤山温泉旅游度假区
	3		天目湖旅游度假区
	4		阳澄湖半岛旅游度假区
	5	浙江	东钱湖旅游度假区
	6		太湖旅游度假区
	7		湘湖旅游度假区
	8	山东	凤凰岛旅游度假区
	9		海阳旅游度假区
	10	河南	尧山温泉旅游度假区
	11	湖北	武当太极湖旅游度假区
	12	湖南	灰汤温泉旅游度假区
	13	广东	东部华侨城旅游度假区
	14	重庆	仙女山旅游度假区
	15	云南	阳宗海旅游度假区
	16		西双版纳旅游度假区
	17	四川	邛海旅游度假区
第二批 （2018年）	18	海南	三亚市亚龙湾旅游度假区
	19	浙江	湖州市安吉灵峰旅游度假区
	20	山东	烟台市蓬莱旅游度假区
	21	江苏	无锡市宜兴阳羡生态旅游度假区
	22	福建	福州市鼓岭旅游度假区
	23	江西	宜春市明月山温汤旅游度假区
	24	安徽	合肥市巢平汤温泉旅游度假区
	25	贵州	赤水市赤水河谷旅游度假区
	26	西藏	林芝市鲁朗小镇旅游度假区
第三批 （2019年）	27	广东	河源巴伐利亚庄园
	28	广西	桂林阳朔遇龙河旅游度假区
	29	四川	成都天府青城康养休闲旅游度假区
	30	云南	玉溪抚仙湖旅游度假区

续表

批次	序号	省份	名称
第四批 （2020年）	31	河北	崇礼冰雪旅游度假区
	32	黑龙江	亚布力滑雪旅游度假区
	33	上海	佘山国家旅游度假区
	34	江苏	常州太湖湾旅游度假区
	35	浙江	德清莫干山国际旅游度假区
	36	浙江	淳安千岛湖旅游度假区
	37	江西	上饶市三清山金沙旅游度假区
	38	山东	日照山海天旅游度假区
	39	湖南	常德柳叶湖旅游度假区
	40	重庆	重庆丰都南天湖旅游度假区
	41	四川	峨眉山峨秀湖旅游度假区
	42	贵州	六盘水市野玉海山地旅游度假区
	43	云南	大理古城旅游度假区
	44	陕西	宝鸡市太白山温泉旅游度假区
	45	新疆	那拉提旅游度假区
第五批 （2022年）	46	河北	秦皇岛市北戴河度假区
	47	上海	上海国际旅游度假区
	48	江苏	常熟虞山文化旅游度假区
	49	浙江	泰顺廊桥—氡泉旅游度假区
	50	浙江	鉴湖旅游度假区
	51	江西	新余市仙女湖七夕文化旅游度假区
	52	江西	赣州市大余县丫山旅游度假区
	53	山东	烟台金沙滩旅游度假区
	54	山东	荣成好运角旅游度假区
	55	河南	三门峡市天鹅湖旅游度假区
	56	湖北	神农架木鱼旅游度假区
	57	湖南	岳阳洞庭湖旅游度假区
	58	广西壮族 自治区	大新明仕旅游度假区
	59	四川	宜宾蜀南竹海旅游度假区
	60	陕西	商洛市牛背梁旅游度假区

续表

批次	序号	省份	名称
第六批 （2023年）	61	江苏	宿迁骆马湖旅游度假区
	62	广西壮族自治区	北海银滩国家旅游度假区
	63	海南	琼海博鳌东屿岛旅游度假区

附录5 中国优秀旅游城市

城市类型	城市名单
直辖市(4个)	北京市、天津市、上海市、重庆市
河北省(10个)	秦皇岛市、承德市、石家庄市、涿州市、廊坊市、保定市、邯郸市、武安市、遵化市、唐山市
山西省(5个)	太原市、大同市、永济市、晋城市、长治市
内蒙古自治区(11个)	包头市、锡林浩特市、呼和浩特市、呼伦贝尔市、满洲里市、扎兰屯市、赤峰市、阿尔山市、霍林郭勒市、通辽市、鄂尔多斯市
辽宁省(18个)	大连市、沈阳市、丹东市、鞍山市、抚顺市、本溪市、锦州市、葫芦岛市、辽阳市、兴城市、铁岭市、盘锦市、朝阳市、营口市、阜新市、庄河市、开原市、凤城市
吉林省(7个)	长春市、吉林市、蛟河市、集安市、延吉市、敦化市、桦甸市
黑龙江省(11个)	哈尔滨市、牡丹江市、伊春市、大庆市、阿城市、绥芬河市、齐齐哈尔市、铁力市、虎林市、黑河市、海林市
江苏省(28个)	南京市、无锡市、扬州市、苏州市、镇江市、徐州市、昆山市、江阴市、吴江市、宜兴市、常熟市、句容市、吴县市、常州市、南通市、连云港市、溧阳市、淮安市、盐城市、张家港市、太仓市、如皋市、金坛市、东台市、邳州市、泰州市、宿迁市、大丰市
浙江省(27个)	杭州市、宁波市、绍兴市、金华市、临安市、诸暨市、建德市、温州市、东阳市、桐乡市、湖州市、嘉兴市、临海市、温岭市、富阳市、海宁市、衢州市、舟山市、瑞安市、兰溪市、奉化市、台州市、江山市、余姚市、义乌市、乐清市、丽水市
安徽省(10个)	黄山市、合肥市、亳州市、马鞍山市、安庆市、芜湖市、池州市、铜陵市、宣城市、淮南市
福建省(8个)	厦门市、武夷山市、福州市、泉州市、永安市、三明市、漳州市、长乐市
江西省(9个)	井冈山市、南昌市、九江市、赣州市、鹰潭市、景德镇、上饶市、宜春市、吉安市
山东省(36个)	青岛市、济南市、威海市、烟台市、泰安市、曲阜市、蓬莱市、文登市、荣城市、胶南市、淄博市、青州市、潍坊市、聊城市、日照市、乳山市、临沂市、济宁市、邹城市、寿光市、海阳市、龙口市、章丘市、莱芜市、德州市、新泰市、诸城市、即墨市、栖霞市、枣庄市、菏泽市、滨州市、东营市、莱州市、招远市、临沂市

续表

城市类型	城市名单
河南省(27个)	郑州市、开封市、濮阳市、济源市、登封市、洛阳市、三门峡市、安阳市、焦作市、鹤壁市、灵宝市、新郑市、许昌市、新乡市、商丘市、南阳市、禹州市、长葛市、舞钢市、平顶山市、信阳市、漯河市、驻马店市、周口市、沁阳市、巩义市、汝州市
湖北省(12个)	武汉市、宜昌市、荆州市、十堰市、钟祥市、襄樊市、荆门市、鄂州市、赤壁市、孝感市、恩施市、利川市
湖南省(12个)	长沙市、岳阳市、韶山市、常德市、张家界市、郴州市、资兴市、浏阳市、株洲市、湘潭市、益阳市、娄底市
广东省(21个)	深圳市、广州市、珠海市、肇庆市、中山市、佛山市、江门市、汕头市、惠州市、南海市、韶关市、清远市、阳江市、东莞市、潮州市、湛江市、河源市、开平市、梅州市、茂名市、阳春市
广西壮族自治区(12个)	桂林市、南宁市、北海市、柳州市、玉林市、梧州市、桂平市、钦州市、百色市、贺州市、凭祥市、宜州市
海南省(5个)	海口市、三亚市、琼山市、儋州市、琼海市
四川省(21个)	成都市、峨眉市、都江堰市、乐山市、崇州市、绵阳市、广安市、自贡市、阆中市、宜宾市、泸州市、攀枝花市、雅安市、江油市、南充市、西昌市、华蓥市、邛崃市、德阳市、广元市、遂宁市
贵州省(7个)	贵阳市、都匀市、凯里市、遵义市、安顺市、赤水市、兴义市
云南省(7个)	昆明市、景洪市、大理市、瑞丽市、潞西市、丽江市、保山市
西藏自治区(1个)	拉萨市
陕西省(6个)	西安市、咸阳市、宝鸡市、延安市、韩城市、汉中市
甘肃省(9个)	敦煌市、嘉峪关市、天水市、兰州市、张掖市、武威市、酒泉市、平凉市、合作市
青海省(2个)	格尔木市、西宁市
宁夏回族自治区(1个)	银川市
新疆维吾尔自治区(12个)	吐鲁番市、库尔勒市、乌鲁木齐市、喀什市、克拉玛依市、哈密市、阿克苏市、伊宁市、阿勒泰市、昌吉市、博乐市、阜康市
新疆生产建设兵团(1个)	石河子市
城市类型	城市名单
直辖市(4个)	北京市、天津市、上海市、重庆市
河北省(10个)	石家庄市、秦皇岛市、承德市、涿州市、廊坊市、保定市、邯郸市、武安市、遵化市、唐山市
山西省(5个)	太原市、大同市、永济市、晋城市、长治市

续表

城市类型	城市名单
内蒙古自治区(11个)	包头市、锡林浩特市、呼和浩特市、呼伦贝尔市、满洲里市、扎兰屯市、赤峰市、阿尔山市、霍林郭勒市、通辽市、鄂尔多斯市
辽宁省(18个)	沈阳市、大连市、锦州市、丹东市、鞍山市、抚顺市、本溪市、葫芦岛市、辽阳市、兴城市、铁岭市、盘锦市、朝阳市、营口市、阜新市、庄河市、开原市、凤城市
吉林省(7个)	长春市、吉林市、蛟河市、集安市、延吉市、敦化市、桦甸市
黑龙江省(27个)	哈尔滨市、佳木斯市、七台河市、牡丹江市、伊春市、大庆市、阿城市、绥芬河市、齐齐哈尔市、铁力市、虎林市、黑河市、绥化市、海林市、同江市、鸡西市、宁安市、五大连池市、抚远市、五常市、双城市、东宁市、双鸭山市、密山市、鹤岗市、富锦市、海伦市
江苏省(27个)	南京市、常州市、苏州市、无锡市、扬州市、镇江市、徐州市、昆山市、江阴市、宜兴市、常熟市、溧阳市、句容市、南通市、连云港市、淮安市、盐城市、张家港市、太仓市、如皋市、东台市、邳州市、泰州市、宿迁市、大丰区、金坛区、吴江区、
浙江省(27个)	杭州市、宁波市、绍兴市、金华市、临安市、诸暨市、建德市、温州市、东阳市、桐乡市、湖州市、嘉兴市、临海市、温岭市、富阳市、海宁市、衢州市、舟山市、瑞安市、兰溪市、奉化市、台州市、江山市、余姚市、义乌市、乐清市、丽水市
安徽省(11个)	黄山市、安庆市、池州市、宣城市、马鞍山市、芜湖市、铜陵市、合肥市、亳州市、淮南市、淮北市
福建省(8个)	厦门市、武夷山市、福州市、泉州市、永安市、三明市、漳州市、长乐市
江西省(9个)	九江市、南昌市、上饶市、井冈山市、赣州市、鹰潭市、景德镇市、宜春市、吉安市
山东省(36个)	青岛市、威海市、烟台市、泰安市、菏泽市、曲阜市、淄博市、蓬莱市、荣成市、胶南市、青州市、潍坊市、聊城市、日照市、乳山市、济南市、济宁市、邹城市、寿光市、海阳市、龙口市、章丘市、莱芜市、德州市、新泰市、诸城市、即墨市、栖霞市、枣庄市、滨州市、东营市、莱州市、招远市、临沂市
河南省(27个)	郑州市、开封市、濮阳市、济源市、登封市、洛阳市、三门峡市、安阳市、焦作市、鹤壁市、灵宝市、新郑市、许昌市、新乡市、商丘市、南阳市、禹州市、长葛市、舞钢市、平顶山市、信阳市、漯河市、驻马店市、周口市、沁阳市、巩义市、汝州市
湖北省(12个)	武汉市、宜昌市、十堰市、荆州市、襄阳市、荆门市、钟祥市、鄂州市、赤壁市、孝感市、恩施市、利川市
湖南省(12个)	长沙市、岳阳市、韶山市、常德市、张家界市、郴州市、资兴市、浏阳市、株洲市、湘潭市、益阳市、衡阳市

续表

城市类型	城市名单
广东省(21个)	深圳市、广州市、珠海市、肇庆市、中山市、佛山市、江门市、汕头市、惠州市、南海市、韶关市、清远市、阳江市、东莞市、潮州市、湛江市、河源市、开平市、梅州市、茂名市、阳江市
广西壮族自治区(13个)	桂林市、南宁市、北海市、防城港市、柳州市、玉林市、梧州市、桂平市、钦州市、百色市、贺州市、凭祥市、宜州市
海南省(5个)	海口市、三亚市、儋州市、琼海市、三沙市
四川省(21个)	成都市、广安市、峨眉山市、都江堰市、乐山市、崇州市、绵阳市、自贡市、宜宾市、泸州市、攀枝花市、雅安市、江油市、阆中市、南充市、西昌市、邛崃市、德阳市、广元市、遂宁市、华蓥市
贵州省(7个)	贵阳市、都匀市、凯里市、遵义市、安顺市、赤水市、兴义市
云南省(7个)	昆明市、景洪市、大理市、瑞丽市、潞西市、丽江市、保山市
西藏自治区(1个)	拉萨市
陕西省(6个)	西安市、咸阳市、宝鸡市、延安市、韩城市、汉中市
甘肃省(9个)	酒泉市、敦煌市、天水市、兰州市、张掖市、武威市、平凉市、合作市、嘉峪关市
青海省(2个)	格尔木市、西宁市
宁夏回族自治区(1个)	银川市
新疆维吾尔自治区(12个)	吐鲁番市、库尔勒市、乌鲁木齐市、喀什市、克拉玛依市、哈密市、阿克苏市、伊宁市、阿勒泰市、昌吉市、博乐市、阜康市
新疆生产建设兵团(1个)	石河子市

注:评定时间截至2010年

附录6 中国特色小镇名单

第一批全国特色小镇公示名单	
地区	特色小镇名单
北京	房山区长沟镇、昌平区小汤山镇、密云区古北口镇
天津	武清区崔黄口镇、滨海新区中塘镇
河北	秦皇岛市卢龙县石门镇、邢台市隆尧县莲子镇镇、保定市高阳县庞口镇、衡水市武强县周窝镇
山西	晋城市阳城县润城镇、晋中市昔阳县大寨镇、吕梁市汾阳市杏花村镇
内蒙古自治区	赤峰市宁城县八里罕镇、通辽市科尔沁左翼中旗舍伯吐镇、呼伦贝尔市鄂尔古纳市莫尔道嘎镇
辽宁	大连市瓦房店市谢屯镇、丹东市东港市孤山镇、辽阳市弓长岭区汤河镇、盘锦市大洼区赵圈河镇
吉林	辽源市东辽县辽河源镇、通化市辉南县金川镇、延边朝鲜族自治州龙井市东盛涌镇
黑龙江	齐齐哈尔市甘南县兴十四镇、牡丹江市宁安市渤海镇、大兴安岭地区漠河县北极镇
上海	金山区枫泾镇、松江区车墩镇、青浦区朱家角镇
江苏	南京市桠溪镇、宜兴市丁蜀镇、邳州市碾庄镇、苏州市甪直镇、苏州市震泽镇、东台市安丰镇、泰州市溱潼镇
浙江	杭州市桐庐县分水镇、温州市乐清市柳市镇、嘉兴市桐乡市濮院镇、湖州市德清县莫干山镇、绍兴市诸暨市大唐镇、金华市东阳市横店镇、丽水市莲都区大港头镇、丽水市龙泉市上垟镇
安徽	铜陵市郊区大通镇、安庆市岳西县温泉镇、黄山市黟县宏村镇、六安市裕安区独山镇、宣城市旌德县白地镇
福建	福州市永泰县嵩口镇、厦门市同安区汀溪镇、泉州市安溪县湖头镇、南平市邵武市和平镇、龙岩市上杭县古田镇
江西	南昌市进贤县文港镇、鹰潭市龙虎山风景名胜区上清镇、宜春市明月山温泉风景名胜区温汤镇、上饶市婺源县江湾镇
山东	青岛市胶州市李哥庄镇、淄博市淄川区昆仑镇、烟台市蓬莱市刘家沟镇、潍坊市寿光市羊口镇、泰安市新泰市西张庄镇、威海市经济技术开发区崮山镇、临沂市费县探沂镇
河南	焦作市温县赵堡镇、许昌市禹州市神垕镇、南阳市西峡县太平镇、驻马店市确山县竹沟镇

· 274 ·

续表

地区	特色小镇名单
湖北	宜昌市夷陵区龙泉镇、襄阳市枣阳市吴店镇、荆门市东宝区漳河镇、黄冈市红安县七里坪镇、随州市随县长岗镇
湖南	长沙市浏阳市大瑶镇、邵阳市邵东县廉桥镇、郴州市汝城县热水镇、娄底市双峰县荷叶镇、湘西土家族苗族自治州花垣县边城镇
广东	佛山市顺德区北滘镇、江门市开平市赤坎镇、肇庆市高要区回龙镇、梅州市梅县区雁洋镇、河源市江东新区古竹镇、中山市古镇
广西壮族自治区	柳州市鹿寨县中渡镇、桂林市恭城瑶族自治县莲花镇、北海市铁山港区南康镇、贺州市八步区贺街镇
海南	海口市云龙镇、琼海市潭门镇
重庆	万州区武陵镇、涪陵区蔺市镇、黔江区濯水镇、潼南区双江镇
四川	成都市郫县德源镇、成都市大邑县安仁镇、攀枝花市盐边县红格镇、泸州市纳溪区大渡口镇、南充市西充县多扶镇、宜宾市翠屏区李庄镇、达州市宣汉县南坝镇
贵州	贵阳市花溪区青岩镇、六盘水市六枝特区郎岱镇、遵义市仁怀市茅台镇、安顺市西秀区旧州镇、黔东南州雷山县西江镇
云南	红河州建水县西庄镇、大理州大理市喜洲镇、德宏州瑞丽市畹町镇
西藏自治区	拉萨市尼木县吞巴乡、山南市扎囊县桑耶镇
陕西	西安市蓝田县汤峪镇、铜川市耀州区照金镇、宝鸡市眉县汤峪镇、汉中市宁强县青木川镇、杨陵区五泉镇
甘肃	兰州市榆中县青城镇、武威市凉州区清源镇、临夏州和政县松鸣镇
青海	海东市化隆回族自治县群科镇、海西蒙古族藏族自治州乌兰县茶卡镇
宁夏回族自治区	银川市西夏区镇北堡镇、固原市泾源县泾河源镇
新疆维吾尔自治区	喀什地区巴楚县色力布亚镇、塔城地区沙湾县乌兰乌苏镇、阿勒泰地区富蕴县可可托海镇、第八师石河子市北泉镇

2017年8月,住建部公布第二批特色小镇,名单如下:

第二批全国特色小镇公示名单	
地区	特色小镇名单
北京	怀柔区雁栖镇、大兴区魏善庄镇、顺义区龙湾屯镇、延庆区康庄镇
天津	津南区葛沽镇、蓟州区下营镇、武清区大王古庄镇
河北	衡水市枣强县大营镇、石家庄市鹿泉区铜冶镇、保定市曲阳县羊平镇、邢台市柏乡县龙华镇、承德市宽城满族自治县化皮溜子镇、邢台市清河县王官庄镇、邯郸市肥乡区天台山镇、保定市徐水区大王店镇
山西	运城市稷山县翟店镇、晋中市灵石县静升镇、晋城市高平市神农镇、晋城市泽州县巴公镇、朔州市怀仁县金沙滩镇、朔州市右玉县右卫镇、吕梁市汾阳市贾家庄镇、临汾市曲沃县曲村镇、吕梁市离石区信义镇
内蒙古自治区	赤峰市敖汉旗下洼子镇、鄂尔多斯市东胜区罕台镇、乌兰察布市凉城县岱海镇、鄂尔多斯市鄂托克前旗城川镇、兴安盟阿尔山市白狼镇、呼伦贝尔市扎兰屯市柴河镇、乌兰察布市察哈尔右翼后旗土牧尔台镇
辽宁	沈阳市法库县十间房镇、营口市鲅鱼圈区熊岳镇、阜新市阜蒙县十家子镇、辽阳市灯塔市佟二堡镇、锦州市北镇市沟帮子镇、大连市庄河市王家镇、盘锦市盘山县胡家镇、本溪市桓仁县二棚甸子镇、鞍山市海城市西柳镇
吉林	延边州安图县二道白河镇、长春市绿园区合心镇、白山市抚松县松江河镇、四平市铁东区叶赫满族镇、吉林市龙潭区乌拉街满族镇、通化市集安市清河镇
黑龙江	牡丹江市绥芬河市阜宁镇、黑河市五大连池市五大连池镇、牡丹江市穆棱市下城子镇、佳木斯市汤原县香兰镇、哈尔滨市尚志市一面坡镇、鹤岗市萝北县名山镇、大庆市肇源县新站镇、黑河市北安市赵光镇
上海	浦东新区新场镇、闵行区吴泾镇、崇明区东平镇、嘉定区安亭镇、宝山区罗泾镇、奉贤区庄行镇
江苏	无锡市江阴市新桥镇、徐州市邳州市铁富镇、扬州市广陵区杭集镇、苏州市昆山市陆家镇、镇江市扬中市新坝镇、盐城市盐都区大纵湖镇、苏州市常熟市海虞镇、无锡市惠山区阳山镇、南通市如东县栟茶镇、泰州市兴化市戴南镇、泰州市泰兴市黄桥镇、常州市新北区孟河镇、南通市如皋市搬经镇、无锡市锡山区东港镇、苏州市吴江区七都镇
浙江	嘉兴市嘉善县西塘镇、宁波市江北区慈城镇、湖州市安吉县孝丰镇、绍兴市越城区东浦镇、宁波市宁海县西店镇、宁波市余姚市梁弄镇、金华市义乌市佛堂镇、衢州市衢江区莲花镇、杭州市桐庐县富春江镇、嘉兴市秀洲区王店镇、金华市浦江县郑宅镇、杭州市建德市寿昌镇、台州市仙居县白塔镇、衢州市江山市廿八都镇、台州市三门县健跳镇
安徽	六安市金安区毛坦厂镇、芜湖市繁昌县孙村镇、合肥市肥西县三河镇、马鞍山市当涂县黄池镇、安庆市怀宁县石牌镇、滁州市来安县汊河镇、铜陵市义安区钟鸣镇、阜阳市界首市光武镇、宣城市宁国市港口镇、黄山市休宁县齐云山镇

续表

地区	特色小镇名单
福建	泉州市石狮市蚶江镇、福州市福清市龙田镇、泉州市晋江市金井镇、莆田市涵江区三江口镇、龙岩市永定区湖坑镇、宁德市福鼎市点头镇、漳州市南靖县书洋镇、南平市武夷山市五夫镇、宁德市福安市穆阳镇
江西	赣州市全南县南迳镇、吉安市吉安县永和镇、抚州市广昌县驿前镇、景德镇市浮梁县瑶里镇、赣州市宁都县小布镇、九江市庐山市海会镇、南昌市湾里区太平镇、宜春市樟树市阁山镇
山东	聊城市东阿县陈集镇、滨州市博兴县吕艺镇、菏泽市郓城县张营镇、烟台市招远市玲珑镇、济宁市曲阜市尼山镇、泰安市岱岳区满庄镇、济南市商河县玉皇庙镇、青岛市平度市南村镇、德州市庆云县尚堂镇、淄博市桓台县起凤镇、日照市岚山区巨峰镇、威海市荣成市虎山镇、莱芜市莱城区雪野镇、临沂市蒙阴县岱崮镇、枣庄市滕州市西岗镇
河南	平顶山市汝州市蟒川镇、南阳市镇平县石佛寺镇、洛阳市孟津县朝阳镇、濮阳市华龙区岳村镇、周口市商水县邓城镇、郑州市巩义市竹林镇、新乡市长垣县恼里镇、安阳市林州市石板岩镇、商丘市永城市芒山镇、三门峡市灵宝市函谷关镇、南阳市邓州市穰东镇
湖北	荆州市松滋市沲水镇、宜昌市兴山县昭君镇、潜江市熊口镇、仙桃市彭场镇、襄阳市老河口市仙人渡镇、十堰市竹溪县汇湾镇、咸宁市嘉鱼县官桥镇、神农架林区红坪镇、武汉市蔡甸区玉贤镇、天门市岳口镇、恩施州利川市谋道镇
湖南	常德市临澧县新安镇、邵阳市邵阳县下花桥镇、娄底市冷水江市禾青镇、长沙市望城区乔口镇、湘西土家族苗族自治州龙山县里耶镇、永州市宁远县湾井镇、株洲市攸县皇图岭镇、湘潭市湘潭县花石镇、岳阳市华容县东山镇、长沙市宁乡县灰汤镇、衡阳市珠晖区茶山坳镇
广东	佛山市南海区西樵镇、广州市番禺区沙湾镇、佛山市顺德区乐从镇、珠海市斗门区斗门镇、江门市蓬江区棠下镇、梅州市丰顺县留隍镇、揭阳市揭东区埔田镇、中山市大涌镇、茂名市电白区沙琅镇、汕头市潮阳区海门镇、湛江市廉江市安铺镇、肇庆市鼎湖区凤凰镇、潮州市湘桥区意溪镇、清远市英德市连江口镇
广西壮族自治区	河池市宜州市刘三姐镇、贵港市港南区桥圩镇、贵港市桂平市木乐镇、南宁市横县校椅镇、北海市银海区侨港镇、桂林市兴安县溶江镇、崇左市江州区新和镇、贺州市昭平县黄姚镇、梧州市苍梧县六堡镇、钦州市灵山县陆屋镇
海南	澄迈县福山镇、琼海市博鳌镇、海口市石山镇、琼海市中原镇、文昌市会文镇
重庆	铜梁区安居镇、江津区白沙镇、合川区涞滩镇、南川区大观镇、长寿区长寿湖镇、永川区朱沱镇、垫江县高安镇、酉阳县龙潭镇、大足区龙水镇
四川	成都市郫都区三道堰镇、自贡市自流井区仲权镇、广元市昭化区昭化镇、成都市龙泉驿区洛带镇、眉山市洪雅县柳江镇、甘孜州稻城县香格里拉镇、绵阳市江油市青莲镇、雅安市雨城区多营镇、阿坝州汶川县水磨镇、遂宁市安居区拦江镇、德阳市罗江县金山镇、资阳市安岳县龙台镇、巴中市平昌县驷马镇

续表

地区	特色小镇名单
贵州	黔西南州贞丰县者相镇、黔东南州黎平县肇兴镇、贵安新区高峰镇、六盘水市水城县玉舍镇、安顺市镇宁县黄果树镇、铜仁市万山区万山镇、贵阳市开阳县龙岗镇、遵义市播州区鸭溪镇、遵义市湄潭县永兴镇、黔南州瓮安县猴场镇
云南	楚雄州姚安县光禄镇、大理州剑川县沙溪镇、玉溪市新平县戛洒镇、西双版纳州勐腊县勐仑镇、保山市隆阳区潞江镇、临沧市双江县勐库镇、昭通市彝良县小草坝镇、保山市腾冲市和顺镇、昆明市嵩明县杨林镇、普洱市孟连县勐马镇
西藏自治区	阿里地区普兰县巴嘎乡、昌都市芒康县曲孜卡乡、日喀则市吉隆县吉隆镇、拉萨市当雄县羊八井镇、山南市贡嘎县杰德秀镇
陕西	汉中市勉县武侯镇、安康市平利县长安镇、商洛市山阳县漫川关镇、咸阳市长武县亭口镇、宝鸡市扶风县法门镇、宝鸡市凤翔县柳林镇、商洛市镇安县云盖寺镇、延安市黄陵县店头镇、延安市延川县文安驿镇
甘肃	庆阳市华池县南梁镇、天水市麦积区甘泉镇、兰州市永登县苦水镇、嘉峪关市峪泉镇、定西市陇西县首阳镇
青海	海西州德令哈市柯鲁柯镇、海南州共和县龙羊峡镇、西宁市湟源县日月乡、海东市民和县官亭镇
宁夏回族自治区	银川市兴庆区掌政镇、银川市永宁县闽宁镇、吴忠市利通区金银滩镇、石嘴山市惠农区红果子镇、吴忠市同心县韦州镇
新疆维吾尔自治区	克拉玛依市乌尔禾区乌尔禾镇、吐鲁番市高昌区亚尔镇、伊犁州新源县那拉提镇、博州精河县托里镇、巴州焉耆县七个星镇、昌吉州吉木萨尔县北庭镇、阿克苏地区沙雅县古勒巴格镇、阿拉尔市沙河镇、图木舒克市草湖镇、铁门关市博古其镇

资料来源：1.《住房城乡建设部关于公布第一批中国特色小镇名单的通知》（建村[2016]221号）。
2.《住房城乡建设部办公厅关于做好第二批全国特色小镇推荐工作的通知》（建办村函[2017]357号）。